Organizational Behavior

조직행태론

이영균

박영사

▌서문

Organizational Behavior(OB)를 학문영역에 따라 조직행태론, 조직행위론, 조직행동론으로 번역되고 있다. 본서는 행정학분야에 있어 '조직행태론'으로 보편적으로 사용되고 있다는 점에 기초하여 조직행태론으로 명명하고자 했다.

조직행태론은 조직에서의 인간행태를 이해하고, 예측하고, 통제하는 데 관심을 가지며, 조직에서의 개인과 집단의 성과와 활동에 관한 연구이기도 하다. 이러한 조직행태론은 조직환경에서의 인간행태, 인간행태와 조직 간의 인터페이스, 조직자체에 관련된 연구 영역이다. 이러한 점에서 조직행태론은 사회학, 심리학, 조직심리학, 인류학, 정치학 등 다양한 학문분야에 의해 영향을 받고 있다.

조직행태론의 분야와 관련하여 국내·외 저서들은 어떠한 영역을 포함하여 기술하고 있는지를 살펴보면, 국외저서의 경우, 조직행태는 개인, 집단, 조직, 사회라는 4가지 분석단위로 구성하고 있으며, 사회적 행동과 행태를 설명하는 접근법을 포함되어야 한다고 지적하고, 조직행태란 인간행태, 개인의 차이, 조직배경에서의 성과를 연구하는 학문이라고 규정하고, 전통적으로 다루었던 조직행태영역과 더불어 조직론에서 소개하고 있는 조직과정(조직문화, 직무설계, 조직설계, 의사결정)과 조직변화과정(Hellriegel과 동료학자), 작업장에서의 기술(Ficham & Roodes)을 포함하기도 한다.

반면에 국내 저서가 구성하고 있는 조직행태론의 영역을 살펴보면, 김성국은 심리학은 작업장에서의 행태를 이해하는데 매우 중요한 역할을 가진다고 지적하고, 조직행태란 종합과학의 특성을 지니고 있다고 전제하고, 조직행태론의 전반적 내용을 소개하기도 한다. 이인석은 조직행태론에 어떠한 주제를 소개하기란 어렵다는 지적과 더불어 조직행태에 관련된 주제뿐만 아니라 조직론의 내용(조직이론발달과정, 조직구조, 조직문화 등)을 다루기도 한다. 또한 황대

규와 동료교수들은 조직행태에 대한 이론, 현실 및 전망을 기술하면서 개인과 집단의 행태와 더불어 포괄적으로 조직설계, 조직문화, 조직변화와 개발도 소개하고 있다.

본서에서 조직행태론이란 개인과 집단이 조직에서 어떻게 행동하는가에 관련한 지식의 적용과 연구로 이해하고, 작업환경에서의 인간행태를 탐구하는 학문영역으로 이해하고자 한다. 이런 관점에서 조직행태론에서는 조직에서의 개인과 집단의 행태를 예측하고, 설명할 수 있는 주제들을 포함되어야 할 것이다. 이 점에서 본서는 졸저(조직관리론)를 기초하여, 보편적으로 심리학분야에서 검토되고 있는 지각, 학습, 성격, 동기부여, 사회학 및 정치학에서 논의되고 있는 팀 프로세스와 관련한 리더십, 의사소통, 갈등 및 협상관리, 의학에서 검토되고 있는 스트레스 등을 포함하여 다음과 같이 총 11장으로 구성하고자 했다.

제1장에서는 개인과 조직행태의 의미, 행태의 예측변수인 태도와 업무태도를 살펴보고자 했다.

제2장에서는 환경적 자극에 대해 우리는 어떻게 지각하고 있는지, 어떠한 요인에 의해 영향을 받는지를 살펴보고자 했다.

제3장에서는 자극과 반응이라는 관점에서 우리는 어떻게 학습하고 있는지를 다양한 실험결과를 중심으로 살펴보고자 했다.

제4장에서는 각 개인의 특유성을 규정할 수 있는 성격은 무엇인지, 어떻게 유형화되고 그리고 어떻게 측정할 수 있는지를 살펴보고자 했다.

제5장에서는 우리의 행태를 일어나게 하는 동기부여는 무엇인지? 어떻게 유형화하고 있는지를 살펴보고자 했다.

제6장에서는 담당직무에서 보편적으로 일어나는 스트레스와 직무소진은 어떠한 것인지, 이를 극복할 수 있는 방안은 무엇인지를 살펴보고자 했다.

제7장에서는 우리들의 상호작용이 빈번하게 일어나는 집단행태는 무엇인지, 집단은 어떻게 발생되는지, 집단효과성 및 집단사고 등을 살펴보고자 했다.

제8장에서는 조직의 목표달성에 중요한 과제인 리더십은 무엇인지, 어떻게 연구되고 있는지, 특히 현대에서 리더십은 어떠한 측면을 강조하고 있는지를 살펴보고자 했다.

제9장에서는 우리의 일상생활의 혈액과 같은 의사소통은 어떻게 전개되는지, 장애요인과 극복방안으로 어떻게 제시되고 있는지를 살펴보고자 했다.

제10장에서는 조직에서 보편적으로 경험하게 되는 갈등은 어떻게 일어나는지, 갈등을 어떻게 관리되어야 하는지를 살펴보고자 했다.

제11장에서는 집단 간의 놓여 있는 분쟁해결과 관련한 협상관리는 무엇이며, 어떠한 유형이 있는지, 어떠한 과정으로 협상이 이루어지고 있는지를 살펴보고자 했다.

본서를 통해 작업장에서 개인과 집단의 성과를 보다 잘 분석할 수 있고, 또한 조직에서 구성원 사이의 상호작용과 삶의 질을 향상하는 데 기여할 수 있길 기대해 본다.

본서는 많은 분들의 도움의 결과물이다. 조직행태론 수업시간에서 날카로운 지적 자극을 제공해 준 학생들, 학문의 길에 따뜻한 동반자가 되어 준 동료 교수님, 조직관리론 영역에 대한 배움을 이끌어 주셨던 정우일 교수님(한양대)과 Joiner 교수님(Temple Univ.)께 고마움을 전한다. 무엇보다 항상 좋은 연구 환경을 제공하기 위해 노력해 준 아내와 두 딸에게 감사함을 전한다. 양서로 세상을 밝게 비추어주기 위해 끊임없이 노력하는 박영사의 안종만 회장님과 안상준 대표님, 박선영 선생, 송병인 선생, 김한유 선생께 고마움을 전한다.

이 책에서 나타난 오류들은 모두 저자의 책임이다.
앞으로도 미흡한 부분을 지속적으로 수정·보완하기 위해 배우도록 하겠다.

2019년 8월
아름다운 인재의 샘에서

교수 이 영 균
(yglee@gachon.ac.kr)

목 차

제1편 개인의 행태과정

제 1 장
개인행태

▌제1절 행태주의의 이해

　　행태주의(behaviorism)는 1920년에서 1950년 사이에 주된 심리학의 패러다임이었다. 행태주의는 행태가 측정할 수 있고, 훈련될 수 있고, 그리고 변화될 수 있다는 믿음에 기초한 John B. Watson에 의해 시작된 심리학파이다.

　　이러한 행태주의는 행태연구에서 있어 통제된 관찰과 측정을 통해 경험적 자료를 축적한다. 행태주의의 주된 관심은 사고와 감정과 같은 내적인 상태와 반대되는 관찰할 수 있는 행태이다. 즉 행태주의 학자들에 따르면, 행태는 내적인 정신상태(mental states)에 대한 고려가 아닌 체계적이고 그리고 관찰할 수 있는 태도로 연구될 수 있다는 것이다. 행태주의는 관찰할 수 있는 행태를 고려한다. 관찰할 수 있는 행태는 객관적이고 그리고 과학적으로 측정할 수 있어야 한다. 이처럼 행태주의는 사고, 감정 혹은 지식보다 객관적이고 그리고 관찰할 수 있는 행태의 구성요소에 초점을 둔다. 이런 시각에서 행태주의 목적은 형태를 예측하고 통제하는 것이다.

　　이점에서 과학적 심리학에 가장 영향을 미친 Watson(1913)은 행태주의를 자연과학의 순수 객관적인 실험분야로 간주하고 있다. Watson은 모든 행태는 훈련의 결과이고, 그리고 구체적인 습관을 강화함으로써 환경이 행태를 형성한다고 주장한다. 즉 환경적 자극에 대한 우리들의 반응이 행동을 형성한다고 믿는다. Watson은 인간은 쥐와 원숭이와 같이 객관적으로 연구될 수 있다고 고려한다. Watson의 작업은 Ivan Pavlov와 고전적 조건형성(classical conditioning)의 실험에 기초하고 있다.

이러한 행태주의는 다음의 것을 전제한다.

① 행태주의는 자연주의적(naturalistic)이다. 이것은 물질세계는 궁극적으로 현실이고 그리고 모든 것은 자연법칙으로 설명할 수 있다. 인간은 영혼과 정신을 가진 것이 아니라 외부자극에 대해 반응하는 뇌(brain)를 가진다.

② 사고, 감정, 의지, 정신적 과정은 우리가 하는 것을 결정하지 않는다. 행태는 훈련의 산물(product of conditioning)이다. 인간은 생물학적 기계이며, 그리고 의식적으로 행동하는 것이 아니라 오히려 자극에 대해 작용한다. 사람에서 일어나는 학습과 기타 동물에서 일어나는 학습은 차이가 거의 없다.

③ 행태주의는 우리는 우리 행동에 대해 책임질 필요가 없다고 가르친다. 사람은 자유로운 의지(free will)를 가지고 있지 않다. 사람의 환경이 사람의 행태를 결정한다. 모든 행태는 환경으로부터 학습된다.

④ 행태는 자극-반응(stimulus-response)의 결과이다. 행태학자들은 자극과 반응으로 심리적 현상을 논의한다. 행태주의는 조작하는(manipulative) 것이다. 행태주의는 단지 인간행태를 이해하는 것이 아니라 인간행태를 예측하고 그리고 통제하는 것이다. 보상과 처벌을 통제함으로써 다른 사람의 행태를 구체화할 수 있다.

이러한 행태주의에 대해 다음과 같이 비판한다. 행태주의는 인간행태를 이해함에 있어 일차원적 접근(one-dimensional approach)을 한다. 행태이론은 자유의지(free will)와 내적인 영향(기분, 사고, 감정 등)에 대해 설명할 수 없다. 행태주의는 강화와 처벌함이 없이 일어나는 학습유형에 대해 설명할 수 없다.

하지만 행태주의는 관찰할 수 있는 행태에 기초하기 때문에 연구를 진행할 때 자료와 정보를 수집하고 그리고 계량화하기가 쉽다. 집중적인 행태

개입, 행태분석, 토큰 이코노미(token economies: 토큰을 보수로서 주는 행동 요법), 비연속시행훈련(discrete trial training) 등과 같은 효과적인 치료 기법은 모두 행태주의에 뿌리를 두고 있다. 또한 행태주의는 어린아이와 성인 모두에 있어 부적응 혹은 해로운 행태를 변화시키는데 매우 유용하다.

▌제2절 개인행태의 의의

1. 행태의 의의와 특징

효과적인 관리적 실제는 조직구성원의 개인적 행태 차이를 인정하는 것이다. 조직관리자는 개인적 차이를 이해하기 위해 ① 개인의 차이점을 관찰하고, 그리고 인정해야만 한다. ② 개인의 행태에 영향을 미치는 변수들 사이의 관계를 연구해야만 한다. ③ 이들 변수들의 관계를 발견해야만 한다.

이에 관리자는 조직구성원의 태도, 지각, 정신적 능력이 어떠한가를 알고 있다면, 그리고 이들 변수들이 어떻게 관계되어 있는가를 알고 있다면 최적의 의사결정을 할 수 있을 것이다. 조직구성원의 개인적 차이점을 관찰하고, 관계를 이해하고, 관계를 예측할 수 있는 능력이 있다면 관리자는 성과를 향상하기 위한 관리적 시도가 가능하게 될 것이다.

행태(behavior)는 사람이 무엇을 하는가에 관한 어떤 것(anything that a person does)이다. 이러한 행태는 다양한 변수에 의해 영향을 받는다. 즉 행태는 개인이 행동하는 특성과 행태가 일어나는 환경의 함수이다($B = f(P \times E)$). 이것은 사람과 환경이 직·간접적으로 행태를 결정한다(Reitz, 1987: 21).

인간행태에는 기본적으로 2가지 유형이 있다. 하나는 유전적인 행태(inherited behavior)이다. 인간이 보이는 행태적 반응 혹은 반사적 행동(reflexes)은 유전적 자질(genetic endowment) 혹은 자연도태의 과정에 기인된다. 다른 하나는 학습된 행태(learned behavior)이다. 생존에 있어 자연도태를 보충하는 과정은 학습된 행태 혹은 조작적 행태(operant behavior)라고 명명한다. 유기체는 환경을 변화시킨다.

또한, 〈그림 1-1〉과 같이 개인행태(individual behavior)는 개인적 변수(능력과 기술, 배경, 인구학적 특성), 조직변수(자원, 리더십, 보상, 구조, 직무설계), 심리적 변수(지각, 태도, 성격, 학습, 동기부여)의 함수로 규정할 수 있을 것이다. 즉 개인의 행태(B)는 개인적 변수(I), 조직적 변수(O), 심리적 변수(P)의 함수[B = f(I, O, P)]이다.

특히 개인적 변수는 〈그림 1-1〉과 같이 능력과 기술, 배경, 인구학적 특성으로 분류할 수 있다. 이들 각 변수들은 행태와 성과에 있어 개인적 차이를 설명하는데 도움을 준다.

능력과 기술은 개인적 행태와 성과에 주요한 역할을 발휘한다. 능력은 사람이 정신적 혹은 신체적으로 어떤 것을 할 수 있는 특성(trait, 선천적이거나 혹은 학습된 것)이다. 반면에 기술은 컴퓨터나 선반을 조작할 수 있는 기술과 같은 업무관련 능력이다.

관리자는 능력과 기술을 가진 사람을 직무요구(job requirement)에 잘 배치해야 한다. 이에 직무분석이 배치과정(matching process)에 많이 활용하는 기술이다.

┃ 그림 1-1 ┃ 행태와 성과에 영향을 미치는 변수

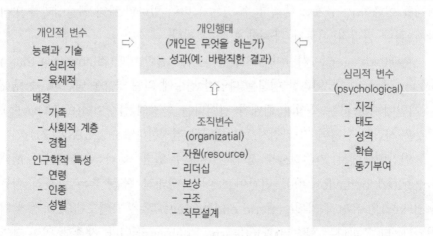

출처 : Ivancevich & Malleson(1990: 70).

◇ **Type A 혹은 Type B Behavior**

심장병전문의인 Meyer Friedman과 Ray H. Rosenman은 1974년 「Type A 행태와 심장(Type A Behavior and Your Heart)」 저서에서 Type A 행태는 흡연, 운동부족, 좋지 않는 다이어트, 비만(obesity)보다 오히려 심장병의 강력한 예측변수라고 제안하고 있다.

∘ Type A Behavior – Type A 사람은 상당히 주도적이고, 경쟁적이고 그리고 성급한(impatient) 사람이다. 이들은 조급함을 느끼며, 압박감을 느끼고 있다. 이들은 빠르게 먹고, 걷고 그리고 이야기한다. 또한 이들은 한 줄로 늘어설 때 상당한 짜증을 경험한다. Type A는 같은 지능의 Type B보다 높은 등급과 보다 많은 돈을 번다. 하지만, Type A는 Type B보다 다양한 육체적인 질병의 위험이 높다.

∘ Type B Behavior – Type B 사람은 Type A보다 쉽게 안정을 취하는 사람이다. Type B 사람은 야망과 성급함이 조금 적다. 이들은 서두르거나 급히 달리는 것(scurry)보다 오히려 자기 자신의 페이스로 간다. 이들은 보다 높은 삶의 질에 초점을 둔다. 이들은 혈청콜레스테롤(serum cholesterol)이 보다 낮으며, 그리고 심근경식(heart attacks)이 보다 적다.

자료: Rathus(1984: 396-397).

2. 조직행태의 의의와 조직의 행태관리

1) 조직행태의 의의

조직행태(organizational behavior)는 조직배경에서 개인과 집단의 성과와 활동을 연구하는 것이다. 조직행태는 업무환경에서 사람의 행태를 조사하고, 조직구조, 성과, 의사소통, 동기부여, 리더십 등에 대한 영향을 내부적 관점과 외부적 관점에서 연구하는 것이다.

이러한 조직행태는 조직에서 인간행태를 관리하기 위한 도구, 기술, 아이디어, 전략을 제공한다. 이에 조직행태의 시각은 공무원이 조직목표를 보다 효과적으로 성취하고, 그리고 시민에 대해 보다 책임감 있게 봉사하도록 도움을 주는 중요한 사고와 행동의 방식을 제공한다.

조직행태의 연구와 조직이론 사이의 구별은 모호해질 수 있다. 어떤 학자들은 조직행태는 보다 큰 영역인 조직이론내의 하나의 시각이라고 제안하고, 다른 학자들은 조직행태는 구별된 연구영역으로 뚜렷한 정체성을 가지는 것으로 인식하고 있다. 즉 사고방식 및 행동방식으로서 그리고 하나의 연구분야로서 조직행태의 가치와 정체성이 있다는 것이다(Denhardt, et al., 2013: 5).

조직행태의 출발점은 사람(the person)이다. 이에 조직행태는 조직구조와 조직가치보다 오히려 인간행태와 개인적 가치를 강조한다. 조직행태는 실제로 조직과 관리의 모든 측면을 다룬다. 공공관리의 맥락에서 조직행태는 조직에서의 사람의 관점에 내재된 가치와 민주주의 정부에 있어 공공서비스를 안내하는 가치를 포함한다.

2) 조직의 행태관리

조직에서의 인간성과는 개인과 환경적 특성의 함수이다. 특히 개인의 성과는 개인적 특정과 물리적 그리고 사회적 환경에 의한 동기부여에 영향을 받는다. 나아가 개인의 행태에는 다음과 같은 조직 환경에 의해 영향을 받는다(Reitz, 1987: 87-89).

① 채용, 선발 및 교육훈련(recruitment, selection, and training) - 관리자는 채용, 선발 및 교육훈련을 통해 조직의 능력에 영향을 미친다. 성과를 향상하기 위해 하나의 접근법은 보다 능력 있는 사람을 채용하는 것이다. 이 접근법은 조직에 의해 가장 요구되는 능력에 대한 인정이 필요하다. 특히 정부는 선발절차에 있어 인종집단(ethnic group) 혹은 인구층(demographic group)에 대해 차별할 수 없다.

교육훈련은 능력수준의 향상을 통해 성과를 제고할 수 있는 방법이다. 교육훈련은 다양한 프로그램(조직자체, 외부 컨설턴트에 의한 프로그램, 외부조직에 의해 훈련프로그램, 학위과정)을 통해 이루어질 수 있다. 교육훈련은 필요한 기술에 대한 식별이 요구되며, 이들 기술을 수용할 수 있는 사람을 선발하는 것이 포함된다.

② 보상시스템(reward system) - 조직구성원이 자신의 직무에 대한 노력을 강화시키는 접근법 중 하나가 보상시스템을 개발하는 것이다. 관리자는 조직구성원에게 가능한 정확하게 담당직무의 본질과 구체적인 보상시스템에 대해 설명해야 한다. 이러한 정보에 기초하여, 조직구성원은 직무에 대해 보다 현실적인 기대를 갖게 될 것이다.

③ 과업설계(task design) - 성과를 향상시키는 명확한 방법은 조직구성원에게 직무를 수행하는데 필요한 정보와 보다 좋은 도구를 제공하는 것이다. 즉 성과를 방해하는 환경적 장애를 명확하게 하고 그리고 제거함으로써 향상될 수 있다. 예를 들면, 직무기술을 통해 불필요한 활동을 제거하는 것이다. 조직에 있어 구성원의 성과와 만족을 향상하고 그리고 시간손실, 실수, 결근, 이직을 줄이기 위해 과업설계가 요구된다. 과업설계의 첫 단계가 직무분석이다.

▌제3절 행태의 접근법

행태는 〈그림 1-2〉와 같이 사람과 환경 사이의 상호작용의 기능이다. 즉 사람과 환경이 행태를 결정한다. 이러한 행태를 이해하는데 있어 인식 접근법과 강화접근법이 있다. 인식이론가와 강화이론가는 행태는 자극에 의해 시작된다는 것에 동의하고 있다. 하지만, 이들 접근법은 개인과 환경에 대한 강조점에서 차이가 있다(Reitz, 1987: 22-32).

▌그림 1-2 ▌행태의 함수

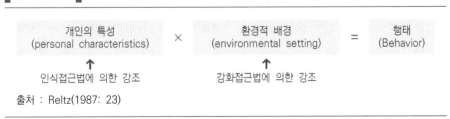

출처 : Reltz(1987: 23)

1. 인식접근법

인식접근법(cognitive approach)은 행태가 사람과 환경의 함수 [$B = f(P \times E)$]라는 점에서 P(사람)의 역할을 강조한다. 이 접근법은 의식적인 정신활동(생각하고, 이해하고, 정신적 개념인 태도, 신념, 기대)이 인간행태의 주요한 결정요인이라고 주장한다. 즉 인식접근법은 사건에 대한 개인의 반응은 의식적인 정신활동에 의해 결정된다고 주장한다. 이 접근법에 따르면, 행태는 물질적, 정신적, 그리고 감정적 구성요소들로 구성되어 있고 그리고 복잡하다.

인식접근법은 은밀한 반응(covert response)에 대한 행태적 효과에 많은 관심이 있다. 즉 태도, 가치, 신념을 볼 수 없기 때문에 중요한 행태의 결정요인을 측정하는데 간접적 수단을 활용해야만 한다. 설문지와 태도조사는 인식접근법의 중요한 도구이다.

인식접근법에 따르면, 모든 행태는 조직화된다. 개인들은 자신의 경험을 자신의 인식구조에 적합하도록 인식을 조직화한다. 인식시스템의 정확한 본질은 인식이 진행하는 자극의 특질과 개인의 경험에 의존한다.

2. 강화접근법

강화접근법(reinforcement approach)은 뛰어난 두 분의 심리학자(Ivan Pavlov와 Edward Thorndike)에 의해 행태에 대한 실험적 분석으로 발달하게 되었다.

강화접근법은 $B = f(P \times E)$의 방정식에서 E(환경)를 강조한다. 인식접근법은 개인의 내적 요인에 대한 중요성을 강조하고, 강화접근법은 개인의 외부적 요인(자극과 결과, 보상과 처벌)에 대한 중요성을 강조한다. 강화접근법은 관찰자가 접근할 수 있는 자극, 반응, 결과에 대해 직접적으로 측정할 수 있는 과정에 관심 있다. 이에 강화접근법은 다음의 같이 기술할 수 있다.

| S(자극, Stimulus) | ⇨ | R(반응, Response) | ⇨ | O(산출, Output) |

자극(stimulus)은 개인의 행태를 변화할 수 있는 어떤 것이다. 자극은 물질적이고 혹은 재료, 관찰할 수 있고 그리고 측정할 수 있어야만 한다. 모든 자극은 개인에 대한 환경에서 발견된다. 반응은 개인의 행태에 있어 어떤 변화이다. 반응은 자극 때문에 일어난다.

표 1-1 ▌ 인식접근법과 강화접근법

구분	인식접근법	강화접근법
강조점	사고와 판단 같은 내적인 정신적 과정을 강조함.	인간행태에 있어 환경의 역할을 강조함. 환경이 행태반응을 강화하고 생산하는 자극의 원천으로 봄
행태의 원인	행태에서의 변화는 인지구조에서의 불균형 혹은 불일치(inconsistencies)로 일어남.	행태는 환경적 자극·(environmental stimuli)에 의해 결정됨.
행태를 결정하는데 있어 과거의 중요성	인식접근법은 역사와 관계가 없는 것임(ahistoric). 과거의 경험이 인식구조를 결정함. 하지만 행태는 사람의 현재 인지시스템의 상태에 대한 기능임.	강화이론은 역사적임(historic). 어떤 자극에 대한 개인적 반응은 자신의 강화역사의 기능임.
의식의 단계	인식접근법에서 여러 단계의 의식이 존재하지만 가장 중요한 것은 의식적인 정신활동임.	강화이론에서 의식과 무의식 사이에 구별이 없음. 정신적 활동은 다른 유형의 행태로 고려됨.

자료: Reitz(1987: 34)의 재정리한 것임.

▌ 제4절 행태의 예측변수: 태도와 업무태도

1. 태도

1) 태도의 의의와 특징

태도(attitudes)는 심리적 대상에 대한 긍정적 혹은 부정적 영향에의 강도이다. 태도는 어떤 대상에 대해 특정한 방식으로 느끼고 그리고 처신하는 지속되는 성향(persistent tendency)이다. 또한 태도는 경험을 통해 학습되고 조직화되어 준비된 정신적 상태(a mental state of readiness)이다. 이러한 정의에서 태도는 2가지 측면이 강조된다.

① 태도는 지속되고 그리고 오래간다. 변화에 대한 추동이 없다면, 어떤 대상에 대한 개인적 태도는 동일하다. 물론 태도는 변화한다. 즉 태도는 학습되어진다.

② 사람의 태도는 어떤 대상을 지향한다. 즉 감정과 믿음을 가진다. 태도는 다른 대상의 반응에 대한 자신의 성향(predisposition)이다.

이러한 태도는 지각, 성격 그리고 동기부여에 연결되기 때문에 행태의 결정요인이다. 태도는 행태를 예측하는데 활용할 수 있다. 또한 태도는 사람간의 관계와 다른 사람의 인지에 대한 감정적 기반을 제공한다. 태도는 조직화되어 있고 그리고 성격의 핵심과 밀접하다. 즉 성격은 사람들 성격의 본질적인 부분이다. 몇몇 태도는 지속적이며 항구적이다. 이점에서 태도는 행태에 침투할 수 있고 영향을 미칠 수 있다. 이러한 태도와 행태의 관계를 살펴보면 다음과 같은 차이가 있다.

첫째, 태도와 행태는 매우 밀접하게 관련되어 있다. 태도는 개인의 내적 심리상태인 반면에 행태는 외적인 상태이며, 다른 사람에 의해 보다 잘 관찰될 수 있다. 태도는 개인의 내적인 사고방식(mindset)이다. 이에 우리는 사람들의 행태를 통해 태도를 판단할 수 있을 것이다.

둘째, 태도는 사고지향적(thought-oriented)인 반면에 행태는 행동지향적(action-oriented)이다. 이점에서 올바른 태도를 가진 사람은 역시 바른 행태를 표출할 것이다.

2) 태도의 구성요소와 척도

태도는 개인적 세계의 관점에서 동기부여, 감정적, 지각적 그리고 인식적 과정의 항구적 조직이다. 또한 태도는 〈그림 1-3〉과 같이 인식, 정서, 행태를 결정한다. 나아가 사람들의 행태와 태도는 서로서로 상호간 영향을 미친다.

① 인식(cognition) - 태도의 인식적 구성요소는 사람들의 지각, 의견, 믿음으로 구성되어 있다. 인식은 합리성과 논리에 특별히 강조하는 사고과정

이다. 인식의 중요한 요소는 사람이 지닌 평가적 믿음이다. 평가적 믿음은 어떤 사람이 다른 사람 혹은 대상에 대해 가지는 좋아하고 혹은 싫어하는 표현의 형태로 나타난다.

② 정서(affect) - 정서는 태도의 감정 혹은 느낌(emotional or feeling)의 구성요소이다. 감정적 구성요소는 어떤 사물에 관한 사람들의 느낌이 포함된다. 이것의 구성요소는 강도에 있어 약한 것에서 강한 것으로 매우 다양하다. 정서는 부모님, 선생님, 동료집단 구성원으로부터 학습된다.

③ 행태(behavior) - 행태는 사람들이 어떤 사람 혹은 어떤 것에 대해 어떤 방식으로 행동하는 성향이다. 즉 사람은 어떤 사람에 대해 친근하게, 따뜻하게, 공격적으로, 적대적으로 혹은 무관심하게 행동할 수 있다. 이러한 행동은 태도의 행태적 구성요소를 조사하기 위해 측정되고 그리고 평가될 수 있다.

관리자의 견지에 있어 종업원의 태도를 이해하고 그리고 종업원의 태도를 구성하는 인식과 정서를 이해하는 것은 행태를 예측하고 그리고 태도를 수정하는데 매우 중요하다.

■ 그림 1-3 ■ 태도 구성요소의 ABC 모델

자극(stimuli):
(작업환경 요인)
직무설계, 관리스타일, 조직정책, 기술, 봉급, 부가적 혜택
(fringe benefits)
⇩
인식(cognition)
믿음과 가치
(beliefs and values)
⇩
정서(affect)
느낌과 감정
(feelings and emotions)
⇩
행태(behavior)
의도된 행태
(intended behavior)

출처 : Ivancevich & Malleson(1990: 70).

태도의 가장 보편적인 척도 유형은 의미척도법(semantic differential)이다. 이 절차에서 사람들은 일련의 양극형용사(bipolar adjectives, 좋은 - 나쁜, 많고 - 적고 등)에 대한 상태를 비교하도록 요청한다. 사람들의 반응은 3가지 차원의 태도 - ① 평가적 차원(evaluative dimension, 좋은 - 나쁜), ② 효능차원(potency dimension, 약하고 - 강하고), ③ 활동차원(activity dimension, 빠르고 - 느리고) - 로 나타난다.

▌ 표 1-2 ▌ 의미척도법의 척도

당신은 교회에 관해 어떻게 느끼는지 아래의 각 척도에 따라 응답하시오.

좋은 (good)	(+2)	(+1)	0	(−1)	(−2)	나쁜 (bad)
비판적 (unfavorable)	(−2)	(−1)	0	(+1)	(+2)	호의적 (favorable)
즐거운 (pleasant)	(+2)	(+1)	0	(−1)	(−2)	불쾌한 (unpleasant)
부정적 (negative)	(−2)	(−1)	0	(+1)	(+2)	긍정적 (positive)

출처: Spear, Penrod & Baker(1988: 765).

3) 태도의 기능

어떤 대상과 관련하여 모든 감정적 느낌으로 표현되는 태도는 개인에 대해 다음과 같이 4가지 상이한 기능을 한다(Reitz; 1987: 205-206).

① 지식기능(knowledge function) - 태도는 어떤 사람이 자신의 지식, 경험 및 믿음을 조직화하고 그리고 이해하는데 도움을 준다. 이것은 참조의 틀(frame of reference) 혹은 기준으로써 기여하기 때문에 자신이 지각하는 것에 대한 명확성과 안정성을 제공한다.

② 도구적 기능(instrument function) - 태도 혹은 태도의 대상은 보상을 획득하거나 혹은 처벌을 회피하는데 돕는 도구적 역할을 한다. 어떤 경우에 있어, 태도는 목적에 대한 수단이다.

③ 가치-표현 기능(value-expressive function) - 태도는 자신의 핵심 가치 혹은 자아 이미지에 대해 긍정적 표현을 한다. 예를 들면, 개인의 자유를 핵심적 가치로 가진 사람은 조직에 있어 권위의 분권화에 대해 매우 긍정적인 태도를 표현한다.

④ 자아방어기능(ego-defensive function) - 태도는 자신 혹은 자신의 환경과 관련하여 불쾌하거나 위협적인 지식으로부터 자아를 보호하는데 기여한다. 위협적인 정보에 대한 수용은 걱정을 산출할 수 있다. 그러한 태도의 전개는 정보를 왜곡하거나 차단할 수 있다.

2. 업무태도

행태과학자들은 태도와 행태 사이의 직접적인 연계가 존재하지 않는다고 가정하지만, 개인의 행태는 자신들의 태도와 일관성을 갖는다고 믿는다. 태도와 행태 사이를 연계하는 행태의도 모델(behavioral intentions model)은 어떤 방식으로 처신하는 사람의 구체적인 의도에 초점을 두는 것이 행태를 보다 정확하게 예측할 수 있다는 것이다. 의도는 행태에 관련한 태도와 규범에 의존한다는 것으로 보여준다. 이 모델에 의하면, 어떤 행태에 관련한 개인의 믿음이 태도와 규범에 영향을 미친다.

1) 직무만족

직무만족(Job satisfaction)은 업무 혹은 직무에 대해 가지는 일반적인 태도(general attitude)이다. Lawler(1977 43)에 따르면, 총체적인 직무만족 (overall job satisfaction)은 개인이 직무로부터 받았다고 느끼는(feels) 모든 것과 실제로(actually) 받은 모든 것에 대한 차이에 의해 결정된다. 이리하여 직무의 어떤 국면은 다른 국면에 비해 총체적인 직무만족에 보다 많은 영향을 미칠 것이다. 또한 총체적인 직무만족은 국면의 만족(facet satisfaction)과 국면의 중요성(facet importance)의 곱의 총합계로 나타낼 수 있다(overall job satisfaction = Σ(facet satisfaction × facet importance).

직무만족에 관련한 대부분의 연구는 1930년대 작업조직에 관심을 가진 심리학자들에 의해 이루어져왔다. 직무만족의 용어는 직무에 대한 개인적 영역에서 감정적 태도(affective attitudes) 혹은 정향을 언급하는 것으로 사용되었다(Lawler III, 1977: 39). 직무만족에 관련된 대부분의 연구들은 직무만족이 생산성에 영향을 미치기 때문에 중요하다는 것을 보여주기 위한 바람에 자극받았다. 또한 직무만족은 조직에 있어 매우 값비싼 결근과 이직과 관련되어 있다. 이것이 조직에 있어 직무만족에 대해 관심을 가지는 실질적이고 경제적인 이유이다. 이런 맥락에서 직무만족에 영향을 미치는 요인과 원인을 일으키는 요인을 이해하는 것은 조직구성원의 직무만족을 향상하기 위한 활동의 전제이기도 하다. 즉 직무만족을 연구하는 주요한 이유는 조직구성원의 태도가 얼마나 중요한 것인가에 대한 아이디어를 관리자에게 제공하는 것이다.

이와 같이 조직구성원의 직무만족이란 자신의 직무와 관련한 태도이며, 자신의 직무 혹은 직무경험에 대한 평가로부터 도출되는 즐겁고 혹은 긍정적인 감정상태(pleasurable or positive emotional state)이다. 또한 직무만족은 자신들의 직무와 관련한 총체적인 지각반응(overall perceptual response)과 전체적인 태도(general attitude)를 의미한다(Rainey, 1997).

이러한 직무만족의 주요한 특성으로 Gibson과 동료학자들은 직무와 관련한 다양한 요인에 대한 지각으로부터 초래된다고 지적하고, 5가지의 중요한 특성으로 보수, 직무(직무의 흥미, 학습의 기회, 수용할 수 있는 책임성의 제공), 승진기회, 감독자, 동료와의 관계(친근감, 능력 및 지원의 정도) 등을 들고 있다(Gibson, et al., 2006: 108-109). Osborn과 동료학자들은 직무자체, 보수, 승진, 인정, 편익, 업무조건, 감독, 동료, 조직과 관리(종업원에 대한 관심, 보수와 편익정책) 등을 들고 있다(Osborn, et al., 1980: 81). 또한 직무만족의 수준은 기대와 현재 직무에 대한 실제 사이의 갭이라는 방정식이라는 것이다. 이점에서 조직구성원의 연령, 교육, 성별, 문화적 배경이 직무만족의 중요한 결정요인이라는 것이다.

표 1-3 직무만족의 측정변수 사례

직무불만족 (Dissatisfaction)	측정변수	직무만족 (Satisfaction)
부정적 감정상태	• 담당업무의 중요성 • 담당업무의 기술다양성 • 업무의 정체성(identity) • 업무에 대한 자율성 • 담당업무활동에 대한 환류성 • 상관 및 동료와의 관계성 • 보수 및 편익정책	긍정적 감정상태

자료: Reitz(1987: 34)의 재정리한 것임.

2) 조직몰입

조직몰입(organizational commitment)이란 조직에 있어 조직구성원의 관여(involvement)와 인지(identification)의 강도를 말한다. 또한 조직몰입은 조직에 대한 심리적 귀속감 혹은 애착정도(Mathieu & Zajac, 1990), 한 개인이 자기가 속한 조직에 대해 얼마나 일체감을 가지고 몰두하느냐 하는 정도(Williams & Anderson, 1991), 또한 조직과 개인을 묶어주는 심리적인 상태(Meyer & Allen, 1991)를 말한다.

따라서 조직몰입이 강한 구성원들은 조직이 추구하는 가치를 내재화하고, 조직활동에 적극적으로 참여한다. 나아가 조직의 목표와 가치에 대해 강한 동의와 신뢰, 조직을 위해 헌신하려는 노력과 조직구성원으로 잔류하려는 욕구가 강한 구성원은 조직몰입이 강할 것이다. 이점에서 연구자들은 조직몰입과 이직의도 사이의 관계에 관심을 가진다(Cohen, 1993). 조직몰입이 강한 조직구성원은 직장을 그만 두는 경향이 적다는 것이다. 또한 조직몰입이 강한 구성원은 결근율이 낮으며, 보다 목표지향적인 경향이 있기 때문에 상대적으로 생산성을 향상하는데 기여한다.

Meyer와 Allen(1991)는 조직몰입을 정서적 몰입, 지속적 몰입, 의무에 기반을 둔(obligation-based commitment) 규범적 몰입으로 구분하고, Angle과 Perry(1991)는 조직구성원이 조직에 남아있으려는 욕구인 근속몰입(commitment of stay)과 조직에 대한 자부심을 가지고 조직목표를 수용하며 조직을 위해 노력하려는 의사를 가진 가치몰입(value commitment)으로 구분하고 있다.

조직몰입이 높은 사람은 ① 조직목표와 가치에 대해 강한 믿음과 높은 수용성을 가진다. ② 조직에의 믿음에 기초하여 상당한 정도의 노력을 발휘하려는 자발심을 가진다. ③ 조직의 멤버십(membership)을 유지하려는 강한 욕구를 가진다. 직무만족과 같이 조직몰입의 원천은 사람들 사이에 다양하다. 이에 조직에 대한 구성원의 초기 몰입(intial commitment)은 개인적 특성(성격과 가치)에 의해 결정되며, 직무에 대한 자신의 기대가 실제의 직무경험과 얼마나 잘 부합되는가에 영향을 받고, 직무경험에서 경험하게 되는 보수, 상사와 동료와의 관계, 작업조건, 승진기회 등에 의해 영향을 받는다(Hellriegel, et al., 1995: 58-59).

▌표 1-4 ▐ 조직몰입의 설문사례

조직몰입의 유형	조직몰입의 설문문항 사례
정서적 몰입	• 우리 조직의 구성원이 된 것에 대해 자랑스럽다. • 우리 조직에 대해 충성심을 느낀다. • 우리 조직의 문제를 나의 문제로 느낀다.
지속적 몰입	• 우리 조직의 구성원인 것을 자랑한다. • 우리 조직에서 그만 둔다면 나의 생활에 혼란을 일으킬 것이다.
규범적 몰입	• 우리 조직에서 이직하게 된다면 죄책감을 느끼게 될 것이다. • 우리 조직 사람들에 대한 의무감 때문에 지금 이직하는 것은 어렵다.

3) 조직시민행동

조직시민행동(organizational citizenship behavior: OCB)은 조직에 의해 공식적인 보상체계에 의하여 직접적으로나 공식적으로 인식되지 않으나, 조직전체의 효과적인 기능을 종합적으로 촉진시키는 자발적인 행동을 의미한다. 조직시민행동은 조직구성원이 조직기능을 수행함에 있어 조직이 규정한 역할을 뛰어넘는 혁신적이고 자발적인 행동이다. 이에 조직시민행동은 동료들과 조직의 생산성을 향상시켜주며, 팀의 효과적인 조정과 관리에 도움을 주며, 변화에 적응하는 역량을 제고시켜주어, 조직의 효율성에 기여한다 (Podsakoff & MacKenzie, 1997; 류두원 외, 2012).

이러한 조직시민행동을 친사회적 행동(prosocial behavior) 혹은 역할 외 행동(extra-role behavior) 등으로 표현하기도 한다(조윤형·최우재, 2010: 406). 조직시민행동이 조직의 공식적 직무기술서에 의해서가 아니라 조직구성원 스스로의 의지에 의해 발생한다. 즉 조직시민행동은 행동의 여부가 전적으로 개인의 자유로운 선택행위에 의해 결정된다. 이러한 조직시민행동의 구성요소로 Organ(1988)은 이타주의, 예의, 양심, 시민정신, 스포츠맨십 등을 제시하고 있다.

① 이타주의(altruism) - 이타주의는 조직에 관련된 과업이나 문제가 있는 동료에게 도움을 주는 사려 깊은 자유재량적인 행동을 말한다.

② 예의(courtesy) - 예의는 업무와 관련하여 다른 사람과 생길 수 있는 문제를 예방하려는 개인의 자유재량적인 행동을 말한다. 즉 의사결정이나 몰입에 영향을 주는 당사자들의 행동과 조직 내에서 발생하기 쉬운 문제들을 사전에 막으려는 행동이다.

③ 양심(conscientiousness) - 양심은 조직구성원에게 최소한의 범위 안에서 어떤 역할을 수행하도록 하고, 고용조건(예를 들면, 출근, 규칙 및 규정을 준수하는 행위, 휴식시간 등)에 어긋나지 않는 범위 내에서 작업에 참여하며, 청결의 유지와 향상을 위해 노력하는 행동을 말한다.

④ 시민정신(civic virtue) - 시민정신은 자신이 몸담고 있는 조직에 관심을 가지고 적극적으로 참여하거나 관심을 쏟는 행동을 말한다. 즉 조직의 정치적 활동에 적극적으로 관여하고, 책임지는 행동이다.

⑤ 스포츠맨십(sportsmanship) - 스포츠맨십은 이상적이지 못한 상황에서도 불평불만 없이 기꺼이 일하려는 의지를 말한다. 즉 불평, 불만, 고충 등을 자발적으로 참고 승복하는 행동이다.

또한 Williams과 Anderson(1991)은 조직시민행동을 행태에 있어 의도한 주된 수혜자(primary beneficiary)를 기준으로 개인차원의 조직시민행동 (Organizational Citizenship Behavior for Individuals: OCBI)과 조직

차원의 조직시민행동(Organizational Citizenship Behavior for Organization : OCBO)로 구분한다. OCBI는 개인에 대한 조직시민행동으로서 행태의 혜택이 특정 개인에게 돌아가되, 후에 간접적으로 조직의 혜택으로 귀속되는 행동유형이다. 반면에 OCBO는 조직 전반에 혜택이 귀속되는 행동유형이다. 이와 관련한 Williams와 Anderson이 분류한 조직시민행동에 기초한 설문 문항들은 아래의 표와 같이 설계되고 있다.

▌표 1-5 ▌ 조직시민행동의 측정지표

이타주의	• 나는 동료의 문제와 걱정에 대해 기울인다. • 나는 결근한 동료와 업무량이 많은 동료의 업무를 돕는다.	개인차원의 조직시민행동 (OCBI)
예의	• 나는 요청하지 않았음에도 상관의 업무를 돕는다. • 나는 불가능한 일에 직면할 경우 사전에 상관과 협의한다.	
양심	• 나는 동료의 권리를 침해하거나 간섭하지 않는다. • 나는 행동할 때 다른 동료에게 미칠 영향을 사전에 고려하여 행동한다.	조직차원의 조직시민행동 (OCBO)
시민정신	• 나는 다른 사람이 지켜보지 않아도 규칙을 잘 지킨다. • 나는 질서유지를 위한 비공식 규칙을 준수한다.	
스포츠 맨십	• 나는 사소한 문제를 실제보다 과장하지 않는다. • 나는 사소한 문제에 대해 불평하는데 시간을 소비하지 않는다.	

4) 공공봉사동기

공공봉사동기(public service motivation: PSM)는 Perry에 의해 그 개념이 구체적으로 척도화 된 이후, 많은 학자들이 그 개념을 공공부문에 다양하게 인용하고 있다.

첫째, 공공봉사동기는 공공기관 혹은 공공영역에서 나타나는 독특한 동기로 파악하고 있다. 이런 시각에서 공공봉사동기는 공공기관에서 우선적으로 혹은 독특하게 나타나는 동기에 반응하려는 개인의 성향(Perry & Wise, 1990: 368), 타인에게 도움이 되는 그래서 사회적 복리를 향상하는 공공영역에서의 공통된 동기와 행태(Perry & Hodeghem, 2008: 3)로 정의할 수 있다.

둘째, 공공기관 혹은 공공영역을 넘어 인간의 이타심과 친사회적 행태와 연관된 보편적인 동기로 파악하여, 지역공동체, 국민, 그리고 국가 및 인류를 위해 봉사하려는 일반적인 이타적 동기(Rainey & Steinbauer, 1999: 23), 개인이 갖고 있는 이타적 동기, 친사회적 행태, 그리고 사회의 안녕을 우선시하는 가치 및 신념체계 등으로 정의하기도 한다(최무현·조창현, 2013: 344).

Perry와 Wise(1990)는 〈표 1-6〉과 같이 공공봉사동기를 합리적 차원, 규범적 차원, 감성적 차원으로 구성하고 있다.

① 합리적 차원에서의 공공봉사동기는 정책과정에 참여하여 사회적으로 의미 있는 일을 수행하고 싶은 동기를 의미한다. 이 차원의 동기는 공공정책 결정에 대한 호감도(attraction to public policy making)를 의미한다.

② 규범적 차원에서의 공공봉사동기는 일반적인 공공선을 증진시키고, 공동체에 속한 시민으로서의 의무를 성실히 수행하고자 하는 동기를 의미한다. 이 차원의 동기는 공익실현을 위해 얼마나 노력하느냐를 설명하는 공익에의 몰입(commitment to public interest)으로 공익에 봉사하려는 봉사욕구이다.

③ 정서적 차원에서의 공공봉사동기는 본인이 사회적으로 반드시 필요하다고 믿는 기능과 정책에 헌신하고자 하는 동기를 의미한다. 이 차원의 동기는 선행에 대한 지지나 약자에 대한 보호에 기여하게 된다.

Perry(1996)는 이들 3가지 차원을 바탕으로 4가지 공공봉사동기의 구성개념인 정책입안에 대한 호감도, 공익에 대한 몰입, 동정심, 자기희생 등을 제시하고 있다.

① 정책입안에 대한 호감도(attraction to policymaking) - 공공정책의 형성·집행과정에 적극 참여하여 희소자원의 배분과정에서 발생하는 문제점들을 더 큰 사회적 공공선의 실현과정으로 인식하는 정도로 측정된다.

② 공익에 대한 몰입(commitment to public interest) - 개인의 사익에 우선하여 공익을 추구하려는 노력으로 측정된다.

③ 동정심(compassion) - 사회적 약자에 대한 동정심, 사회적 문제해결에 대한 관심 등으로 평가된다.

④ 자기희생(self-sacrifice) - 금전적인 보상과 무관하게 공익과 관련된 문제를 해결하려는 노력과 이를 통한 만족 등으로 평가된다.

| 표 1-6 | 공공봉사동기의 구성개념

하위차원	특징	설문구성의 사례
합리적 차원 정책입안에 대한 호감도	• 정책형성 과정의 참여 • 공공정책에 대한 동일시 • 특정 이해 관계에 대한 지지	• 공공정책을 개발할 때 미래세대의 이익이 고려 될 필요가 있다. • 지역사회에 도움을 주는 활동에 동참하는 것은 중요하다. • 시간과 노력이 들더라도 민주적으로 결정되어야 한다. • 공동체를 위해 기여하는 일은 중요하다.
규범적 차원 공익에 대한 몰입	• 공익봉사의 욕구 • 국가 및 사회에 대한 충성 • 사회적 형평성 추구	• 시민에게 동등한 기회를 제공하는 것은 매우 중요 하다. • 공익에 봉사하는 일은 의미가 있다. • 나는 사적인 이득과 무관하게 공동체를 위해 봉사 하고 있다. • 국민에게 도움이 되는 일이라면 적극 추진해야 한다. • 나는 국민들이 불공정한 취급을 받으면 기분이 좋지 않다.
정서적 차원 동정심, 자기희생	• 정책의 사회적 중요성에 기인한 정책에 대한 몰입 • 선(good)의 애국심	• 나는 사회적으로 혜택받지 못한 사람들에게 동점심을 느낀다. • 나 자신보다 시민으로서의 의무를 우선시해야 한다. • 다른 사람을 돕기 위해 나 자신의 손해를 기꺼이 감 수할 수 있다. • 공동체에서는 억울한 사람이 생기지 않도록 서로 보 호해주어야 한다.

출처: 오화선·박성민(2014); 허성욱(2017).

5) 직무열의

직무열의와 관련하여 Kahn은 1990년에 직무열의(job engagement)이란 직무를 수행하는 과정에서 구성원이 자발적으로 인지적, 정서적, 육체적 에너지를 투입하는 것이라 규정하고 있다(한수진, 나기환, 2017). 이처럼 직무열의는 활력(vigor), 헌신(dedication), 몰두(absorption)로 특징 지워지며, 업무 수행에 열정적으로 집중하고 긍정적으로 성취하려는 정신상태로 이해할 수 있다. 이런 의미에서 직무열의는 과학적 개념이 아니며, 인적자원의 경험에서 표출되는 긍정적 심리이다.

특히 높은 직무열의를 갖기 위해서는 직무에 대한 의미성, 안정성, 가용성의 심리상태를 경험하게 된다. 의미성(meaningfulness)이란 이 일을 하는 것이 나에게 얼마나 의미가 있는가를 말한다. 안정성(safety)은 그렇게 하는 것이 나에게 문제가 발생하지 않을 것인가로서 자신의 직무활동이 자신의 이미지, 지위, 경력에 부정적인 영향을 미칠 가능성이 없다고 느끼는 것이다. 가용성(availability)은 내가 그렇게 하는 것은 가능한가로서 직무수행에 육체적, 감정적, 인지적 자원을 투자하여 성과를 낼 수 있다는 것에 대한 개인적인 믿음을 의미한다(오아라, 2013).

직무열의는 직무와 관련하여 활력, 헌신, 몰두의 특징을 갖는 긍정적이고 성취감을 주는 정신적인 상태이다.

① 활력은 일하는 동안의 높은 에너지 수준과 정신적인 회복력을 가지며, 자신의 일에 노력을 투입하려는 의지와 어려움에 직면했을 때에도 굴하지 않고 인내하는 것을 말한다.

② 헌신은 자신의 일에 적극적으로 참여함으로써 일에 대한 의미와 열정 그리고 자부심을 가지며 도전하는 것을 뜻한다.

③ 몰두는 자신의 직무에 완전히 집중함으로써 직무를 수행하는데 있어서 시간가는 줄도 모르게 깊게 몰입된 상태로 일에서 자신을 분리하여 생각하기 어려운 정도를 말한다.

▌그림 1-4 ▌ 조직구성원의 직무열의

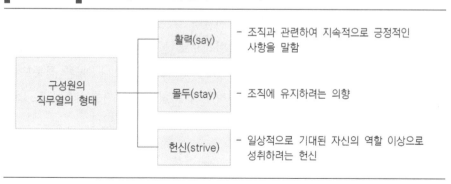

이런 측면에서 직무열의가 높은 사람들은 업무수행에 대한 주인의식(ownership)을 가지며, 조직목표와 직무에 관련 기대에 대해 명확하게 이해하고 있고, 업무수행에 있어 권한위임을 활용하기도 한다. 변화과정에서 자신의 역할성취에 초점을 두기 때문에 긍정적 조직변화를 촉진하는데 중요한 자원이다.

직무열의	설문구성의 사례
자신의 업무에 임하는 신체적, 정서적, 인지적 에너지로서 직무 수행에 있어서 경쟁력을 강화하고 지속시키는 힘	• 나는 현재 담당하고 있는 업무에 대해 매우 전념하고 있다. • 나는 현재 담당하고 있는 업무에 대해 최선의 노력을 다하고 있다. • 나는 현재 담당하고 있는 업무에 대해 활력을 느끼고 있다. • 나는 담당업무를 수행할 때 정신없이 몰두한다. • 나는 일에 몰두할 때 행복하다고 느낀다. • 나는 나의 직무능력에 자부심을 가지고 있다. • 나는 맡은 업무보다 어려운 업무를 수행할 수 있다.

6) 조직침묵

(1) 조직침묵의 의의와 특징

조직침묵(organizational silence)은 조직이 직면한 중요한 문제와 관련한 반응에 있어 거의 말하지 않거나 혹은 행동하지 않는(saying or doing very little) 집단적 수준의 현상을 말한다. 이런 의미에서 조직침묵은 조직성과를 하락하거나 혹은 향상할 수 있는 행태적 선택이다.

특히 침묵은 개인과 조직에 대한 어떤 압력 메커니즘(a pressure mechanism)에 대해 찬성과 공감을 전달할 수 있고, 그리고 반대와 싫어하다는 것을 표시할 수 있는 것이다. 일반적으로 침묵은 조직 활성화에 반대되는 개념으로 부정적 함의를 내포하고 있는 것으로 보았으나, 때론 침묵도 순기능적 역할을 할 수 있다. 침묵이 이타주의나 협동적 동기를 바탕으로 업무수행과 관련한 아이디어, 정보, 의견에 대해 침묵할 수 있다.

(2) 조직침묵의 유형

조직침묵은 조직구성원들의 침묵 발생 원인에 내재되어 있는 동기가 무엇인가에 따라 체념적 침묵, 방어적 침묵, 친사회적 침묵으로 구분할 수 있다(전영욱 외, 2017).

① 체념적 침묵(acquiescent silence) - 일반적으로 수동적인 종사자에게 나타나는 행위로써, 조직 환경에 순종하고 자신의 상황에 체념하는 것으로 정보를 표출하는 데 소극적이며 무심함과 자포자기 상태의 침묵행동을 의미한다. 이러한 체념적 침묵은 문제의 상황을 단념하여 상황을 바꿀 노력의 의지가 없을 때 일어난다.

② 방어적 침묵(defensive silence) - 침묵하는 것보다 더 좋은 행동 대안이나 의견이 있지만, 발언이 자신에게 불이익 및 불쾌한 경험을 초래할 것이라는 두려움에 이를 회피하기 위해 의도적으로 언급하지 않는 침묵행동을 말한다. 이러한 방어적 침묵은 두려움이나 불안과 같은 정서 상태와 관련이 있으며 감정인 경험에 의해서 발생한다.

③ 친사회적 침묵(prosocial silence) - 이타주의나 협력적 동기에 기반을 두어 타인이나 조직에 이익을 주기 위한 목적으로 아이디어, 정보, 의견 등을 의도적으로 표현하지 않는 것을 말한다. 친사회적 침묵은 상황에 회의감을 느껴 발언하지 않는 체념적 침묵이나 자기방어를 위해 발언하지 않는 방어적 침묵과 같이 침묵의 부정적 현상과는 구별되는 조직구성원의 능동적인 태도에서 비롯된 침묵이라 할 수 있다.

┃ 표 1-7 ┃ 조직침묵의 설문사례

차원	설문구성의 사례
체념적 침묵	• 나는 조직에 대해 별로 관여하고 싶지 않기 때문에 조직을 변화시킬 수 있는 아이디어를 제시하지 않는다. • 나는 조직을 떠날 마음이 있어 좋은 아이디어가 있어도 발설하지 않는다. • 나와 관련된 문제에 대한 해결책을 남들에게 이야기 하지 않는다. • 나는 업무능력이 부족하다고 생각하기 때문에 나 자신을 개선시킬 수 있는 아이디어를 사람들에게 말하지 않는다. • 나는 조직에 별로 관여하고 싶지 않기 때문에 업무처리를 향상시킬 수 있는 방안을 제시하지 않는다.
방어적 침묵	• 나는 결과가 나쁠 것이 염려되어, 내 생각을 다른 사람에게 이야기 하지 않는다. • 어떤 정보를 발설한 후의 결과가 두려워서 그 정보를 나만 알고 넘어갈 때가 있다. • 내 입장이 난처해질 것이 걱정되어, 어떤 정보를 일부러 빠뜨리고 이야기 하지 않을 때가 있다. • 내 입장이 난처해질 것이 걱정되어, 업무처리를 향상시킬 수 있는 방안을 제시하지 않는다. • 부정적인 피드백이 돌아올 것이 염려되어 문제에 대한 해결책을 제시하지 않는다.
친사회적 침묵	• 나는 조직의 이익을 지키기 위해서 조직의 중요한 정보를 보호하려고 노력한다. • 나는 공동작업을 수행할 때 협조하는 마음에서 기밀사항을 숨기기도 한다.

자료: 고대유 · 김도윤 (2016); 이미경(2017).

- 행태주의(行態主義, behaviorism) 1920년에서 1950년 사이에 주된 심리학의 패러다임이었으며, 행태가 측정할 수 있고, 훈련될 수 있고, 그리고 변화될 수 있다는 믿음에 기초한 John B. Watson에 의해 시작되었다. 행태주의는 행태연구에서 있어 통제된 관찰과 측정을 통해 경험적 자료를 축적한다.

- 행태(behavior) 사람이 무엇을 하는가에 관한 어떤 것(anything that a person does)이며, 다양한 변수에 의해 영향을 받는다. 행태는 개인이 행동하는 특성과 행태가 일어나는 환경의 함수이다.

- 조직행태(組織行態, organizational behavior) 조직배경에서 개인과 집단의 성과와 활동을 연구하는 것이며, 업무환경에서 사람의 행태를 조사하고, 조직구조, 성과, 의사소통, 동기부여, 리더십 등에 대한 영향을 내부적 관점과 외부적 관점에서 연구하는 것이다.

- 태도(態度, attitudes) 심리적 대상에 대한 긍정적 혹은 부정적 영향에의 강도이며, 어떤 대상에 대해 특정한 방식으로 느끼고 그리고 처신하는 지속되는 성향이다.

- 의미척도(semantic differential) 사물, 사건, 개념의 암시하는 의미(connotative meaning)를 측정하기 위해 설계된 평가척도이다.

- 직무만족(職務滿足, Job satisfaction) 업무 혹은 직무에 대해 가지는 일반적인 태도이고, 자신의 직무와 관련한 태도이며, 자신의 직무 혹은 직무경험에 대한 평가로부터 도출되는 즐겁고 혹은 긍정적인 감정상태이다.

- 조직몰입(組織沒入, organizational commitment) 조직에 있어 조직구성원의 관여와 인지의 강도를 말한다. 또한 조직몰입은 조직에 대한 심리적 귀속감 혹은 애착정도, 한 개인이 자기가 속한 조직에 대해 얼마나 일체감을 가지고 몰두하느냐 하는 정도, 또한 조직과 개인을 묶어주는 심리적인 상태를 말한다.

- 조직시민행동(組織市民行動, organizational citizenship behavior: OCB) 조직에 의해 공식적인 보상체계에 의하여 직접적으로나 공식적으로 인식되지 않으나, 조직전체의 효과적인 기능을 종합적으로 촉진시키는 자발적인 행동을 의미한다. 조직시민행동은 이타주의, 양심, 예의, 시민정신, 스포츠맨십으로 측정되기도 한다.

- **공공봉사동기(公共奉仕動機, public service motivation: PSM)** 공공기관 혹은 공공영역에서 나타나는 독특한 동기이다. 공공봉사동기는 합리적 차원, 규범적 차원, 감성적 차원으로 이해할 수 있고, 정책입안에 대한 호감도, 공익에 대한 몰입, 동정심, 자기희생 등으로 측정되기도 한다.

- **직무열의(職務熱意, job engagement)** 직무를 수행하는 과정에서 구성원이 자발적으로 인지적, 정서적, 육체적 에너지를 투입하는 것이며, 활력(vigor), 헌신(dedication), 몰두(absorption)로 특징지워지며, 업무 수행에 열정적으로 집중하고 긍정적으로 성취하려는 정신상태이다.

- **조직침묵(組織沈默, organizational silence)** 조직이 직면한 중요한 문제와 관련한 반응에 있어 거의 말하지 않거나 혹은 행동하지 않는 집단적 수준의 현상을 말한다. 조직침묵은 조직구성원들의 침묵 발생 원인에 내재되어 있는 동기가 무엇인가에 따라 체념적 침묵, 방어적 침묵, 친사회적 침묵으로 구분할 수 있다.

제 2 장

지각

우리가 보는 것이 사실(what we see is the truth)이라고 믿는 것이 사람의 성향이다. 심지어 실제로 그렇지 않지만, 많은 사람들은 자신들이 원하는 것으로 지각하는 경향이 있다. 우리 모두는 자신의 지각필터(perceptual filters)를 소유하고 있다.

이리하여 세계에 관한 지식은 우리의 감각시스템(sensory system) - 보고, 듣고, 시음하고, 건드리고, 냄새 - 을 통해 우리의 두뇌에 전달된다. 이처럼 지각은 감각자극을 의미 있고 일관성 있는 그림의 세계를 선택하고, 조직화하고, 해석하는 복잡한 과정이다.

이 장에서는 이러한 복잡한 과정인 지각에 대한 의의와 과정 및 Johari의 창에 대해 살펴보고자 한다.

▌제1절 지각의 의의와 과정

1. 지각의 의의

지각(perception)은 감각 정보(sensory information)를 인지하고 해석하는 것이다. 지각은 정보에 대해 어떻게 반응하는가를 포함한다. 이에 지각은 우리 주변의 세계에 대한 감각적 경험이며, 환경적 자극을 인지하고, 자극에 대한 반응로 행동하는 것이 포함된다. 이처럼 지각은 환경적 자극에 대해 정보를 찾고, 보유하고, 그리고 전달하는 것을 포함한다. 지각은 환경으로부터 정보를 수집하기 때문에 심리적 과정이다.

지각은 지각하는 대상에 의해 영향을 받는다. 인간의 지각에 있어 가장 기본적 특징의 하나는 선택적 조직화(selective organization)이다. 지각은 개인적 자극이 알아 볼 수 있고 혹은 친숙한 패턴에 서로서로 관련된 있는 것을 지각하도록 조직화한다.

▌표 2-1 ▌사실과 추론의 차이

추론(inferences)	사실(facts)
우리가 사실일 것이라고 알고 있거나 혹은 가정하는 정보로부터 도달하는 결론	우리 모두가 사실일 것이라고 동의하는 어떤 것 (anything that we all agree to be true)
• 관찰하기 전, 관찰하는 동안 그리고 관찰한 이후 이루어진다. • 우리가 관찰하는 것을 초월한다. • 단지 몇몇 가능성의 정도를 묘사한다. • 종종 불일치가 일어난다. • 숫자상으로 무제한적이다.	• 관찰하거나 혹은 경험한 이후에 설정된다. • 우리가 관찰한 것에 한정한다. • 어떤 사람이 갖게 되는 확실성에 가깝다. • 동의하는 경향이 있다. • 숫자상으로 제한적이다.

자료: Drafke(2006: 32).

2. 지각과정

사람들은 선택적으로 지각하는 것과 지각한 것을 어떻게 조직화하고 그리고 해석하는가에 따라 상황을 다르게 지각한다.

〈그림 2-1〉과 같이 지각과정은 최초의 관찰단계에서 최종 반응단계로 구성되어 있다.

① 자극(stimuli) - 몇몇 자극들은 진행되기 위해 선택되어야 한다. 우리는 가장 중요한 자극만을 선택한다. 하지만, 많은 요인들이 선택에 영향을 미친

다. 즉 자신의 욕구와 성격에 기초하여 서로 다른 자극을 선택하게 된다. 예를 들면, 배고픈 사람은 중국음식점의 광고에 있는 음식에 초점을 둔다.

② 관찰(observation) - 사람들은 오감(미각, 후각, 청각, 시각, 촉각)을 통하여 환경으로부터 자극을 받는다.

③ 지각적 선택(selection) - 사람들은 환경의 몇몇 측면에 대해 선택적으로 관심을 기울인다. 감각적 지각(sensory perception)을 여과하고, 그리고 가장 관심을 받는 것을 결정하는데 외부적 요인과 내부적 요인 모두 관련한 선택과정이 있다.

④ 지각적 조직화(perceptual organization) - 각 개인들은 자극에 대해 의미 있는 유형을 선택하여 조직화한다. 즉 자극이 선택된다면, 유용한 틀에서 자극은 조직화되어야만 한다.

⑤ 해석(interpretation) - 사람들은 지각하는 것을 어떻게 해석 하는가 대해 매우 다양하다. 즉 우리가 선택하고 그리고 조직화한 자극을 해석하는 방식은 상황, 우리 자신의 특성, 지각한 사물의 특성 등에 의해 영향을 받는다. 예를 들면, 손을 흔드는 것에 대해 상황에 따라 친근한 몸짓으로 혹은 위협적인 몸짓으로 해석한다. 조직에서 관리자와 구성원들이 어떤 사건에 대해 자신들의 지각을 부정확하게 해석할 가능성에 직면하게 된다.

⑥ 반응(response) - 감각적 자극에 대한 사람들의 해석은 반응 - 명시적 반응(행동) 혹은 은밀한 반응(동기부여, 태도, 감정) - 에 이르게 한다. 각 사람들은 감각적 자극을 다르게 선택하고 그리고 조직화한다. 이리하여 다른 해석과 반응을 가지게 된다.

이와 같이 지각적 차이는 사람들이 같은 상황에서 다르게 처신하는 이유를 설명하는데 도움을 준다. 즉 사람들은 가끔 같은 것을 다른 방식으로 지각한다. 이처럼 어떻게 지각하는가에 따라 행태적 반응을 보인다.

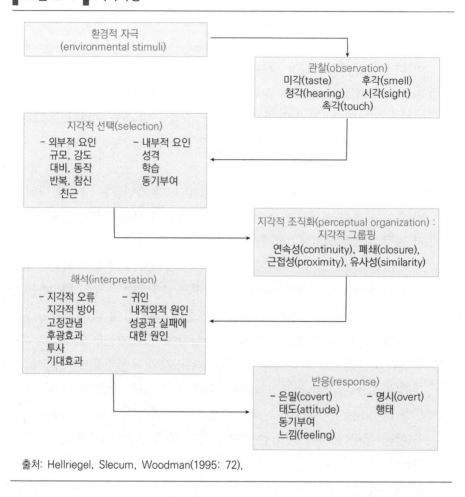

출처: Hellriegel, Slecum, Woodman(1995: 72),

1) 지각적 선택

지각적 선택(perceptual selection)이란 사람들이 몇몇 자극에 대해 제한된 시간에 몇 가지의 자극만 선택하는 경향을 말한다. 이러한 지각적 선택은 지각자의 내부적인 요인과 외부환경적인 요인에 의해 영향을 받는다.

(1) 외부적 요인

외부적 지각요인은 자극을 알아차리는데 영향을 미치는 특성들이다. 이들 요인들은 규모, 강도, 대비, 동작, 반복, 새로움과 친근 등이다.

① 규모(size) - 외부적 요인으로서 규모가 클수록 지각하기가 보다 쉽다.

② 강도(intensity) - 외부적 요인이 강할수록 지각되기가 쉽다(강렬한 불빛, 큰 소리 등). 상관이 부하에게 메모하는 언어는 강도의 원리를 반영할 수 있다. 예를 들면, 나의 사무실에서 즉시 보고하라.

③ 대비(contrast) - 배경으로부터 뚜렷이 드러나는 외부적 요인이 보다 쉽게 인지할 수 있다. 배경의 반대편에 있는 물체는 어떻게 인지하는데 영향을 미친다.

④ 동작(motion) - 움직이는 요인이 정지된 요인 보다 지각하기가 쉽다. 전쟁터에서 군인은 이러한 원리를 빨리 학습한다.

⑤ 반복(repetition) - 반복되는 요인은 단일의 요인 보다 쉽게 지각된다. 마케팅 책임자들은 잠재적 고객의 관심을 얻기 위해 이러한 원리를 활용한다. 광고(advertisement)는 핵심적 아이디어를 반복한다.

⑥ 신기함과 친밀감(novelty and familiarity) - 환경에 있어 신기하거나 친밀한 요인이 주의를 끈다. 예를 들면, 사람들은 도시 거리에 혼자 걷고 있는 코끼리를 쉽게 지각한다.

(2) 내부적 요인

내부적 지각요인(internal perception factors)은 지각선택에 영향을 미치는 지각자의 측면이다. 이러한 내부적 요인은 성격, 학습, 동기부여 등이 포함된다.

① 성격(personality) - 성격은 사람들이 어떻게 지각하는가에 대해 영향을 미친다. 즉 성격은 개인이 다른 사람을 어떻게 지각하는가에 강하게 영향을 미친다. 예를 들면, 필드 의존(field-dependent)이 강한 사람은 외부의 환경적 신호에 보다 많은 주의를 기울인다. 반면에 필드에 독립적인 사람(field-independent person)은 감각(sensations)에 의존한다. 필드 의존

적인 사람은 필드 독립적인 사람보다 인근의 환경 혹은 상황 설계에 의해 보다 많이 영향을 받는다.

② 학습(learning) - 학습은 지각 갖춤새의 발달을 이끈다. 지각 갖춤새 (perceptual set)는 비슷한 자극에 대한 과거의 경험에 기초한 지각의 기 대이다. 조직에 있어 관리자와 구성원의 과거 경험과 학습이 지각에 강하 게 영향을 미친다.

③ 동기부여(motivation) - 동기부여는 사람이 지각하는 것을 결정하는데 중 요한 역할을 발휘한다. 동기부여와 같은 내부적 요인이 감각정보(sensory information)의 해석에 영향을 미친다.

2) 지각적 조직화

지각적 조직화(perceptual organization)는 사람들이 환경적 자극을 인식할 수 있는 패턴으로 그룹화 하는 과정이다. 사람들은 들어오는 정보를 하나의 의미 있는 전체(a meaningful whole)로 조직화한다. 지각적 그룹핑 (perceptual grouping)은 개인적 자극을 하나의 의미 있는 패턴으로 형성하 는 경향이다.

이에 대해 독일 심리학자들은 게슈탈트(gestalt)[1]로 체계화하는 경향이 있다는 사실에 주목했다. 즉 지각에서 전체는 부분의 합을 넘어선다는 것이다. 게슈탈트 지각적 집단화 규칙(perceptual grouping rules)은 사물의 특징들 과 영역이 어떻게 함께 어울리게 되는가를 보여주고 있다.

① 연속성(continuity) - 물체를 연속적인 패턴(continuous patterns)으로 지각하는 성향이다. 반면에 연속적인 패턴의 경향은 특이한 것을 지각하 거나, 그리고 변화를 탐지하는데 무능력을 초래할 수 있다. 경제적 전망에 있어서 보통 연속성의 오류(continuity error)는 미래가 현재 경향의 연속 성이라고 가정하는 것이다.

② 폐쇄성(closure) - 하나의 전체적 물체(a whole object)로 지각하는 능력 이다. 사람들은 아이디어와 정보를 다룰 때 폐쇄성의 원리(closure prin-

---

1 게슈탈트(gestalt)는 '모양'이나 '전체'를 의미하는 독일어 단어이다.

ciple)의 관점에서 자신의 지각을 조직화한다.

③ 근접성(proximity) - 가깝게 접근한 자질들을 집단화한다. 대상에 대한 그룹을 서로서로에 대한 접근성(nearness)에 관련하여 지각하는 것이다. 조직구성원들은 물리적 근접성 때문에 하나의 팀으로 부서 내에 함께 일하는 다른 구성원을 지각하게 된다.

④ 유사성(similarity) - 서로 유사한 자질들을 집단화한다. 즉 대상 혹은 아이디어가 같을수록 공동그룹으로 지각하는 성향이다. 예를 들면, 조직구성원들은 파란 사원용 명패를 부착하고, 반면에 사무실을 방문하는 외부인들에게 노란 명패를 부착하게 함으로 쉽게 인식하게 하는 것이다.

⑤ 단순성(simplicity, pragnanz) - pragnanz는 좋은 형태(good figure)의 독일어 의미이다. 단순성의 법칙은 물체를 가능한 단순하게 생각하는 방식이다. 즉 과학에서 기본적 규칙은 가장 단순한 설명이 보통 가장 좋은 설명이라는 것이다. 물체의 모양에 대해 둘 혹은 그 이상으로 해석이 가능할 때, 지각 시스템은 가장 단순한 것 혹은 가장 그럴싸한 해석을 선택하는 경향이 있다.

3) 지각자의 특성

지각자(perceiver)는 다른 사람의 특성과 행태에 대한 지각에 있어 자신의 문화적 경험, 태도, 가치의 관점에서 해석한다. 이들 요소는 가끔 문화적 차이로부터 사람의 행태와 성격에 관한 판단에서 부적절하게 이루어질 수 있다.

① 지각적 방어(perceptual defense) - 지각적 방어는 위협적인 아이디어, 목적 혹은 상황에 대해 자기 자신을 보호하려는 성향이다. 세상을 보는 개인적 방식(individual's way of viewing the world) 변화에 대해 상당히 저항적이다. 이에 사람들은 불안감을 주는 환경에 대해 심리적으로 청각장애 혹은 맹인이 될 수 있다.

② 고정관념(stereotyping) - 고정관념은 사람들이 놓여있는 범주에 기초하여 사람들의 속성을 결정하는 성향이다. 새로운 상황에 직면할 때 고정관념은 사람을 분류하는데 도움을 주는 가이드라인을 제공한다. 이러한 고정관념은 우리사회의 세계를 단순하게 하는 방식이다. 즉 고정관념은 관

련된 사람들을 과도하게 단순화하는 경향이 있다.

고정관념은 과거의 유사한 경험에 관련한 상황에 대해 신속하게 반응하게 한다. 하지만, 고정관념은 개인들 사이의 차이점을 무시하게 할 수 있다. 이처럼 고정관념은 잘못된 가정에 기초한다면 상황을 왜곡할 수 있다. 이런 측면에서, 작업조직에 있어 고정관념은 때론 소수집단 구성원, 나이 많은 노동자, 여성에 대해 불리하게 한다(Aldag & Kuzuhara, 2002: 99).

③ 후광효과(halo effect) - 후광효과는 호의적 혹은 비호의적 중에서 하나의 속성에 기초하여 다른 사람을 평가하는 것이다. 이처럼 후광효과는 구체적인 특성에 관해 판단함에 있어 전체적 평가(global evaluations)를 활용하는 경향으로 정의할 수 있다. 이러한 현상은 무의식적으로 일어난다. 하나의 특성이 다른 특성들을 무색하게 만들고, 그리고 부가적인 특성을 고려할 때 지각에 영향을 미친다. 후광효과로 인해, 각각 특성에 대해 독립적으로 평가하여 판단하지 않는다. 예를 들면, 결근율이 전혀 없는 종업원은 높은 생산성, 양질의 노동력, 근면할 것으로 판단하는 것이다.

④ 투사(projection) - 투사는 사람들이 다른 사람에서 자기 자신의 특성을 바라보는 성향이다. 즉 사람들은 다른 사람에 대해 자기 자신의 감정, 성격, 태도 혹은 동기를 투사한다. 즉 근심이 있는 사람은 걱정스럽게 다른 사람을 바라본다.

⑤ 초두성 효과/신근성 효과(primacy/recency effects) - 우리가 자극을 받은 시간이 그것에 주어지는 비중에 영향을 미친다. 우리가 받은 최초의 정보가 최종의 인상에 매우 중요하게 영향을 미친다. 이것을 초두성 효과라 한다. 우리가 최근에 받은 정보가 매우 중요한 영향을 가질 때 신근성 효과라 한다.

⑥ 기대효과(expectance effects) - 지각과정에서의 기대효과는 이전의 기대가 사건, 목적, 그리고 사람에 대한 지각에 있어 편견(bias)을 가지게 하는 성향이다.

⑦ 피그말리온 효과(pygmalion effects, 선입관에 의한 기대가 학습자에게 주는 효과) - 지각의 준비성(perceptual readiness)이 우리가 선택한 자극에 영향을 미친다. 이것은 우리가 자극을 해석하는 방식에 영향을 미친

다. 피그말리온 효과는 신화에서 유래되었다. 피그말리온이라는 조각가가 가망은 없지만 사랑에 빠진 매우 아름다운 여성의 조각을 창작했다. 피그말리온은 처녀 갈라 테아(maiden Galatea)로 명명하고, 그들은 아들 파포스(Paphos)를 가졌다.

이처럼, 피그말리온 효과는 우리가 가지고 싶은 이미지의 어떤 것을 창작하는 것이다. 즉 지각의 준비성이 우리의 기대에 기초하여 우리의 지각에 대해 색칠하게 한다(Aldag & Kuzuhara, 2002: 99).

3. 지각적 오류의 방지

지각은 우리의 행태를 결정하는데 있어 중요한 역할을 발휘한다. 자기자신의 특성을 알고 있는 사람들은 다른 사람을 지각하는데 있어 오류를 줄일 수 있다. 그리고 덜 흑백논리의 용어(black-and-white term)로 세상을 볼 것이다. 또한 덜 투사하게 된다.

이와 같이 지각적 오류를 방지하는 것은 관련 정보에 관심을 갖고, 그리고 실제상황을 검증하려는 의식적인 노력이 필요하다. 즉 우리의 지각이 정확한 것인지 혹은 그렇지 않은지에 대해 증거를 활발하게 찾는 노력이 요구된다. 또한 다른 사람에 대한 자신의 지각을 비교하고, 그리고 지각에 대해 어떠한 차이가 있는지와 관련하여 설명하기 위해 노력해야 한다. 지각과 관련한 객관적인 측정을 찾아야 한다.

▎제2절 Johari의 창

Johari의 창(Window)은 1955년 미국의 심리학자 Joseph Luft와 Harrington Ingham이 개발한 개념이며, 이후 Joseph Luft(1970)가 더욱 발전시켰다. Johari 창은 개인이 자기 자신에 대한 지각에 있어 보다 많은 것을 발견하는데 도움을 준다. 이 개념은 개인이 자아와 다른 사람의 관계를 보다 잘 이해하는데 도움을 준다. 이것은 체험적 경험으로서 자조집단 (self-help groups)과 공동의 배경(corporate settings)에 주로 활용된다. 나아가 Johari 창은 자아인식, 개인적 발달, 의사소통의 향상, 개인 간의 관계, 집단동력, 팀 개발, 집단 간 관계 등에 대한 이해와 훈련의 도구로 유용하게 활용된다.

이 개념은 생활의 많은 수수께끼에 대한 해답을 탐구하는데 도움을 준다. 우리의 생활에서 일어나는 것은 우리가 우리 내면에 존재하는 것에 대해 실질적으로 얼마나 알고 있는가와 동시에 다른 사람이 진정한 의미에서 그것에 대해 얼마나 알고 있는가에 의존한다.

Johari의 창은 개인들 사이에 이해를 향상하기 위해 활용되는 의사소통 모델이다. 이 모델에 놓여있는 중요한 사상은 ① 자신에 관한 정보를 털어놓음으로써 다른 사람을 신뢰하게 만들 수 있다. ② 다른 사람과의 환류를 함으로써 자신에 관해 학습할 수 있고, 그리고 자신의 문제에 대해서도 받아들이려고 한다. 이처럼 Johari의 창은 자아인식(self-awareness)과 한 집단내 개인들 사이에 대한 상호이해(mutual understanding)를 묘사하고, 그리고 향상하는데 매우 유용한 도구이다. 또한 이 모델은 한 집단과 다른 집단의 관계를 평가하는데 활용할 수 있다. 나아가 Johari의 창은 심리적 접촉 안에서 고용주와 종업원의 관계를 이해하는데 도움을 준다.

Johari의 창에 의하면, 우리가 우리자신의 지각에 대해 보다 많이 알아볼수록 우리는 우리가 생각하고 행동하는 방식을 보다 많이 변경하고, 향상하고, 그리고 지원할 수 있다. Johari의 창을 통해 갈등상황에 대처하기 위해서는 비밀영역을 줄이고, 공개영역을 늘리는 방법이 있다.

결국 Johari 창의 모델은 맹인영역을 줄이고 공개영역을 확대하는 과정이다. 이는 지속적인 질문과정과 환류를 통해 성취될 수 있다. 또한 폭로과정을 통해 비밀영역을 줄이면서 공개영역을 발전시킬 수 있다. 나아가 다른 사람의 관찰과 자신의 발견을 통해 미지영역을 줄임으로써 공개영역을 증대할 수 있다. 이처럼 Johari의 창은 공개영역의 확대를 통해 사람들이 서로서로 보다 많이 알게 될수록 업무를 함께 수행할 때 보다 협력적이고, 생산적이고, 효과적으로 산출될 수 있다.

이것을 실행할 때, 대상에 대해 57개의 형용사 목록을 제시하고(부록 1 참조), 그리고 자기 자신의 성격을 기술하는 것으로 생각하는 5개 혹은 6개를 선택한다. 그 대상에 대해 동료에게도 같은 목록을 주고, 그리고 대상을 기술하는 5개 혹은 6개 형용사를 선택한다. 이들 형용사를 그리드에 연결시킨다. Charles Handy는 이 개념을 4개의 방을 가진 Johari House라고 명명한다(http://en.wikipedia.org/wiki/Johari_window).

▌그림 2-2 ▌ Johari의 창

		자아(Self)	
		내 자신에 대해 아는 것	내 자신에 대해 모르는 것
타인 (Others)	나에 대해 다른 사람이 아는 것	바공개영역 (Open, Free Area) (Public)	맹인영역 (Blind Area)
	나에 대해 다른 사람이 모르는 것	비밀영역 (Hidden Area) (Façade, Private)	미지영역 (Unknown) (Dark)

자료: Luft(1970).

① 공개영역(이상형, Open Area) - 이 방은 나 자신에 대해 나도 볼 수 있고 그리고 다른 사람도 볼 수 있는 것이다. 즉 이 사분면은 나 자신과 동료 모두가 알고 있는 대상의 특성을 대표한다. 따라서 개방적이고, 교류가 활발하며, 방어기제가 일어나지 않는 상황이다. Johari 창에서 보여주는 가장 중요한 단서는 Open 국면을 발전시킬수록 우리의 생활에서 보다 많이 편안하고 그리고 성공적일 수 있다.

Open 국면을 확대하게 하는 지속적인 작업은 다음과 같다.

ⓐ 우리의 자질(qualities)을 강화하고, 그리고 그것을 적극적으로 활용하라.

ⓑ 자기평가에 대해 보다 자기성찰(introspective)하고 그리고 개방하라.

ⓒ 자신의 약점을 극복하라.

ⓓ 깊게 감추어진 자질을 깨닫고 그리고 깊게 뿌리내린 공포를 극복하기 위해 다양한 도전유형을 수용하라.

② 맹인영역(고삐 풀린 황소, Blind Area, Bull-in-China-Shop) - 이 방은 나 자신에 대해 다른 사람은 볼 수 있지만, 내가 알 수 없는 것이다. 이 사분면은 나 자신에 대해 알지 못하지만, 다른 사람이 알고 있는 대상의 정보를 대표한다. 다른 사람이 이 맹인지대(blind spots)에 대해 나에게 알릴 것인지 혹은 어떻게 알릴 것인지를 결정할 수 있다.

③ 비밀영역(심문자, Hidden Area, Interviewer) - 이 방은 나 자신에 대해 나는 알지만 다른 사람으로부터 숨겨진 개인적 영역이다. 즉 이 사분면은 동료가 모르는 나 자신의 정보를 대표한다. 이러한 형태의 의사소통과 행동은 상대방을 화나게 하며, 거부감을 주고, 불신을 야기한다.

④ 미지영역(거북이, Unknown, Turtle) - 이 방은 나 자신에 대해 나 자신과 다른 사람도 볼 수 없는 무의식적 혹은 잠재의식 영역(subconscious part)인 가장 비밀스러운 방(mysterious room)이다. 이 사분면은 이들 특성에 대한 존재에 대해 집단적 무지(collective ignorance)를 대표한다. 이 국면은 우리 인간의 잠재력(human potential)이다. 이 방은 Freud 관점에서 무의식 세계에 해당된다. 이 국면의 지각은 정의하고 그리고 해석하는데 매우 어렵다. 또한 Dark 국면이 가장 중요한 생활의 국면이다. 우리의 가장 뿌리깊은 공포 혹은 깊게 묻혀있는 재능이 Dark 국면에 놓여있다.

이와 같은 Johari의 창은 4가지 관점으로부터 감정, 경험, 관점, 태도, 기술, 의향, 동기부여와 같은 개인과 집단의 정보를 묘사하기 위한 유용한 틀을 제공한다. 이것은 대중적 지각에 대한 자신의 지각을 비교하기 위한 매우 유용한 도구이며, 발전적 향상을 계획하는 가이드가 된다.

Johari의 창을 활용하는 방법: 당신이 함께 근무하는 사람들 가운데 정직하고 지원적 피드백을 주기 위해 신뢰할 수 있는 3명에서 5명을 선발하라. 각 사람에 대해 Johari의 창 연습지에 내용을 채우게 하라. 공개영역의 아이템에 대해 상호 확실하게 하라. 맹인영역과 관련하여 선발된 사람의 생각을 요청하라. 그리고 당신이 안전하게 느낀다면, 비밀영역에 대한 아이템을 공유하라. 미지영역에 대해, 개발되지 않았던 잠재된 생각 혹은 통찰력을 그들과 공유하라. 일단 당신이 행동아이템(actions items)을 결정하면, 자료를 준 사람들에게 피드백하고 그리고 당신의 행동계획을 그들과 공유하라.

지금 당장이라도 57개 형용사를 가지고 직접 테스트를 하는 것이 가능하다. 자신이 선택한 6개의 형용사, 그리고 타인이 선택한 6개의 형용사를 2×2 매트릭스의 조하리 창에 집어넣어 보기 바란다. 사람들과의 관계에서 내가 부족한 부분이 무엇이고, 어떻게 극복해야 하는지, 그 해답을 조하리 창 안에서 찾을 수 있을 것이다.

부록 1. Johari Window의 57개 형용사

재능있는 (able)	양한 성격자 (ambivert)	솔직한 (accepting)	융통성 있는 (adaptable)	용기 있는 (bold)
차분한 (calm)	친절함 (caring)	유쾌한 (cheerful)	영리한 (clever)	마음에 맞는 (congenial)
까다로운 (complex)	자신감 있는 (confident)	믿음직한 (dependable)	품위 있는 (dignified)	활동적인 (energetic)
외향적인 (extrovert)	우정 어린 (friendly)	마음이 넓은 (giving)	행복한 (happy)	도움이 되는 (helpful)
이상주의 (idealistic)	독립적인 (independent)	독창적인 (ingenious)	총명한 (intelligent)	내성적인 (introvert)
친절한 (kind)	박식한 (knowledgeable)	논리적인 (logical)	상냥한 (loving)	성숙한 (mature)
겸손한 (modest)	소심한 (nervous)	조심성 있는 (observant)	낙천적인 (optimistic)	잘 정리된 (organized)
강력한 (powerful)	자신감 있는 (proud)	공격적인 (aggressive)	생각이 깊은 (reflective)	관대한 (relaxed)
종교적인 (religious)	민감한 (responsive)	철저하고 엄중한 (searching)	자기주장이 강한 (self-assertive)	자의식이 강한 (self-conscious)
실용적인 (sensible)	감정적인 (sentimental)	수줍어하는 (shy)	어리석은 (silly)	단정하고 멋진 (smart)
자발적인 (spontaneous)	동정심 있는 (sympathetic)	긴장한 (tense)	믿을 수 있는 (trustworthy)	따뜻한 (warm)
지혜가 있는 (wise)	재치있는 (witty)			

┌─● 용어의 정의 ●────────────────────────────

- 지각(知覺, perception) – 감각 정보(sensory information)를 인지하고 해석하는 것이다. 지각은 정보에 대해 어떻게 반응하는가를 포함한다.

- 지각적 선택(perceptual selection) – 사람들이 몇몇 자극에 대해 제한된 시간에 몇 가지의 자극만 선택하는 경향이다.

- 지각적 조직화(perceptual organization) – 사람들이 환경적 자극을 인식할 수 있는 패턴으로 그룹하는 과정이다. 사람들은 들어오는 정보를 하나의 의미 있는 전체(a meaningful whole)로 조직화한다.

- Gestalt 심리학 – Gestalt 심리학은 심리적 현상을 이해함에 있어 구성된 부분의 합보다 오히려 조직화된 그리고 구조화된 전체로서 조망하는 것이다. Gestalt 심리학은 독일 심리학자 Max Wertheimer, Wolfgang Köhler, Kurt Koffka에 의해 발달된 것으로 1930년대와 1940년대 시각적 지각에 적용되었다. 주된 목적은 환경에서 지각하는 구조에 포함된 총체적이고 전체론적 과정(the global and holistic processes)을 조사하는 것이다. Gestalt 심리학에서 활용되는 원리는 근접성(proximity)의 원리, 유사성(similarity)의 원리, 함축성(Prägnanz)의 원리, 균형성(symmetry)의 원리, 폐쇄성(closure)의 원리이다.

- 고정관념(固定觀念, stereotyping) – 사람들이 놓여있는 범주에 기초하여 사람들의 속성을 결정하는 성향이다. 고정관념의 장점은 이전에 비슷한 경험에 의해 상황에 대해 빨리 반응할 수 있게 한다는 점이다. 반면에 단점은 사람들 사이의 차이점을 무시하게 만든다.

- 후광효과(後光效果, helo effect) – 호의적 혹은 비호의적 중에서 하나의 속성에 기초하여 다른 사람을 평가하는 것이며, 이 효과는 구체적인 특성에 관해 판단함에 있어 전체적 평가(global evaluations)를 활용하는 경향이다.

- 초두성 효과/신근성 효과(primacy / recency effects) – 초두성 효과는 우리가 받은 최초의 정보가 최종의 인상에 매우 중요하게 영향을 미치는 것이며, 신근성 효과는 우리가 최근에 받은 정보가 매우 중요한 영향을 가지는 것이다.

- 피그말리온 효과(pygmalion effects, 선입관에 의한 기대가 학습자에게 주는 효과) – 우리가 가지고 싶은 이미지의 어떤 것을 창작하는 것이다.

- Johari의 창 – 개인들 사이에 이해를 향상하기 위해 활용되는 의사소통 모델이며, 이 개념은 개인이 자기 자신에 대한 지각에 있어 보다 많은 것을 발견하는데 도움을 준다.

제 3 장
학습이론

　　학습은 희망을 갖게 해 준다. 우리는 새로운 학습을 통해서 이미 학습된 것들을 변화시킬 수도 있다. 이런 시각에서 학습이론은 인간본성이 나쁘지도 혹은 좋지도 않다고 가정한다. 학습이론가들은 인간은 다른 사람과 환경에 단순히 반응하는 존재(reactive being)라고 가정한다. 이에 학습심리학자들은 S-R단위가 어떻게 획득되는가 혹은 어떻게 학습되는가를 발견하고자 한다. 이 장에서는 학습의 의의와 유형, 학습이론에 관련한 몇 가지 실험과 사회적 학습에 대해 살펴보고자 한다.

제1절 학습의 의의와 유형

1. 학습의 의의

1) 학습의 의미

　　학습(learning)은 새로운 지식과 기술을 습득하는 인지과정이며, 재생산하기 위해 정보를 보유한다. 이러한 학습은 구체적인 개인의 행태 발생빈도에 있어 비교적 항구적인 변화(permanent change)이다. 학습하는 능력이 생존의 가치를 가진다. 이에 학습하는 능력은 유전적(inherited)이다. 이런 정의에서 학습은 경험에 기초한다. 학습은 유기체의 변화를 낳는다. 그리고 이러한 변화들은 비교적 영속적이다.

학습은 다소간 항구적이기 때문에, 학습은 피로와 같은 단명하는 영향력 때문에 변화하는 행태와 차이가 있다. 학습은 모든 경우에 있어 실질적 행태에 영향을 미치지는 않는다. 또한 학습은 개인적 경험으로부터 초래된다. 학습은 대체로 성숙과 같은 물리적 변화(physical change)의 기능이 아니다 (Spear, et al., 1988: 240).

유전된(inherited) 행태	학습된(learned) 행태
• 본능(instinct), 학습 되지 않음, 타고난 행태(inborn behavior) • 변화되지 않음(can't be changed), 환경에 영향을 받지 않음 • 한 세대에서 다음 세대로 전승됨 • 사례(신체적 특성: 눈, 피부, 모발 색깔)	• 환경과의 상호작용을 통해 학습함 (관찰하고, 경험하고, 실재를 통해 획득된 형태), 경험에 기반함 • 변화됨(can be changed), 환경에 의해 상당히 영향을 받음, 시행착오를 통해 수정됨 • 한 세대에서도 전승될 수 있음

2) 학습과 훈련

학습과 훈련은 가끔 상호교환적으로 사용되며, 불가분하게 연결되어 있다. 학습은 노동자가 기술적 성과를 향상하기 위해 훈련을 채택해야만 한다.

하지만, 〈표 3-1〉과 같이 학습과 훈련은 강조점에서 약간 차이가 있다. 학습(learning)은 행태에 있어 항구적인 변화(permanent changes)를 성취하는데 초점을 둔다. 이에 학습은 장기적인 활동이다. 또한 학습은 목적을 성취하기 위해 기술과 능력을 증가하기 위한 목적으로 정보를 이해하고 그리고 보유하는 과정이다. 이처럼 학습은 기술과 능력을 향상하기 위해 정보를 몰두하는 과정이다. 목적이 무엇이든지 학습의 질은 훈련의 질에 상당히 의존한다. 이에 학습자의 결과에 상당히 영향을 미치는 훈련자(trainer)의 역할이 매우 중요하다.

훈련(training)은 새로운 기술과 지식의 습득에 초점을 두고 그리고 사건 지향적(event driven)이다. 더욱이 훈련은 활용하기 위한 새로운 기술을 발달하는데 보다 많은 초점을 둔다. 예를 들면, 훈련은 신입 조직구성원이 조직에서 직무를 잘 수행하도록, 또한 책임을 잘 수행하도록 학습시키는 과정이다. 나아가 훈련은 훈련생(trainee)에게 교육하는 방식으로 말로, 문서로, 혹은 다른 표현방식을 통해 정보와 지식을 전달하는 것이다.

▌ 표 3-1 ▌ 학습과 훈련

훈련(training)	학습(learning)
기술의 발달(skills development)	행태변화(behavior change)
외부적인 적용	내부적인 수용
단기적(short term) 기술 향상	장기적(long term) 변화
알려진 도전(known challenges)을 위한 채비	모호한 미래(ambiguous future)를 위한 채비
현재의 조직요구(today's organizational needs)에 대응	조직미래(organizational future)에 한정

2. 학습의 유형

1) 습관화

학습의 가장 단순한 형태는 습관화(habituation)이다. 유기체가 반복적으로 표출되기 때문에 자극에 대해 익숙해져 있다. 이러한 과정이 습관화이다. 이에 습관화는 새로운 자극 혹은 갑작스러운 자극에 대해 관심이 적다. 하지만, 습관화의 가치는 사람들이 새로움과 중요성이 상실한 자극을 무시하게 된다는 것이다.

2) 민감화

민감화(sensitization)는 동물 혹은 사람들이 어떤 종류의 고통 혹은 불쾌한 사건을 동반하는 자극에 노출되었을 때 일어난다. 민감화의 효과는 훈련의 정도에 따라 몇 분에서 몇 주간 지속될 수 있다. 민감화의 효과는 습관화의 효과와 반대일 수 있다.

▌제2절 자극에 따른 학습

1. 고전적 조건형성: Pavlov의 실험

고전적 조건형성(classical conditioning)은 개인이 반사적인 행태 (reflex behavior)를 학습하는 과정이다. 반사작용(reflex)은 개인의 의식적 통제에서 일어나는 것이 아닌 자기도 모르는 반응 혹은 자동적 반응 (involuntary or automatic response)이다. 즉 고전적 조건형성은 중성적인 자극이 어떤 반응을 자연히 일으키는 자극과 짝지어진 이후에 어떤 반응을 일으킬 때를 말한다.

이에 관한 대표적인 연구로 1890년대 러시아 심리학자 Ivan Pavlov (1849~1936)는 개의 소화 작용(digestion)을 조사했다. 개가 음식을 받아먹기 전에 침을 흘리는(salivate) 이유를 이해하기 위해 노력했다.

첫째, Pavlov는 학습되지 않는 반응(침)을 이끌어내는 자극(음식)과 침을 이끌어내지 않는 자극(벨)과 짝을 이루는 결정을 했다. 개가 음식을 만났을 때 침을 흘리는 것을 무조건적 반응(unconditioned stimulus response, UR)이라 명명한다. 학습되지 않는 무조건적 반응인 반사작용이 나타난다. 반사작용은 어떤 자극의 범위에 의해 이끌어내는 것이다. 자극(stimulus)은 환경에서의 변화로 정의할 수 있다.

둘째, Pavlov는 개가 침을 흘리지 않는 자극(벨)과 음식을 동시에 제공하는 자극을 했다. Pavlov는 음식을 제공하는(unconditioned stimulus, US) 동시에 벨을 울릴 때 침(unconditioned response, UR)을 발견했다.

셋째, Pavlov는 벨과 음식을 동시에 지속적으로 제공한 후, 음식을 제공하지 않고 벨을 울렸을 때 침을 흘리는 것을 발견했다. 벨은 개가 예측하는 방식에서 반응하는 자극이 되었다. 이때 벨을 조건적 자극(conditioned stimulus: CS)라 한다. 벨에 대한 반응을 조건적 반응(conditioned response, CR)이라 한다. 벨이 조건적 반응을 이끌어내는 힘을 가지는 것을 강화 (reinforcement)라 한다. 무조건적 자극(음식)은 음식과 연계됨으로써 조건적 자극(벨)을 강화시킨다. 즉 두 개의 조건이 짝을 이룰수록 음식은 보다 벨을 강화시킨다. 이러한 학습절차를 고전적 조건형성(classical conditioning)이라고 한다.

이와 같이 Pavlov는 반사작용은 자극에 대해 단순하고 학습되지 않는 반응이지만, 반사작용이 조건적 자극의 연계를 통해 학습되어지거나 혹은 조건화된다는 것을 발견했다.

▎그림 3-1 ▎Palov의 실험

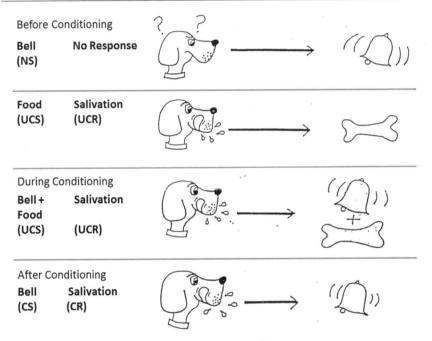

Before Conditioning

Bell   **No Response**
(NS)

Food   **Salivation**
(UCS)   **(UCR)**

During Conditioning

Bell +   **Salivation**
Food
(UCS)   **(UCR)**

After Conditioning

Bell   **Salivation**
(CS)   **(CR)**

* 조건과정(during conditioning) - 조건적 자극(벨)은 무조건적 자극(음식)의 제공에 의해 나타난다. 무조건적 반응을 이끌어낸다.

Pavlov의 학습연구의 결과는 동물은 조건적 자극(CS)과 무조건적 자극(US)의 두 자극이 시간적으로 멀리 떨어져 있다면 CS와 US 사이의 연계를 학습하지 못한다. 즉 CS(소리)를 계속 제시하고 US(음식)를 제공하는 것을 멈춘다면 침 흘리는 것을 멈추게 된다. 이런 과정을 소거(extinction)이라고 한다. 소거란 CS가 더 이상 US를 신호하지 않을 때 반응이 감소하는 것을 말한다. 또한 시간이 경과함으로써 조직체는 자발적 회복(spontaneous re-covery)을 보여준다. 즉 자발적 회복은 휴지기간 후에 소거되었던 조건반응이 다시 나타나는 현상이다.

이에 Pavlov는 짧은 자극간 간격(short inter-stimulus interval)의 중요성을 인식했다. 만약 US가 CS에 선행한다면, 즉 반대방향의 조건이라는 절차라면 동물은 거의 학습하지 못한다. 또한 연구자들은 CS-US 관계가 등위성(equipotentiality)에 의해 특징된다고 주장한다.

이와 같은 고전적 조건형성은 일상의 조직생활에서 일어나는 다양한 행태를 설명하는데 도움을 준다. 반면에 관리자의 관점에서 고전적 조건형성은 작업배경에서 보통 적용하기 위해 고려되는 것은 아니다. 대신에 관리자는 종업원의 자발적 행태에 관심을 가지고, 그리고 이들 행태가 어떻게 영향을 받고 있는지에 관심을 가진다.

무조건적 반응 (UR)	파블로프식 조건형성에서 먹이가 입에 들어올 때 침을 흘리는 것처럼, 무조건 자극(US)에 대해서 자연스럽게 나타내는 반응
무조적 자극 (US)	파블로프식 조건형성에서 무조건적으로 – 자연스럽고 자동적으로 – 반응을 촉발시키는 자극
조건반응(CR)	파블로프식 조건형성에서 이전에 중성적이었던(현재는 조건화된) 자극(CS)에 대한 학습된 반응; 무조건반응과 유사하나 조건자극에 의해 생성되는 반응
조건자극(CS)	파블로프식 조건형성에서 무조건적 자극과 연합된 후에 조건반응을 촉발시키게 된 자극; 처음에는 중성적이고 유기체에 어떤 신뢰할 만한 반응을 내지 못하는 자극

자료: 신현정·김비아 역(2008: 185).

2. 효과의 법칙: Thorndike의 실험

Pavlov가 개의 행태에 대해 연구하는 시대에 미국의 심리학자 Edward Thorndike(1874~1949)는 고양이의 행태를 관찰했다. Thorndike는 동물이 명령에 의해 앉아 있는 것 같은 익숙한 행동을 어떻게 수행하는가에 관심을 가졌다.

Thorndike는 고양이에게 음식을 주지 않고 퍼즐상자(puzzle box) 앞에 음식을 놓아두고, 지렛대를 활용하여 문을 열고 음식을 얻게 하는 실험을 진행했다. 고양이가 우연히 발톱으로 와이어루프를 내려쳐 자물쇠를 당겨서 그리고 상자문을 열어 음식에 도착하게 된다. 고양이가 이와 같은 방식으로 도망가는 것을 인식하게 되어 가능한 빨리 상자문을 여는 방법을 학습하게 된다.[2]

이와 같은 시행착오 학습(trial-and-error learning)에 대한 Thorndike의 관찰은 어떤 행동의 결과가 행동을 일으키는 가능성을 결정하는데 중요한 요인이 된다는 것을 고려하게 되었다. Thorndike의 효과의 법칙(law of effect)은 즐거운 결과와 연계한 반응은 반복되는 경향이 있는 반면에, 불쾌한 결과와 연계한 반응은 제거되는 경향이 있다. 이처럼 행동의 결과는 행동에 대한 반복가능성을 결정한다. 즉 어떤 상황에서 보상에 의해 반응이 나타나지만, 처벌은 자극과 반응 사이의 연계를 근절시킨다. 즉 보상받은 행동은 재발할 가능성이 크다. Thorndike는 이와 같은 학습형태를 도구적 학습(instrumental learning)이라 명명했다.

3. 조작적 조건형성

고전적 조건형성에서 특정한 자극이 어떤 반응을 이끌어낸다(Pavlov의 실험에서 벨이 침을 이끌어냈다). 반면에 도구적 학습에서 반응은 반응을 강화하거나 혹은 약화시키는 결과에 따른다.

B. F. Skinner는 어떤 지렛대(lever)를 오른발, 왼발, 혹은 몸으로 누르는 것은 환경에 대한 동일한 효과를 가지기 때문에 동일한 반응으로 고려할 수 있다고 한다. 즉 〈그림 3-2〉와 같이 Skinner Box는 보다 자연적인 행태 흐름을 조사하는데 매우 적합한 실험실 환경이다. 즉 개개 동물은 작은 공간(chamber)에 강화물인 음식 혹은 물을 획득하기 위해 조작할 수 있는 지렛

---

2 이와 같이 고양이는 단 한 가지의 행동만이 자유와 음식을 얻게 되는 것을 학습하게 된다. 이리하여 시간이 지나면서 비효과적인(혹은 부정확한) 행동은 점점 줄어들게 된다(민경환 외 역, 2013: 285-286).

대가 있다. 또한 작은 공간에는 전기장치가 연결되어 있어 동물이 지렛대를 누르는 것을 기록할 수 있다.

▌ 그림 3-2 ▌ Skinner Box

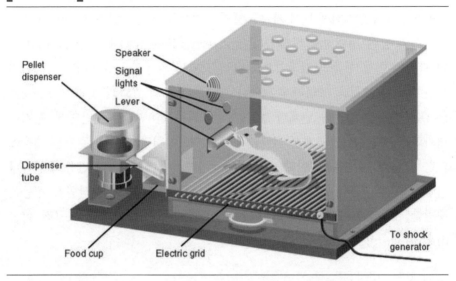

이와 같이 Skinner가 명명한 조작적 조건형성(operant conditioning) 은 정확하게 동일한 근육운동을 공유하는 것보다 환경에 대한 동일한 효과를 공유하는 도구적 반응에 대한 학습을 언급하는 것이다. 즉 조작적 조건형성 은 개인이 자발적 행태를 학습하는 과정을 말한다. 또한 조작적 행태는 회피 조건(avoidance conditioning)에 의해 학습될 수 있다. Skinner는 이러한 조작은 결과를 강화하는 것에 의해 따른 반응이라면 더욱 강하게 이루어진다 고 주장한다.

반응이 나타날 가능성은 환경에 대한 반응의 효과와 연계된 유기체의 과거경험에 의해 예측될 수 있다. 이에 즐거운 결과를 가진 반응은 비슷한 상황에서 더욱 많이 반복될 것이며, 불쾌한 결과를 산출한 반응은 더 적게 반복될 것이다.

고전적 조건형성과 조작적 조건형성은 기본적으로 같은 원리와 절차를 공유한다. 즉 학습유형에 있어 획득, 소멸, 자발적 회복(spontaneous recovery), 그리고 자극 일반화(stimulus generalization)의 기본적인 원리가 동일하다. 이러한 조작적 조건형성은 고전적 조건형성과 비교하면 다음과 같은 몇 가지 측면에서 차이가 있다(Wittig & Williams, 1984: 158-159).

① 고전적 조건형성은 무의식적 반응과 자극 사이에 관련(association) 하는 것을 포함하는 반면에, 조작적 조건형성은 자발적 행태와 결과 사이에 관련하는 것이다. 즉 고전적 조건형성은 자극과 반응 사이의 연계에 보다 많이 의존하지만, 조작적 조건형성의 기본적 특성은 강화(reinforcement)이다.

② 고전적 조건형성은 무의식적 반사행태를 포함하지만, 조작적 조건형성은 보다 많이 자발적 행태에 기초한다. 하지만, 이러한 구별은 명확하지는 않다. 심장박동과 같은 무의식적 반응은 조작적 조건형성 기법을 통해 변화될 수 있기 때문이다. 즉 많은 고전적 조건형성 상황은 조작적 행태를 포함하고 있다.

③ 고전적 조건형성은 유혹(enticement, 인센티브 등)을 포함하지 않는다. 고전적 조건형성은 학습자의 측면에서 수동적(passive)이다.

반면에 조작적 조건형성은 학습자에게 능동적인 참여를 요구하고 그리고 보상 혹은 처벌을 위해 행동유형을 이행하는 것이다.

표 3-2 고전적 조건형성과 조작적 조건형성

구분	고전적 조건형성	조작적 조건형성
실험	Pavlov's dog	Skinner Box
반응	무의식적(involuntary), 자동화(automatic)	의식적(voluntary), 환경에의 조작
습득 (acquisition)	사건과의 연계(CS) US 예고	결과(강화 혹은 처벌)와 더불어 연계된 반응
소멸	CS만 반복적으로 출현할 때 CR이 감소	강화가 중단될 때 반응의 감소
인지과정	유기체(organism)는 CS가 US의 도달을 신호하는 것에 대한 기대를 전개함	유기체는 어떤 반응이 강화될 것인지 혹은 처벌될 것인지에 대한 기대를 전개함; 유기체는 강화없이 잠재적 학습을 보임
학습자	수동적인(passive) 학습자	능동적인(active) 학습자
학자	Pavlov, Watson	Skinner, Thorndike

이와 같이 조작적 조건형성의 중요한 측면은 행태의 결과로서 무엇이 일어나는가 하는 것이다. 결과는 조작적으로 조건화된 행태의 강도와 빈도를 결정한다. 이에 관리자는 종업원의 업무행태에 있어 다른 결과의 효과를 이해해야만 한다.

1) 강화

조작적 반응의 강도(strength)는 소멸에 대한 저항(resistance to extinction)에 의해 측정될 수 있다. 조작적 반응을 강화하기 위해 반응을 보상해야 한다. 보통 언어적 보상은 금전, 캔디, 칭찬 등과 같은 것을 의미한다. 보통이라고 생각하는 보상의 어떤 것은 항상 조작적 반응을 강화하지 않을 것이다. 이런 이유로 심리학자들은 보상 보다 오히려 강화로 명명하는 것을 선호한다.

강화(reinforcement)는 조작적 반응이 반복되어지는 가능성을 증가한다. 조작적 조건에서 강화는 이전보다 높은 수준에 반응을 유지하거나 혹은 표출하는 반응의 강도를 증가하게 하는 자극의 결과로 일어나는 산물로 정의된다.

긍정적 강화(positive reinforcement)는 유기체가 즐거운 결과의 발생을 이끌거나 혹은 결과를 강화하는 방식을 강화할 때 일어난다. 부정적 강화(negative reinforcement)는 유기체가 혐오적 혹은 처벌의 결과를 중단 혹은 회피로 이끄는 방식을 강화할 때 일어난다.

긍정적 강화와 부정적 강화가 동시에 일어날 수 있다. 예를 들면, 식사함으로써 긍정적 결과(충만감과 만족)를 느낄 수 있고, 그리고 동시에 부정적 상태(배고픔)를 회피할 수 있다.

일차적 강화물(primary reinforcer)는 음식, 물, 공기 혹은 잠과 같이 본질적으로 강화되는 자극이다. 즉 생리적으로 만족을 주는 자극이다. 이차적 강화물(secondary reinforcer)는 일차적 강화물과 연계되어 학습된 강화물이다.

후천적 강화물(acquired reinforcer)인 이차적 강화물은 금전, 지위, 관심 등과 같은 것이다. 이에 일차적 강화인자는 창조된(built) 것이고 이차적 강화물은 학습된(learned) 것이다.

| 표 3-3 | 강화계획 |

고정비율계획 (fixed-ratio schedule)	조작적 조건형성에서 특정한 수의 반응이 일어난 후에만 반응을 강화하는 계획; 강화는 특정한 수의 반응이 만들어진 다음에 제공되는 조작적 조건형성 원리
변동비율계획 (variable-ratio schedule)	조작적 조건형성에서 예측 불가능한 반응 수 이후의 반응에 강화를 주는 계획; 강화의 제공이 반응들의 특정한 평균 수에 근거를 두는 조작적 조건형성 원리
고정간격계획 (fixed-interval schedule)	적절한 반응이 만들어진다면 강화가 고정된 시간 간격으로 제공되는 조작적 조건형성 원리; 조작적 조건형성에서 일정한 시간이 지난 후의 반응에 강화를 주는 계획
변동간격계획 (variable-interval schedule)	조작적 조건형성에서 예측 불가능한 시간경과 후의 반응에 강화를 주는 계획; 행동이 그 직전의 강화 이후 경과한 평균 시간에 기초해서 강화된다는 조작적 조건형성 원리

자료: 신현정·김비아 역(2008: 200-201); 민경환 외역(2012: 291-292).

2) 처벌

처벌(punishment)은 연계되어진 행태의 빈도를 억제하거나 감소시키는 회피적 사건(aversive events)이다. 처벌은 회피적 자극(aversive stimulus)에 의해 반응이 일어날 때 발생한다. 즉 반응이 최초에 일어나는 것보다 반응의 강도를 줄이거나 혹은 낮은 수준으로 반응을 유지하는 회피적 자극이다. 강화와 같이 처벌은 때때로 행태에 영향을 미친다. 또한 처벌은 극단적으로 강력할 수 있고, 그리고 처벌은 행태를 통제할 수 있다. 이처럼 강화는 행동을 증가시키는 반면에, 처벌은 행동을 감소시킨다. 즉 처벌은 해서는 안되는 행동을 말해주며, 강화는 해야 할 행동을 말해 준다.

어떤 연구에서 처벌은 행태를 멈추는 가장 효과적인 수단이라는 것이다(Azrin & Holz, 1966). 즉 처벌이 가혹하다면 이러한 결과는 확실하다. 또한 처벌이 고통을 수반한다면 처벌은 적개심과 공격성을 이르게 할 수 있다. 비효과적인 처벌은 다른 바람직하지 않는 행태를 조장할 수 있다. 혹은 심지어 진압되는 것에 목표로 하는 행태를 강화한다.

처벌은 **가능한 강도(intense)**가 있어야 한다. 혹은 윤리가 허용하는 한 강력해야
　　　한다. 처벌이 가혹할수록 행태가 보다 잘 억제된다(The more severe
　　　the punishment, the more the behavior is suppressed).
처벌은 **목표행태(target behavior)** 이후 가능한 빠르게 전달해야 한다.
　　　어떤 소년이 이웃집 창을 깬 1주일 이후 처벌은 효과적일 수 없다.
처벌은 **초기적용(initial application)**에 있어 강렬한 형태로 전달되어야 한다.
　　　처벌자의 강도는 점차로 확대될 수 없다.
처벌은 **확실해야(certain)** 한다. 즉 피할 수 없는 것이어야 한다. 처벌된 반응은
　　　어떠한 방식에 있어서도 확실히 보상되지 않아야 한다.
　　　처벌된 사람이 처벌된 행태보다 반드시 다른 방식에서 보상에 접근할 수
　　　있다는 것을 보여주어야 한다.

자료: Spear, Penrod, & Baker(1988: 262).

3) 소멸

　　반응을 약화시키는 다른 방식은 소멸(extinction)이다. 조작적 조건형성
에의 소멸은 반응을 유지하게 하는 강화물의 제거로 반응을 약화시키거나 혹은
제거되는 것이다. 소멸에 따른 반응에 있어 잠시 동안의 재발(brief re-
currence)을 자발적인 회복(spontaneous recovery)이라 한다.

▎표 3-4 ▎긍정적 강화, 부정적 강화 그리고 처벌

긍정적 강화	부정적 강화	처벌
전형적으로 즐거움을 초래하는 자극이 주어짐으로써 반응을 강하게 만든다. 행태가 즐거운 결과를 일어나도록 이끈다. 혹은 행태가 결과를 강화한다. 이런 행태가 강화된다.	혐오적 자극을 감소시키거나 제거함으로써 반응을 강하게 만든다. 행태가 불쾌한 혹은 처벌을 회피하거나 중단(termination)하게 이끈다. 행태가 회피하게 이른다. 이런 행태가 강화된다.	행태가 혐오적(aversive)이거나 불쾌하게 이르게 한다. 이런 행태가 약화된다.

4. 사회적 학습

사회적 학습(social learning)은 우리가 다른 사람을 관찰하고, 모방하고, 모델링을 통하여 학습하는 것을 말한다. 이러한 사회적 학습은 다양한 사회적 채널(예, 신문, 책, TV, 가족과의 대화, 친구 및 동료와의 대화 등)을 통해 일어나는 학습이다. 코칭과 멘토링은 사회적 학습의 중요한 조직적 사례이다. 사람들은 먼저 다른 사람을 관찰하고, 행태에 대해 마음속의 영상과 그 결과를 전개하고, 그리고 스스로 그 행태를 모방하기 위해 노력한다. 결과가 긍정적이라면 우리는 그 행태를 반복할 것이고, 결과가 부정적이라면 우리는 그 행태를 반복하지 않을 것이다. 이러한 사회적 학습은 행태주의 원리의 기반이며, 그리고 행태를 설명함에 있어 강화의 중요성을 강조한다. 하지만, Bandura에 의하면, 직접적인 강화가 모든 유형의 학습을 설명하는 것은 아니다. 관찰학습이 다양한 행태변화를 설명하는데 유용하다.

이러한 사회적 학습은 우리의 지식에 대한 많은 것을 설명한다. 사회적 학습은 〈그림 3-3〉과 같이 모델링, 상징화, 자기조절을 통합시킨다. 사람들은 부모, 친구, 선생, 영웅, 다른 사람을 모방한다.

모델링(modeling)은 인지한 학습의 몇몇 근거를 공유한다. 또한 모델링은 고전적 조건형성의 과정에 영향을 미친다. 사람이 어떻게 처신할 것인가를 학습하는 가장 중요한 방식 중 하나가 다른 사람에 대한 모델링이다. 즉 다른 사람을 관찰하고, 그 사람의 행태를 모방하는 것이다. 모델링은 사람이 시행착오적 학습(trial-and-error learning)을 통해 복잡한 행태를 학습하는 방식이다.

상징화 과정(symbolic process)은 행태를 위한 가이드라인을 산출한다. 또한 사람들은 어떤 행태와 연계됨으로서 나쁜 행태가 표출된다면 관계하지 않고자 하는 자제력을 보인다. 예를 들면, 사람들은 담배가 암에 연계되기 때문에 흡연을 중단하려는 자제력이 생긴다.

자기조절(self-control)은 다른 사람뿐만 아니라 자기 자신의 행태를 평가할 수 있고, 그리고 바람직한 방향으로 자기 자신의 행태를 변화하도록 강화하는 것을 의미한다. 자기조절의 첫 단계는 자기평가이다. 자기 자신의 행태를 평가하는 것은 전형적으로 자신의 성과 혹은 결과에 대한 불만족에 의해 촉진된다.

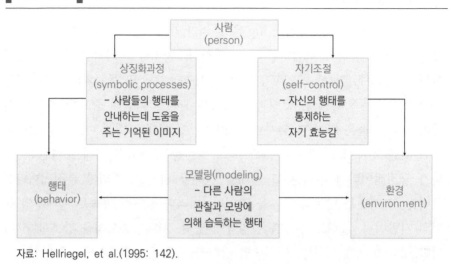

자료: Hellriegel, et al.(1995: 142).

이와 같이 Stanford 대학교 심리학자인 Albert Bandura(1977)의 사회적 학습이론은 다른 사람에 대한 행태, 태도, 감정적 반응에 대한 관찰과 모델링의 중요성을 강조한다. 즉 대부분 사람의 행태는 모델링을 통하여 관찰에 의해 학습된다.

Bandura는 인간은 자신의 행태와 결과 사이의 관계에 관하여 활동적 정보처리과정(information processors)이 존재하는 것으로 믿고 있다. 관찰학습(observational learning)은 인지과정이 작동하지 않는다면 일어나지 않는다. 이리하여 사람들은 다른 사람에 대한 관찰로부터 새로운 행태가 어떻게 형성되는가에 관한 사고가 형성된다. 이에 사회적 학습 이론은 사람의 행태를 인지적 영향, 행태적 영향, 환경적 영향 사이의 끊임없는 상호작용으로 설명한다.

Bandura가 제시한 사회학습이론의 기본적 가정은 행태란 몇몇 중요한 결정요인 혹은 중요한 요소 사이의 지속적인 상호작용의 결과로 초래되는 것이다. 이들 요인에는 모방, 대리적 학습(vicarious learning), 상징적 학습이 포함된다. 특히 학습자가 환경으로부터 자극을 인지적으로 선택하고, 조직화하고, 그리고 전달하는데 중요한 역할을 수행한다.

또한 Bandura는 관찰학습에 3가지 기본적 모델을 제시하고 있다. ① 실제모델(live model) - 실제 개인이 어떤 행태를 표출하거나 실현하는 것이다. ② 언어적 지시모델(verbal instructional model) - 어떤 행태를 기술하고 그리고 설명하는 것이다. ③ 상징모델(symbolic model) - 책, 영화, 텔레비전 프로그램, 혹은 온라인 미디어에서 실질 혹은 소설적인 특성으로 행태를 표현하는 것이다.

Bandura(1977)는 사회적 학습의 매개적 과정(mediational process)에 있어 학습을 지배하는 4가지 과정이 있다고 주장한다. 이들 단계는 사회적 학습이 성공하는지 혹은 그렇지 않는지를 결정하는데 관련되어 있다. 특히 사회적 학습이론에서 매개적 과정은 전통적 학습이론(행태주의)과 인식접근법 사이의 다리(bridge)로 기술된다. 이것은 정신(인식)적 요인이 학습에 어떻게 포함되어 있는가에 초점을 둔다.

① 주의과정(attentional process) - 사람은 모델적인 행태를 관찰할 수 없다면 학습할 수 없다. 어떤 모델에 대한 주의는 관찰학습의 몇 가지 요인에 의존한다. 이들에는 관찰자의 감각능력, 모델의 특성이 포함된다. 어린이는 삼촌보다는 아버지를 모방하기 쉽다.

② 보유과정(retention processes) - 정보를 저장하는 능력은 학습과정에 있어 매우 중요한 영역이다. 학습자는 관찰한 것을 조직화하고 그리고 보유한다. 경험을 다시 체험하고, 그리고 정신적으로 미래의 경험을 시연한다. 학습자는 상상력과 언어를 통하여 인지이론이 말한 인지지도(cognitive map)를 만들어 낸다. 지도는 상상력의 영역으로 팽창할 수 있다.

③ 운동재생산과정(motor reproduction processes) - 육체적 능력에 의존하여 학습자는 인지적 묘사(cognitive representations)를 행동으로 변환한다. 즉 마음속의 영화에 대한 기억을 보유하여 영화에서 시청했던 것을 재생산한다. 또한 반복적으로 재생산하는 행태실행은 향상을 위해 매우 중요하다.

④ 동기부여과정(motivational processes) - 모방된 행태에 대한 실질적 혹은 상상적인 보상(imagined rewards)은 행태를 소멸할 것인가를 결정한다. 모델링된 행태를 모방하기 위해서는 동기부여 되어야만 한다. 강화와

처벌은 동기부여에 있어 중요한 역할을 한다.

이와 같이 사회적 학습은 주의, 기억, 동기부여를 포괄하기 때문에 행태주의자의 모델과 인식모델의 다리 역할을 한다. 사회적 학습이론은 3가지 핵심개념을 토대로 한다. ① 사람은 관찰을 통해 학습할 수 있다. 대부분 사람들의 행태는 모델링으로부터 학습한다. ② 내적 정신적 상태(internal mental state)는 학습과정에 필수적이다. ③ 학습은 필연적으로 행태변화를 초래하지는 않는다.

이러한 Bandura의 사회적 학습이론은 행태를 본성인가 혹은 교육인가 의미로 설명하는데 한계가 있다. 또한 인간행태의 복잡성을 과소평가하고 있다. 즉 사회적 학습이론은 모든 행태에 대해 포괄적으로 설명하지 못하고 있다. 특히 사회적 학습이론은 어떤 행태를 모방함에 있어 명확한 역할모델이 존재하지 않을 때 설명력이 낮다.

사회학습이론의 핵심은 자기효능감의 개념이다. 자기효능감(self-efficacy)은 자신이 어떤 상황을 적절하게 다룰 수 있다는 개인의 믿음(person's belief)을 말한다. 이것은 구체적인 업무를 수행하는데 있어 자신의 능력에 대한 개인적 평가이다. 업무를 수행하는데 종업원이 능력을 많이 가질수록 자기효능감이 높을 것이다.

높은 자기효능감을 가진 종업원은 다음과 같은 것을 믿는다. ① 자신이 필요로 하는 능력을 가지고 있다. ② 자신이 요구하는 노력을 수행할 능력이 있다. ③ 외부적인 사건이 자신이 작업을 잘 수행하는 것을 방해하지 못한다. 이처럼 자기효능감은 작업 선택에 영향을 미치고, 그리고 사람들이 목표를 달성하는데 얼마나 오랫동안 노력할 것인가에도 영향을 미친다.

일반적으로 과거의 경험이 자기효능감에 많은 영향을 미친다. 작업장에서 관리자의 역할은 종업원이 성공적으로 자신의 업무를 반응할 수 있는 환경을 조성하는 것이다. 나아가 관리자가 높은 기대를 가지고 종업원에게 성공을 위한 적절한 훈련기회를 제공한다면 종업원의 자기효능감이 증대될 것이다. 또한 높은 자기효능감을 가진 사람은 낮은 자기효능감을 가진 사람보다 일반적으로 업무에 대해 자신의 관심을 집중하게 될 것이다.

▌표 3-5 ▌ 자기효능감이 낮은 사람과 높은 사람

자기효능감이 낮은 사람	자기효능감이 높은 사람
• 친숙하고 힘들지 않는(undemanding) 안정성의 업무를 추구함	• 도전적이고 고무된(stimulation) 업무를 추구함
• 자아를 입증하기 위한(to prove self) 재촉하는 욕구	• 자아를 표출하기 위한(to express self) 강한 욕구
• 의사소통에 명확성과 정직성이 부족함	• 개방적이고 정직한 의사소통
• 파괴적인 관계(destructive relationships) 형성	• 조성하는 관계(nourishing relationships) 형성
• 실수를 인정하는 자발심	• 적대감, 비난, 방어적인 자세
• 결근, 낮은 사기의 증가	• 역할이외의 행태를 표출함
• 효율성, 집중을 낮춤	• 직업을 그만 두지 않음

Bandura는 자기효능감을 형성시키거나 강화시키는 4가지 통로(pathways)를 제시되고 있다. 이들 형성요인은 자기효능감을 형성 또는 강화시키는 정보가 어떻게 자기 자신에게 전달되는지를 범주화시킨다.

① 성공경험(mastery experience) - 활동에 대한 성공경험은 개인의 자기효능감을 형성시키고 강화시킬 수 있지만, 실패경험은 자기효능감을 약화시키거나 저하시킨다.

② 사회적 모델(social modeling 혹은 대리경험, vicarious experience) - 업무를 성공적으로 수행한 역할모델을 발견하는 것은 자신도 업무에 성공할 수 있다는 믿음을 갖게 하는데 도움을 준다. 사람들은 자신이 겪은 경험에만 의존하지 않고 부분적으로 대리경험에 의해서도 자기효능감이 형성되고 강화될 수 있다.

③ 사회적 설득(social persuasion) - 동료들이 자신에게 특정한 과제에 대해 잘 수 있다고 말한다면 자기효능감을 증가시킨다. 이처럼 객관적인 칭찬이나 조언 또는 긍정적 피드백은 사람들의 자기효능감을 강화시키는 형성요인으로 작용한다.

④ 심리적 반응(psychological responses) - 어떤 상황에서 자신이 어떻게 느끼는가 하는 것은 자기효능감에 영향을 미친다. 만약 짜증나고, 신경질적이고, 슬픔 감정을 갖게 되면 어떤 업무를 완성할 수 있다는 능력에 대한 믿음이 상실된다. 반면에 즐겁고 유쾌한 감정은 강한 자기효능감으로

도전적인 업무를 대처할 수 있게 한다.

자기효능감은 다음의 3가지 하위요인으로 측정되고 있다.

① 자신감(self-confidence) - 자신의 능력에 관한 확신이나 신념의 정도를 의미한다.

② 과제도전감(과제난이도 선호, task difficulty preference) - 목표달성을 위해 자신의 직무를 수행하는 과정에서 어려운 과제를 선택하는 본인의 선호 정도를 말한다. 어떤 수준의 난이도를 선호하는가를 측정하는 것이다.

③ 자기조절효능감(self-regulatory efficacy) - 자신의 주어진 직무를 수행하는 과정에서 자신의 욕구나 행동을 적절하게 통제할 수 있다는 신념을 의미한다. 이는 자신이 행동을 할 때 자기조절을 얼마나 잘 할 수 있다고 믿는지와 관련된 자세이다.

┃ 표 3-6 ┃ 자기효능감의 설문문항 사례

구성요인	자기효능감의 설문문항
자신감	• 나는 부담스러운 상황에서도 우울함을 느끼지 않는다. • 나는 어려운 상황에서도 스트레스를 받지 않는다. • 나는 어떤 일을 시작할 때 실패할 것 같은 느낌을 갖지 않는다. • 나는 모든 일에 있어 동료들이 나보다 뛰어난 것이라고 생각하지 않는다.
과제도전감	• 나는 일이 어려울수록 좋다. • 만일 내가 선택한다면 쉬운 일보다 어려운 일을 선택할 것이다. • 나는 조금 실수하더라도 어려운 일을 수행하는 것을 좋아한다. • 나는 쉬운 일 보다 내가 도전할 수 있는 어려운 일을 좋아한다.
자기조절 효능감	• 나는 일의 순서를 정해 차례로 처리할 수 있다. • 나는 어떤 업무의 원인과 결과를 잘 찾아낼 수 있다. • 나는 주어진 일을 수행하기 위해 정보를 충분히 활용할 수 있다. • 나는 일이 잘못되고 있다고 생각하면 빨리 바로 교정할 수 있다.

자료: 홍현경(2012); 손영진(2018)의 연구를 재구성한 것임.

- 학습(學習, learning) – 새로운 지식과 기술을 습득하는 인지과정이며, 재생산하기 위해 정보를 보유하는 것이다. 학습은 경험에 기초하며, 유기체의 변화를 낳고, 비교적 영속적이다.

- 고전적 조건형성(classical conditioning) – 개인이 반사적인 행태(reflex behavior)를 학습하는 과정이며, 중성적인 자극이 어떤 반응을 자연히 일으키는 자극과 짝지어진 이후에 어떤 반응을 일으킬 때를 말한다. 대표적인 연구로 Pavlov의 개의 소화작용 실험이 있다.

- Thorndike의 효과의 법칙(law of effect) – 즐거운 결과와 연계한 반응은 반복되는 경향이 있는 반면에, 불쾌한 결과와 연계한 반응은 제거되는 경향을 말한다.

- 조작적 조건형성(操作的 條件形成, operant conditioning) – 정확하게 동일한 근육운동을 공유하는 것보다 환경에 대한 동일한 효과를 공유하는 도구적 반응에 대한 학습을 언급하는 것이며, 개인이 자발적 행태를 학습하는 과정을 말한다.

- 사회적 학습(社會的 學習, social learning) – 우리가 다른 사람을 관찰하고, 모방하고, 모델링을 통하여 학습하는 것을 말한다. 이 이론은 사람의 행태를 인지적 영향, 행태적 영향, 환경적 영향 사이의 끊임없는 상호작용으로 설명한다.

- 자기효능감(自己效能感, self-efficacy) – 자신이 어떤 상황을 적절하게 다룰 수 있다는 개인의 믿음(person's belief)을 말하며, 구체적인 업무를 수행하는 데 있어 자신의 능력에 대한 개인적 평가이다.

- Ivan Petrovich Pavlov(1849.9.14.~1936.2.27.) – Pavlov는 1849년 9월 14일 러시아 랴잔(Ryazan)에서 태어났다. Pavlov는 목사인 아버지의 영향으로 신학대학교(theological seminary)에 다녔다. 그는 Charles Darwin과 러시아 심리학의 아버지인 I. M. Sechenov의 사상에 영감을 받아 과학적 탐색을 위해 신학공부를 포기하였다.
  Pavlov는 상트페테르부르크 대학교(University of St. Petersburg)에서 화학과 생리학을 공부하여 1875년에 자연과학의 학위를 받았고, 1883년에 심장 원심성 신경(centrifugal nerves of the heart)으로 St. Petersburg에 있는 왕립의학대학에서 학위를 받았다.
  Pavlov는 1890년에 실험의학연구소(Institute of Experimental Medicine) 생리학 부서에 책임자가 되었고 또한 왕립의과대학에서 약리학 교수가 되었다.

이 시기에 Pavlov는 개의 소화분비활동과 소화과정에서의 신경시스템의 연속효과에 대해 연구하였다. 이 관찰을 통해 조건화된 반사(conditioned reflex)의 개념을 형성하였다. 이러한 실험결과는 1903년 스페인 마드리드에 개최된 국제 의학학회(International Medical Congress)에서 "동물의 실험 심리학과 정신병리학(The Experimental Psychology and Psychopathology of Animals)"을 발표했다. 1904년 개의 소화시스템의 연구로 노벨 생리학상 혹은 의학상을 받았다. 1912년에 케임브리지 대학교에서 명예박사를 받았으며, 1915년에 레지옹 도뇌르 훈장(Order of the Legion of Honour)을 받았다.

Pavlov의 연구는 행태주의 발달에 중요한 영향을 미쳤다. 즉 그의 반사활동과 관련한 발견과 연구는 행태주의자 운동의 성장에 영향을 주었다.

- Edward Thorndike(1874.8.31~1949.8.9) - Thorndike는 행태주의에 있어 조건적 조작의 발달을 개척한 학습이론과 관련한 유명한 심리학자이다. 또한 Thorndike는 현대 교육심리학의 창시자로 인용되고 있다. Thorndike의 가장 유명한 실험은 고양이의 퍼즐상자실험(puzzle box experiments)이다.

Thorndike는 감리교 목사의 아들로 1874년 8월 31일에 매사추세츠 윌리엄즈버그(Williamsburg)에서 태어났으며, 1895년 웨슬리 대학교(Wesleyan University)에서 과학 학사, 하버드 대학교에서 석사, 컬럼비아 대학교에서 정신심리학(psychometrics)의 창시자 중 한분인 James McKeen Cattell의 지도로 박사학위를 받았다. 박사학위 논문은 "동물지능: 동물에 있어 연합과정에의 실험연구(Animal Intelligence: An Experimental Study of the Associative Processes in Animals)"이었으며, 이 주제는 심리학에서 인간이 아닌(nonhuman) 주제로 한 최초의 논문이었다. Thorndike는 동물이 모방 혹은 관찰을 통해 작업을 학습하는지에 관심을 가졌다. 이를 검증하기 위해 길이 20인치, 넓이 15인치, 높이 12인치의 퍼즐박스를 만들었다.

Thorndike는 교육은 구체적이고 사회적으로 유용한 목적을 추구해야 한다고 믿었다. 또한 Thorndike는 학습능력은 35세까지 감퇴되지 않다고 믿었다.

1912년에 미국심리학회 회장에 선출되었다. Thorndike의 주요한 저작물은 1903년의 교육심리학(Educational Psychology), 1904년에 정신 및 사회측정이론개론(Introduction to the Theory of Mental and Social Measurements), 1905년 심리학 원리(The Elements of Psychology), 1911년 동물지능(Animal Intelligence), 지능측정(The Measurement of Intelligence), 1932년 학습원리(The Fundamentals of Learning) 등이 있다.

- Burrhus Frederic Skinner(1904.3.20.~1990.8.18.) - Skinner는 1904년 펜실베니아 주 서스쿼해나(Susquehanna)에서 태어났다. 1931년 하버드 대학에서 박사학위를 받았고, 동 대학교에서 1936년까지 연구원으로 활동했다. 미네소타 대학교와 인디아나 대학교에서 교수로 활동했으며, 1948년 하버드 대학교에서 교수로 임용되어 1974년까지 재직하였다.

  Skinner는 하버드 대학교에서 박사학위 이후 인간행태의 개념에 대해 연구하기 시작했다. 이것을 수행하기 위해 조작적 조건화 기구(operant conditioning apparatus)라 불리는 것을 개발했다. 이것은 Skinner box로 더 잘 알려져 있다. 이 기구를 통해 동물과 환경과의 상호작용에 관해 연구하였다. 즉 상자를 활용하여 비둘기에서 발달되는 행태유형이 무엇인지를 조사하였다.

  이 연구에서 Skinner는 강화의 몇몇 유형이 새로운 행태를 학습하는데 중요한 것으로 결론내리고 있다. 이러한 결과물은 1938년 유기체의 행태(The Behavior of Organisms)를 출간했다. 이런 연구를 통해 Skinner는 효과적인 가르침은 긍정적 강화에 기초해야만 한다고 믿었다. 즉 강화가 처벌보다는 행태의 변화와 확립에 있어 보다 효과적이라는 것이다. 또한 Skinner는 사회에 대해 행태이론을 적용한 연구한 결과 1971년에 자유와 존엄성을 넘어서(Beyond Freedom and Dignity)를 저술하였다.

제 4 장
성격

심리학자들은 성격이 내향적으로 혹은 외향적으로 지배되는지? 또는 다양한 요인의 결합에 의해 통제되는지? 등을 궁금해 한다. 성격은 환경적인 요인에 의해 형성되는가? 만약 그렇다면, 환경적 변화가 극단적으로 변화한다면 성격도 극단적으로 변화될 것이다. 심리학자는 안정적인 성격을 어떻게 발견하는가, 무엇이 성격을 지배하는가, 행태를 예측할 수 있을까 등을 지속적으로 탐구하고 있다.

이 장에서는 성격에 관련한 이들 질문에 해답을 찾고자 성격의 의의와 특성, 성격유형, 성격유형의 측정 등을 살펴보고자 한다.

▌제1절   성격의 의의와 성격차이의 원천

1. 성격의 의의와 특성

우리 개개인들은 생물학적(biological) 요인과 환경적인 요인의 결과로 특징 지워진다. 이에 Altman과 동료학자들(Altman, et al., 1985: 79-82)은 인간발달에 영향을 미치는 요인으로 유전자(genetics), 환경적 요인, 문화·사회학적 요인, 상황적 요인으로 제시하고 있다. 무엇보다 인간행태를 이해하기 위한 기초는 성격의 중요성을 아는 것이다. 이런 시각에서 성격이론은 인간행태를 설명하고, 해석하고 그리고 예언하기 위한 시도이다.

성격(personality)이라는 단어는 배우가 입는 가면(mask)의 의미를 가진 라틴어 persona에서 유래되었다. 고대 그리스 극장에서 가면은 캐릭터(characters)로 정의한다. 현대 극장에서 배우의 진짜 얼굴은 상황과 관련하여 자신의 캐릭터 반응을 반영하는 것이다. 이러한 의미의 성격이란 사람들의 정체와 행태패턴을 결정하는 일련의 특성을 말한다.

이러한 성격은 한 사람의 행태성향을 설명하는데 도움을 준다. 또한 성격은 사람이 어떻게 그리고 왜 생각하고 처신하는지를 이해하는데 중요하다. 더욱이 성격은 사람들이 무엇을 하는 것에 대한 선택과 업무를 어떻게 수행할 것인가를 결정하는데 중요하게 영향을 미친다.

이와 같이 성격이란 어떤 사람을 독특하게 만드는 사고, 감정 및 행태적 특성의 패턴으로 구성되는 것이다. 이러한 성격은 개인 내부에서 일어나는 것이며, 일생동안 상당히 일관성을 유지한다. 즉 성격은 다양한 상황에서 일관성 있게 행동하는 기질의 패턴(the pattern of dispositions)이다. 심리학자들은 성격을 부분이 아닌 전인적 인간(the whole person)으로 이해한다. 성격은 지능, 동기부여, 감정, 학습, 비정상, 인식, 사회적 상호작용을 포함한다. 이점에 있어 어떤 사람의 성격을 기술하기 위해서 이들 영역에 대해 언급해야 한다.

심리학자들은 성격이란 각 개인의 특유성을 규정짓는 특성이고, 개인의 사고와 행태에 있어 일관성을 표출하는 특성에 관한 상대적인 항구적 결합으로 정의하고 있다(Fincham & Rhodes, 2005: 95). 또한 Allport(1937)는 성격을 주어진 환경에 유일하게 적용하는 심리학적·물리학적인 동태적 시스템이라고 정의하고 있다. 즉 성격은 본질적으로 정태적인 것이 아니라 상황적인 변수라는 것이다. 이와 같이 성격은 사람들의 심리적 행태에 있어 공통성과 차이점을 결정하는 일련의 안정적인 특성과 기질이다.

이러한 의미에서 성격은 다음과 같은 기본적인 특성을 포함하고 있다. ① 일관성(consistency) - 성격은 일반적으로 인식할 수 있는 행태의 규칙성과 규칙을 가진다. 사람들은 다양한 상황에서 같은 방식 혹은 비슷한 방법으로 행동한다. ② 성격은 심리적이고 생리적(physiological)이다. 성격은 심리적 구성체이며, 생물학적 과정과 욕구에 의해 영향을 받는다. ③ 성격은 행태와 행동에 영향을 미친다. 성격은 어떤 방식으로 행동하는데 영향을 미친다. ④ 성격은 다면적 표현(multiple expressions)이다. 성격은 행태에서 표출하는 이상의 것이다. 즉 성격은 사고, 감정, 친밀한 관계 그리고 사회적 상호작용에서도 표출된다.

성격의 이러한 특성으로 인하여, 첫째로 성격이론은 항상 모든 행태를 기술하거나 혹은 이해하기 위해 시도하는 일반적인 행태이론이다. 둘째로 공통성과 차이점(commonalities and differences)은 인간행태의 중요한 측면이라고 제안한다. 셋째로 성격에 관한 대부분의 정의는 성격은 어느 정도 안정적이고 그리고 지속성을 가진다고 언급한다. 개개인의 성격은 시간이 흐르면서 변화한다. 성격의 발달은 평생 동안 지속되며, 어린 시절에 가장 급격한 변화가 일어난다(Hellriegel, et al., 1983: 41).

성격연구자들은 사람을 유형으로 그룹화하기 시도한다. 이에 어떤 성격이 왜 발달하는가에 관한 설명과 강조점으로 인하여 서로 상이한 다양한 성격이론이 존재한다.

많은 심리학자들은 성격연구에 있어 빅파이브 틀(big five framework)로 성격을 기술하기도 한다. 이들 모형은 작업장 행태를 이해하는데 중요하게 기여한다. 즉 성격은 작업장에서 활동하기 위한 기회추구와 가장 잘 활동할 수 있는 조직배경(organizational settings)에 영향을 미친다. Presthus((1978)는 관료조직에 적용하기 위해서 사람들은 3가지 행태의 성격유형(상승형, 무관심형, 애매형)이 발생한다고 주장한다. 더욱이 관료제 조직은 생존과 발전하기 위해 3가지 행태를 가진 사람들이 조직 내에 적절히 있어야 한다고 주장한다.

훌륭한 이론의 속성처럼 성격이론은 검증될 수 있고, 이로 인하여 성격과학이 발달할 수 있다. 확고한 성격이론은 가치가 있을 것이다. 또한 좋은 성격이론은 심리학자의 상담에 도움을 줄 것이다. 성격이론은 사람을 평가하는데 유용하며, 사람들의 미래 행태를 예측하는데 도움을 주고, 그리고 특정한 직업에 부합되는 성격을 발견할 수 있을 것이다.

하지만, 성격은 행태가 일어나는 환경에 의해 끊임없이 영향을 받는다.

그러므로 인간행태를 정확하게 설명하고 예측하는 것은 매우 어렵다. 더욱이 변화하는 환경과 더불어 작업장에 관련된 복잡성으로 인하여 성격구조를 완벽하게 예측하기란 매우 어렵다.

2. 성격차이의 원천

무엇이 개인적 성격을 결정하는가? 이 물음에 단일의 해답이 없다. 개인적 성격의 발달에 영향을 미치는 변수들이 너무 다양하기 때문이다. 〈그림 4-1〉과 같이 성격의 차이를 설명하는데 2가지 중요한 요소 - 유전적 특성과 환경 혹은 유전과 교육(nature and nurture) - 가 있다. 이들 요소를 검토하는 것은 개인이 왜 차이가 나는가를 이해하는데 도움을 줄 것이다.

▌ 그림 4-1 ▌ 성격차이의 원천

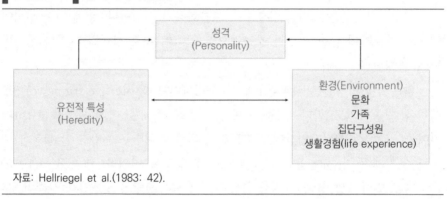

자료: Hellriegel et al.(1983: 42).

1) 유전적 특성

유전적 요인(genetic factors)이 성격에 영향을 미친다는 것에 대해 성격이론의 유전-교육적 논쟁이 첨예하게 불일치한다. 유전적 관점에서는 성격은 유전된다고 주장한다. 반면에 교육적 관점에서는 개인적 경험(person's experience)이 성격을 결정한다고 주장한다.

현재의 관점은 유전과 환경(경험) 두 가지가 성격의 결정에 있어 다른 요인들 보다 매우 중요하다. 이에 몇몇 성격적 특성은 유전적 구성요소에 강하게 영향을 받지만, 다른 성격적 특성은 주로 학습되는 경향이 있다.

이와 관련하여 어떤 사람과 같은 유전인자를 더 많이 가질수록 그 사람과 성격이 유사할 가능성이 더 높다. 유전인자는 모든 성격 특성에 영향을 미치는 것으로 보이며, 최근 연구결과에 의하면, 성격에서 유전적 성분의 영향은 그 추정치가 평균 .40~.60의 범위를 갖는 것으로 나타난다(민경환 외역, 2012: 571).

표 4-1 ▌ 빅 파이브 성격 특성에 대한 유전 가능성 추정치(결정계수)

빅 파이브 성격 특성 차원	유전 가능성
성실성	.38
동조성	.35
신경성	.41
개방성	.45
외향성	.49

자료: 민경환 외역(2012: 571).

2) 환경

많은 행태학자들은 성격형성에 있어 유전적 특성보다 환경이 보다 큰 역할을 발휘한다고 주장한다. 환경적 구성요소들은 문화, 가족, 집단구성원, 생활경험 등이 있다.

① 문화(culture) - 인류학자들은 문화가 성격형성에 중요한 역할을 발휘한다고 주장한다. 문화는 사람들 사이의 행태적 유사성 패턴을 결정하는데 기여한다. 문화가 구성원의 성격발달에 영향을 미치지만, 모든 개인은 동등하게 문화적 영향에 반응을 보이는 것은 아니다.

② 가족(family) - 개인이 특정한 문화로 사회화하기 위한 최초의 수단이 사람들의 가장 가까운 가족이다. 부모와 형제자매 모두가 개인의 성격발달에 중요한 역할을 발휘한다. 또한 가족적 상황이 성격차이에 있어 중요한 원천이다. 상황적 영향에는 가족의 사회경제적 수준, 규모, 인종, 종교, 지리적 위치, 부모의 교육수준 등이다.

③ 집단구성원(group membership) - 대부분 개인이 속하는 첫 번째 집단은 가족이다. 사람들은 생활하는 동안 여러 가지 집단에 참여하게 된다. 사람들의 성격을 이해하는 것은 그 사람이 과거와 현재에 소속한 집단을 이해할 필요가 있다.

④ 생활의 경험(life experiences) - 각 사람들의 삶은 구체적인 사건과 경험의 면에서 독특하다. 이들 삶의 경험은 성격에 있어 중요한 결정요인으로 작용한다.

▌제2절 성격유형

성격이론가들은 사람들이 구별되는 행태패턴을 어떻게 발전시키는가에 대해 설명하고자 노력한다. 또한 어떤 성격 유형을 가진 사람이 생활의 요구에 대해 어떻게 반응하는가를 예측하고자 노력한다. 또한 성격이론은 사람들이 공통적으로 소유하는 있는 것이 무엇인지 그리고 사람들을 구별하게 하는 것은 무엇인지를 기술한다.

1. Hippocrates의 연구

성격유형에 의해 사람을 분류하고자 노력했던 초기의 학자중 한 사람은 그리스 의사인 Hippocrates(460~377 B.C.)이다. 의학의 아버지(father of medicine)인 Hippocrates가 제기한 4가지 기질이론은 인간의 몸은 4가지 물질로 구성되어 있으며, 이들 물질이 기질(humors)로 언급한다. 이상적인 건강은 4가지 기질이 완전한 균형(perfect balance)을 갖추는 것이다. 균형이 상실될 때 병이 발생하게 된다. 즉 어떠한 병 혹은 장애는 몸을 구성하는 4가지 기질이 균형을 갖추지 못하다는 것을 의미한다. 질병을 치유하는 방법은 균형을 회복하는 것이다.

4가지 기질이론에 의하면, 인간의 몸을 구성하는 물질은 흑담즙(black bile), 황달 담즙(yellow bile), 혈액(blood), 점액(가래, phlegm)이다.

Galen은 이들 4가지 기질의 존재 윤곽을 다음과 같이 정리했다.

① 우울증(melancholic) - 흑담즙이 많은 사람이다. 이들은 매우 민감하고, 예술적 활동을 즐긴다.

② 다혈질(성마른, choleric) - 이 유형의 사람들은 황달 담즙의 양을 많이 소유한다. 열정의 원천으로 작용한다. 이들은 매우 활발하고, 쉽게 화를 낸다.

③ 낙관(쾌활, sanguine) - 혈액(blood)이 이들 사람의 지배적인 기질이다. 이들은 자신감이 있고, 즐겁고, 낙관적이고, 표현적이고, 사회적이다.

④ 내정(phlegmatic) - 이 유형의 사람들은 많은 양의 점액(phlegm)을 소유하고 있다. 이들은 사고가 깊고, 공정하고, 조용하며, 타협하기 좋아하며, 열심히 노력한다.

Hippocrates의 4가지 기질이론은 관찰에 기초한 것이며, 과학적인 방법을 활용한 것은 아니다. Hippocrates의 4가지 기질은 1900년 중반까지 대부분 의사들에 의해 활용된 것이다. 또한 이 이론은 서로 다른 성격유형을 처음으로 분류했다는 점이 공헌이라 할 것이다.

2. Sheldon의 연구

현대 성격이론 가운데 미국 의사인 William Sheldon은 체격(physique, body type)과 성격 사이의 상관관계를 제시했다. 3가지 체격 - 내배엽형 사람(체형이 둥글고 지방이 많은 사람, endomorph), 외배엽형 사람(ectomorph), 중배엽형 사람(타고난 체형이 살찌지도 마르지도 않고 근육이 많은 사람, mesomorph) - 으로 구분했다. Sheldon은 〈그림 4-2〉와 같이 3가지 각 차원으로 구분하고 있다.

체격과 성격이 상이한 유형을 학습하기 때문에 단순히 상관관계가 있다는 것이다. 예를 들면, 뚱뚱한 사람(overweight person) 혹은 내배엽형 사람은 열정적인 스포츠를 불편해 하고 그리고 회피하려고 한다. 반면에 중배엽형 사람은 스포츠에 뛰어나고, 그리고 사교적으로 참여하고자 한다. 또한 외배엽

형 사람은 다른 어린이보다 약하기 때문에 일찍 학습할 것이며, 그리고 결과
적으로 두려워하고 내성적인 성격을 갖게 된다.

▌그림 4-2▐ Sheldon의 신체유형

Sheldon의 성격유형	성격특성	신체적 특성	신체사진
내배엽형 사람 (viscerotonic)	관대한, 사회적, 참을성, 유쾌한, 평화로운	살찐(plump), 포동포동한(buxom), 발달된 소화내장구조	
중배엽형 사람 (somatotonic)	활동적, 정렬적, 적극적, 호전적	근육질 (muscular)	
외배엽형 사람 (cerebrotonic)	내성적, 절제(restrained)	여윈 (lean), 허약한(delicate), 빈약한 근육	

3. Jung의 유형

스위스 정신과의사이자 정신분석전문의인 Carl Gustav Jung(1875~
1961)은 Freud의 꿈에 대한 관심을 공유한 Freud의 제자이다. Jung은
Freud와 같이 성격과 관련하여 무의식의 중요성을 강조한다. 즉 Jung은
Freud가 지적한 인간의 성격은 내적인 갈등으로부터 구축된다는 것에 동의하고,
그리고 무의식의 중심적 역할에도 동의하고 있다(Spear, et al., 1988: 591).

Jung은 사람들의 과거와 어린아이의 경험이 미래의 행동을 결정한다는
Freud의 주장에 동의하지만, 성적(sexuality)역할에 대해 Freud의 의견과
차이가 있다. Jung은 Freud가 성생활(sexuality)에 너무 강조한다고 생각한
다. 즉 Jung은 성적본능의 중요성을 경시한다. 성적본능(sexual instinct)은
몇몇 중요한 본능 중 하나라고 보고 있다.

Jung은 성적충동(libido)은 단지 성적 에너지가 아니라 일반화된 심적 에너지(psychic energy)라는 것이다. 심적 에너지는 개인들을 중요한 방식(정신적, 지적, 창의적)으로 동기부여시킨다는 것이다. 이것은 즐거움을 추구하고 갈등을 줄이기 위한 중요한 동기적 원천이라고 주장한다.

▋ 표 4-2 ▋ Jung과 Freud

가정	Jung	Freud
리비도(libido)의 본질과 목적	행태 범위를 동기여부시키는 심령 에너지(psychic energy)의 일반화된 원천	성적 욕구(sexual gratification)에 대한 구체적인 심령에너지의 원천
무의식의 본질	개인 및 우리 조상에 대한 특정한 억압된 기억(repressed memories)의 저장소	개인에 대해 특정한 수용하기 어려운 억압된 바람의 저장소
행태의 원인	미래열망(future aspiration)에 부과한 과거의 경험	특별히 유년시절(childhood)의 과거 경험

Jung은 성격은 3가지 부분으로 구성되어 있다고 생각한다. ① 자아(ego)는 경험에 있어 의식적인 나(conscious 'I')를 대변한다. 이것은 의식할 수 있는 모든 생각, 감정, 지각, 기억을 포함한다. ② 다른 사람의 눈에 비치는 모습(persona) 혹은 사회적 자아(social self)는 자아 주변에 있는 껍데기(shell)와 같이 발전한다. 사회적 자아(persona)는 다른 사람에 나타나는 자아(the self as presented to others)이다. ③ 다른 사람의 눈에 비치는 모습의 무의식(personal unconscious)은 억제되었거나 혹은 잊어버렸지만 언젠가 의식적인 경험을 하게 되는 것이다. 이 개념은 Freud의 전의식(preconscious)과 거의 유사하다.

또한 Jung은 내성적인 사람과 외향적인 사람의 2가지 유형으로 성격이론을 발전시켰다. 내향적인 사람(introverts)은 사회적 접촉을 회피하는 경향이 있다. 반면에 외향적인 사람(extroverts)은 가능한 자주 사람들과 상호작용하기 위해 노력하고 사교적이다. 다른 사람과의 상호작용은 성격에 중요한 변수가 된다. 이에 우리가 내향적인가 혹은 외향적인가 하는 것은 우리의 존재에 강력한 영향을 미친다.

표 4-3 내향성과 외향성의 특성

내향성(introversion)의 특성	외향성(extroversion)의 특성
• 집중하여 조용함을 좋아함 • 세밀한 것에 주의를 기울이는 경향이 있으며, 전반적인 설명을 싫어함 • 이름과 얼굴을 기억하기 어려워함 • 간섭받지 않고 오래 걸리는 직무의 담당을 꺼리지 않음 • 직무 뒤에 있는 아이디어에 관심이 있음 • 때로는 행동도 하지 않고 행동하기 전에 많은 생각하기를 좋아함 • 자기 만족하면서 혼자 일하기 좋아함 • 의사소통에 문제를 지니고 있음	• 다양성과 행동을 좋아함 • 빨리 처리하는 경향이 있으며 복잡한 절차를 싫어함 • 인사하기를 좋아함 • 흔히 오래 걸리고 느린 직무를 인내하지 못함 • 직무의 결과에 관심이 있음 • 때로는 생각도 하지 않고 빨리 행동함 • 주변에 많은 사람이 있기를 좋아함 • 통상 자유롭게 의사소통함

자료: 황규대 외(2011: 215).

4. 특성접근법: Allport의 특성이론

특성적 접근법(trait approach)에서 성격은 명확하게 인식할 수 있고, 조작화할 수 있고, 그리고 측정될 수 있다는 시각이다.

특성(traits)은 사람들의 생활을 통해 개인의 사고와 활동을 특징지우는 생물학적, 심리적 그리고 사회적 영향을 언급한다. 또한 특성은 사람에 대해 근본적이고 그리고 항구적인 특성(enduring qualities)이다.

Gordon Allport(1897~1967)는 특성은 직접적으로 관찰하거나 혹은 측정될 수 없지만, 행태를 추론할 수 있다고 인식했다. 특성은 개인의 신경계(nervous system)에 뿌리를 두고 있다. 즉 특성은 신경심리의 구조(neuropsychic structures)이다. 특성은 다양한 자극에 대해 유사한 방식으로 반응하기 위한 준비성이다. 이러한 특성은 사람을 여러 가지 상황에서 지속적으로 처신하도록 움직이거나 혹은 안내한다.

Allport는 체계적인 관찰을 통해, 심리학자는 특정한 행태패턴이 보여주는 빈도, 행태를 표출하는 상황의 범위, 그리고 행태의 강도를 평가할 수 있다고 제안한다. 이러한 관찰은 신뢰할 수 있다고 강조한다. 또한 Allport는 각 사람은 어떤 일관된 모습을 가진다고 인식했다. Allport에 의하면, 어떤 특성은 다른 것보다 항구적이고 일반적이다.

Allport는 4,500개의 다른 특성리스트를 수집하여, 3가지 다른 특성범주인 기본특성, 중심특성, 이차특성으로 조직화하고 있다.

① 기본특성(cardinal traits) - 기본특성은 삶의 모든 측면에 만연하는 동기 혹은 열정이다. 기본특성은 가장 보편적이고 항구적이다. Allport에 의하면, 어떤 사람은 기본특성이 없는 경우가 있다고 지적한다. 예를 들면, Adolf Hitler의 기본특성은 증오감(hatred)이다.

② 중심특성(central traits) - 중심특성은 가장 보편적이다. 이것은 개인의 행태에 광범위하게 영향을 미치는 비교적 소규모의 기질을 대표한다. 중심특성이 행태를 지배하게 되면 기본특성(cardinal trait)이 된다. 중심특성은 기본특성보다는 덜 항구적이고 덜 보편적이다. Allport에 의하면, 중심특성은 성격을 구성하는 기본적인 단위라는 것이다. 몇몇 중심특성이 사람의 본질을 파악하는데 충분하다는 것이다.

③ 이차특성(secondary traits) - 이차특성은 중심특성보다 덜 항구적이고 덜 보편적이다. 이차특성은 선호와 반감의 형태를 취한다. Allport는 가끔 이차특성보다 태도라는 단어를 사용했다.

Allport는 두 사람이 정확하게 같은 특성을 가진 경우가 없다고 느꼈다. 결과적으로 모든 성격은 독특하다. 많은 사람들이 비슷한 특성을 가진다. 그리고 이러한 특성은 사람들이 환경과 상호작용하는 방식에서 자신을 표출한다.

이러한 특성이론에는 비판이 있다. 특성이 가장 항구적이고 그리고 보편적이라는 것은 아직까지 명확하지 않다. 대부분의 성격특성은 상황에 의존적이라는 것이다. 즉 어떤 상황에서 지배적인 성격이 다른 상황에서는 순종적이다. 어떤 상황에서 솔직담백한 사람이 다른 상황에서 수줍어한다. 이리하여 특성연구자들은 오늘날의 발달된 연구를 활용하여 모든 사람들의 성격을 특성이라는 하나의 잣대로 설명될 수 없다고 주장한다.

5. 정신분석적 접근법

정신분석이론의 창시자인 Sigmund Freud(1856~1939)는 많은 환자의 관찰을 통해 자신의 시스템을 끌어냈다. Freud는 환자의 감추어진, 무의식적 생각(unconscious thought) 혹은 욕구를 탐지하기 위해 개발한 기술의 도움을 받아 사람의 성격을 연구했다. 이러한 기술은 상징적인 내용의 분석에 의해 꿈을 해석하는 것이었다.

Freud이론은 가끔 갈등모델(conflict model)이라고 명명한다. 성격에 대한 Freud의 관점은 정신역학(psychodynamic)이다. Freud에 의하면 성격이란 역동적 투쟁(dynamic struggle)에 의해 특징된다고 가르친다. 즉 Freud는 성격이란 정신적 갈등(psychological conflicts)을 해결하는 행태패턴으로 간주한다.

Freud는 성격이란 무의식에서 표출되는 사고와 행동으로 구성된다는 것이다. 이에 Freud는 3부분 - 이드, 자아, 초자아 - 으로 구분된 하나의 모델을 만들기 위해 생물학과 사회적 경험의 지식을 활용했다.

Freud에 의하면, 심성(human mind)이란 〈그림 4-3〉과 같이 빙산(iceberg)과 같다. 의식의 심성은 빙산의 끝부분과 같이 수면위로 올라온다. 우리의 가장 깊은 이미지, 생각, 공포, 욕구 등 심성의 대부분은 의식적인 자각(conscious awareness)의 수면 밑에 남아있다. 이 영역은 전의식과 무의식의 표면 아래로 펼쳐져 있다. 전의식(preconscious) 심성은 현재 무의식 중에 있는 경험의 요소를 포함한다. 무의식(unconscious) 심성은 비밀에 가려져 있다. 이것은 생물학적 본능과 욕구를 포함한다. 무의식 영역이 심성의 가장 큰 부분이다(Rathus, 1984: 344).

그림 4-3 ▌Freud의 3가지 성격부분: 인간의 빙산

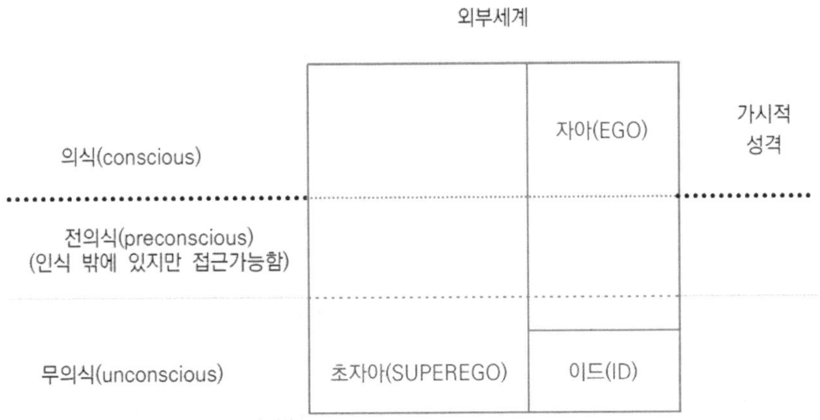

외부세계

의식(conscious)

전의식(preconscious)
(인식 밖에 있지만 접근가능함)

무의식(unconscious)

자아(EGO)

가시적
성격

초자아(SUPEREGO)   이드(ID)

자료: Dworetzky(1985: 401).

1) 원초아(이드)

Freud에 따르면, 이드(id, 라틴어 'it'의 의미임)는 모든 욕정과 본능 (passion and instinct)을 포함한다. 이드는 Freud가 말한 무의식 (unconscious)의 마음의 영역에 위치한다. 이드는 유기체에 있어 균형을 유지하도록 요구한다. 이드는 객관적인 현실지식이 없다.

이드는 유기체가 즐거움을 향해 잔인하고 무자비하게 이끌리게 한다. 이처럼 이드는 어떤 종류의 충동을 불문하고 즉각적인 만족을 추구하는 성향을 동기화하는 물불 가리지 않는 쾌락의 원리(pleasure principle)에 따라 작동한다. 즉 이드는 배고픔, 성, 공격과 같은 욕망에 의해 지배된다. 이에 이드는 통제되어야만 한다.

이드는 무자비하게 2가지 수단을 따른다. 하나는 반사적인 행동이다. 이드는 유기체에 대해 어떤 긴장 혹은 스트레스를 즉각적으로 다루도록 강요한다. 다른 하나는 1차 과정(primary process)이다. 1차 과정은 긴장을 완화하는 이미지를 제공한다. 이드는 현실적으로 바램을 충족하는 방법인 이차적 과정을 필요로 한다.

2) 자아

자아(ego, 라틴어의 'I'의 의미임)는 이차적 과정(secondary process)을 위해 필요한 지시와 통제를 제공한다. 자아는 이드의 부분이다. Freud에 의하면, 자아는 말(id)의 기수(rider)와 같다. 기수는 자신이 말과 떨어질 수 없다면, 기수는 어디로 가길 원하는 것을 안내하는 의무가 있다.

자아는 이성과 분별(reason and good sense)을 대표한다. 자아는 의식의 중심이다. 자아는 외부세계와의 접촉에서 발달되어 나오는 것으로서 현실적인 요구를 처리할 수 있게 해 주는 성격 부분이다. 즉 자아는 이드의 욕망이 만나는 현실을 다루어야만 하는 성격의 부분이다. 자아는 자신의 의식적 감각을 제공한다. 이에 자아는 현실원리(reality principle)에 따라 기능한다. 자아는 무엇이 실현가능한 것인지를 설명한다. 예를 들면, 이드가 은행에의 모든 돈을 소유하길 원한다면, 자아는 안전, 경비원(guards), 다른 상황적 현실을 다루어야만 한다.

3) 초자아

초자아(superego)는 사회적 그리고 전통적 가치의 면에서 표현되는 아이디어의 내부적 대표이다. 초자아는 학습 혹은 문화의 결과로서 발전된다. 이것은 분명 유전적이거나 혹은 태어나면서 존재하는 것이 아니다.

대체로 양심(conscience)과 같은 초자아는 어린아이가 부모의 규칙과 아이디어를 학습하는 것처럼 형성된다. 어린아이들이 규칙과 기준의 분위기에서 성장함으로써 어린이 자신이 이들 아이디어를 취하게 된다. 이와 같이 초자아는 도덕적 원리(moral principle)에 따라 기능한다. 삶을 통해, 초자아는 자아의 의도를 모니터하고 그리고 옳고 그름을 판단한다. 이처럼 초자아는 내면화된 문화적 규칙을 반영하는 심리시스템으로서 주로 부모가 그들의 권위를 행사하는 과정에서 학습된다.

┃표 4-4┃ 원초아, 자아, 초자아

원초아(id)	자아(ego)	초자아(superego)
• 생존하고 자손을 퍼뜨리고 공격하려는 기본 추동들을 만족시키고자 끊임없이 시도하는 무의식적 정신, 에너지의 저장고 • 쾌락원리에 따라 작동 • 즉각적 만족 추구	• 의식적인 성격의 집행자, 현실세계에 대처하는 방법 학습 • 현실원리에 따라 작동 • 현실적으로 고통보다는 쾌락을 초래하게 되는 방식으로 원초아의 요구를 만족시킴 • 원초아의 충동적 요구, 초자아의 규제 요구, 그리고 외부세계의 실생활적 요구를 중재하는 성격의 집행자	• 자아로 하여금 현실적인 것뿐만 아니라 이상적인 것도 고려하도록 강제하며, 어떻게 행동하여야 할 것인가에만 초점을 맞추는 양심의 소리 • 도덕적 원리에 따라 기능

이러한 가설적인 구성은 성격의 생물학(id), 정신적(ego), 사회적(superego) 측면에 대한 그림을 설계하는 것이다. Freud는 성격의 역학관계는 id, ego, superego 사이의 지속적인 갈등에 관련되어 있다는 것이다. 이들 3가지 마음의 시스템들 간의 상호작용의 상대적 강도에 따라 한 개인의 성격의 기본구조는 결정된다.

Freud는 각 개인은 어느 정도의 정신적 에너지, 즉 성욕(libido)을 가지고 있다고 생각했다. 그리고 성격의 3부분 사이의 갈등은 이 에너지를 고갈시킨다고 생각한다. Freud의 관점에 의하면, 건전한 성격은 심각하게 초자아를 위반하지 않고, 이드의 요구 대부분을 충족시키는 방법을 발견한다. 또한 갈등을 종결시키기 위한 협상노력은 결코 쉽지 않다(Rathus, 1984: 347-348).

6. 심리 성적 발달단계

Freud는 각 사람은 이드, 자아, 초자아가 발달하는 것과 같이 5개의 심리 성적 발달단계를 통하여 성장한다고 믿는다.

처음 3단계(구강기, 항문기, 음경기)는 육체적 만족에 관련되어 있고 그리고 성감대(erogenous zones)의 가운데 있다. 이러한 것은 인생의 처음 6세까지 일어난다.

다음 단계(잠복기와 성기기)는 6세에서 성인 사이에 일어난다. Freud는 이 단계는 처음 3단계 보다 덜 중요하다고 생각한다. Freud는 이들 단계의 이행은 자연스럽지 않다면 발달의 문제가 일어날 수 있다고 주장한다. 집착 (fixation)은 어떤 단계에서도 일어날 수 있다. 예를 들면, 구강기동안 충분한 만족을 얻지 못했다면 그것을 충분히 만족하게 느낄 때까지 그 단계를 넘어가는 것을 꺼린다. Freud에 따르면, 어른의 시기에 구강기의 만족 징후가 초래되면 부정적 집착(negative fixation)이라는 것이다. 반대로 이드(id)가 구강기동안 너무 많은 만족감을 얻게 되면, 이드가 나중의 생활에서 구강기의 만족감을 보유하길 원하는 긍정적 집착(positive fixation)이 나타난다. 이러한 집착은 문제를 일으킨다. 예를 들면, 부모의 요구 때문에 어린이의 이드가 배변훈련동안 만족하지 못했다면 어린이들은 과도한 지체를 통해 만족을 추구한다. Freud는 항문지체성격(anal retentive personality)은 이후 인생에서 인색하고, 이기적으로 표출된다는 것이다.

(1) 구강(구순)기(oral stage) - 구강기는 출생이후 18개월 동안 일어난다. Freud에 의하며, 이 나이의 어린이는 거의 완전한 이드(id)이다. 그들은 자신과 외부세계와 구별할 수 없으며, 그들의 행태는 직감, 생물학적 충동에 의해 영향을 받으며, 본질적으로 이기적이다. 이 시기동안 어린이들은 입술, 입, 혀, 잇몸의 자극으로부터 가장 많은 만족감을 얻는다. Freud는 빨아들이고, 그리고 씹는 것이 유아기의 중요한 즐거움 원천이라고 규정한다.

(2) 항문기(anal stage) - 거의 3세살까지, 이 시기동안 어린이들은 배설과 보유하는 동안 항문에 대한 통제를 통해 가장 큰 만족감을 얻는다. 이 단계에 있어, 어린이의 정신은 배변(defecation)에의 이드의 충동적인 즐거움(id's impulsive pleasure)을 통제하기 위해 자아발달에 노력하게 된다. Freud는 항문기는 배변훈련(toilet training)이 성공적일 때 최고에 이른다고 믿는다.

(3) 남근(음경)기(phallic stage) - 3세에서 6세까지, 이 시기동안 어린이들은 생식기(genitals) 자극으로부터 가장 큰 즐거움을 얻는다. 어린이의 리비도 긴장(libidinal tensions)은 음경기에 집중한다. 어린이들은 건강하게 성숙한 어른으로 발전하는 중요한 단계이며, 같은 성의 부모님을 인식하게 된다.

남근기 동안에 소년들은 Freud에 의하면, 오이디푸스 콤플렉스(Oedipus complex, 아들이 어머니를 독차지하고자 하는 욕망에 근거하여 아버지에게 질투를 느끼는 복합적인 감정)를 경험하게 된다.3 오이디푸스 갈등은 발달과정에서 겪는 경험으로써 이 경험을 통해 아동의 이성 부모에 대한 갈등적인 감정은 동성부모에 대한 동일시로 귀결되며 해소된다. Freud의 관점에서 유아기 남성의 id는 양육하는 동안 엄마와 접촉을 통하여 충족감과 쾌락을 얻는다. 쾌락의 유대(pleasure bond)는 유아와 엄마 사이에 형성된다. Freud는 오이디푸스 콤플렉스를 해소하기 위해서 소년은 자신의 아버지를 확인해야만 한다. 이러한 인식은 약 6살 때에 일어난다.

소녀에게도 이에 상응하는 엘렉트라 콤플렉스(Electra complex, 어린 여자아이가 아버지에게 무의식적으로 애정을 갖게 되는 현상)를 겪게 된다. Freud는 소녀(girls)의 발달을 기술하면서 소년과 다른 견해를 가지고 있다. 즉 소녀는 자신의 아버지보다는 엄마와 더불어 쾌락의 유대를 형성한다. 소녀는 자신의 엄마를 죽이고자 하는 욕망과 같은 오이디푸스 콤플렉스의 거울에 비치는 상(mirror image)을 단순히 따르지는 않는다. Freud는 소녀는 소년이 가졌던 어떤 것이 부족하다고 깨닫게 되었을 때 불완전한 것을 느낀다. 소녀는 아버지가 욕망의 몸을 가졌기 때문에 자신의 아버지에 대해 매력을 느낀다는 것이다. Freud는 이러한 형태를 엘렉트라 콤플렉스(Electra complex)현상이라고 명명한다. Freud

---

3 오이디푸스(oedipus)는 자신이 누구인가를 깨닫지 못하고 아버지를 죽이고 그리고 자신의 엄마와 결혼하는 그리스 왕이다. Freud는 모든 남자아이는 오이디푸스 콤플렉스가 생긴다고 믿는다. 이러한 콤플렉스는 건강한 성격이 성장함으로 해소되어야만 한다는 것이다.

는 여성은 남성처럼 심리적으로 결코 완전하지 못한다고 주장한다. 이러한 Freud의 여성에 대한 개념은 많은 비판이 되고 있다.

(4) 잠복기(latency stage) - 5세와 6세 사이의 어린이는 잠복기에 들어가서 12세 혹은 13세까지 지속된다. Freud는 성적 본능이 잠복기 동안 휴면기(dormant)라고 믿는다. 성적 본능이 사라지는 것은 아니지만, 일시적으로 억제된다. 이 시기동안, 어린이들은 일반적으로 색정감정(erotic feelings)에 대해 자유롭게 된다고 여겨지며, 대신에 문화와 사회기술을 습득하기 위한 노력을 한다. 잠복기에는 일차적인 초점이 지능, 창조성, 대인관계 및 운영기술을 발달시키는 것이다. Freud는 개인들의 전형적인 행태패턴은 5세에 수립된다고 믿는다. 즉 이 시기에 성격이 건강하게 발달한다고 주장한다.

(5) 성기기(genital stage) - 사춘기에서 어른의 시기까지, Freud는 이 시기 동안 이성간의 욕망을 깨닫게 되고, 그리고 어린이들은 정상적 생활을 향한 자신의 길을 간다고 믿는다. 즉 성격발달의 마지막 단계인 성기기는 상호 간에 만족스럽고 호혜적인 방식으로 타인과 사랑하고, 일하고, 관계를 맺는 성숙한 성인의 성격인 화해의 시기이다(민경환 외역, 2012: 586).

표 4-5 주요한 발달단계이론

연령	Sigmund Freud: 심리성적발달	관련 성격 특성	Erik Erikson: 심리사회발달 (psychosocial development)	Jean Piaget*: 지적발달 (intellectual development)
탄생~ 18개월	구강기	수다스러움, 의존적, 탐닉, 궁상	신뢰 vs. 불신	감각운동(sensorimotor) • 기본적인 언어 습득
2세~3세	항문기	질서, 통제, 무질서, 단정치 못함	자율 vs. 의심	
3세~6세	남근기 (음경기)	바람기, 허영, 질투, 경쟁심	자주성 vs. 퀼트 (initiative vs. guilt)	가동 전(예비운전) (preoperational) • 단어와 상징의 사용 • 자기중심적 사고
6세~13세	잠복기	성적감정의 잠복	근면 vs. 열등 (industry vs. inferiority)	구체적 조작 (concrete operational) • 성인의 논리능력 시작
청소년기	성기기	사랑과 일에의 진지한 투자, 건강한 성인적 대인관계 능력	자아정체 vs. 역할확산	공식적 조작 (formal operational) 사춘기(puberty) 시작 인식성숙의 단계 추상적으로 사고 • 가상적 세계의 발견
초기성인			친밀 vs. 격리	
중기성기			생식성 vs. 침체	
후기성인			자아정체 vs. 절망	

자료: Rathus(1984: 296); 민경환 외역(2012: 584).

* Piaget(1896~1980)는 프랑스 Binet Institute에서 어린이의 인식과정(cognitive processes)은 연속적인 순서, 즉 4개의 주요단계로 발달된다고 가정하고 있다. 인간의 본질은 공식적인 정신분석적 사고(psychoanalytic thought)에서 상당한 차이가 있다는 것이다. 인식발달의 상태는 어린이의 관찰할 수 있는 행태로부터 추론할 수 있다.

제3절 성격유형의 측정

특성이론가들은 특성이 지배적인 것과 이들 특성이 행태에 어떻게 영향을 미치는지에 대해 알고 싶어 한다.

1. 미네소타 다면적 인성검사(MMPI)

특성을 측정하는데 사용하는 가장 잘 알려진 도구는 미네소타 다면적 인성검사(Minnesota Multiphasic Personality Inventory, MMPI)이다. MMPI는 1940년대 미국의 Minnesota대학병원 임상심리학자인 Starke Hathaway와 정신과의사인 Jovian McKinley에 의해 비정상적인 행동을 객관적으로 측정하기 위해 만들어졌다. MMPI는 시험에 관련된 주제는 진실, 거짓, 말할 수 없음으로 응답하는 566개 항목으로 구성되어 있다. 문장은 감정적 반응, 심리적 증후, 그리고 신념을 이용한다.

MMPI는 획득된 프로필로부터 수천 명의 사람들을 관리하기 때문에 표준화된 도구(standardized instrument)로 명명된다. 이리하여 당신 자신의 성격은 이미 조사되었던 다른 사람의 성격 그리고 알려진 행태와 사람의 관점에서 평가될 수 있다. 이처럼 MMPI 척도는 심리학적 이론보다는 오히려 실제적 임상데이터에 기초하여 경험적으로 구성된 것이다.

MMPI는 다음과 같이 10개의 기본적 척도가 있다. ① 건강염려증(히포콘드리아시스, hypochondriasis), ② 우울증(depression), ③히스테리(hysteria), ④ 반사회성(정신병적인 이탈, psychopathic deviate), ⑤ 남성성-여성성(masculinity-feminity), ⑥ 편집증(피해망상, paranoia), ⑦ 강박증(정신 쇠약증, psychasthenia), ⑧정신 분열병(schizophrenia), ⑨ 경조증(우울 주기에서의 경증, hypomania) ⑩ 사회적 내향성(social introversion) 등으로 분류된다. 각 척도는 다른 특성을 측정한다.

부가적으로 3개의 타당성(validity, 통제) 척도 - 허위척도(lie scale, L), 빈도척도(frequency scale, F), 교정척도(correction scale, K) - 가 있다.

① 허위(L)척도(lie scale, L scale) - 거짓의 좋은 자아상(fake a good self-image)을 위해 노력하는 개인을 집어내기 위해 시도한다.
② 빈도(F)척도 (frequency scale, F scale) - 주제가 개인문제에 대한 감명을 과장하려고 노력하는 것을 검증한다.
③ 교정(K)척도(correction scale, K scale) - 주제가 얼마나 방어적인가 혹은 개방적인가를 반영하는 것이다.

　　높은 L scale은 사실 매우 드문 사회적으로 바람직한 행태와 특성을 지닌 사람을 인식하는 것이다. 이것은 주제가 거짓의 좋은 반응을 시도할 때, 그리고 적절한 데이터를 제공할 수 없을 때 일어난다.

◇ MMPI 척도의 몇몇 사례

나의 아버지는 좋은 사람이었다. ·· T　F
나는 두통에 의해 거의 고통을 받지 않는다. ·································· T　F
나의 손발은 보통 따뜻한 편이다. ·· T　F
나는 스릴을 얻기 위해 위험한 어떤 것을 결코 하지 않는다. ·············· T　F
나는 상당한 긴장 상황에서 작업을 하고 있다. ································ T　F

자료: Rathus(1984: 378).

2. 에니어그램 성격유형

　　에니어그램(Enneagram)[4]은 구르지예프(Gurdjieff)에 의해 상징으로 만들어지고, 이카조(Oscar Ichazo)와 나란조(Claudio Naranzo)에 의해 성격유형론과 결합되게 되었다. 그리고 리소(Don Richard Riso)와 허드슨(Russ Hudson)에 의해 성격유형설문지(Riso-Hudson Enneagram Type Indicator: RHETI)가 만들어짐으로써 에니어그램 상징을 통한 성격유형의 검증이 이루어질 수 있게 되었다(Riso & Hudson, 1999; 김권수, 2007: 273 재인용).

---

4 에니어그램은 희랍어의 Ennea(아홉)과 Gram(그림, 선, 도형)의 두 단어가 합해진 것으로 아홉 개의 점이 있는 그림을 뜻한다(이은하, 2007: 235).

에니어그램은 〈그림 4-4〉와 같이 원과 아홉 개의 점, 그리고 그 점들을 잇는 선으로 구성된 도형이다. 이는 우주의 법칙과 인간 내면의 모든 것이 상징적으로 표현하는 것이다. 에니어그램의 상징은 원, 삼각형, 헥사드로 구성되어 있다.5 원은 우주이며 통합과 전체, 단일성을 의미하고, 원은 연속적인 시간의 흐름이다. 정삼각형은 안전과 균형을 상징하는 도형으로 개념화된다. 헥사드(Hexad)는 방향성과 연속성을 의미하며, 아홉 가지 성격유형이 항상 상호작용하고 변화한다는 것을 표현하는 것이다. 이에 헥사드는 기본적으로 인간의 다양성과 변화 가능성을 상징하고 안내하는 역할을 담당한다(최인숙·이영균, 2011: 134). 이는 세 가지의 법칙을 의미하며 능동적인 힘, 수동적인 힘, 중립의 힘이 서로 상호작용한다.

특히 원 중심을 이루고 있는 점 9, 6, 3은 정삼각형을 이루며 전체 에니어그램의 어떤 인식이나 관점을 제공해 준다. 점 1, 4, 2, 8, 5, 7은 좌우 대칭적으로 놓여있고 선으로 연결되어 육각형을 이루고 있다. 이것은 정적인 것이 아니라 심리적 성장과 퇴보를 의미한다.

┃ 그림 4-4 ┃ 에니어그램

자료: 모아라·이소희(2014: 45).

---

5 헥사드는 '7의 법칙'을 상징하며, 그 의미는 존재하는 모든 것은 정체되어 있지 않고, 변화한다는 것이다.

에니어그램의 성격은 기본적으로 인간 성격의 근간을 장(배, 본능) 중심, 가슴(감정) 중심, 머리(사고) 중심으로 대별하고, 다시 그 안에 3가지의 유형을 포함하고 있어 총 9개의 유형으로 나누어진다. 이들 성격유형의 특징은 '힘의 중심'과 '사회적인 행동방식'에 의해 구분되어 질 수 있다. 에니어그램에서의 성격유형은 힘의 중심에서 발휘되는 세 방향의 에너지의 흐름과 타고난 기질적 유형의 욕구결합을 의미한다(이은하, 2007: 236).

① 힘의 중심은 사람마다 가지고 있는 에너지의 원천을 의미한다. 이러한 중심에너지는 사람들이 생활하는 동안 경험하는 어떠한 상황과 사건에 대하여 전형적으로 반응하거나 대처하는 내적 및 외적인 방식을 의미하며, 신체부위에 따른 에너지의 위치로 설명한다. 이 중심에너지는 기본적으로 한 사람이 어떠한 성격유형을 지녔는가를 파악하는 데 기초적인 정보원으로 활용된다. 힘의 중심에 의한 성격구분은 본능중심(8, 9, 1번 유형), 감정중심(2, 3, 4번 유형), 사고중심(5, 6, 7번 유형)으로 나눌 수 있다(전수영, 2013: 33-34).

첫째, 머리형 사람(사고 중심형)은 머리(뇌)와 신경계로 상황을 분석하고 생각한 다음에 자신의 위치를 정하므로 모든 상황에서 한 걸음 뒤로 물러나는 경향이 있다. 그리고 위험을 지각하는 능력을 가지고 있으며, 부끄러움을 타고 소심하다. 머리형 사람은 생활의 위험에 대한 불안이 높으며 권위자가 내세우는 지시나 명령을 값지게 평가한다.

둘째, 가슴형 사람(감정 중심형)은 감정과 정서를 가장 중요시하며, 심장과 순환계로의 느낌을 통해 삶을 파악하고 직관과 주관적인 판단을 하는 경향이 높다. 또한 결정과정에서 관여된 사람들이나 그 결정에 의하여 영향을 받게 될 사람들을 고려한다.

셋째, 배형 사람(본능 중심형)은 하복부인 배와 소화계를 통한 본능과 습관에 따라 행동하는 특성을 지니며, 매우 주도적이고, 도전적이며, 강인하다. 동시에 약자를 보호하고 정의를 구현하는데도 앞장선다. 한편 자신의 뜻이 실현되지 않을 때는 분노하며, 이에 따라 대인관계의 손상을 초래한다.

② 사회적인 행동방식은 자아가 세상을 인식하고 관계를 맺는 방법에 관한 것이다. 이 분류는 심리학자 Horney의 이론에 기반을 둔다(Horney, 1992). 이 이론에 의하면, 사람들은 갈등해결과 안정감을 확보하기 위해 무의식적으로 사용하는 세 가지 기본적인 전략 - 체념, 공격, 순응 - 을 보인다는 것이다. 이 행동 방식은, 사람들에게 대항하는 형인 공격형(3, 7, 8번 유형), 사람들에게 향하는 형인 순응형(1, 2, 6번 유형), 사람들로부터 물러나는 형인 움츠리는 형(4, 5, 9번 유형)으로 구분할 수 있다.

첫째, 공격형 그룹(assertive group, 3, 7, 8 유형)은 자아(ego) 중심적이어서 주장하고 요구하면서 스트레스 상황에 반응한다. 또한 자신이 중요한 인물이고, 자신과 관련되어 의미 있는 일이 일어날 것이라고 느낀다.

둘째, 순응형 그룹(complaints group, 1, 2, 6 유형)은 다른 사람에게 봉사하려는 욕구를 공통적으로 갖고 있으며 초자아(super ego)를 사용하여 스트레스 상황에 반응한다. 자신이 다른 사람보다 '낫다'라고 느끼며, 자신에 대한 기대감을 충족시키기 위해, 책임감 있는 사람이 되기 위해 노력한다.

셋째, 위축형 그룹(withdraw group, 4, 5, 9 유형)은 자신이 상상하는 '내면의 장소'로 들어감으로 스트레스에 반응한다.

이처럼 에니어그램의 9가지 성격유형은 정적인 것이 아니고 동적인 것으로 개인의 심리적 성장과 퇴보에 따라 성격의 통합(건강, 자기 확신)과 분열(병적인, 신경증)이 이루어지게 된다. 즉 건강해지거나 약해짐에 따라 기본유형에서 통합 또는 분열의 방향으로 진행하게 된다. 건강한 자아실현의 성격통합과정은 1→7→5→8→2→4→1과 9→3→6→9의 방향으로 움직인다. 반면에 병적이고 신경증적인 분열적 성격통합과정은 역방향인 1→4→2→8→5→7→1과 9→6→3→9의 방향으로 움직인다(윤운성, 2001: 135; 김권수, 2007: 274).

표 4-6 에니어그램 성격유형

힘의 중심에 의한 성격구분	유형 번호	유형 별칭	사회적 행동방식	유형의 특징	기능
감정중심 (가슴)	2 사랑	조력자	순응형	사람을 잘 보살피고 대인관계를 잘 하는 유형: 상냥한, 너그러움, 감상적인, 아첨하는	감정이입 이타주의
	3 성공	성취자	공격형	상황에 잘 적응하고 성공지향적인 유형: 야망적인, 활동적인, 주변의식하는, 일중독에 빠지는	자기존중 자기개발
	4 독특	예술가	움츠리는 형	낭만적이고 내향적인 유형: 정직한, 개인적인, 우울한, 방종하는, 자기연민적인	자의식 예술적 창의성
사고중심 (머리)	5 전지	관찰자 (사색가)	움츠리는 형	강렬하며 지적인 유형: 통찰력 있는, 독창적인, 독립적인, 고립된	열린마음 독창적 사고
	6 안전	충성가	순응형	안전을 추구하는 유형: 근면한, 책임감 있는, 조심성 있는, 우유부단한	동일시와 사회협력
	7 행복	모험가	공격형	바쁘고 생산적인 유형: 긍정적인, 유쾌한, 변덕스런, 즉흥적인	열정 실용적 행동
본능중심 (배, 장)	8 힘	지도자	공격형	성격이 강하며 사람들을 지배하는 유형: 임기응변에 능한, 결단력 있는, 거만한, 위협적인	자기주장 지도성
	9 평화	조정자 (중재자)	움츠리는 형	느긋하고 잘 나서지 않는 유형: 원만한, 친절한, 수동적인, 고집스러운	수락성 수용성
	1 완전	개선자 (개혁가)	순응형	원칙적이고 이상적인 유형: 윤리적인, 양심적인, 비판적인, 완벽주의자적인	합리성 사회적 책임감

자료: 주혜명 역(2006: 23-25); 윤운성(2001: 136); 김권수(2007: 275) 재인용.

3. 빅 파이브(Big Five) 성격유형

빅 파이브 성격유형은 1800년대 Francis Galton이 어휘적 가정 (lexical hypothesis)에서 처음 제기했다. 어휘적 가정은 모든 자연적인 언어는 언어를 말하는 사람들의 중요한 성격적 기술이 포함된다고 주장한다. 이후 1936년에 심리학자 Gordon Allport와 동료 Henry Odbert가 영어대사전에서 개인들의 차이와 관련된 18,000 단어의 목록표를 만들었다. 이들 18,000 단어 중에 약 4,500개의 단어가 성격 특성을 반영한다. 나아가 1940년대 Raymond Cattell과 동료학자들이 통계적 방법을 활용하여 16개의 특성으로 목록을 줄였다. 이후 많은 학자들에 노력에 의해 강력하고 안정적인 5가지 성격특성으로 구체화했다.

Digman(1990)은 개인적 성격을 설명하는 수많은 연구들을 분석한 결과 5가지 독립요인들(외향성, 친화성, 성실성, 신경성, 경험에 대한 개방성)이 일관성 있게 개인 성격을 묘사하고 있다는 것을 발견했다. 즉 특성이론에 근거한 빅 파이브 성격이론은 다섯 개의 기본적인 차원이 존재하고, 이것이 인간 성격의 많은 부분을 설명할 수 있다는 것이다. 이처럼 빅 파이브 모델은 광범위한 성격특성의 범주를 보여준다.

이들 5가지 각 요소는 잠재적으로 다수의 구체적인 특성 혹은 차원을 포함하고 있다. 즉 각 요소는 단일의 특성이 아니라 오히려 특성과 관련한 집합이다. 이러한 빅 파이브 차원은 보편적이기 때문에 다양한 사람들의 성격특성을 평가하는데 활용된다. 예를 들면서 외향성이 높은 것으로 나타난 사람은 내향적인 사람에 비해 많은 사람들과 함께 시간을 갖는 것을 좋아하고 상대방의 눈을 더 잘 응시한다(민경환 외역, 2012: 570).

빅 파이브 성격이론은 조직 내 개인행동을 정의하는데 중요하다고 간주되는 근본적인 성격특징을 대표한다. 또한 어떤 사람들의 성격은 빅 파이브의 각각 성격특성의 조합이다. 예를 들면, 매우 사회적(높은 외향성), 낮은 쾌활성, 높은 성실성, 낮은 감정적 안정성, 그리고 높은 수준의 창의성의 특성을 가질 수 있다. 성격은 생활을 통해 안정적이며, 광범위한 중요한 생활 결과와 연계되어 있다.

또한 각 빅 파이브 성격특성은 연속성을 표현한다. 예를 들면, 외향적인 성격과 내향적 성격특성은 연속체의 반대편에 위치한다. 〈그림 4-5〉와 같이 각 범주의 왼쪽에 가까운 특징이 조직환경에 보다 긍정적이라는 것이다(황규대 외, 2011: 210-212).

┃ 그림 4-5 ┃ 빅 파이브 성격유형

따뜻한, 재치 있는, 배려하는	친화성 (agreeableness)	독립적인, 차가운, 무례한(nude)
계획적인, 단정한, 의존적인	성실성 (conscientiousness)	충동적인, 경솔한, 무책임한
안정적, 자신감 있는, 사실적인	신경성 (emotional stability)	신경질적인, 자기회의(self-doubting), 기분
사교적인, 활동적인, 자기현시적인 (self-dramatizing)	외향성(사교성) (extroversion)	수줍은, 내성적인(unassertive), 내향적인(withdrawn)
창의적인(imaginative), 호기심 많은, 독창적인	지적 개방성 (intellectural openness)	둔한, 상상력이 부족한, 무미건조한(literal-minded)

자료: Hellriegel, et al.(1985: 46).

(1) 친화성(agreeableness) - 친화성은 다른 사람과 어울리는 능력을 말한다. 친화성은 신뢰, 이타주의, 친절, 애착, 친사회적 행동(prosocial be-havior)와 같은 특성을 포함한다. 친화성은 대인관계를 개척, 유지하는 것이 중요한 업무에 효과적으로 도움을 줄 수 있다.

(2) 성실성(conscientiousness) - 성실성은 의지할 수 있고, 조직화되고 있고, 철저하고 책임 있는 사람을 표현할 때 쓰이는 말이다. 또한 성실성은 높은 수준의 배려심, 좋은 충동조절과 목표지향적 행동과 같은 특성을 포함한다. 성실한 사람은 인내심이 강하고, 열심히 일하며, 일의 성취와 완성을 즐긴다.

(3) 신경성(neuroticism) - 신경성은 감정적 불안정성, 걱정, 기분, 과민성, 슬픔과 같은 특성을 경험하는 경향이 있다.

(4) 외향성(extroversion, sociability) - 외향성은 다른 사람과의 관계에서 편안한 정도를 말한다. 외향성은 사교적이고, 친화적이고, 적극적이며, 말을 잘 붙이고 능동적인 경향을 말한다.

특히 외향적 성격을 지닌 사람(extroverts)은 환경 속에서 자극을 필요로 하고, 단순하고 지루한 직무에는 부정적으로 반응하는 경향이 있으며, 다양성과 예측 불가능성 및 흥분을 주는 작업환경을 필요로 한다.

(5) 지적 개방성(intellectual openness) - 개방성은 사람의 믿음의 정도와 흥미의 범위이다. 또한 개방성은 창의성, 통찰력과 같은 특성을 포함한다. 개방성에는 변화를 받아들이려는 의지가 포함되어 있다.

표 4-7 ┃ 빅파이브 성격차원의 자아진단

빅파이브 성격의 자아진단문항	①전혀 그렇지 않다 ↔ ⑤매우 그렇다				
	①	②	③	④	⑤
나는 매우 외향적(outgoing)이다.					
나는 다른 사람과 잘 지낼 수 있다.					
나는 나 자신을 지적인 사람으로 생각한다.					
나는 때때로 무례(rude)할 수 있다.					
나는 매우 따뜻한 사람이다.					
나는 수줍음을 많이 탄다.					
나는 아주 정력적이다.					
나는 나 자신을 신경질적(temperamental)인 것으로 묘사할 수 있다.					
나는 아주 부러워한다(envious).					
나는 냉철하다(philosophical).					
나는 일반적으로 아주 여유가 있다(relaxed).					
나는 때때로 경솔하다(careless).					
나는 상상력이 부족하다(unimaginative).					
나는 가끔 엉성하다(sloppy).					
나는 때때로 철회한다(withdrawn).					
나는 나 자신을 창의적인(creative) 것으로 묘사한다.					
나는 아주 실용적이다(practical).					
나는 매우 친절한 사람이다.					
나는 거의 질투하지(jealous) 않는다.					
나는 매우 조직적이다.					

자료: Aldag & Kuzuhara(2002: 91-92).

4. MBTI 성격유형

조직구성원의 성격에 관한 분석에 있어, 대부분 학자들은 MBTI 성격유형 검사를 많이 활용하고 있다. MBTI(Myers-Briggs Type Indicator)은 C. G. Jung의 심리유형론을 근거로 하여 Katharine Cook Briggs와 그녀의 딸인 Isabel Briggs Myers에 의해 개발되었다. Myers와 Briggs는 MBTI를 개발할 때 Jung이 제시한 심리유형의 모델을 바탕으로 삼았으며, Jung의 심리유형이론에 내포되어 있기는 하지만 제대로 확립하지 못한 판단(judgement, T)과 인식(perception, P)에 관한 척도를 추가하였다(황임란, 2005: 326-327). 이에 MBTI 심리유형은 Jung의 심리유형이론을 보다 쉽게 이해하여 일상생활에서 유용하게 활용할 수 있도록 개발된 것이다.

심리유형에 대한 Jung의 포괄적 이론 중에서 가장 핵심적인 것은 인간은 누구나 감각, 직관, 사고, 감정이라 불리는 네 가지 기본적인 정신적 기능 또는 과정을 사용한다는 점이다. MBTI 모델은 〈그림 4-6〉과 같이 4가지 분명한 차원으로 구성되며, 대비되는 선호에 따라 각각은 반대되는 두 쌍을 함유하고 있다. 첫 번째 차원은 사람의 주의에 초점인 에너지의 방향에 따라 외향형(extraversion, E)과 내향형(introversion, I)이다. 두 번째 차원은 인식의 기능에 따라 감각형(sensing, S)과 직관형(intuition, N)이다. 세 번째 차원은 판단의 기능에 따라 사고형(thinking, T)과 감정형(feeling, F)이다. 네 번째 차원은 행동양식에 따라 판단형(judging, J)과 인식형(perceiving, P)이다.

| 그림 4-6 | MBTI의 4가지 선호 방향

외향 E (Extroversion)	에너지의 방향 / 주의 초점	내향 I (Introversion)
감각 S (Sensing)	인식기능 / 정보수집	직관 N (Intuition)
사고 T (Thinking)	판단기능 / 생활양식	감정 F (Feeling)
판단 J (Judging)	행동양식 / 생활양식	인식 P (Perceiving)

이러한 MBTI의 4가지 차원 중 2개 차원씩 결합하여 여러 가지 MBTI유형이 산출된다. 선호하는 자료유형(S-N)과 선호하는 자료처리방식(T-F)을 결합하면 〈표 4-8〉과 같이 4가지 의사결정유형이 범주화된다.

| 표 4-8 | 의사결정유형

구분		자료유형	
		S(감각)	N(직관)
자료 처리방식	T(사고)	ST: 체계적 의사결정자 정보: 계량적 측정치 단서: 통계적 의미	NT: 이론적 의사결정자 정보: 미래의 가능성 단서: 변화에 대한 가정
	F(감정)	SF: 계량적 의사결정자 정보: 현재의 상황이나 정황 단서: 이해관계자들에 의한 수용	NF: 탐색적 의사결정자 정보: 현재의 가능성 단서: 경험과 판단

자료: 박영미(2008: 115).

또한 개인 에너지의 지향성(I-E)과 외부세계에 대한 대응방식(J-P)이 결합되면 〈표 4-9〉와 같이 4가지 행동유형이 범주화 된다.

| 표 4-9 | 행동유형

구분		외부세계에 대한 대응방식	
		J(판단)	P(인식)
개인 에너지의 방향	E (외향)	EJ: 설득자 자료: 주장을 밀어붙일 수 있는 장점 단서: 행동의 당위성에 대한 이해	EP: 중재자 자료: 조직적 단서: 제재메카니즘의 형성
	I (내향)	IJ: 영향력 행사자 자료: 조작능력 단서: 목적은 수단을 정당화	IP: 조율자 자료: 숨겨진 의미 단서: 성호이해

자료: 박영미(2008: 116).

이처럼 MBTI는 질문목록에 대한 응답을 기초하여 사람을 16개의 성격
유형 가운데 하나로 인식하는 것이다. MBTI의 목적은 응답자 자신의 성격을
탐구하고 그리고 이해하도록 도움을 제공한다. 어떤 성격유형이 다른 성격유
형보다 좋다는 것을 의미하는 것은 아니다. 즉 이것은 역기능 혹은 기형
(abnormality)을 관찰하기 위해 설계된 도구가 아니라 우리 자신에 관해 보
다 잘 학습하도록 도움을 제공하는 것이다.

이와 같이 MBTI는 개인심리학과 분석심리학의 성격이론을 바탕으로 성
격 변인을 측정하기 위해 설계된 측정도구이다. MBTI는 분석심리학에 기초
를 두고 있음에도 불구하고 개인의 성격에 있어서 인지적인 양식과 독특한
생활지각과 관련된 유용한 정보를 제공한다(정민·노안영, 2003). 또한 MBTI
는 사람들이 가지고 있는 성격 유형상의 차이를 미리 예견하여 보다 건설적
으로 대처할 수 있게 해 준다는 데 있다(김정택·심혜숙·재석봉 역, 1995).

MBTI를 활용할 경우, 대인관계 패턴 등에 대한 좀더 자세한 정보를 제
공할 수 있으며(심혜숙·곽미자, 1996), 개인의 선호도와 직업의 성격이 얼마
나 잘 조화를 이룰 수 있는가를 점검하는데도 활용할 수 있다. 나아가 MBTI
는 효율적인 인적자원관리 차원에서 적극적으로 사용하고 있으며, 조직 문화
적 측면에서 조직구성원 및 조직에 대한 유용성으로, 자기 자신과 자신의 행
동을 이해하여 자신을 효율적으로 운용할 수 있도록 하는데 도움을 주며, 개
인차를 건설적으로 이용하여 타인을 인정하고 타인과의 효율적인 상호작용
을 하는데 도움을 준다(김명선·전인식, 2002).

표 4-10 16개 성격유형의 인지적 특성과 직업적 성향

구분	감각형(Sensing: S)		직관형(Intuition: N)		내향형 외향형
	사고(T)	감정(F)	감정(F)	사고(T)	
판단형 (Judging : J)	ISTJ 실용적, 감각적, 단호성, 논리적, 의연, 투입지향 경영 및 행정	ISFJ 실용적, 구체적, 협조적, 예민성, 투입지향 교육, 의료, 종교	INFJ 통찰력, 상징적, 이상주의, 몰입적, 열정적, 투입지향 종교, 상담, 교육	INTJ 통찰력, 장기적 계획, 명확하고 합리적, 투입지향 과학, 기술, 전문기술분야	내향형(I) (Introversion)
지각형 (Perceiving : P)	ISTP 의연, 논리적 문제해결, 실용적, 사실적, 과정지향 기술 및 기계분야	ISFP 친절, 신뢰, 감수성, 관찰, 구체적, 과정지향 의료, 사업	INFP 감수성, 보살핌, 이상주의, 호기심, 창조적, 비젼, 과정지향 상담, 작가, 예술	INTP 논리적, 호기심, 의연, 통찰력, 사변적, 투입지향 과학 및 기술분야	
지각형 (Perceiving : P)	ESTP 관찰, 적극적, 합리적 문제해결, 단언저, 투입지향 마케팅, 사업, 기술직	ESFP 관찰, 구체적, 적극적, 동정적, 이상주의적, 온화, 투입지향 의료, 교육	ENFP 호기심, 창조적, 정력적, 다정, 협조적, 투입지향 상담, 종교, 교육	ENTP 창조적, 상상력, 이론적, 분석적, 합리적, 지식추구, 투입지향 과학, 기술, 경영	외향형(E) (Extroversio)
판단형 (Judging : J)	ESTJ 논리적, 단호성, 객관적, 비판적, 실용적, 체계적, 과정지향 경영 및 행정	ESFJ 사실적, 사교적, 협조적, 실용적, 단호성, 과정지향 교육, 의료, 종교	ENFJ 연민적, 충직, 상상력, 다양성, 선호, 지원적, 과정지향 예술, 종교, 교육	ENTJ 분석적, 단언적, 개념적, 사색, 혁신기획, 과정지향 경영 및 리더십	

자료: Wheeler, et. al.(2004); 박재용·박우성(2005: 101) 재인용.

성격에 대한 질문지	①전혀 그렇지 않다 ↔ ⑤매우 그렇다				
	①	②	③	④	⑤
어떤 것에 대해 걱정하는가(Worry about things)?					
쉽게 친구를 사귀는가(Make friends easily)?					
생생한 상상력을 가지는가(Have vivid imagination)?					
다른 사람을 신뢰하는가(Trust others)?					
업무를 성공적으로 수행하는가(Complete tasks successfully)?					
쉽게 분노하는가(Get angry easily)?					
큰 파티를 좋아하는가(Love large parties)?					
예술의 중요성을 믿는가(Believe in the importance of art)?					
나 자신의 목적을 위해 다른 사람을 활용하는가 (Use others for my own ends)?					
정리하기를 좋아하는가(Like to tidy up)?					
종종 우울한 느낌을 가지는가(Often feel blue)?					
책임지는가(Take charge)?					
내 감정을 강렬하게 경험하는가 (Experience my emotions intensely)?					
다른 사람을 돕는 것을 좋아하는가(Love to help others)?					
자신의 약속을 지키는가(Keep my promises)?					
다른 사람에게 접근하는 것이 어려운가 (Find it difficult to approach others)?					
항상 바쁜가(Am always busy)?					
일상적인 것을 선호하는가(Prefer variety to routine)?					
선한 싸움을 좋아하는가(Love a good fight)?					
최선을 다하는가(Work hard)?					
흥청망청 먹고 마시는가(Go on binges)?					
흥분하게 하는 것을 좋아하는가(Love excitement)?					
도전적인 자료를 읽는 것을 좋아하는가 (Love to read challenging material)?					
자신이 다른 사람보다 낫다는 것을 믿는가 (Believe that I am better than others)?					
항상 준비되어 있는가(Am always prepared)?					
쉽게 겁에 질리는가(Panic easily)?					
기쁨을 발산하는가(Radiate joy)?					
권위에 도전하는 것을 좋아하는가 (I like to challenge authority)?					
노숙자를 동정하는가(Sympathize with the homeless)?					

- 성격(性格, personality) 사람들의 정체와 행태패턴을 결정하는 일련의 특성을 말하며, 어떤 사람을 독특하게 만드는 사고, 감정 및 행태적 특성의 패턴으로 구성되는 것이다.

- Hippocrates의 성격유형 우울증(melancholic, 슬픔, sad), 냉정(phlegmatic, listless and tired), 낙관(sanguine, content or optimistic), 다혈질(choleric, easy to anger)의 성격이다.

- Sheldon의 성격유형 체격(physique, body type)과 성격 사이의 상관관계를 제시하고, 3가지 체격은 내배엽형 사람(체형이 둥글고 지방이 많은 사람, endomorph), 외배엽형 사람(ectomorph), 중배엽형 사람(타고난 체형이 살찌지도 마르지도 않고 근육이 많은 사람, mesomorph)이다.

- Jung의 성격유형 Jung은 내성적인 사람과 외향적인 사람의 2가지 유형으로 성격이론을 발전시켰다. 내향적인 사람(introverts)은 사회적 접촉을 회피하는 경향이 있고, 반면에 외향적인 사람(extroverts)은 가능한 자주 사람들과 상호작용하기 위해 노력하고 사교적이다.

- 특성(特性, traits) 사람들의 생활을 통해 개인의 사고와 활동을 특징지우는 생물학적, 심리적 그리고 사회적 영향이며, 사람에 대해 근본적이고 그리고 항구적인 특성(enduring qualities)이다.

- Allport의 특성이론 Allport는 특성이란 사람을 여러 가지 상황에서 지속적으로 처신하도록 움직이거나 혹은 안내하는 것이라고 지적하고, 특성범주를 기본특성, 중심특성, 이차특성으로 구분하고 있다.

- Hippocrates(히포크라테스, c. 460 ~. 370 BC) 아테네의 페리클레스(Pericles) 시대 그리스 의사이며, 의학역사상 가장 뛰어난 의사로 의술의 아버지(Father of Medicine)이다. Hippocrates에 따르면, 질병은 자연스러운 과정(natural process)이며, 질병의 징후는 질병과정에 대한 자연스러운 몸의 반응에서 일어난다. 의사의 핵심적인 역할은 변형된 불균형(metabolic imbalance)에 대해 자연스러운 몸의 저항을 통해 극복하도록 돕는 것이며, 건강과 유기체에 조화를 회복하는 것이다.

- William Sheldon(born November 19, 1898.11.19.~1977.9.16.) 체형 (physique), 성격, 비행(delinquency)과 연계한 이론으로 잘 알려진 미국의 심리학자이고 의사이다. 시카코 대학에서 1926년에 심리학박사와 1933년에 의학박사를 취득했다.

  Sheldon은 성격특성, 즉 기질유형(temperament types)에 대해 연구하였다. Sheldon은 약 4천명의 사진(정면, 옆면, 뒷면)에 대한 면밀한 조사를 통해 내배엽형, 중배엽형, 외배엽형의 3가지 성격특성을 제시하고 있다.

- Carl Gustav Jung(1875.7.26.~1961.6.6.) 분석심리학(analytical psychology) 의 창시자이며, 스위스의 정신과 의사이고, 심리분석가이다. Jung의 업적은 정신의학, 인류학, 고고학, 문학, 철학, 종교학의 분야에 영향을 미치고 있다. Freud는 젊은 Jung을 자신의 후계자로 여겼다. 하지만, 1912년에 오이디푸스 콤플렉스(Oedipus complex)에 관한 Freud이론을 공개적으로 비판하였다. Jung은 보편적인 인간의 성격유형으로 내향성과 외향성을 제시하였다.

- Gordon Willard Allport(1897.11.11.~1967.10.9.) 미국의 심리학자로 성격 연구에 초점을 둔 초기 심리학자 중 한 사람이다. Allport는 성격에 대한 심리분석적 접근법을 거부하고, 성격과 관련한 데이터로부터의 깊이 있는 해석을 제공하지 못하는 행태적 접근법을 부인한다.

  반면에 Allport는 특성에 기초한 절충이론(eclectic theory)을 발전시켰다. 그는 성격과 관련하여 각 개인의 독창성(uniqueness)을 강조한다. 즉 개인의 차별성과 상황적 변수의 중요성을 강조한다.

- Sigmund Freud(1856.5.6.~1939.9.23.) 1856년 5월 6일 오스트리아(현재 체코공화국)의 프라이베르크(Freiberg)에서 태어났다. 1881년 빈 대학교 (University of Vienna)에서 의학박사를 받았으며, 1885년에 빈 종합병원 (Vienna General Hospital)에 정신병리학 강사로 임명되었다. Freud는 1886년까지 빈에서 임상개업을 했으며, 1938년에 나치주의(Nazis)로부터 탈출하기 위해 오스트리아를 떠나 영국으로 망명하였다.

  Freud는 오스트리아 신경과 전문의(neurologist)이며, 환자와 정신분석가 사이의 대화를 통해 정신병리학(psychopathology)을 치료하는 임상방법을 활용한 정신분석학의 아버지이다. 즉 Freud는 정신적 질병을 치유하는 방법, 인간행태를 설명하는 이론인 정신분석학의 아버지로 불린다. 정신분석은 가끔 대화 치료

(talking cure)로 명명된다. Freud는 전형적으로 자신의 환자가 자신의 징후와 관련하여 자유롭게 대화하도록 격려하고, 환자의 마음에 무엇인지를 정확하게 기술하도록 격려한다.

Freud는 꿈의 해석과 관련하여, 꿈은 잠재의식에 중요한 기능을 수행한다. 꿈은 잠재의식(unconscious mind)이 어떻게 작용하고 있는지에 대해 가치있는 단서로써 기여한다. 이점에서 Freud는 꿈의 중요한 기능은 소원성취(wish-fulfillment)하는 것으로 제시한다. 또한 Freud는 명시적인 꿈의 내용과 꿈의 상징적 의미인 잠재적 내용(latent content) 사이를 구별한다. 명시적 내용(manifest content)은 가끔 하루의 일어난 일을 이야기(the events of the day)에 기초한다.

Freud의 대표적인 저서로 1900년 꿈의 해석(The interpretation of dreams), 1915년 무의식(The unconscious), 1920년 쾌락 욕구 원칙을 넘어서(Beyond the pleasure principle), 1923년 자아와 이드(The ego and the id) 등이 있다.

- **Freud의 성격유형**   Freud에 의하면, 성격이란 정신적 갈등(psychological conflicts)을 해결하는 행태패턴이고, 무의식에서 표출되는 사고와 행동으로 구성된다는 것이다. 성격의 역학관계는 id, ego, superego 사이의 지속적인 갈등에 관련되어 있다.

- **미네소타 다면적 인성검사(Minnesota Multiphasic Personality Inventory, MMPI)**   실제적 임상데이터에 기초하여 경험적으로 구성된 것이며, 자신의 성격은 이미 조사되었던 다른 사람의 성격 그리고 알려진 행태와 사람의 관점에서 평가될 수 있다. MMPI의 10개 기본적 척도는 ① 건강염려증(히포콘드리아시스, hypochondriasis), ② 우울증(depression), ③히스테리(hysteria), ④ 반사회성(정신병적인 이탈, psychopathic deviate), ⑤ 남성성-여성성(masculinity-feminity), ⑥ 편집증(피해망상, paranoia), ⑦ 강박증(정신 쇠약증, psychasthenia), ⑧정신 분열병(schizophrenia), ⑨ 경조증(우울 주기에서의 경증, hypomania) ⑩ 사회적 내향성(social introversion).

- **에니어그램(Enneagram)의 성격유형**   에니어그램은 원과 아홉 개의 점, 그리고 그 점들을 잇는 선으로 구성된 도형이다. 에니어그램의 성격은 기본적으로 인간 성격의 근간을 장(배, 본능) 중심, 가슴(감정) 중심, 머리(사고) 중심으로 대별하고, 다시 그 안에 3가지의 유형을 포함하고 있어 총 9개의 유형으로 나누어진다.

- 빅파이브(big five) 성격유형   Digman(1990)은 개인적 성격을 설명하는 수많은 연구들을 분석한 결과 5가지 독립요인들(외향성, 친화성, 성실성, 신경성, 지적 개방성)이 일관성 있게 개인 성격을 묘사하고 있다는 것을 발견했다. 빅 파이브 성격유형은 인간 성격의 많은 부분을 설명할 수 있다.

- MBTI(Myers-Briggs Type Indicator) 성격유형   MBTI는 C. G. Jung의 심리유형론을 근거로 하여 Katharine Cook Briggs와 그녀의 딸인 Isabel Briggs Myers에 의해 개발된 것이다. MBTI는 개인심리학과 분석심리학의 성격이론을 바탕으로 성격 변인을 측정하기 위해 설계된 측정도구이다.

제 5 장
동기부여

심리학자들은 어떤 행태가 왜 일어나는가(why a behavior occurs)에 대해 알고 싶어 동기부여를 연구한다. 그들은 행태를 작동시키는 기본적인 과정을 이해하고 싶어한다. 사랑과 미음에 내재한 힘이 무엇인가? 어떤 사람이 권력을 추구하게 하는 동기는 무엇인가? 배고픔 혹은 목마름과 같은 동기는 어떻게 우리의 행태에 영향을 미치는가?

이점에 있어 관리자는 종업원을 동기부여시키기 위해 활동적인 역할을 수행해야만 한다. 동기부여이론은 다음과 같은 결론을 제시하고 있다. ① 관리자는 종업원의 동기부여상태에 영향을 미칠 수 있다. ② 관리자는 종업원의 욕구, 능력, 목표에의 변화(variation)에 대해 민감해야 한다. ③ 종업원의 욕구, 능력, 목표 및 선호에 대한 지속적인 모니터링은 관리자의 책임이다. ④ 관리자는 종업원에게 업무의 도전성, 다양성 그리고 욕구만족을 위한 다양한 기회를 제공하는 일을 수행해야만 한다.

이 장에서는 동기부여의 의의와 과정, 동기부여의 이론적 배경과 관련된 이론 등의 학습을 통해 동기부여의 본질을 탐색하고자 한다.

▌제1절 동기부여의 의의와 과정

1. 동기부여의 의의와 특징

동기부여는 목표를 성취하는데 열쇠이다. 동기부여를 이해하는 것은 개인 간의 관계를 긍정적으로 발전시키는데 중요한 변수이다. 동기부여(motivation) 란 사람들의 결핍, 욕구, 그리고 바램이 만족되는 내적인 과정(internal process) 이다.[6] 또한 동기부여는 행태에 활기를 북돋우고, 지향하게 하고 그리고 유지하게 하는 일련의 힘이다. 이러한 힘은 그 사람(자신)으로부터, 소위 내적인 힘에서 오고, 또한 사람들을 둘러쌓고 있는 환경, 즉 외적인 힘에서 온다.

특히 인적자원은 조직에서 있어서 생산성을 증가하고, 경쟁력을 제고하고, 양질의 제품과 서비스를 향상하는데 매우 중요하다. 이점에서 관리자들은 조직구성원들에게 무엇이 중요한 요인인지를 지각해야만 한다. 즉 조직관리자는 조직의 목표와 개인의 목표를 성취하는데 조직구성원에게 동기부여를 제공해야 하는 도전에 직면한다. 변화하는 조직업무에 대해 조직구성원들에게 도전적 기회를 제공하고, 업무의 중요성을 인식하게 하고, 경력발전프로그램을 제공하고, 노력에 대한 보상 및 조직구성원에 대한 존경과 인정하는 인사관리가 중요하다.

동기부여에 관련된 4가지 C를 이해하는 것이 조직구성원의 행태에 관한 통찰력을 제공할 것이다(Miller & Catt, 1989). ① 신념(confidence) - 어떤 것을 행하는 것에 관련하여 사람의 능력에 대한 확신감(sureness)이다. ② 능력(competence) - 업무를 완성하는데 필요한 수단을 소유하는 정도이다. ③ 몰입(commitment) - 업무를 완성할 때까지 업무에 대한 지구력과 집착력이다. ④ 도전(challenge) - 업무할당 혹은 목표를 완성하는데 노력하는 열망이다. 새로운 기술과 보다 많은 지식을 획득하려는 자세이다.

---

6 영어단어 motivation은 motivum에서 유래되었다. 라티어 motivum은 어떤 것이 움직이게 하는 이유(to the reason something has moved)를 언급한다. 또한 motive는 라틴어 movere에서 유래되었으며, to move의 의미이다.

상당히 동기부여된 조직구성원들은 목표달성에 매우 헌신적이다. 이를 위해 많은 조직은 조직구성원을 문제해결과정에 참여시키고, 또한 의사결정과정에 보다 많은 권한을 부여하고 있다. 조직 관리자들이 인적자원을 동기부여 시키는데 적용하는 몇 가지 기술은 다음과 같다(Miller, et al., 1995: 338-342).

1) 자발적인 동기부여

긍정적인 결과에 초점을 두는 것이 장애요인과 실망스러운 것을 극복하는데 도움을 준다. 경험을 통한 학습의 자발성과 지구력이 성취와 만족에 기여한다. 자발적인 동기부여(self-motivation)는 자신의 결핍, 욕구 및 관심을 조사한다. 또한 어떤 업무에 대해 자신과 계약하는 것도 자신을 동기부여 시키는 요인이 된다.

2) 조직구성원에의 임파워먼트

임파워먼트(권한위임, empowerment)은 모든 조직계층에 대해 중요한 결정에 있어서 조직구성원의 지식, 신념, 권위를 활용하도록 배려하는 것이다. 조직구성원들에게 권한이 위임된다면, 관리자의 역할이 명령지시의 입장과 의사결정자의 입장에서 코치의 역할과 조언자의 역할로 변화한다. 교육훈련이 임파워먼트의 중요한 요인이며, 임파워먼트도 종업원의 직무만족을 증진하고 그리고 조직 비용을 줄이는데 가치 있는 원천이 된다.

3) 목표설정

목표설정(goal setting)은 특정한 목표를 성취하는데 의식적인 노력을 하게 하는 과정이다. 목표설정과정은 조직구성원들에게 조직에 관한 의문사항을 질문하고, 의견을 표명하고, 비판을 하고, 환류를 받는 기회를 제공한다. 조직구성원이 수용하는 도전적이고 구체적인 목표가 높은 동기부여를 유발하게 한다. 조직구성원이 동기부여를 유지하기 위해서는 조직구성원이 목표가 가치 있고 혹은 바람직한 것으로 인지되어야만 한다.

4) 조직적 도의의 설정

조직적 도의(organizational morale)는 조직구성원이 조직 혹은 직무 관련 요인에 대해 가지는 일반적인 태도이다. 높은 조직적 도의는 업무의 공헌이 가치 받을 만한 것으로 인식하는 감정이다. 조직구성원들이 협동적으로 업무를 수행하고, 그리고 자신들의 업무성취에 자부심을 가질 때 조직적 도의가 강화된다. 관리자의 행위가 조직적 도의에 중요한 역할을 발휘하며, 도의(morale)는 비교하는 준거 틀에 영향을 받는다.

2. 동기부여의 과정

동기부여의 과정은 〈그림 5-1〉과 같이 불만족한 욕구와 동기, 긴장, 욕구와 동기만족을 위한 행동, 목표성취, 환류의 과정으로 이루어진다.

① 불만족한 욕구와 동기(unsatisfied needs and motives) - 개인에 있어 결핍에의 지각(the perception of deficiency)하는 욕구로부터 동기부여 과정이 시작된다. 이 단계에서는 불만족한 욕구와 동기를 포함한다. 불만족한 욕구는 내적인 자극에 의해 활성화하게 된다. 이들 욕구는 외부적 자극에 의해서도 작동하게 된다.

특히 욕구(needs)는 물질적 결핍(physical deprivation)의 상태이다. 욕구는 어떤 개인이 특정한 시점에 경험하게 되는 어떤 가치에 대한 결핍이다. 이러한 욕구는 동기(drives)를 일으킨다. 욕구는 행태반응의 방아쇠(trigger) 혹은 활력제이다. 동기수준은 결핍되어진 시간적 길이와 더불어 증가된다.

이처럼 사람들은 욕구를 충족하기 위해 행동을 시작한다. 욕구결핍이 있을 때 개인은 관리자의 동기부여 노력에 보다 민감하다. 이러한 욕구는 심리적, 생리적, 사회적 결핍(deficiencies)에 대한 지각이다.

② 긴장(tension) - 불만족한 욕구는 개인에 있어 긴장을 일으킨다. 이러한 긴장은 육체적, 심리적, 사회적 긴장일 수 있다. 긴장의 상황에서 사람들

은 자신의 욕구를 만족시킬 수 있는 어떤 대상을 전개하고자 노력한다. 예를 들면, 굶주릴 때 육체적 스트레스를 겪게 된다. 즉 배고픔의 욕구를 만족하는데 동기가 일어나며, 배고픔을 해결할 때 스트레스가 해소될 것이다. 여러 가지 욕구에 대한 강도는 사람마다 일관성을 가지는 것은 아니다. 어떤 사람은 강렬한 자기중심적 욕구를 만족하는데 동기가 부여되지만, 다른 사람은 가입욕구의 만족을 위해 동기가 부여된다.

③ 욕구와 동기만족을 위한 행동(action to satisfy needs and motives) - 이 단계는 욕구와 동기를 만족시키기 위한 사람들의 활동이 포함된다. 행동을 불러일으키는 강한 내적 자극이 긴장을 초래하게 한다. 이 과정에서 대안들이 검토되고 그리고 선택이 이루어진다.

④ 목표성취(goal accomplishment) - 욕구와 동기를 만족시키는 행동은 목표를 성취하는 것이다. 이것은 보상과 처벌을 통해 성취할 수 있다.

⑤ 환류(feedback) - 동기부여의 마지막 단계는 환류이다. 환류는 욕구의 수정(revision) 혹은 욕구향상을 위한 정보를 제공한다.

▎그림 5-1 ▎ 동기부여과정

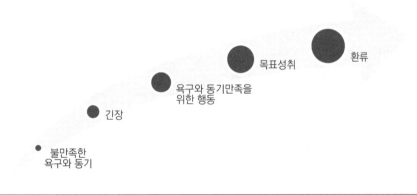

또한 동기부여는 조직의 배경에서 〈그림 5-2〉와 같이 개인에게 노력을 확장하는 힘이다. 동기부여는 개인에 의해 관찰할 수 있는 노력의 수준을 초래한다. 노력 자체만으로 충분하지 않다. 즉 성과는 개인이 발휘하는 노력과 개인 소유하는 능력의 수준(기술, 훈련, 정보 등)의 결합에서 도출된다. 이에 노력은 주어진 성과수준을 산출하기 위한 능력과 결합한다. 성과의 결과로서 개인은 어떤 결과를 달성한다.

　　결과 혹은 보상(rewards)은 2가지 주요한 범주로 구성된다. 하나는 개인이 환경으로부터 결과를 획득한다. 개인이 주어진 수준을 이행했을 때, 개인은 상관, 동료, 조직의 보상시스템 등으로부터 긍정적 혹은 부정적 결과를 얻을 수 있다. 이러한 환경적 보상은 개인에 대한 결과의 원천이 된다. 다른 하나는 결과의 원천은 개인이다. 이것은 순전히 업무자체에 대한 성과(성취감, 개인적 가치 등)로부터 일어나는 결과이다.

이리하여 사람들의 동기부여는
① 노력에 대한 성과의 기대(effort-to-performance expectancies),
② 성과에 대한 결과의 기대(performance-to-outcome expectancies),
③ 결과에 대한 지각된 유인값(perceived valence of outcomes)의 함수이다.

▌ 그림 5-2 ▌ 기본적인 동기부여형태의 순서

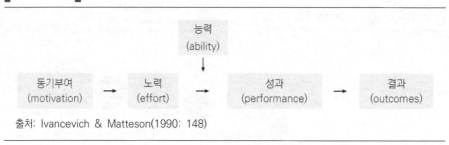

출처: Ivancevich & Matteson(1990: 148)

제2절 동기부여의 이론배경

1. 본능이론

본능이론(instinct theory)은 Darwin의 자연도태이론(natural selection theory)에 영향을 받아 유기체의 행태와 생리는 자신의 환경에서 생존하기 위해 알맞을 정도로 생존하고 그리고 번식한다고 가정한다. 유기체는 생존과 번식을 하기 위해 자식에게 유전자(genes)를 전승한다. 자식은 일반적으로 자신의 부모의 행태적 그리고 생리적 특성을 물려받는다.

이런 시각에서 미국의 심리학자 William James(1890)와 William McDougall(1908)은 대부분의 인간과 동물의 행태는 본능적이라고 가정한다. 본능은 생존을 위해 필수적이라고 주장한다. 유기체는 종족의 생존과 재생산을 추구하기 때문에 음식, 물, 성욕을 추구하는 기질을 부모로부터 물려받는다.

James는 모든 유기체는 먹고 그리고 자식을 낳는 것과 같은 기본적인 본능을 공유하고 있고, 그리고 인간도 역시 사회화, 동정, 경쟁 및 사랑을 위해 본능을 소유하고 있다고 믿는다. 또한 James와 McDougall은 본능은 어떤 자극이 있을 때 일반적으로 특정한 태도로 행동하도록 결정하는 성향이라고 믿는다. James와 McDougall에 의하면, 본능적 성향은 학습에 의해 수정될 수 있다. 특히 학습은 초기의 본능적 행태 발생에 관련되어 있다.

본능이론가에 의하면, 동기부여는 우선적으로 생물학적 기반이라고 주장한다. 우리는 생존을 위해 어떤 행태를 표출한다. 동물들이 무리의 생존을 확보하기 위해 겨울이전에 이동하는 행태는 본능적이라는 것이다. 이처럼 인간행태는 동물의 행태와 같이 본능적으로 결정된다. 인간의 복잡한 동기부여는 인간이 하급동물보다 많은 본능에 의해 영향을 받는다.

본능이론은 다음과 같이 몇 가지 점에서 비판을 받고 있다. ① 핵심적 본능(core instincts)을 명확하게 할 수 없다. 또한 본능은 과학적으로 검증할 수 있는 어떤 것이 아니다. 예를 들면, James는 적어도 50개의 인간본능을 제시했지만, 1920년대 학자들은 거의 6,000개 본능의 존재를 제안했다. ② 본능이론은 본능이 행태에 어떻게 영향을 미치는지 드러내 보이지 못하고 있다. 또한 본능은 모든 행태를 설명할 수 없다. ③ 본능적인 어떤 것이 어떤 상황에서는 행태가 다른 사람에게는 나타나지 않은 이유를 설명하기 어렵다.

2. 동인이론

동인이론(drive theory)의 핵심은 욕구(need)의 개념이다. 욕구는 어떤 유기체의 생물학적 요구로부터 일어난다. 동인은 활성화(activation)와 각성(arousal)을 의미한다. 동인은 유기체가 자신의 욕구를 만족시키는 어떤 목표를 추구하는데 동원된다.

동인이론은 다음과 같이 몇 가지 점에서 본능이론과 차이가 있다.

첫째, 동인이론은 행태에 연료를 주는 메커니즘으로서 동인 혹은 육체적 자극을 가정한다. 이것은 동인을 실질적인 육체적 과정으로 간주하기 때문이다. 이에 동인이론은 과학자들은 동기부여의 중심된 과정을 연구할 수 있고, 그리고 동기부여 된 행태를 관찰함으로써 동기부여를 추론할 필요가 없다는 것이다. 대신에 과학자들은 동인을 측정함으로써 동기부여의 단계를 결정할 수 있다는 것이다.

둘째, 동인이론의 다른 장점은 동인의 핵심적 결정요인으로서 욕구의 확인이다. 욕구는 결핍(deprivation)의 기능을 하기 때문에, 과학자들은 결핍을 일으킴으로써 동인을 다룰 수 있다.

이와 같이 동인이론가들은 동기부여 된 행태를 활성화하는 메커니즘으로서 동인을 제안할 뿐만 아니라 동인의 구체적인 분류를 초래하는 과정을 제안한다. 이러한 과정을 항상성(homeostasis)이라 한다. 항상성은 균형상태(equal state)이다. 프랑스 생리학자 Claude Bernard(1813~1878)가 동물은 생존하기 위해 안정적 내적 환경을 유지해야만 한다고 최초로 관찰했다. 동물은 적절하게 기능을 하기 위해 자신의 내적 온도, 자신의 혈액 속에 공기의 양, 혈당(blood sugar)의 수준을 통제해야만 한다(Spear, et al., 1988: 461-462).

◇ 항상성(homeostasis)

항상성은 우리 신체가 어떻게 활동하는가를 이해하는데 중요한 개념이다. 항상성은 그리스의 2개의 단어를 의미한다. 비슷한(similar) 의미의 homeo와 안정(stable)을 의미하는 stasis이다. 이것은 어떤 성질의 비교적 일정한 조건(constant condition)을 유지하는 성향을 말한다. 즉 생명체가 생존에 필요한 상당한 안정적 조건을 활동적으로 유지하기 위해 활용하는 어떤 과정을 의미한다.

이 용어는 1930년 의사인 Walter Cannon에 의한 신조어이다. 그의 저서 신체의 지혜(The Wisdom of the Body)는 사람의 신체가 어떻게 안정적 수준의 온도와 다른 중요한 조건(혈액 속에 물, 소금, 설탕, 단백질, 지방, 칼슘, 산소의 상태)을 유지하는가를 기술하고 있다.

사회과학에서 항상성이 유용하게 적용되고 있다. 항상성은 갈등적인 스트레스와 동기부여에서 사람들은 어떻게 안정적인 심리적 조건(stable psychological condition)을 유지할 수 있을까를 언급한다. 사회는 정치적·경제적·문화적 요인의 경쟁에도 불구하고 항상성 있게 안정성을 유지한다.

1948년 수학자 Norbert Wiener가 항상성 아이디어를 사이버네틱스(cybernetics) 과학에 적용하였다. 사이버네틱스시스템은 교란(disturbances)을 기억할 수 있고, 그리고 정보를 저장하고 전달하는데 컴퓨터과학에서 활용할 수 있다. 부적 환류(negative feedback)는 핵심적인 항상성 개념과 사이버네틱스 개념이다. 부적 환류는 서로서로 상호영향을 미치는 힘과 요인들 사이의 균형에 의해 발생한다.

예일대학교 심리학교수 Clark Hull(1884~1952)에 따르면, 결핍이 유기체내 요구상태를 산출할 때 다음과 같은 2가지 - ① 동인이 증가하고, 그리고 ② 유기체가 내적인 수령자를 통해 욕구상태를 탐지한다 - 가 일어난다. 내적 감각(internal sensations)이 특정한 반응에 대해 단서로 작용하기 때문에 중요하다.

Hull은 욕구는 자동적으로 동인을 산출하지만, 동인을 줄이는 행태는 주로 학습된다고 이론화하고 있다. Hull은 동기부여는 동인과 학습(습관이라고 언급한다)의 결합기능이라고 제안하고 있다.

동기부여(Motivation) = 동인(Drive) × 습관(Habit)

또한 Hull은 동기부여는 습관과 결핍에 의해 영향을 받을 뿐만 아니라 이용할 수 있는 목표의 특성에 의해 영향을 받는다고 주장한다. 나아가 Hull의 이론에 의하면, 어떤 동물이 특별히 동기부여된 행태에 대해 보상이 많을수록 그것의 동인은 커지며, 동기부여된 행태는 보다 많이 일어난다. 이점에서 Hull은 동기부여를 다음과 같이 재정의하고 있다.

동기부여(Motivation) = 동인(Drive) × 습관(Habit) × 인센티브(Incentive)

3. 인센티브 이론

1940년대와 1950년대에 제기된 인센티브이론은 행태는 보상, 돈, 인정과 같은 외부적 목적의 매력(pull)에 의해 동기부여 된다는 것이다.

인센티브이론(incentive theory)은 조작적 조건형성과 유사할 수 있다. 즉 인센티브이론은 우리의 행동은 보상을 성취하기 위해 지향한다는 것이다. 인센티브 이론은 행태는 주로 외부적인 동기에 의해 일어난다는 생각에 기초한다. 즉 인센티브 이론가에 의하면, 사람들의 행태는 욕구가 산출하는 내적인 상태 혹은 항상성의 불균형(homeostatic imbalance)에 의한 것보다 오히려 자극의 질과 바람직한 상황에 의해 동기부여 된다는 것이다. 동기부여 된 행태는 강력한 동기부여 자극 혹은 인센티브의 존재에 강하게 의존한다(Spear, et al., 1988: 471-472).

프라이밍(priming, 기폭제, 작은 양의 인센티브 자극)은 유기체에게 인센티브 자극을 보다 많이 추구하도록 자극한다. 프라이밍이 동물에게 자극에 대한 즐거운 혹은 불쾌한 질을 기억하게 하기 때문에 프라이밍 자극은 분명 효과적이다.

이에 인센티브 이론가들은 욕구가 행태에 영향을 미친다고 인식한다. 이들은 동인 보다는 인센티브 자극을 보다 많이 강조한다. 이점에서 동인이론가는 행태를 동인에 의해 끌어당기는 것으로 보는 반면에, 인센티브 이론가는 행태를 인센티브에 의해 끌어당기는 것으로 간주한다.

인센티브 이론은 동기부여의 중요한 결정요인은 자극이 즐겁거나 혹은 불쾌할 것이라는 동물의 기대라고 주장한다. 기대가 학습되기 때문에 학습은 인센티브 동기부여에서 중요한 역할을 발휘한다. 이와 같이 인센티브는 사람의 행태에 영향을 미친다. 이전의 학습은 가끔 목표에 대한 기대를 일으킨다. 그러한 기대는 동기부여 된 행태에 강력한 영향을 가진다. 나아가 인센티브 이론가들은 동기부여는 복잡한 인식과정을 일으키며, 그리고 이러한 인식과정을 동기부여이론에 결합시킨다.

이 이론에 의하면, 사람들 사이의 행태적 차이 혹은 각 상황에 따른 행태적 차이는 이용할 수 있는 인센티브와 그 당시의 인센티브에 놓여있는 가치에 의해 추적할 수 있다는 것이다. 하지만, 인센티브의 가치는 시간이 지남에 따라 그리고 상황에 따라 변화할 수 있다.

4. 각성이론

동인이론가에 의하면, 동인 혹은 각성은 항상 회피적인 것이다. 동기부여의 기초는 불쾌한 동인의 동물적 회피(animal's avoidance)이다. 반면에 각성이론가(arousal theorist)에 따르면, 동인 혹은 각성의 즐거움은 자극의 유형에 의존한다. 각성(arousal)은 빠른 뇌파(brain waves), 심장박동수(heart rate)를 증가하는 피부전도(skin conductance)와 행태를 의미한다.

각성이론은 사람들은 최적의 생리적 각성수준을 유지하기 위해 행동을 이끌게 한다고 제안한다. 이 이론의 주요한 가정은 최적의 균형을 유지하기 위하여 행동을 추구하는데 동기부여 되며, 최적의 각성수준은 사람마다 차이가 있다는 것이다. 최적의 각성수준을 유지하는 것이 각 사람의 업무수행을 위해 매우 중요하다.

각성이론가들(Bindra, 1959; Hebb, 1966)은 동기부여 된 행태에 대한 최적의 각성수준이 있다는 Yerkes-Dodson 법칙을 활용하고 있다. Yerkes 와 Dodson(1908)은 동물들은 동기부여수준에 있어 높은 수준보다는 오히려 중간수준(moderate)에서 최선을 다한다고 지적한다. 이들 학자는 동기부여의 높은 수준은 쉬운 업무를 수행하는데 최적이며, 반면에 동기부여의 낮은 수준은 어려운 업무를 수행하는데 최적으로 이끈다는 것을 발견했다. Yerkes- Dodson 법칙처럼, 각성의 높은 수준은 가끔 약하게 동기부여된 행태 혹은 무질서하게 동기부여 된 행태와 연계되어 있다.

　영국의 심리학자 Jeffrey Gray는 보상과 처벌 모두가 각성을 증가하지만, 2개의 경우에 각성은 매우 다르다는 것이다. Gray 모델은 어떤 자극은 한 유형의 각성을 증가시키지만, 다른 유형의 각성에 대해 그렇지 않은 것을 설명하는데 도움을 준다. 보상 혹은 보상에 대한 기대는 보통 심장박동수를 증가하지만, 처벌 혹은 처벌에 대한 기대는 보통 고문을 증가하게 한다. 즉 행동활성화시스템(behavioral activation system: BAS) 각성은 심장박동수를 증가하지만, 행동억제시스템(behavioral inhibition system: BIS) 각성은 고문을 증가한다. 이와 병행하여 인센티브는 사람의 심장박동수를 증가하고, 증가되는 규모는 인센티브의 규모에 의해 결정된다.

　① 행동억제시스템(behavioral inhibition system: BIS) - 처벌에 의해 작동되는 각성시스템이다. 작동된 BIS는 사람들이 하는 것을 멈추게 하는 원인이 된다. BIS 각성은 불쾌(걱정 혹은 공포로 분류됨)한 것이다. 사람들에게 BIS 활동을 증가하는 자극을 회피하도록 돕는다.

　② 행동활성화시스템(behavioral activation system: BAS) - 보상에 의해 작동되는 각성시스템이다. 또한 기대했던 처벌의 부재에 의해 작동되는 각성시스템이다. BAS가 활성화될 때 행태가 증가한다.

▌제3절 동기부여이론

　동기부여를 설명하기 위해 학자들은 다양한 이론을 제시하고 있다. 〈표 5-1〉과 같이 사람들을 어떻게 동기부여 시키는가에 관련된 이론은 크게 ① 내용이론과 ② 과정이론으로 구분할 수 있을 것이다. 이들 각 이론은 관리자가 작업장에서 동기부여를 이해하는데 도움을 준다. 또한 이들 각 이론은 작업환경에서 동기부여를 설명하는데 연관된 주요한 변수를 조직화하기 위해 시도한다.

동기부여의 내용이론은 모든 개인들은 유사한 인간적 욕구를 공유하고 있고, 이들 욕구를 만족하기 위해 동기가 일어난다는 것이다. 반면에 동기부여의 과정이론은 합리적인 인식과정(cognitive process)을 강조하고, 대부분 사람들은 유사한 욕구를 가지고 있지만, 이들 욕구의 중요성과 배치(placement)는 사람들에 따라 차이가 있다는 것이다. 과정이론은 인식불일치를 줄이기 위해 또한 조화(consonance)를 성취하기 위해 동기부여가 일어난다는 것이다. 이런 점에서 과정이론은 다소 주관적인 특성을 가지고 있다. 이러한 인식불일치(cognitive dissonance)이론은 강력한 동기의 힘으로 활용될 수 있다.

▌표 5-1 ▌ 동기부여이론

내용이론(content theories)	과정이론(process theories)
• Maslow의 욕구계층이론 • Alderfer의 ERG이론 • Herzberg의 2요인이론 • McClelland의 성취동기이론	• Vroom의 기대이론 • Adams의 공평이론 • Locke의 목표설정이론 • Skinner의 강화이론

1. 내용이론

동기부여의 내용이론(content theory)은 개인을 동기부여시키는 구체적인 내적 욕구를 명시하는데 관심을 가진 이론이다. 내용이론은 욕구로 언급되는 내적인 드라이브를 인식하는 것에 관련되어 있다. 내용이론은 행태를 일으키고, 지향하게 하고, 유지하고 그리고 멈추게 하는 사람의 내적인 요인에 초점을 둔다. 이러한 내용이론은 사람들을 동기부여시키는 구체적인 욕구를 결정하기 위해 시도한다. 즉 내용이론은 사람이 충족하고자 노력하는 욕구가 무엇인가(what needs a person is trying to satisfy)에 초점을 둔다.

이와 같이 내용이론은 공통적인 인간의 욕구를 구체적인 범주로 분류하고자 노력한다. 이러한 내용이론에는 Maslow의 욕구계층이론, Alderfer의 ERG이론, Herzberg의 2요인 이론, Argyris의 성숙-미성숙이론,[7]

McClelland의 성취동기이론 등이 있다. 이들 이론은 각각 약간 다른 관점에서 행태를 설명하기 위해 시도한다. 어느 이론도 동기부여를 설명하기 위한 유일한 토대라는 것에 동의하지 않는다. 하지만, 이들 이론은 행태와 성과에 관해 관리자에게 좋은 자료를 제공한다.

1) McGregor의 Theory X와 Theory Y

McGregor(1906~1964)는 인간 본성을 이론화하고 있다. McGregor (1960)에 의하면, 관리자가 가진 조직구성원에 대한 가정이 조직구성원의 행태에 영향을 미친다. McGregor는 인간본성에 관한 기본적 가정에 기초하여 관리업무에 관한 2가지 견해를 제안하고 있다.

(1) Theory X

순자의 성악설(性惡說)과 같은 의미의 Theory X는 복종에 대한 통제를 강조하는 전통적인 관리접근법이다. Theory X에 따르면, 관리자는 다음과 같이 몇 가지 가정을 한다.
① 부하들은 업무를 싫어하며, 그리고 업무를 회피하려고 한다.
② 종업원들은 책임감을 갖지 않거나 혹은 책임감을 수용하지 않으려고 한다.
③ 종업원들은 야망이 없다.

---

7 Chris Argyris(1957)는 어린아이에서부터 어른에 이르기까지 행태적 차이(behavior differences)를 분석하였다. 성숙한 인간(mature individuals)으로 발전하는데 있어 7가지의 기본적인 인성의 변화가 필요하다. 특히 관료제적 가치체계(bureaucratic value system)의 배경을 가진 조직은 종업원을 미성숙한 어린아이(immature children)로 취급한다.

미성숙한 행태(immature behavior)	성숙한 행태(mature behavior)
• 수동적 활동(passivity)	• 능동적 활동(activity)
• 단순한 행태양식	• 다양한 행동양식
• 다른 사람의 의존성(dependency)	• 독립성(independency)
• 변덕스럽고(erratic), 얕은(shallow) 관심	• 보다 도전적인 것에 관심
• 단기적 조망, 주로 현재에 초점을 둠	• 장기적 조망, 과거·현재·미래에 초점을 둠
• 관련된(가족, 사회) 계층제의 종속적 지위	• 관련된 계층제의 대등 혹은 우월의 지위
• 자아인식(self awareness)의 부족	• 자아의식, 노력의 결과에 대한 자기통제

④ 종업원은 변화에 대해 본래 저항적이다.

⑤ 조직의 목표를 성취하기 위해서는 종업원들을 엄밀하게 감독하고 그리고 통제해야 한다.

　활동적인 관리적 개입이 없다면, 종업원은 조직적 욕구에 수동적, 심지어 저항(resistant)할 것이라는 것이다. Theory X의 관리자는 생산성이 낮은 종업원에 대한 설득, 보상, 처벌, 통제를 활용해야 한다. 또한 관리자는 일방적인 하향적 의사소통을 하며, 업무환경은 관리자와 종업원간의 상호작용을 매우 최소화해야 한다.

(2) Theory Y

　맹자의 성선설(性善說)과 같은 의미의 Theory Y는 권위에 대한 위임과 종업원의 참여를 강조한다. Theory Y에 따르면, 관리자는 다음의 몇 가지를 가정한다.

① 종업원은 일(work)을 원하며, 일은 자연스러운 활동이다.

② 종업원은 자발적으로 책임감을 수용하려고 한다.

③ 종업원은 목표성취에 대해 야망과 창도력이 있다.

④ 사람들은 조직적 요구에 본래 수동적 혹은 저항적이 않다. 그들은 조직에서의 경험 결과로서 그렇게 된다.

⑤ 종업원은 목표를 성취하는데 긍정적인 동기부여에 의해 격려된다.

⑥ 관리의 본질적 업무는 사람들이 조직목적을 향해 자신의 노력을 지향함으로써 자신이 목표를 성취할 수 있도록 조직적 조건과 운영을 처리하는 것이다.

　Theory Y의 관리자는 종업원으로부터 아이디어를 얻고, 그리고 종업원에게 책임을 위임한다. 또한 의사소통이 다방향으로 이루어지며, 관리자와 종업원간에 밀접한 상호작용이 있다.

2) Maslow의 욕구계층이론

Abraham Maslow(1908~1970)는 인간은 공통적인 욕구를 가지고 있고, 이 욕구들은 계층적으로 배열되어 있다는 욕구계층이론을 제시하고 있다. Maslow(1954)는 인간이란 지속적인 결핍의 동물(wanting animal)이라고 보고, 인간욕구를 5개의 단계로 구분하고 있다.

욕구계층이론(hierarchy of human needs)은 다음과 같은 몇 가지 사항을 강조한다.

① 욕구계층이론의 본질은 개인은 가장 기본적인 욕구를 충족하는데 동기부여된다. 일단 기본적인 욕구가 만족되면 다음 단계의 욕구로 이동한다. 또한 몇몇 욕구가 개인적 배경에 의존하여 다른 욕구보다 보다 강력하다. 굶주린 사람에 대해 음식을 찾는 동기부여가 사랑을 찾고, 소속감, 존경의 동기부여보다 근본적이며 강력하다. 즉 굶주린 사람은 안전 이전에 음식을 찾는데 동기부여될 것이라는 것이다.

이처럼 인간 욕구는 계층적 순서(hierarchical order)로 배열되며, 낮은 순위의 욕구가 충족되어야만 상위 순위의 욕구에 대해 동기부여가 일어난다. 보다 높은 수준의 동기부여는 기본적인 욕구가 만족되었을 때만 발휘한다.

나아가 Maslow는 사람은 성장하고 발달하는데 욕구를 가지며, 그리고 사람은 욕구만족에 관점에서 계층제로 상승하기 위해 끊임없이 노력한다고 가정한다.

② 만족된 욕구는 더 이상 동기부여 되지 않는다(a satisfied need no longer motivates). 일단 만족한 욕구는 더 이상 동기요인이 아니며, 행태를 결정하는데 영향을 미치지 못한다. 이 이론에 비추어, 관리자는 변화하는 조직구성원의 바램을 끊임없이 탐구해야 하고, 그리고 욕구결핍을 교정하기 위해 노력해야 한다.

③ 만족되지 않는 욕구(unsatisfied needs)는 좌절, 갈등 그리고 스트레스의 원인이 될 수 있다. 관리자의 관점에서 만족되지 않는 욕구를 가진 종업원은 바람직하지 않는 성과결과로 이어지기 때문에 위험하다.

Maslow는 사회의 전형적인 성인은 생리적 욕구의 약 85%, 안전의 욕구의 70%, 소속·사회적·사랑의 욕구의 50%, 존중욕구의 40%, 자기실현 욕구의 10%를 만족한다고 제안하고 있다. 이들 5개 욕구는 〈그림 5-3〉 과 같이 계층적으로 구성되어 있다.[8]

(1) 생존 혹은 생리적 욕구

생존 혹은 생리적 욕구(survival or physiological needs)는 인간생활의 가장 기본적인 본질에 관한 욕구이며, 생존의 본질이다. 이 욕구에는 인간 생 활에 필수적으로 고려되는 의·식·주에 관한 욕구가 포함된다. 육체적 생존에 관련되어 있기 때문에 다른 욕구보다는 선행한다. 생리적 욕구를 만족할 때까 지 상위 순위의 욕구를 성취하는데 동기부여 되지 않는다.

이와 같은 생존 혹은 생리적 욕구는 가장 지배적인 욕구이며, 일차적 욕구 (primary needs)라 한다. 이들 욕구는 종족(species)의 생존과 재생산하는 데 관련되어 있다.[9]

(2) 안전욕구

노동자는 물리적 위협과 경제적 위험으로부터 자유로울 권리를 가지고 있다. 안전욕구는 위험과 좌절로부터 벗어나려는 생리학적 욕구이다. 안전욕 구(safety & security needs)는 환경에 있어 물리적 그리고 심리적 위협에

---

8 Maslow의 5단계 욕구계층이론은 1960년대와 1970년대 동안 발전을 통해 8단계로 확장되 었다. 이들 8단계의 욕구계층은 ① 생존 혹은 생리적 욕구, ② 안전욕구, ③ 소속 혹은 사랑욕 구, ④ 존경욕구, ⑤ 인지욕구(cognitive needs) - 지식, 의미 등, ⑥ 심미적 요구(aesthetic needs) - 미, 균형, 품을 위한 추구와 감상(appreciation), ⑦ 자아실현욕구, ⑧ 초월욕구 (transcendence needs) - 자아실현을 성취하기 위해 다른 사람에 대한 도움 등이다 (http://www.vectorstudy.com/management-theories/maslows-hierarchy-of-needs).
9 일차적 욕구는 본래 생리적(physiological)이고 그리고 일반적으로 타고난(inborn) 것이다. 일차적 욕구가 만족되었을 때 이차적 욕구(secondary needs)가 나타난다. 이차적 욕구는 본래 심리적(psychological)이며, 가입욕구(affiliative needs)와 자기중심적 욕구(egoistic needs)로 구성되어 있다. 권력, 지위, 위신(prestige), 존경은 이차적 욕구의 하위분류에 속한다 (Lundgren, 1974: 272). 일차적 욕구가 유전적으로 결정된 것이라면(genetically determined), 이차적 욕구는 경험으로부터 학습된다. 개인들이 상이하게 학습된 경험을 가 지고 있기 때문에 사람들 사이에 이차적 욕구는 일차적 욕구보다 더욱 다양하다.

대한 보호의 욕구이다.

안전욕구를 만족시키기 위해 조직이 취하는 것은 안전프로그램, 좋은 작업환경을 위한 직무안정성, 보상과 훈련에 관한 공정한 정책 등이 있다. 또한 직업안전과 건강법(Occupational Safety and Health Act)과 같은 입법은 안전하고 건강한 작업장을 촉진한다.

(3) 사회적 혹은 소속의 욕구

사회적 욕구(social or belongingness needs)는 가입의 욕구(need for affiliation)로 명명되며, 이 욕구는 다른 사람으로부터 사랑받고, 상호작용하고, 그리고 관계하고자 하는 욕구이다. 사람들은 다른 사람과 협력하려고 하고, 그리고 소속감에 대해 가치를 추구하려는 욕구를 가진다. 이 욕구에는 우정, 협력, 상호작용 그리고 사랑에 관한 욕구가 포함된다.

이러한 사회적 욕구가 좌절된다면, 사람들은 적대감, 비협조, 그리고 일반적으로 반조직적 태도(anti-organization attitudes)의 반응을 보인다.

(4) 존경(자아)의 욕구

존경의 욕구(esteem or ego needs)는 자아(self-esteem)를 향상하려고 하고, 그리고 다른 사람으로부터 자신의 가치(one's own worth)를 인정받고자 하는 욕구이다. 이런 욕구는 지식, 성취, 능력, 인정, 다른 사람에 대한 존경 등에서 도출되며, 개인의 발전과 성장에 중요한 요소이다.

존경의 욕구에 대한 만족은 자신감과 자립의 감정을 산출하게 된다. 조직에 있어 낮은 계층에서 수행하는 많은 직무는 존경에 대해 경험할 수 있는 기회가 매우 적다.

(5) 자아실현의 욕구

자아실현의 욕구(self-actualization needs)는 한 개인으로서 자신의 잠재력과 성장에 대한 자기실현에 관련되어 있다. 이 욕구는 최상의 욕구로서 성장과 성취를 위한 최고의 가능성에 도달하려는 욕구이다. 또한 자신의 잠재력(능력, 재능, 창의성)을 충분히 발휘하기 위한 욕구이다. 빌 게이츠(William Gates, III)와 같이 몇몇 사람만이 자아실현의 욕구를 실현한다.

┃ 그림 5-3 ┃ Maslow의 욕구계층

Maslow의 동기부여이론은 연구에 의해 늘 지지받고 있는 것이 아니며, 그리고 많은 의문이 일어난다. 첫째, Maslow의 욕구계층이론을 검증하는 것은 매우 어려운 작업이다. 예를 들면, Gandi와 같은 사람은 보다 높은 자기인식을 성취하기 위해 금식(fast)을 했다. 더욱이 모든 사람들이 동일한 욕구계층을 가지고 있지 않다. 모든 인간에게 5가지 욕구가 계층적으로 항상 고정되지 있지 않다. 둘째, 두 가지 이상의 욕구가 복합적으로 작용해서 행동으로 나타날 수 있으며, Maslow의 자아실현욕구 개념도 너무 모호하다(정우일, 2005: 424; 이창원·최창현, 2005: 172-173). 셋째, Maslow의 이론은 특이한 상황에서 복잡한 인간행태와 동기부여를 예측하는데는 적합하지 않다(Dworetzky, 1985: 287).

또한 욕구계층이론은 개인의 연령, 지위, 재직기간, 교육수준과 관계없이 조직의 모든 사람에게 적용할 수 있을까? 대해 의문이 제기된다. 이에 대한 연구결과는 욕구만족은 성공의 정도, 재직기간, 개인의 경력단계에 따라 다양하다는 것이다. 나아가 욕구만족에 대한 기회는 사람들의 상황에 따라 의존하게 된다(Lundgren, 1974: 284).

이처럼 Maslow의 욕구계층이론은 사람들의 행태를 예측하는데 활용할
수는 없지만, 우리사회에 있어 사람들의 행태양상을 설명하는데 매우 유효하다.

3) Alderfer의 ERG이론

Clayton Alderfer는 Maslow의 이론을 수정하여 ERG 동기부여이론을
발전시켰으며, Maslow의 5단계 욕구범주를 3가지로 수정하였다. Alderfer
의 모형이 Maslow의 욕구계층이론보다는 실질적인 인간 행태의 특성을 더
구체적으로 기술하고 있다(Miller, et al., 1996: 329).

Alderfer에 따르면, <그림 5-4>와 같이 상위욕구(higher order needs)
를 만족하는데 실패한다면, 이전의 하위욕구(lower order needs)를 만족하
기 위해 노력한다. 즉 욕구의 퇴보(regress)가 발생한다. 이처럼 욕구계층제
에서 어떤 욕구를 만족하는데 무능력할 때 퇴보가 초래된다. 즉 성장욕구를
만족할 수 없게 된다면, 관계욕구로 후퇴(drop back)하게 된다. 이와 같이
ERG 이론은 만족-진전접근법 뿐만 아니라 좌절-퇴보(frustration-re-
gression)과정도 포함한다. 성장욕구의 좌절은 관계욕구로 더 많은 욕구가
작용한다.

또한 Alderfer는 문화적 배경 혹은 경험이 어떤 욕구를 다른 욕구보다
중요하게 만든다는 것이다. 몇몇 욕구는 사실상 만족할 수 없다고 제안한다.

(1) 존재욕구(existence needs) - Maslow의 생리적 욕구와 안전의 욕구에
    포함된 욕구로 의·식·주에 관련된 기본적으로 필요한 욕구들이다. 이 욕
    구는 생존을 위한 기본적 욕구이다.

(2) 관계욕구(relatedness needs) - Maslow의 사회적 욕구와 관련된 것으로
    다른 사람과의 관계 및 다른 사람으로부터 긍정적인 인정을 받고자 하는
    욕구가 포함된다.

(3) 성장욕구(growth needs) - Maslow의 존경욕구 및 자아실현의 욕구에 포함된 욕구로 창의적으로 업무에 기여하기 위해 노력하고, 그리고 조직에 전심으로 헌신하려는 욕구가 포함된다.

█ 그림 5-4 █ Alderfer의 ERG 이론

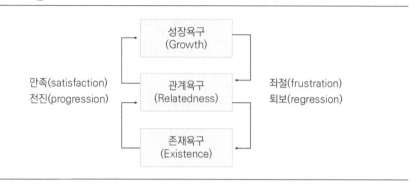

Alderfer의 ERG이론과 Maslow의 욕구계층이론의 차이점은 다음과 같다.

첫째, Maslow는 개인이 욕구에 대해 불만족할 때 특정한 욕구단계에 머물러 있다고 전제한다. 하지만 ERG이론은 개인이 보다 높은 욕구가 좌절된다면 보다 낮은 욕구단계에 대한 만족으로 되돌아간다는 것이다.

둘째, Maslow의 욕구계층이론은 욕구는 구체적이고 순서적인 계층으로 따르지만, 낮은 단계의 욕구가 만족하지 않는다면 개인은 보다 높은 단계의 욕구로 진행되지 않는다고 엄격하게 가정한다. ERG이론은 욕구를 계층적으로 인지하는 것보다 오히려 욕구를 순항/변화(range/variety)로 지각하는 것처럼 유연하다. 즉 Alderfer에 의하면, 개인은 존재 혹은 관계욕구가 불만족으로 존재할지라도 성장의 욕구를 위해 노력한다.

4) Herzberg의 2요인 이론

Frederick Herzberg(1966)는 작업장 자체에 연구의 초점을 두었으며, 노동자의 만족과 불만족은 필연적으로 반대적인 것이 아니라고 설명한다. 즉 직무만족은 일차원성의 개념이 아니라는 것을 가정한다. Herzberg 이전의 동기부여 연구들은 일차원성 개념으로 직무만족을 간주했다.

Herzberg는 203명의 엔지니어와 회계사를 표본대상으로 각자의 직무에 있어서 좋은 감정과 나쁜 감정에 관한 설문조사를 분석하였다.[10] Herzberg의 동기부여이론은 경영현장에 영향을 미쳤다. 또한 2요인이론(two-factor theory)은 직무를 보다 의미있게 하는데 기여했고, 그리고 성취하게 하는 직무풍요화의 기초를 제공했다(Miller, Catt, & Carlson, 1996: 331).

〈그림 5-5〉에서 계층의 중앙은 노동자가 만족하지도 않고 그리고 불만족하지도 않는 중립이다. Herzberg는 2가지 완전히 구별되는 차원이 작업장에서의 구성원의 행태에 기여한다고 믿었다. Herzberg는 직무만족을 증가하는 요인(motivators)과 만족을 증가하지는 않지만 불만족을 방지할 수 있는 요인(hygiene factors) 사이의 구별에 초점을 두고 있다. 직무특성은 만족을 발생하거나 혹은 불만족을 발생하는 것으로 분류될 수 있다. 낮은 수준의 욕구(생리적, 안전 및 사회적 욕구)는 직무에 있어 불만족을 방지하지만, 효과적인 업무행태를 동기부여시키지 않는다.

---

10 Herzberg는 다음의 두 가지 질문에 대한 인터뷰반응을 활용하였다. ① 당신의 직무에서 예외적으로 좋았다(exceptionally good)고 느꼈을 때를 상세하게 기록하십시오. ② 당신의 직무에서 예외적으로 나빴다(exceptionally bad)고 느꼈을 때를 상세하게 기록하십시오.

높은 만족

만족영역
(satisfaction)

동기요인(Motivators)
- 성취
- 인정
- 책임감
- 업무자체(work itself)
- 개인적 성장

동기요인은
만족수준에
영향을 미친다.

중립(neutral)

위생요인(Hygiene)
- 작업조건
- 보수와 직무안전
- 조직의 정책
- 감독
- 개인 간의 관계

불만족 영역
(dissatisfaction)

위생요인은
불만족 수준에
영향을 미친다.

높은 불만족

(1) 동기요인

동기요인(motivator factors)은 어떤 직무를 수행하는 것에 직접적으로 관련된 내재적 요인들이다. 동기요인은 업무자체의 본질(the nature of work itself)에 관련되어 있다. 특히 직무에서 내재적 조건이 존재할 때 좋은 직무성과를 초래할 수 있는 높은 수준의 동기부여가 형성된다. 이러한 내재적 요인들은 직무의 내용(content of work)과 직무만족에 직접적으로 기여하는 요인이며, 조직원들이 조직의 산출에 기여하도록 격려하며, 동기를 일으키는데 공헌한다.

이들 동기요인은 성취, 인정, 책임감, 승진, 업무자체(work itself), 성장의 가능성 등으로 구성되어 있다.

(2) 위생요인

위생요인(hygiene factors)은 직무를 둘러싸고 있는 조건(conditions surrounding the job)과 업무가 수행되는 환경에 연관되어 있다. 일련의 외생적인 조건(extrinsic conditions)이 존재하지 않을 때, 종업원 사이에 불만족을 초래한다. 이들 요인은 직무의 맥락과 직무환경에 관련되어 있고, 그리고 직무불만족의 잠재적인 원천이다. 위생요인은 조직원들을 좀처럼 동기부여시키지 않기 때문에 불만족 요인(dissatisfiers)으로 명명한다. 이것은 Maslow의 결핍욕구(deficiency needs) 개념과 유사하다. 좋은 위생요인은 불만족을 제거하지만, 그 자체가 사람을 만족시키는 원인이 아니며, 그리고 업무에 있어 동기부여시키는 원인이 아니다.

이들 위생요인은 보수, 직무안전, 작업조건, 지위, 회사의 절차, 기술적 감독의 질(quality of technical supervision), 동료·상관·부하와의 사람간 관계 질, 조직의 정책과 행정 등으로 구성되어 있다.

Herzberg 이론에 대해 다음과 같은 몇 가지 비판이 있다.

① 연구결과의 일반화 제약 - 중요한 비판 중 하나는 Herzberg의 연구방법에 초점을 둔다. 이 연구에 있어 제약된 표본에 대해 비판이 있다. 즉 제한된 표본은 다른 직업집단이나 다른 나라에서 일반화할 수 있을까 하는 의문이 제기한다(Gibson, et al., 2006: 140). 또한 다른 연구방법으로 연구결과를 재생산하는데 실패한다는 것이다.

Herzberg의 주장과 다르게, 다른 연구에서 금전이 직무성과에 대해 동기부여를 일으키는 요인으로 나타났다. 어떤 욕구요인이 어떤 사람에게는 직무만족을 일으키지만, 다른 사람에게는 직무 불만족을 초래한다.

② 다양한 상황적 변수의 미고려 - 조직참여자에 대한 복잡한 동기부여과정을 기술하지 못했다는 비판이 있다(Luthans, 1989: 243). 또한 Herzberg 이론은 상황적 변수를 충분히 고려하지 못했다. 즉 Herzberg의 이론은 너무 단순하며, 개인적 차이를 간과했다(Reitz, 1987: 78-79).

③ 중요사건기록방법의 한계 - 이 연구는 중요사건기록방법(critical incident method)의 설문조사가 이루어졌기 때문에 표본의 최근 경험이 과대평가될 수 있다는 점이다.

┃ 표 5-2 ┃ 내재적 동기와 외재적 동기

내재적 동기 (intrinsic motivation)	• 내재적 동기는 그 자체로 보상적인 행동을 취하고자 하는 동기이다. • 내재적 동기는 직무 자부심과 행복감, 직무수행에 대한 개인적 만족 등이 포함한다. • 내재적 동기는 개인 스스로의 업무달성으로부터 발생하는 자기만족과 관련이 있다.
외재적 동기 (extrinsic motivation)	• 외재적 동기는 보상으로 이어지는 행동을 취하고자 하는 동기이다. • 외재적 동기는 조직구성원들의 급여, 승진, 보너스, 여가 등의 만족도에 따라 달라진다. • 외재적 동기는 업무환경 및 보수와 같은 경제적 보상이 외재적 동기를 결정하는 중요한 원인이 된다.

자료: 김정인(2014: 262-264).

5) McClelland의 성취동기이론

David McClelland(1962)는 학습의 개념과 밀접하게 연관된 학습된 욕구이론(learned needs theory)을 제안했다. McClelland는 많은 욕구는 한 사회의 문화로부터 습득된다고 믿는다. 이들 욕구는 자신의 환경에 대응하면서 학습되어진다는 것이다. 각 개인들은 사회화(socialization)와 삶의 경험에 의해 하나의 욕구에 지배적인 편견이 일어나게 된다. 또한 사람들은 어떤 욕구를 소유함에 있어 학습되어진다. 이리하여 욕구가 학습되어짐으로써 보상받은 행태는 보다 높은 빈도로 반복된다.

이런 시각에서 McClelland는 한 사회의 경제적 성장은 그 사회의 사람들에게 내재된 욕구성취의 수준에 기초한다는 것이다. 경제적으로 퇴보된 나라들은 사람들에게 성취욕구를 자극함으로써 향상할 수 있다는 것이다. 또한 McClelland에 의하면, 도전적인 목표를 성취하고자 하는 인간의 욕구는 유아기(early childhood)때 발달된다. 이 욕구의 발달은 부모에 의해 자녀의 자율성과 자립을 격려하고, 그리고 강화하는 것에 의해 초래된다.

McClelland는 사람들에게 제기되는 3가지 기본욕구로 성취(achievement: n Ach)욕구, 권력욕구(power: n Pow), 제휴욕구(affiliation: n Aff)를 제시하고 있다.

(1) 제휴욕구

제휴욕구(need for affiliation)는 Maslow의 사회적 욕구와 비슷하다. 제휴욕구의 사람은 우정(companionship)에 관심을 가지며, 다른 사람과 사회적으로 상호작용하기를 바라고, 그리고 다른 사람을 돕는데 관심을 가진다. 높은 제휴욕구를 가진 사람은 중요한 사람과의 관계 질에 관심이 있다. 이리하여 사회적 관계가 작업성취보다 앞선다.

(2) 권력욕구

권력욕구(need for power)는 다른 사람에게 영향을 미치려는 바램으로 표현된다. 높은 권력 욕구를 가진 사람은 권력과 권위의 획득과 행사에 집중한다. 권력욕구를 가진 사람은 대담하게 말하고, 단호하고, 대결에 기꺼이 참여하려고 하는 행태를 표출한다.

(3) 성취욕구

성취욕구(need for achievement)는 성공의 징후에 의해 만족되는 것이 아니라 업무를 성공적으로 완성하는 과정과 더불어 만족하는 욕구이다. 이 욕구도 Maslow의 존경의 욕구와 자아실현의 욕구 사이에 속한다. 높은 성취욕구를 가진 사람은 작업환경에서 성공 혹은 목표달성을 위해 습관적으로 노력하는 사람이라는 것이다.

McClelland는 연구결과를 기초하여 높은 성취욕구를 반영하는 일련의 요인들을 발전시켰다. 높은 성취욕구의 사람들은 ① 어느 정도의 어려운 업무(moderate difficulty)를 수행하는 사람, ② 문제해결을 위해 책임감을 수용하기 좋아하는 사람, ③ 적절한 성취목표를 설정하고 그리고 계획된 위험(calculated risks)을 취하는 경향이 있는 사람, ④ 성과에 대한 환류를 바라는 사람 등이다. 이러한 높은 성취욕구는 기업가적 행태(entrepreneurial behavior)를 유발할 수 있다.

◇ **고성취를 가진 개인의 행태(behavior of individuals with high N Ach)**

◦ 비슷한 학습능력의 사람에서 고성취의 사람이 저성취자(low n ach)보다 높은 등급을 얻는다.
◦ 고성취자는 비슷한 기회를 가진 저성취자보다 높은 봉급을 받고 그리고 승진한다.
◦ 고성취자는 수학문제와 수수께끼를 해결(unscrambling anagrams)하는데 보다 잘 성취한다.
◦ 고성취를 가진 어머니는 자기 자녀에 대해 독립적으로 사고하고 행동하도록 격려하는 반면에, 저성취를 가진 어머니는 자기 자녀에 대해 보다 보호적이고 규제하는 경향이 있다.
◦ 고성취의 부모들은 자기자녀에 대해 고성취를 발전시키는데 격려하고, 그리고 자기자녀의 성취에 대해 많이 칭찬한다.
◦ 고성취의 대학졸업자 83%가 위험, 의사결정과 같은 직책을 담당하고 있고, 성공의 기회가 높은 직책을 담당하고 있었다.
◦ 고성취자는 도전을 선호하고 그리고 자기목표를 성취하기 위해 적절한 위험(moderate risks)을 기꺼이 맡는다.
◦ 고성취자는 자기운명(fate)은 자기손에 달려 있다고 본다.

자료: Rathus(1984: 277).

McClellend 이론에 의하면, 특별한 욕구의 강도는 상황에 따라 다양하다고 주장한다. 또한 교육훈련프로그램이 종업원과 관리자들에게 성취욕구를 증대하도록 도움을 준다. 특히 성취욕구는 관리자 혹은 기업가의 역할에 매력을 가지고 있는 사람에게는 보편적인 현상이라고 한다.

McClellend의 이론에 대해 몇몇 비판이 있다. 동기의 습득은 보통 어린 시절에 일어나고, 그리고 성인기에 변경하는 것은 매우 어렵다는 것이다. 또한 욕구가 항구적으로 습득될 수 있는가에 대한 근거에 의문이 제기되고 있다(Ivancevich & Matteson, 1990: 130-131).

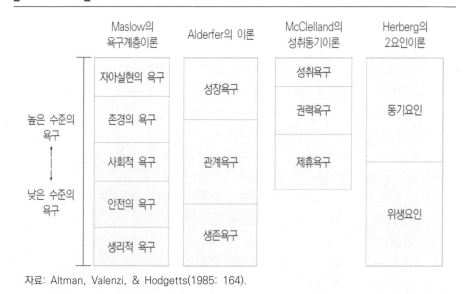

자료: Altman, Valenzi, & Hodgetts(1985: 164).

2. 과정이론

동기부여의 과정이론(process theory)은 행태를 일으키는 욕구와 인센티브에 주로 초점을 둔다. 이 이론은 개인적 요인들이 어떠한 행태를 표출하는데 상호작용을 하는지, 그리고 영향을 미치는지를 분석하기 위해 설계된 이론이다. 과정이론은 종업원들이 자신들의 욕구를 충족함에 있어 어떻게 행태를 선택하는가에 초점을 둔다(how employees choose behaviors to fulfill their needs). 이에 내용이론은 어떤 변수들이 동기부여에 영향을 미치는가의 이슈를 기술하지만, 과정이론은 변수가 동기부여에 어떻게 영향을 미치는가(how variables affect motivation)의 이슈에 초점을 둔다.

이처럼 과정이론은 어떻게(how) 행태가 일어나고, 지향하고, 유지하고 그리고 멈추는가를 분석하는 것이다. 과정이론은 동기부여된 행태가 어떻게 일어나는가에 초점을 둔다. 과정이론에는 공평이론, 기대이론, 목표설정이론, 강화이론 등이 있다.

┃ 표 5-3 ┃ 동기부여의 내용이론과 과정이론 비교

내용이론	과정이론
• 내용이론은 조직구성원이 과업을 수행하는 이슈에 초점을 둔다. • 내용이론은 문제에 대한 실질적인 해결(actual solution)에 초점을 둔다. • 내용이론은 무엇이 사람을 동기부여시키는가(what motivates people)를 다룬다. • 내용이론은 개인적 욕구와 목적에 관심을 갖는다. • 내용이론은 동기부여를 욕구만족(need satisfaction)의 의미로 정의한다. • 내용이론은 동기부여에 이르게 하는 개인의 내적인 요인에 초점을 둔다.	• 과정이론은 조직구성원이 어떻게 함께 과업을 수행하는가(how employee work together)에 초점을 둔다. • 과정이론은 어떤 문제를 해결하기 위해 사람들이 서로서로 상호작용하는 방식에 초점을 둔다. • 과정이론은 동기부여가 어떻게 일어나는가(how motivation occurs)에 관심을 가진다. • 과정이론은 동기부여의 과정을 다룬다. 과정의 관점에서 동기부여를 연구한다. • 과정이론은 동기부여를 개인내에 일어나는 합리적 인지과정(rational cognitive process)로 정의한다. • 과정이론은 동기부여과정이 어떻게 일어나는가와 동기부여의 동력(dynamics)에 초점을 둔다.

1) 기대이론

기대이론(expectancy theory)은 Victor Vroom(1964) 그리고 Lyman Porter와 Edward Lawler(1968)에 의해 발전된 것이다. 기대이론은 사람들이 대안들 사이에 특정한 선택을 해야 하는 국면에 직면했을 때 활용하는 사고과정에 초점을 둔다. 기대이론은 어떤 과업을 수행하기 위한 동기부여는 노력, 성과 및 결과에 대해 개인적 기대 혹은 믿음의 함수라고 제안한다.

Vroom은 동기부여를 대안적인 자발적 활동형태 사이에 선택을 지배하는 과정(a process governing choices among alternative forms of voluntary activity)으로 정의한다. 이리하여 많은 행태는 사람의 자발적 통제 아래에 있으며, 그리고 그 결과로 동기부여된다.

기대(expectancy)란 어떤 특정한 행태는 특정한 결과에 의해 수반될 것이라는 가능성(likelihood) 혹은 주관적인 개연성에 관한 개인적인 믿음(individual's belief)이다. 또한 기대는 어떤 사건이 일어날 것이라는 가능성에 대한 개인적 추정(individual's estimate)에 대한 생각이다.

이와 같이 기대이론은 행태선택을 위한 모델이다. 즉 개인이 다른 것보다 하나의 행태적 선택을 택하는 이유를 설명하는 모델이다. 이에 개인들이 가치가 부여된 목표를 성취하기 위해 어떻게 결정하는가에 초점을 둔다. 이처럼 Vroom의 기대이론은 Maslow와 Herzberg와 달리 욕구에 초점을 두는 것이 아니라 결과(outcomes)에 강조점을 둔다. 기대이론에 의하면, 조직 구성원의 동기부여는 개인이 보상(유인가)을 얼마나 원하는가, 노력이 기대한 성과(기대)에 이를 것이라는 가능성, 성과는 보상(수단성)에 이를 것이라는 믿음의 결과이다. 즉 기대이론은 기대, 수단성, 유인가의 3가지 요소로 구성된다.

① 수단성(instrumentality) - 첫 번째 수준의 결과가 두 번째 수준의 결과와 연계된다는 개인적 지각이다. 이것은 특정한 결과의 달성이 첫 번째 수준의 결과 혹은 두 번째 수준의 결과를 획득하는데 인도할(수단이 되는) 것이라는 개인적 믿음의 강도를 언급한다. 수단성은 잘 성취했다면 유효한 결과에 이를 것이라는 믿음이다. 수단성에 연계된 보상은 보수 증가, 승진, 인정, 성취감와 같은 형태이다.

② 유인가(valence) - 유인가는 개인이 개인적으로 보상에 부과한 가치이며, 개인에 의해 보여지는 결과에 대한 선호(the preferences for outcomes)를 말한다. 유인가는 특정한 결과에 대한 개인들 선호의 강도이다. 이러한 유인가가 개인적인 욕구, 목표, 가치 그리고 동기부여의 원천의 함수이다. 선호할 때 결과는 긍정적인 유인가(positively valent)를 가지며, 반면에 선호하지 않거나 회피하고 싶을 때 결과는 부정적인 유인가(negatively valent)를 가진다. 또한 개인이 결과를 성취하는데 무관심하거나 혹은 달성할 수 없을 때 0의 유인가(valence of zero)를 가지게 된다(Gibson, et al., 2006: 148).

③ 기대(expectancy) - 기대는 특정한 행태는 특정한 결과에 의해 따를 것이라는 가능성(likelihood) 혹은 주관적 가능성(subjective probability)에 관한 개인적 믿음이다. 이것은 행태 때문에 일어나는 지각된 기회이다. 행태 혹은 행동이후 결과가 일어날 것이라는 기회가 전혀 없을 때 0(zero)의 기댓값을 가진다. 특정한 결과가 어떤 행태 혹은 행동이 따를 것이라는 지

각된 확실성이 있을 때 +1의 기댓값을 가진다.

기대이론은 동기부여를 구성하는 투입요인 사이의 관계에 관심을 가진다. 이 이론에 의하면, 업무성취에 대한 동기부여는 미래보상에 관한 개인적 믿음과 보상에 놓여있는 가치간의 곱한 방정식으로 이해될 수 있다. 즉 동기부여는 선호하는 결과(유인가, valence)에 대한 바램과 결과를 달성할 가능성(기대, expectancy) 사이의 관계에 영향을 받는다(동기부여=Σ유인가×기대). 어떤 행태에 대한 기대의 범위는 0에서 1.0 사이에 놓여있다. 가능성의 평가는 기대한 결과에 대한 지각에 기초한다.

관리적 관점에서 기대이론은 관리자가 종업원의 사고과정에 대한 의식을 발달시켜야 하며, 그리고 이러한 의식에 기초하여 긍정적 조직결과의 달성을 가능하게 이들 과정에 영향을 미치는 행동을 취해야 한다. 이리하여 〈표 5-4〉와 같이 관리자는 종업원의 기대, 수단성, 유인가에 영향을 미치는데 있어 활발한 역할을 발휘할 수 있다. 효과적으로 이러한 관리활동을 하기 위해서는 좋은 의사소통과 청취기술, 종업원의 욕구에 대한 지식과 민감성이 요구된다.

┃ 표 5-4 ┃ 기대이론의 관리적 적용

기대이론 개념	종업원에 대한 질문	관리적 행동
기대 (expectancy)	나는 바람직한 성과수준(the desired level of performance)을 달성할 수 있는가?	• 높은 능력의 종업원 선발하라 • 적절한 훈련을 제공하라 • 필요한 자원지원을 제공하라 • 바람직한 성과를 확인하라
수단성 (instrumentality)	나는 나의 성과결과로서 무슨 결과를 이룰 수 있는가(what outcomes will I attain)?	• 보상시스템을 명확하게 하라 • 성과-보상 가능성을 명확하게 하라 • 보상이 성과의 여부에 따른다는 것을 보장하라
유인가 (valence)	나는 유효한 성과결과에 무슨 가치를 두는가(what value do I place)?	• 결과에 대한 개인의 욕구와 선호를 확인하라 • 성과(결과)에 가능한 보상을 부합하게 하라 • 가능하고 그리고 실현가능한 부가적 보상을 구성하라

자료: Ivancevich & Matteson(1990: 135).

특히, Porter와 Lawler의 기대이론은 기술과 능력에 있어서 개인적 차이의 중요성을 인지하고, 개인의 역할 지각이 근무성과에 어떻게 영향을 미치는지를 고려한다. 이 이론에 따르면, 조직구성원의 동기유발과정은 조직구성원의 노력에 대한 잠재적 보상의 가치(보상의 유의성, valence)와 노력하면 보상이 있을 것이라는 기대감에 의해 결정된다.

보상에는 내재적 보상(성취감 등)과 외재적 보상(봉급, 승진 등)으로 구성된다. 또한 조직구성원의 근무성과는 그 직원의 능력, 특성 및 역할 지각의 수준에도 영향을 받는다. 관리자는 성과에 밀접하게 관련된 보상으로 동기를 자극할 수 있을 것이다. 동기부여된 성과가 일어나는 이유는 ① 많은 노력 대 높은 성과, ② 높은 성과 대 결과 기대, ③ 보상에 대한 높은 가치 등이다.

개인의 동기부여는 다음과 같이 E(effort)→P(performance) 기대와 P(performance)→O(outcome) 기대에 대한 결과의 유인가(V, valence)의 곱셈에 의해 결정된다(E→P × P→O × V).

동기부여(Motivation) = 기대(E→P) × 수단성(P→O) × 유인가(V)

▎그림 5-7 ▎기대이론의 구성요소

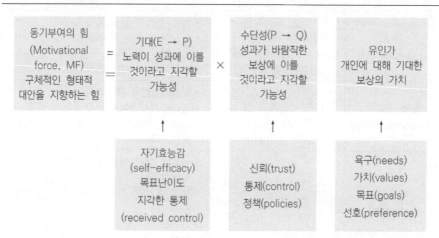

출처: https://www.uri.edu/research/lrc/scholl/webnotes/Motivation-Ecpectancy.htm

첫 번째 수준의 결과와 두 번째 수준의 결과(first-level and second-level outcomes) - 행태를 초래하는 첫 번째 수준의 결과는 직무자체(job itself)를 수행하는 것에 연관된 것이다. 이것은 생산성, 결근, 이직, 생산성의 질을 포함한다. 두 번째 수준의 결과는 첫 번째 수준의 결과가 성과급 인상, 집단 수용성 혹은 거절, 승진, 해고 등과 같은 산출하기 위한 어떤 사건(보상 혹은 처벌)이다.

직무동기와 관련하여 기대이론은 3가지 요인을 강조한다. 이들 3가지 요인은 노력-성과(effort-performance), 성과-결과(performance-outcome), 결과의 유인가(valence of outcome) 등이다. 이들 연속적인 사건을 정리하면 다음과 같다.

① 노력-성과 기대(effort-performance expectancy: E-P): 노력의 양과 성과(목적달성) 사이의 관계를 말한다. 성과에 대한 개인적 동기부여의 강도는 자신의 노력(얼마나 열심히 노력할 것인가)에 의해 직접적으로 반영된다. 이를 위해 개인이 직무를 잘 수행하기 위해 필요한 능력(abilities)을 소유하고 있어야만 한다. 또한 자신의 노력이 성과로 어떻게 전환되는가에 대한 개인적 지각이 있어야 한다.

② 성과-결과 기대(performance-outcome expectancy: P-O): 어떤 결과는 성과 수준으로부터 도출될 것이라는 기대이다. 성과가 일어날 때 개인이 결과를 얻어야 한다. 내재적 결과(intrinsic outcomes)은 일반적으로 성과의 결과로서 일어난다. 외재적 결과(extrinsic outcomes)는 개인에게 축적되든지 혹은 그렇지 않을 수 있다.

③ 결과 혹은 보상의 유인가(the valance or value of the outcome or reward): 유인가는 어떤 결과로부터 도출될 것이라는 기대한 상대적 만족 혹은 불만족이다. 결과를 얻는 결과로서, 그리고 획득한 결과의 상대적 가치에 대한 지각으로서 개인은 긍정적 혹은 부정적 정서적인 반응(affective response)을 가진다.

④ 이 모델은 일어나는 사건은 E→P, P→O 그리고 V 지각을 변경함으로서 미래의 행태에 영향을 미친다는 것을 보여준다. 이 과정은 실제 행태로부터 동기부여로 환류회로에 나타난다.

결국 〈그림 5-8〉과 같이 개인적 성과는 노력, 능력과 특성, 역할지각 (role perception) - 개인이 자신의 역할을 얼마나 명확하게 지각하고 이해 하는가 - 등의 3가지 변수에 영향을 받는다.

노력(effort)은 개인에 대한 보상가치 및 노력과 잠재적 보상 사이의 연 계에 대한 개인적 기대에 의존한다. 바람직한 수준의 성과 달성은 내재적 보 상(성취감, 능력, 자존심)과 외재적 보상(관리자와 작업집단으로부터 칭찬, 보너스, 승진)에 의해 초래된다.

성과와 외재적 보상 사이의 점선(dotted line)은 사람의 성과와 획득한 보상 사이에 어떠한 관련성이 없다는 것을 표시하기 위해 사용된 것이다. 이 것은 개인적인 관리자와 조직에 의해 제공된 보상에 대한 기회의 반영이기 때문이다.

지각된 공평한 보상(perceived equitable rewards)은 공평이론과 같이 개인이 성과에 대해 얼마나 공평한 보상이 이루어졌는가에 대한 자신의 지각 을 표시한 것이다. 만족은 내재적 보상과 외재적 보상의 결과이다. 끝으로 이러한 만족은 미래의 상황에서 보상에 대한 지각에 영향을 미친다.

┃ 그림 5-8 ┃ Porter-Lawler 기대이론의 모형

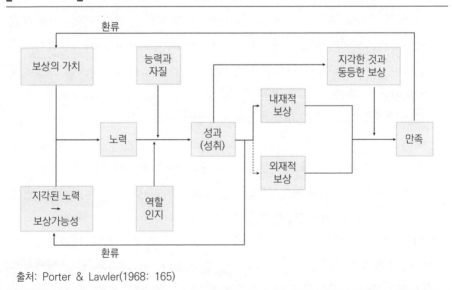

출처: Porter & Lawler(1968: 165)

이와 같이 기대이론은 동기부여 문제를 진단하기 위해 개인이 가지는 태도를 측정하는데 유용하다. 이러한 측정을 통해 관리자는 종업원이 왜 동기부여되는지 혹은 그렇지 않는지, 조직부서에 동기부여의 강도는 어떠한가, 성과에 대해 동기부여시키기 위해 효과적인 다른 보상은 어떠한가 등을 이해할 수 있다. 또한 효과적으로 동기부여하기 위해서 관리는 성과와 보상 사이에 명확한 관계를 설정해야만 한다. 즉 관리는 효과적인 성과에만 보상을 주고, 비효과적인 성과에 대해서 보상을 보류해야 한다.

하지만, 기대이론에는 다음과 같은 비판이 제기된다. 첫째, 이론과 구조가 너무 복잡해서 실증적 연구를 통해 여러 변수 간의 관계를 모두 측정하여 검증하기가 어렵다는 비판을 받는다(이창원·최창현, 2005: 212). 둘째, 기대이론은 모든 동기부여는 의식적이라는 것을 암묵적으로 가정하고 있다는 점이다. 하지만 개인들은 항상 자신들의 동기, 기대를 의식하지는 않는다는 것이다. 즉 잠재의식적인 동기부여(subconscious motivation)에 대해 기대이론이 설명하지 못하고 있다(Gibson, et al., 2006: 151).

2) 공평(공정)이론

J. Stacy Adams(1965)는 공평성(fairness)에 대한 개인적 지각에 관심을 가졌다. 다른 동기부여이론은 개인에 초점을 두지만, 공평이론(equity theory)은 조직구성원이 자신을 비교함에 있어서 다른 조직구성원(준거인물, comparison other)을 어떻게 지각하는가에 기초하는 집단이론이며, 교환(exchange)에 기초한다. 공평이론은 개인은 자신의 상황과 다른 사람의 상황을 비교하고, 그리고 그러한 비교가 어떤 행태를 동기부여시킨다는 것이다. 공평이론에 따르면, 다른 사람과의 비교를 통해, 개인은 긴장을 줄이고 혹은 균형상태를 회복하는데 동기부여가 된다.

이처럼 조직구성원은 공평하게 취급되어지길 갈망한다. 공평(equity)은 투입과 산출의 비율이 비슷한 상황에 있는 준거집단과의 비교를 통하여 공정한 것으로 인식될 때 일어난다. 만약 이 비율이 공평하지 않을 때는 불공평(inequity)이 존재한다. 지각된 불공평을 줄이기 위해 종업원은 다양한 행동유형 가운데서 어느 하나를 선택하게 될 것이다.

공평이론에 따르면, 개인은 상황에 대해 자신의 지각에 따라 〈표 5-5〉와 같이 다양한 투입과 산출을 저울질한다. 무게를 따져보는 방법은 정확하지 않지만 대부분 상황이 복합적인 투입과 산출을 내포하고 있다. 이러한 공평이론은 분배적 정의(distributive justice)의 원리에 적용된다(Gibson, et al., 2006: 153).

표 5-5 조직에서의 투입과 산출의 예

투입(inputs)	산출(outcomes)
• 연령 • 출근상태 • 의사소통 기술 • 개인간의 기술(interpersonal skills) • 직무노력(job effort, long hours) • 교육수준 • 과거 경험 • 성과 • 외모(personal appearance) • 연공서열(seniority) • 사회적 지위(social status) • 기술적 기량(technical skills) • 훈련	• 도전적인 직무할당 • 부가급부(fringe benefits) • 직무특전 (job perquisites, 주차공간, 사실 위치) • 직무안정(job security) • 단조로움(monotony) • 승진 • 인정 • 평판(reputation) • 책임감 • 보수 • 연공서열의 혜택(seniority benefits) • 지위의 상징(status symbols) • 업무조건

자료: Hellriegel, et al.(1995: 157).

Adams의 공평이론은 다음과 같이 교환을 전제한다. 첫째는 행태를 동기부여하게 하고, 그리고 만족을 제공하는 것은 지각된 공평이다. 둘째는 개인간에 갈등과 불만족을 일으키는 것은 지각된 불공평이다. 셋째는 조직구성원들은 자신의 투입과 산출을 유사한 업무환경에 있는 다른 구성원과 주관적인 비교를 통하여 공평을 유지하기 위해 노력한다. 이점에 있어 투입은 개인이 자신의 직무에 기여하는 것으로 지식, 기술, 능력, 훈련 등이다. 산출은 개인이 자신의 직무로부터 받는 것으로 보수, 편익, 승진의 기회, 인정 등이다. 준거인(reference person)은 자신의 투입에 대한 산출의 비율을 비교하는 대상인물을 말한다.

하지만, 공평이론이 가지고 있는 문제점은 ① 누구와 비교할 것인가, 즉 준거의 대상집단을 선정하는데 어려움이 놓여 있다. ② 초과급여로 초래되는 불공평이 지각되는 불공평으로 이어질 수 있는가에 의문이 있다. 종업원 자신이 초과급여 받고 있다고 말하는 사람은 거의 없다는 것이다(Locke, 1968). ③ 다양한 인구학적 변수와 심리적 변수가 공평과 다른 사람과의 상호작용에 대한 사람들의 인식에 영향을 미친다.

이러한 한계에도 불구하고, 공평이론은 보수에 대한 종업원의 태도를 설명하고, 그리고 예측하는데 도움을 주는 통찰력 있는 모델이다. 또한 이 이론은 직무상황에서 비교의 중요성을 강조한다. 또한 공평이론은 보수와 근무조건만이 동기부여를 결정하지 못하는 이유를 잘 설명해 준다.

공평이론은 공평감(a feeling of equity)을 회복하기 위해 다양한 방법을 제안하고 있다. 조직구성원들이 불공평을 줄이기 위해 다음과 같은 방법을 활용할 수 있을 것이다.

① 투입에 대한 변경 - 종업원은 직무에 대해 적은 시간 혹은 적은 노력을 투자하는 것으로 결정할 것이다.

② 산출에 대한 변경 - 종업원은 생산단가 지불계획(piece-rate pay plan)이 활용됨에 따라 보다 많은 단위를 생산하고자 결정할 것이다.

③ 준거인에 대한 변경(changing the reference person) - 다른 사람의 투입과 산출의 비율에 대한 비교를 통하여 준거인을 변경할 수 있다.

④ 준거인에 대한 투입 혹은 산출의 변경(changing the inputs or outputs of the reference person) - 준거인이 동료집단이라면, 공평성을 회복하는 방법으로 자신의 투입 혹은 산출을 변경하는 시도를 할 수 있을 것이다.

⑤ 퇴사 - 최악의 경우 종업원은 직업을 바꿀 수 있을 것이다.

⑥ 태도의 변화(자아에 대한 지각의 변화) - 투입 혹은 산출을 변경하는 대신에 종업원은 자신이 가지고 있는 태도를 단순히 변화할 수 있다.

그림 5-9 | 공평이론

IP-자신의 투입: OP-자신의 산출: IRP-준거인의 투입: ORP-준거인의 산출
출처: Black & Porter(2000: 378).

3) 목표설정이론

Edwin Locke(1968)는 목표설정(goal setting)은 몇몇 실천적 유용성에 대한 인지과정이라고 제안한다. 또한 Locke는 개인의 지각한 목표와 의향은 주요한 행태 결정요인이라고 본다. 목표설정은 개인을 도전하게 하는 대상을 개발하고, 협상하고, 그리고 설정하게 하는 과정이다. 목표가 명시적이든지 혹은 암시적이든지, 목표는 개인의 시간과 노력을 구조화하는데 기여한다. 이처럼 목표설정이론은 동기부여 된 행태를 설명하면서 지각하는 목표의 중요성을 강조한다. 이에 개인에 의해 목표가 수용된다면, 어렵게 지각되는 목표가 보다 높은 성과수준을 초래할 것이라는 것이다.

이와 같이 목표를 설정하는 것이 동기부여와 성과에 긍정적인 효과를 미친다. 높은 성취와 동기부여 된 종업원들은 목표설정에 지속적으로 참여한다. 목표성취이론은 구체적이고, 어려운 목표(specific, difficult goals)가 사람들을 동기부여 시킨다고 제안한다(Latham, 2004).

목표는 행동을 위한 대상이다. 특히 Locke가 관심을 갖는 것은 목표의 명확성, 목표의 난이도, 목표의 강도이다.

(1) 목표의 명확성(goal specificity) - 목표의 명확성은 목표의 양적 정확성 (quantitative precision)의 정도이다. 목표는 노력을 안내하는데 유용하기 위해서 명확하고 그리고 구체적이어야 한다.

(2) 목표의 난이도(goal difficulty) - 목표의 난이도는 추구하는 숙달의 정도 (degree of proficiency) 혹은 성과의 수준이다. 목표는 도전적이어야 한다. 목표가 너무 쉬운 것이라면 개인은 목표를 지연시키거나 혹은 태만하게 접근하게 될 것이다.

(3) 목표의 강도(goal intensity) - 목표의 강도는 목표를 어떻게 도달할 것인가를 결정하는 과정 혹은 목표를 설정하는 과정이다. 목표의 강도와 관계있는 개념인 목표몰입(goal commitment)은 목표를 성취하는데 활용되는 노력의 정도이다. 목표성취를 위한 기대되는 보상은 목표몰입의 정도에 있어 중요한 역할을 발휘한다. 이러한 사고는 동기부여의 기대이론과 비슷하다. 즉 종업원이 목표를 성취하지 못하는 것에 대해 처벌될 것이라고 기대한다면 목표몰입의 가능성은 높을 것이다.

〈그림 5-10〉과 같이 관리적 관점에서 목표설정을 적용할 수 있다. 목표설정을 적용하는 주요한 단계는 다음과 같다. ① 준비성에 대한 진단, ② 종업원의 준비 - 개인간의 상호작용, 의사소통, 훈련, 목표설정을 위한 행동계획, ③ 관리자와 부하에 의해 이해되어지는 목표에 대해 강조되는 속성, ④ 설정된 목표에 필요한 적응을 위한 중간평가(intermediate review)의 실행, ⑤ 목표의 설정, 수정 그리고 이행을 점검하기 위한 최종평가(final review)의 수행 등이다.

이러한 목표설정은 종업원을 동기부여 시키는데 있어 매우 강력한 도구이다. 관리자는 목표설정 프로그램을 이해할 때 중요한 개인적 차이(성격, 경력, 훈련배경, 개인적 건강)를 고려해야 한다. 특히 관리자가 능동적으로 지원하고, 면밀하게 모니터링 할 때 목표설정은 성과를 향상시킬 수 있을 것이다. 목표설정이나 다른 기법도 모든 문제를 교정하는 것은 아니다. 모든 성과문제를 해결하는 동기부여이론은 존재하지 않는다.

┃ 그림 5-10 ┃ 조직에서의 목표설정의 적용

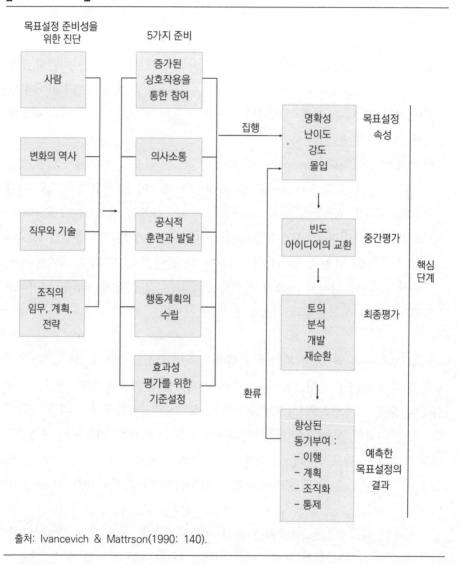

출처: Ivancevich & Mattrson(1990: 140).

4) 강화이론

강화이론(reinforcement theory)에 의하면, 조직구성원을 동기부여시키는데 있어, 구성원의 욕구를 인지하고 그리고 이해할 필요가 없으며, 또한 구성원이 욕구를 충족하는데 있어 구성원들이 행태를 어떻게 선택하는가를 이해할 필요가 없다는 것이다. 단지 모든 관리자들은 행태와 결과의 관계를 이해할 필요가 있으며, 바람직한 행태는 강화하고 그리고 바람직하지 못한 행태는 억제하는 상황적 조정이 필요하다.

강화는 중요한 조건화의 원칙(principle of conditioning)이다. 강화이론은 연속적인 행태에 대한 과거 경험의 결과를 조사한다. 종업원의 행태에 대해 보상이 이루어진다면 행태가 반복될 것이다. 반면에 종업원은 보상되지 않는 행태를 반복하지 않으려고 학습할 것이다. 이점에 Skinner(1971)는 행태란 긍정적 결과와 부정적 결과의 경험을 통해 학습되는 것이라고 주장한다. 종업원들은 구체적인 행태에 대한 결과로서 바람직한 행태인가 혹은 그렇지 않는가를 학습한다.

이처럼 바람직한 행태에 대한 동기부여는 학습이 이루질 것이다. 학습된 동기(learned motives)는 보다 강력한 힘일 수 있다. 이러한 동기는 가끔 인센티브, 즉 우리가 소유하기 원하는 특별한 것과 관련이 있다. 학습된 동기부여는 생물학적 동기부여를 모방한다. 학습된 동기와 생물학적 욕구 사이의 상호작용은 서로서로 구별하는 것이 거의 불가능하기 때문에 복잡하다.

이러한 맥락에서 관리자들은 강화와 동기부여 사이의 관계를 인식할 필요가 있다. 동기부여의 도구로서, 보상이 처벌보다는 효과적이다. 이에 관리자는 종업원의 바람직한 행태를 강화하는 것이 중요하다는 것을 인식하고, 적절한 강화프로그램을 선택해야 할 것이다. 관리자는 계속적인 강화와 간헐적인 강화(intermittent reinforcement)의 유형을 인사관리전략에 적용할수 있을 것이다.

강화이론은 〈그림 5-11〉과 같이 결과를 부여하는 방법과 결과의 유형에 따라 4가지 강화유형으로 구분할 수 있다. 이들 유형은 종업원들의 동기부여를 수정할 수 있는 방법이다. 특히 바람직한 행동을 반복시키기 위해서는 긍

정적 강화와 부정적 강화가 필요하고, 바람직하지 못한 행동을 감소시키기
위해서는 처벌과 소멸이 필요하다.

┃ 그림 5-11 ┃ 강화유형

		결과의 유형	
		유쾌한 결과(+)	불쾌한 결과(-)
결과 부여 방법	결과의 부여	바람직한 행위의 증대 (긍정적 강화) S→R→C(consequence)+	바람직하지 못한 행위 감소 (처벌) S→R→C-
	결과의 철회	바람직하지 못한 행위감소 (소멸) S→R→(no C)	바람직한 행위의 증대 (부정적 강화) S→R→(no C-)

출처: 송계충·정범구(2005: 211).

(1) 긍정적 강화

긍정적 강화(positive reinforcement)는 바람직한 행태에 대해 보상을
제공하는 유형이다. 긍정적 강화는 개인의 특정한 행태가 반복될 가능성을
증가시킨다. 긍정적 강화는 미래에 있어 바람직한 행태의 가능성을 강화시킨다.

예를 들면, 특별한 생산수준을 성취하는 근로자에 대해 보너스를 제공하
는 것이다. 이처럼 관리자는 행태에 영향을 미치기 위해 가끔 긍정적 강화물
(positive reinforcers)을 활용한다.

(2) 부정적 강화

부정적 강화(회피, negative reinforcement)는 바람직한 않은 결과를
회피하려는 행태에 초점을 둔다. 규칙은 종업원들이 어떤 행태를 회피하도록
하기 위해 설계된다.

(3) 처벌

처벌(punishment)은 바람직하지 않은 행태를 최소화하기 위해 제공된다. 처벌은 특별한 행태반응에 대해 불편하고 원치 않는 결과를 제공하는 것이다. 처벌의 유형에는 상관이 비판하거나, 특권을 취소하거나, 근신기간을 부여하거나, 벌금을 부과하거나, 강등하거나, 해고 등이 있다.

처벌은 몇몇 조건에서 보다 효과적이다. 처벌이 시행되는 시점이 매우 중요하다. 혐오적 자극(aversive stimulus)이 상대적으로 강렬할 때 효과적이다. 처벌이 일어나는 이유를 명확하게 제공하는 것이 중요하다. 처벌은 특정한 사람 혹은 일반적 행태패턴이 아니라 구체적인 반응에 초점을 두어야 한다. 처벌은 특정 개인과 상관없는(impersonal) 것이 효과적이다.

(4) 소멸

소멸(extinction)은 원치 않는 행태를 줄이는 것이다. 이전에 보상받았던 행태에 대한 인정을 멈추었을 때 소멸이 발생하고, 그리고 바람직하지 못한 행태가 줄어든다. 다른 측면에서, 상관이 좋은 성과에 보상하지 않을 경우 소멸의 원인이 된다. 즉 종업원의 좋은 성과를 무시하게 되면 종업원의 좋은 성과가 일어나지 않을 수 있다(Lussier & Achua, 2007: 90).

긍정적 강화와 부정적 강화는 근로자들의 바람직한 행태를 강화하기 위해 활용되며, 처벌과 소멸은 바람하지 않은 행태를 억제하거나 제거하기 위해 사용한다(Baron & Greenberg, 1990: 40-41).

(5) 강화 스케줄

조직에서 적절한 시기에 보상 혹은 처벌을 활용하는 것은 매우 중요하다. 이러한 결과의 타이밍을 강화 스케줄(reinforcement schedules)이라 한다. 이런 스케줄에는 지속적인 강화와 간헐적 강화 스케줄이 있다. 조직배경에서 거의 모든 강화는 본질적으로 간헐적(intermittent)이다.

간헐적 스케줄(intermittent schedule)은 모든 수용할 수 있는 행태이후에 강화가 일어나지 않는다 것을 의미한다. 이것의 가정은 올바른 행태에 대해 단지 어떤 시점에만 보상될 때 학습은 보다 항구적이라는 것이다. 간헐적 강화 스케줄은 〈그림 5-12〉와 같이 강화물의 제공에 있어 고정 스케줄과 변동 스케줄인가에 따라 4가지 유형이 있다.

▌그림 5-12 ▌ 강화 스케줄 분류

	간격 스케줄	비율 스케줄
고정적	고정 간격법	고정 비율법
변동적	변동 간격법	변동 비율법

출처: 송계충·정범구(2005: 211).

① 고정 간격법(fixed interval) - 고정 간격 스케줄에 있어, 강화가 제공되기 이전에 상당한 정도의 시간이 지나야만 한다. 간격의 시간이 지난이후 일어나는 첫 번째의 행태는 강화되어진다. 이러한 강화는 고르지 않는 행태를 조장하는 경향이 있다.

② 변동 간격법(variable interval, 예를 들면, 승진) - 강화 사이의 시간적 간격이 변경된다.

③ 고정 비율법(fixed ratio) - 고정 비율 스케줄은 강화되기 이전에 바람직한 행태가 몇 번이고 일어나야만 한다. 정확한 횟수는 명시되어진다. 고정 비율 스케줄에 의한 보상관리는 높은 반응을 보이며, 그리고 안정된 행태를 보일 것이다.

④ 변동 비율법(variable ratio) - 변동 비율 스케줄에서 강화가 제공되기 이전에 몇몇 바람직한 행태가 일어나야만 한다. 행태의 수는 어떤 평균에 따라 달라진다. 관리자는 종종 칭찬과 인정으로 변동 비율 스케줄을 활용한다. 주(州)에서 발행하는 복권(state lotteries)은 사람들을 유혹하기 위해 이러한 강화 스케줄을 활용한다.

│ 표 5-6 │ 강화 스케줄의 비교

스케줄	보상의 형태	성과에의 영향	행태에의 효과
고정 간격	고정된 시간적 기반에서의 보상 • 주단위 혹은 월단위의 급료	평균 그리고 불규칙적인 성과를 초래	행태의 빠른 소멸
고정 비율	구체적인 반응의 수에 연계한 보상 • 생산단가 지불시스템	급격하게 높고 그리고 안정적 성과를 초래	비교적 완만한 속도로 행태의 소멸
변동 간격	가변시간주기이후 주어지는 보상 • 예고 없는 조사 혹은 무작위로 월별로 주어지는 보상	적절하게 높고 그리고 안정적 성과를 초래	행태의 느린 소멸
변동 비율	어떤 행태에 주어지는 보상 • X 판매거래에 연계된 보너스, 하지만 X는 지속적으로 변함	매우 높은 성과를 초래	매우 느리게 행태의 소멸

자료: Hellriegel, et al.(1995: 157).

```
┌─● 용어의 정의 ●─────────────────────────────────┐
```

• 동기부여(動機附與, motivation) 사람들의 결핍, 욕구, 그리고 바램이 만족되
는 내적인 과정(internal process)이며, 행태에 활기를 북돋우고, 지향하게 하
고 그리고 유지하게 하는 일련의 힘이다.

• 욕구(欲求, needs) 물질적 결핍(physical deprivation)의 상태이며, 어떤 개
인이 특정한 시점에 경험하게 되는 어떤 가치에 대한 결핍이다.

• 본능이론(本能理論, instinct theory)   이 이론은 Darwin의 자연도태이론
(natural selection theory)에 영향을 받아 유기체의 행태와 생리는 자신의 환
경에서 생존하기 위해 알맞을 정도로 생존하고 그리고 번식한다고 가정한다.

• William McDougall(1871.6.22.~1938.11.28.)   McDougall은 영국
Chadderton에서 1871년 6월 22일에 태어났으며, 런던 대학교와 옥스퍼드 대
학교에서 강의하였으며, 1920년에서 1927년까지 하버드 대학교 심리학과에서
강의하였다. McDougall은 실험심리학과 생리심리학(physiological psychology)
에 영향을 미쳤으며, 호르메의 심리학(Hormic Psychology)을 구체화한 사회
심리학자이다. 1908년 사회심리학 개론(An Introduction to Social Psychology)
을 저술했다.
McDougall은 행태주의와 반대로 목적지향적 행태에 관련한 본능적 본성
(instinctive nature)을 강조하고 있다. 그에 의하면 본능적 행태는 3가지 기본
적인 요인인 지각, 행태, 감정으로 구성된다고 제안한다. 인간은 자신의 목표에
관련한 중요한 자극에 초점을 두는 지각적 성향을 가진다고 주장한다. 인간은
목표에 대한 지각과 목표에의 동기 사이의 감정적 중심(emotional core)으로
불리는 동기와 에너지를 가지고 있다고 지적한다.
1932년에 McDougall는 17개의 본능을 제시하고 있다. 이들 본능은 배고품,
특정한 사항에 대한 거절, 호기심, 회피, 호전성(pugnacity), 모성/부성적 본능,
군거성(gregariousness), 과시, 복종, 해석(construction), 취득(construction),
비명 혹은 호소, 웃음, 안락, 휴식 혹은 잠, 이동(migration) 등이다.

• 동인이론(動因理論, drive theory)   동인이론가들은 동기부여된 행태를 활성
화하는 메카니즘으로서 동인을 제안할 뿐만 아니라 동인의 구체적인 분류를 초
래하는 과정을 제한한다. 동인은 활성화와 각성을 의미한다.

- 인센티브(incentive)이론   이 이론은 우리의 행동은 보상을 성취하기 위해 지향한다는 것이다. 인센티브 이론은 행태는 주로 외부적인 동기에 의해 일어난다는 생각에 기초한다.

- 각성이론(arousal theory)   각성(arousal)은 빠른 뇌파(brain waves), 심장 박동수(heart rate)를 증가하는 피부전도(skin conductance)와 행태를 의미한다. 각성이론은 사람들은 최적의 생리적 각성수준을 유지하기 위해 행동을 이끌게 한다고 제안한다. 이 이론의 주요한 가정은 최적의 균형을 유지하기 위하여 행동을 추구하는데 동기부여 되며, 최적의 각성수준은 사람마다 차이가 있다는 것이다.

- 동기부여의 내용이론(內容理論, content theory)   내용이론은 개인을 동기부여시키는 구체적인 내적 욕구를 명시하는데 관심을 가진 이론이다. 내용이론은 욕구로 언급되는 내적인 드라이브를 인식하는 것에 관련되어 있다. 내용이론은 행태를 일으키고, 지향하게 하고, 유지하고 그리고 멈추게 하는 사람의 내적인 요인에 초점을 둔다.

- McGregor의 Theory X와 Theory Y   Mcgregor는 인간본성을 이론화하고 있다. Theory X는 복종에 대한 통제를 강조하는 전통적인 관리접근법이다. Theory Y는 권위에 대한 위임과 종업원의 투입을 강조한다.

- Maslow의 욕구계층이론(欲求階層理論, hierarchy of human needs)
  Maslow는 인간이란 지속적인 결핍의 동물(wanting animal)이라고 보고, 인간욕구를 계층적으로 5개의 욕구인 생리적 욕구, 안전의 욕구, 사회적 욕구, 존경의 욕구, 자아실현의 욕구로 구분하고 있다.

- Abraham Harold Maslow(1908.4.1.~1970.6.8.)   Maslow는 러시아에서 이민한 유대인 이민자(Jewish immigrants)의 아들로 1908년 4월 1일 뉴욕의 브루클린(Brooklyn)에서 태어났다.
  Maslow는 위스콘신 대학교에서 1930년에 심리학학사, 1931년에 심리학석사, 1934년 심리학박사를 취득했으며, 브루클린 대학교(Brooklyn College)에서 강의를 했다.
  Maslow는 인본주의 심리학(humanistic psychology)의 창시자 중 한사람이며, 인간 동기이론을 발전시킨 심리학자이다. Maslow는 인간의 욕구는 다른 어떤 것보다 가장 강력한 것이라고 지적한다.

Maslow는 자신의 철학은 프로이드 심리학(Freudian psychology)을 보충하는 것이라고 주장한다. Freud가 환자(sick people)를 다루는데 초점을 두었다면, 자신의 접근법은 사람이 긍정적 결과와 선택을 발견하도록 돕는데 초점을 두었다고 지적한다.

Maslow는 1943년에 인간 동기이론(A Theory of Human Motivation)의 논문을 발표했으며, 1954년에 동기부여와 성격(Motivation and Personality), 1962년 존재심리학을 향하여(Toward a Psychology of Being) 등을 저술했다.

- **Alderfer의 ERG이론**　Alderfer는 Maslow의 이론을 수정하여 ERG 동기부여이론을 발전시켰으며, Maslow의 5단계 욕구범주를 3가지인 존재욕구, 관계욕구, 성장욕구를 제시하고, 욕구가 만족되지 않으면 하위욕구로 퇴보(退步, regress)가 발생한다고 주장한다.

- **Herzberg의 2요인 이론(two factor theory)** – Herzberg는 203명의 엔지니어와 회계사를 표본대상으로 각자의 직무에 있어서 좋은 감정과 나쁜 감정에 관한 설문조사를 분석하여 불만족을 방지할 수 있는 요인인 위생요인(hygiene factors)과 직무만족을 증가하는 요인인 동기요인(motivators)으로 구분하고 있다.

- **McClelland의 성취동기이론(成就動機理論, achievement motivation theory)** McClelland는 욕구가 학습되어짐으로써 보상받은 행태는 보다 높은 빈도로 반복된다는 시각에서 사람들에게 제기되는 3가지 기본욕구로 성취(achievement: n Ach)욕구, 권력욕구(power: n Pow), 제휴욕구(affiliation: n Aff)를 제시하고 있다.

- **동기부여의 과정이론(過程理論, process theory)** – 이 이론은 행태를 일으키는 욕구와 인센티브에 주로 초점을 둔다. 이 이론은 개인적 요인들이 어떠한 행태를 표출하는데 상호작용을 하는지, 그리고 영향을 미치는지를 분석하기 위해 설계된 이론이다.

- **기대이론(期待理論, expectancy theory)** – 이 이론은 Victor Vroom(1964) 그리고 Lyman Porter와 Edward Lawler(1968)에 의해 발전된 것이며, 사람들이 대안들 사이에 특정한 선택을 해야 하는 국면에 직면했을 때 활용하는 사고과정에 초점을 둔다. 기대이론은 어떤 과업을 수행하기 위한 동기부여는 노력, 성과 및 결과에 대해 개인적 기대 혹은 믿음의 함수라고 제안한다.

- 공평이론(公平理論, equity theory) - 이 이론은 조직구성원이 자신을 비교함에 있어서 다른 조직구성원(준거인물, comparison other)을 어떻게 지각하는가에 기초하는 집단이론이며, 교환(交換, exchange)에 기초한다. 공평이론은 개인은 자신의 상황과 다른 사람의 상황을 비교하고, 그리고 그러한 비교가 어떤 행태를 동기부여시킨다는 것이다.

- 목표설정이론(目標設定理論, goal setting theory) - 이 이론은 Locke에 의해 제기된 것으로, Locke는 목표설정(goal setting)이란 몇몇 실천적 유용성에 대한 인지과정이라고 제안하고, 개인의 지각한 목표와 의향은 주요한 행태 결정요인이라고 본다. 목표설정은 개인을 도전하게 하는 대상을 개발하고, 협상하고, 그리고 설정하게 하는 과정이다. 목표를 설정하는 것이 동기부여와 성과에 긍정적인 효과를 미친다.

- Edwin A Locke(1938.1.5~현재) - Locke 교수는 미국 심리학자이며, 목표설정이론의 창시자이다. Locke는 1960년에 하버드 대학교에서 심리학학사, 코넬 대학교에서 1962년에 산업심리학과 실험심리학의 석사, 1964년에 산업심리학박사를 취득했다.

  Locke의 박사학위논문은 동기부여와 정서에 대한 의도에의 관계(he relationship of intentions to motivation and affect)에 대한 연구였다. 1967년에서 2001년까지 메릴렌드 대학교(University of Maryland) 심리학과에서 강의하였다.

  Locke는 1968년에 구체적인 업무상황에서 인간행동을 설명하기 위해 목표설정이론을 발전시켰다. 이 이론은 목표와 의도(intentions)는 인식적이고 그리고 계획적인(cognitive and willful) 것이며, 이것은 인간행동의 중개자로서 역할을 한다고 주장한다. 또한 우리의 목표와 욕구는 우리의 가치에 의해 조정된다고 주장한다.

- 강화이론(强化理論, reinforcement theory) - 이 이론은 연속적인 행태에 대한 과거 경험의 결과를 조사한다. 종업원의 행태에 대해 보상이 이루어진다면 행태가 반복될 것이다. 반면에 종업원은 보상되지 않는 행태를 반복하지 않으려고 학습할 것이다. 이 이론은 동기부여의 도구로서, 보상이 처벌보다는 효과적이라고 강조한다.

제 6 장
스트레스와 직무소진

스트레스(stress)는 보편적이며, 빈번하다. 우리 모두는 때때로 스트레스를 경험하기도 한다. 사소한 스트레스(minor stress)는 피할 수 없으며, 그리고 해가 없다. 개인과 조직에서 문제의 원인이 되는 것은 과도한 스트레스(excessive stress)이다.

이와 같은 스트레스와 관련하여, 이 장에서는 스트레스란 무엇인지? 스트레스의 특징이 무엇인지? 스트레스의 원인과 해소방안은 어떻게 이해되고 있는지? 직무소진이 무엇인지? 직무소진의 구성요소는 어떠한지? 등을 살펴보고자 한다.

▌ 제1절 스트레스

1. 스트레스의 개념

스트레스는 환경에서의 어떤 변화에 대한 개인적 반응에 있어 일련의 생리적이고 심리적인 변화(physiological and psychological changes)이다. 이러한 스트레스는 인간의 생활조건(human condition)의 일부분이며, 생활방식에 관련된 질병의 일부분이다(Carwright & Cooper, 1997 : 6).

조직구성원의 스트레스는 어떤 직무에서도 제기되는 보편적인 현상이며, 생활의 하나의 양상이다. 특히 스트레스 요인이 지각되었을 때, 모든 조직들은 조직 전체의 목표에 손해를 끼치고 그리고 긴장과 불안을 유발하는 스트레스 요인을 통제하기 위해 노력할 것이다. 조직관리자들은 적절한 스트레스를 유발하게 하기도 하고, 또한 스트레스를 적정하게 통제하는 전략을 통하여 조직의 생산성과 조직구성원의 사기 및 직무만족을 증진하기 위한 인사관리 전략을 도입하기도 한다.

　　스트레스로 초래되는 중요한 영향 때문에 스트레스에 대한 학자들의 관심이 증대되고 있지만,[11] 스트레스에 관련하여 공통적인 개념 정의가 부족하고, 합의가 미흡한 모호한 단어이다.[12]

　　스트레스(stress)의 어원은 라틴어 'strictus' 또는 'stringere'에서 유래되었으며, 그 의미는 '단단하게 당기다(to draw tight)'이고, '과세하다(taxes)', '긴장하다(strains)', '제한하다(restrict)' 등의 의미를 포함한다. 어원적으로 스트레스는 스트레스적인 상황을 동반하는 감정을 느끼는 것이다(Salas, et. al., 1996 : 5 ; Jex, 1998 : 2).

　　스트레스는 17세기에는 역경 혹은 고통을 기술하는데 사용되었으며, 18세기 후반에는 힘(force), 압박(pressure), 긴장(strain), 강한 노력(strong effort)의 의미로 활용되었다(Hinkle, 1973). 이러한 스트레스는 물리학에서 빌려온 개념이다. 물리학에 있어 스트레스는 어떤 본체에 가하는 압박 혹은 힘으로 정의한다. 심리학에서 스트레스는 유기체(organism)가 조정하고, 대처하고, 적응하도록 요구하는 것이다. 스트레스는 Hans Selye가 명명한 적응의 질병(diseases of adaptation)이라는 생리적인 문제를 초래한다(Rathus, 1984: 388).

---

11 Salas와 동료학자들(Salas, et. al., 1996 : 2-4)은 스트레스에 대해 관심이 증대되는 것에 관한 이유를 다음과 같이 기술하고 있다. ① 우리가 매우 복잡하고 고도의 기술이 발전되는 세계에서 생활한다. 이로 인하여 대변동의 실수에 대한 잠재성이 증대되기 때문에 스트레스에 관한 관심이 증대된다. ② 스트레스가 성과환경과 생활환경에 영향을 미치기 때문에 관심이 증대된다. 특히 실수의 잠재력과 위험의 가능성이 있는 작업환경은 높은 수준의 스트레스가 놓여 있다. ③ 스트레스가 생리적 변화(physiological changes)를 초래하기 때문이다.
12 이점에 대해 Hogan과 Hogan(1982 : 153)도 스트레스의 문헌은 용어의 바다에 파묻힐 정도이고, 연구자들은 공통적인 단어가 부족하기 때문에 개념적인 혼란을 초래한다고 지적하고 있다.

이 장에서는 Jex(1998)의 틀을 기초하여 학자들이 제시한 스트레스 개념 정의를 3가지 의미의 측면에서 살펴보고자 한다.

1) 자극(stimulus)의 초점

자극에 초점을 둔 정의로, Janis와 Mann(1977 : 50)은 스트레스는 높은 정도의 불쾌한 감정을 초래하고, 정상적 정보흐름에 영향을 미치는 환경적인 변화로 정의한다. 또한 Singer(1992 : 369)는 스트레스를 사람들에게 부정적인 결과와 긍정적인 태도를 유발하게 하는 것으로 이해한다.

이와 같이 자극에 초점을 둔 경우에, 스트레스는 조직구성원의 측면에서 적응적 반응을 요구하는 환경에 있어서의 자극을 의미한다. 즉 스트레스는 사람들이 스트레스 요인이라고 명명되는 환경적인 사건에 반응을 표시하는 육체적·심리적 반응을 포함하는 것이다.

2) 반응(response) 혹은 결과의 초점

반응 혹은 결과에 초점을 둔 정의로, Levi(1967)는 스트레스란 유기체에 있어 심리적인 긴장적 반응이며, 환경적 자극으로 명명되는 다양한 스트레스요인이 발생할 때 표출한다는 것이다. Ivancevich와 Matteson(1982 : 8)은 스트레스란 개인적 특성과 심리적 과정에 의해 게재되는 적응적 반응이며, 이는 외부적인 활동, 상황, 사건에 영향을 받으며, 또한 공간적·물리적 환경과 심리적인 요구에 영향을 받는다고 기술한다.

Altman과 동료학자들(Altman, et. al., 1985 : 426)은 스트레스로 인한 결과에 초점을 두어 스트레스란 압박, 걱정 및 긴장에 관한 감정이라고 정의한다. 또는 Harris와 Hartman(2002 : 400-406)은 스트레스란 지각된 위협에 대한 각 개인들의 반응으로 정의한다. 스트레스요인들은 임박한 위험의 원인 혹은 원천으로 간주한다.

이와 같이 반응 혹은 결과에 초점을 둔 경우에, 스트레스를 종속변인으로 간주하고 외부적 환경의 자극에 대한 반응으로 이해한다. 즉 스트레스는 직무요구에 대처할 수 있는 개인적 능력이 미흡할 때 경험하게 되는 감정을 의미한다.

3) 자극-반응의 거래모형 초점

자극-반응(stimulus-response)의 거래모형 초점을 둘 때, 스트레스는 개인과 환경간의 상호작용의 결과로 이해한다. 이점에서 McGrath(1978 : 1352)는 스트레스란 환경적인 상황에 연계되어 있으며, 이는 개인의 능력과 자원을 초월하여 위협적인 요구로 지각되는 환경적인 상황에서 발생하는 것으로 이해하고 있다. Quick와 Quick(1984 : 3)는 스트레스란 개인과 조직상황의 요구에 의해 기인되며, 이들 요구를 관리하기 위한 자원(지식, 기술, 능력, 사회적 지지체계, 개인적 특성 등)과 불일치하여 발생하는 긴장이라고 기술한다.

Daniels (1996)는 스트레스란 환경에 대한 개인적 지각이 바라는 것과 상당한 차이가 있을 때 발생하는 심리적인 과정으로 정의하고 있다. 지각과 바램사이의 차이는 심리적 불일치를 초래하여 스트레스가 유발하게 한다. 또한 Salas와 동료학자들(Salas, et. al., 1996 : 6)은 스트레스란 어떤 환경적인 요구가 개인이 소유한 자원을 초과하여 바람직하지 못한 생리적, 심리적, 행태적, 사회적 결과를 초래하는 과정이라는 것이다. 즉 스트레스란 위협적이고 도전적인 것으로 평가되는 환경적인 사건에 대해 반응할 수 있는 각 개인의 능력을 초월하여 위험한 것으로 인지되는 부정적인 감정적 반응이라는 것이다.

이와 같이 자극-반응(과정적인 측면)의 거래모형에서 스트레스요인은 조직구성원으로부터 적응적 반응이 요구되는 직무조건 혹은 조직상황을 의미하고, 스트레스는 직무요구가 조직구성원에게 영향을 미치는 전체적인 과정을 의미한다.

학자들의 정의에 기초하여, 스트레스란 조직구성원의 내·외적 환경적인 사건으로 인한 스트레스요인에 대해 반응하는 긴장과 불안에 대한 주관적인 감정(the subjective feeling of strain and anxiety)이며, 여러 가지 산출물을 수반한다.[13] 스트레스는 자극뿐만 아니라 각 개인의 내·외적인 측면에서 육체적·심리적 반응을 산출하는 전체과정을 의미한다.

이러한 스트레스는 두 가지 측면을 공유한다. 스트레스는 회피하고 싶은 부정적 함축(negative connotation)이 포함되고, 다른 측면에서 스트레스는 단순히 불쾌한 사건 혹은 경험이 아니라 흥분, 자극, 기쁨 등을 일으키는 긍정적인 면도 존재한다.

또한 Altman과 동료학자들(Altman, et. al., 1985 : 426)의 지적처럼, 조직활동에 있어 조직구성원의 스트레스는 스트레스 요인(stressors), 스트레스, 산출물, 결과 등으로 구성되어 있으며, 스트레스는 환경적 자극(stimulus), 개인적 반응(response), 개인과 환경의 상호관계(relationship)의 맥락에서 전체적 과정으로 이해하는 것이 바람직할 것이다. 이런 의미에서 스트레스의 개념은 스트레스가 개인에게 어떠한 영향을 미치는가에 관한 연구에 영향을 받았다.

2. 스트레스의 특징

스트레스 현상에 대해 Schuler(1984 : 36-38) 및 Kast와 Rosenzweig (1985 : 654-655)는 스트레스 특성을 몇 가지로 요약하고 있다.

① 스트레스는 개인의 내적 반응이며, 환경에 있어 스트레스요인과 상호작용의 과정으로부터 초래된다. 즉 스트레스는 환경과의 상호작용의 결과이며, 물리적 조건과 사회심리적 조건에 관련되어 있다.

② 스트레스 상황도 개인간의 차이로 인해 다른 사람에게는 일어나지 않지만 어떤 사람에게는 고통으로 연결될 수 있다. 또한 스트레스로 지각되는 사건의 수가 많을수록 스트레스 경험이 보다 크며, 긍정적인 사건이나 부정적 사건 모두 스트레스에 관련되어 있다.

③ 스트레스가 모두 나쁜 것은 아니다. 인내할 수 있는 범위 내에서 스트레스

---

13 예를 들면, 심리적인 측면에서 스트레스는 가파른 가슴의 진동, 고혈압, 숨찬 호흡, 심리적 불안정, 우울, 수면불안정, 가족문제 등이 일어나며, 행태적인 측면에 있어서는 흡연, 음주, 약 중독, 불규칙적인 식욕, 결근, 전직, 생산성 감소, 사기와 직무만족의 저하 등에 영향을 미친다. 과도한 스트레스의 경우에 그 결과는 피부질병, 심장병, 두통, 냉담, 신경쇠약, 암 등이 나타날 수 있다.

는 기능적일 수 있고 그리고 좋은 성과에 도움을 준다. 즉 스트레스는 성과를 향상하거나 조직에 대해 이익을 증진하게 하도록 조직구성원들에게 동력하게 하고 그리고 반응하게 한다. 조직활동에 있어 건강한 적응적 과정을 유발하게 하는 것을 유익스트레스(eustress)라 한다. 즉 유익스트레스는 스트레스 상황에 있어 조직구성원 개인에 의해 건강하고 적응적 반응을 의미한다.

④ 불균형(disequilibrium)이 인내할 수 있는 범위를 초과했을 때 과도한 스트레스가 일어난다. 과도한 스트레스에 대해 모든 사람들은 건강한 방식으로 반응하는 것은 아니다. 유해스트레스(distress)는 조직구성원이 스트레스에 대한 반응에 있어 조직과 개인 모두에게 손해를 유발하는 유해한 태도와 행태를 말한다.

▌표 6-1 ▌ 유해스트레스와 유익스트레스의 대조

유해스트레스(distress)의 징표	유익(eustress)의 징표
• 불면증(insomnia)과 기타 수면장애 • 천식(asthma)과 다른 호흡이상 • 피부발진 • 식욕부진(anorexia) 혹은 기타 식사장애 • 메스꺼움(nausea) • 궤양(ulcers) • 크고 작은 장의 경련 • 높은 심장박동 혹은 고혈압 • 두통, 목 통증, 요통 • 구갈(dry mouth)	• 직무만족 • 업무와 삶에 대한 긍정적 태도 • 다른 사람에 대한 적극적인 경청 • 다른 사람에 대한 책임감 • 동료와 고객에 대한 공감(empathy) • 미소 • 유머감각 • 지식활용 • 창의성 • 높은 수준의 생산성

자료: Drafke(2006: 412).

제2절 스트레스의 연구경향

　스트레스가 조직구성원의 성과나 건강에 중요한 역할을 하기 때문에 다양한 학문적 배경에서 스트레스의 원인변수와 결과변수의 관계에 대해 연구가 진행되고 있다.

1. Hans Selye의 연구

　스트레스에 관한 보다 과학적인 조사연구는 스트레스 연구의 아버지라고 명명되는 Hans Selye(1907~1982)의 연구에서 시작된다. Selye는 1932년부터 사람과 동물에 대한 환경적 스트레스의 결과를 체계적으로 조사했으며, 적응적 메카니즘이 잘 작동하지 않을 때 부적응적 질병이 일어난다고 주장한다.[14] Selye는 스트레스를 구성하는 어떠한 요구에 대한 일반적인 신체적 반응(nonspecific response of the body)이 스트레스라고 정의한다. 이에 스트레스를 이해하기 위해서는 생리적 기반을 이해할 필요가 있다고 지적한다. 특히 Selye는 스트레스적 상황에 놓여있는 사람들의 경험을 〈그림 6-1〉과 같이 3가지 단계로 기술하고 있다.

---

14 Selye는 쥐를 대상으로 연구하였으며, 쥐에게 열, 추위, 감염, 외상, 뇌출혈과 다른 만성 스트레스요인을 제공한 결과 스트레스에 관한 많은 정보를 얻을 수 있었다. 스트레스를 받은 그 쥐들은 생리적 반응을 보이기 시작하였는데, 여기에는 부신피질의 확대, 흉선과 림프선의 축소와 위와 십이지장의 궤양이 포함되었다. 매우 다양한 스트레스 요인들이 유사한 생리적 변화를 초래한다는 점에 주목하였다. Selye는 이 생리적 반응을 일반적 적응 증후군(general adaptation syndrome: GAS)이라고 불렀다(민경환 외 역, 2013: 725).

| 그림 6-1 | Seyle의 일반적 적응징후군

경고단계(Alarm)
- 스트레스에 대한 육체적 징후(physical symptoms) 출현
- 신체가 행동을 위해 준비한다.
- 각성이 증가하게 된다.

저항단계(Resistance)
- 구체적인 스트레스 요인에 대처하기 위한 시도를 한다.

소진단계(Exhaustion)
- 지속되는 스트레스 원인을 극복하는 데 실패한다.
- 신체가 더 이상 스트레스 요인에 대해 저항할 수 없다.
- 생리적 고장이 일어난다.

(1) 경고 단계(alarm reaction) - 스트레스적 반응으로 정의되며, 개개인의 방어적인 메카니즘(defense mechanism)이 활동하는 단계이다. 즉 신체가 활동을 위해 준비한다. 반대의 충격에 따른 최초의 방어적인 단계이다.

(2) 저항단계(resistance) - 개개인들이 요구 혹은 스트레스요인에 대해 저항하며, 많은 경우 자신과의 투쟁이다. 또한 저항은 최고의 적응적 단계이고, 그리고 성공적으로 균형상태로 돌아오는 단계이다.

(3) 소진단계(exhaustion) - 적응적 메카니즘이 파괴되었을 때 일어나는 단계이다. 즉 신체가 스트레스 요인에 대해 더 이상 저항할 수 없게 되며, 생리적인 고장(physiological breakdown)이 발생하게 된다. 소진단계에서의 스트레스 효과는 노화, 신체장기의 회복 가능하지 않은 손상 혹은 사망이다.

하지만 Selye의 연구는 개인에 대한 스트레스의 심리적 영향을 간과하였고, 그리고 스트레스를 인지하는 개인의 능력과 스트레스적 상황을 여러 가지 방법으로 변화시키는 개인의 능력을 무시하였다(Cartwright & Cooper, 1997 : 4). Cannon과 Selye의 연구는 교감신경체계와 내분비체계(endocrine

system)에 관심을 가지고, 의학적 · 생리적 차원의 스트레스와 스트레스 반응
에 주된 초점을 두었는 데 특징이 있다(Quick, et. al., 1997 : 8).

2. 미시간대학교의 연구

조직에서 스트레스에 관한 조사연구의 첫 번째 주요한 프로그램은
1960년초 미시간대학교 사회조사연구소(Institute for Social Research :
ISR)에서 수행되었다. 미시간대학교 ISR에서 개발한 사람-환경 적합모형
(person-environment fit model : P-E fit 모형)은 〈그림 6-2〉와 같이 조직
구성원의 지속적인 성향과 개인간의 관계가 스트레스 과정에 영향을 미친다
고 전제하고, 스트레스의 과정을 크게 객관적인 환경, 심리적 환경, 반응, 육
체적·정신적 긴장과 질병으로 구성하고 있다(Jex, 1998).

객관적인 환경(objective environment)은 조직구성원에 의해 지각하는
조직환경(사무실의 책상배치 등)이다. 심리적 환경(psychological environ-
ment)은 조직구성원이 객관적인 환경을 인식하는 과정을 의미한다. 조직구
성원은 객관적인 환경을 평가한다. 조직구성원이 환경에 대한 평가가 이루어
진다면, 직접적인 생리적, 행태적, 감정적 반응을 가지게 된다.15 스트레스
요인으로 인한 생리적, 행태적, 감정적 반응은 육체적·정신적 건강을 약화하
게 할뿐만 아니라 질병을 유발하게 한다.

---

15 심리적 반응은 심장박동이 증가되고 혈압이 높아진다. 행태적인 반응은 작업에 대한 노력
이 감소하고, 작업장으로부터 이탈한다. 감정적 반응은 직무만족도가 줄어들고 우울한 징후
가 증가된다.

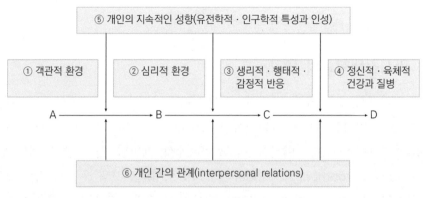

출처: Katz & Kahn(1978).

특히 이러한 스트레스 과정은 조직구성원의 개인적 특성(유전학적, 인구학적 특성)에 따라 객관적인 환경과 심리적 환경에 대한 자극과 반응에 있어서 차이를 보인다. 또한 조직에서 다른 구성원과의 개인적 관계에 대한 차이는 직무환경에 대한 지각과 반응에 영향을 미친다.

이와 같이 스트레스에 관한 선행연구들은 스트레스가 조직구성원들에 어떠한 영향을 미치는가, 스트레스요인과 성과에 어떠한 영향을 미치는가에 대해 체계적으로 안내한다. 이들 연구는 스트레스에 관해 다음과 같이 정리하고 있다.

① 스트레스는 변화의 원천이다. 조직구성원의 스트레스는 직무성과에 영향을 미친다.
② 조직구성원의 지각이 객관적인 작업환경에 대한 영향에 개입한다. 조직에서 스트레스요인으로 작용하는 것은 조직구성원에 의해 스트레스요인으로 지각되어짐에 틀림이 없다. 직무관련 스트레스요인에 대한 자체측정에 있어 지각과정의 중요성이 반영된다(Jex, 1998 : 8).
③ 조직구성원은 직업스트레스 과정에 있어서 능동적인 참여자이다. 조직구

성원들은 직무환경에 있어서 스트레스요인에 대해 어떻게 반응할 것인가를 결정하는 참여자이다(Beehr & Bhagat, 1985). 조직구성원의 반응은 작업환경을 변화시킨다.

④ 조직구성원 개인간의 차이는 스트레스요인에 대한 지각과 반응에 영향을 미친다. Harris와 Hartman(2002 : 416)에 의하면, 각 개인들은 스트레스요인에 대해 반응하는 능력이 매우 상이하다. 또한 이들 스트레스요인은 각 개인들이 담당하는 업무에 관련된 독특한 특성들이다.

⑤ 스트레스와 성과의 관계에서 조직구성원에 대해 너무 낮은 수준의 목표치는 지루하게 만드는 것처럼, 보다 도전적인 업무의 목표치가 필요하다는 것을 보여준다. 이러한 맥락에서 적절한 스트레스 정도에 관한 개념이 중요하다. 적정한 스트레스의 범위는 스트레스로 인한 성과에 부정적인 영향을 미치는 것을 초월하여 성과에 긍정적인 영향을 미치는 영역까지일 것이다.

▍제3절 스트레스의 요인과 영향

스트레스에 관한 연구는 다차원적 차원에서 접근되고 있다. 이와 관련하여 스트레스요인(stressors)에 관한 학자들의 시각도 매우 다양한 측면에서 제시되고 있다. 스트레스의 요인은 조직구성원의 개인적 지각과 바램이 현재의 상황과 불일치할 때 발생하는 것으로 이해할 수 있다(Daniels, 1996).

1. Singer과 Koslowsky의 모형

스트레스 요인에 대한 포괄적 이해를 위해, Singer과 Koslowsky가 제시하고 있는 스트레스 요인에 관한 모형을 살펴보고자 한다.

1) Singer의 모형

Singer(1992 : 370-374)는 〈그림 6-3〉과 같이 스트레스 원인으로 조직적 스트레스 요인, 생활적 스트레스요인, 개인적 스트레스요인을 들고 있다. 이들 스트레스 요인은 만족을 감소하고 그리고 생산성을 저하하게 한다. 특히 조직적인 스트레스 요인과 관련하여, 직업적 스트레스는 직업들 사이에 따라 매우 다양하다. 항공통제사, 의사 등의 직업은 대학교수와 교사의 직업보다는 스트레스 징후를 보다 많이 표출하는 경향이 있다, 특히 다른 사람에 대한 책임성, 마지막 회합, 의사결정의 빈도 등의 요인들은 스트레스의 지위이다. 또한 과다한 업무, 불안과 지루함의 느낌, 불공평하게 대우하는 느낌도 스트레스의 원인이다. 조직구성원의 업무 책임성을 수행하는 과정에 일어나는 역할모호성(role ambiguity)과 역할갈등(role conflict)도 스트레스의 요인이다.16

▌그림 6-3 ▌ Singer의 스트레스 원인

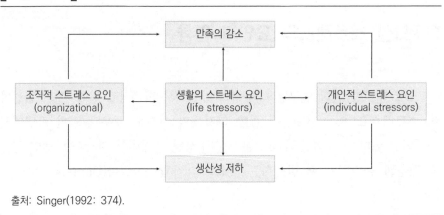

출처: Singer(1992: 374).

---

16 역할 모호성(role ambiguity)은 재직자들이 직무에 대해 자신들에게 기대되는 행태에 혼란(confusion)을 경험할 때 존재한다. 즉 조직구성원이 기대되는 역할에 대한 불확실성 때문에 자신의 역할을 이행할 수 없게 되는 경우이다. 또한 역할 모호성은 조직구성원이 자신의 직무 역할, 목적 혹은 책임감이 명확하지 않을 때 발생한다. 반면에 역할 갈등(role conflict)은 재직자들이 두 가지 이상의 직무역할을 직면하게 될 때 일어나는 것이다. 즉 갈등적인 역할요구로 인하여 실망을 경험하게 되는 경우이다(Kahn, 1964).

2) Koslowsky의 모형

Koslowsky(1998)는 스트레스와 긴장관계에 관한 설명을 통하여 일반적인 스트레스요인을 〈그림 6-4〉와 같이 제시하고 있다. Koslowsky(1998 : 30-64)는 스트레스 요인을 포괄적으로 3가지 집단(개인, 집단 및 조직, 조직외적인 집단)으로 나누어 설명한다. 이들 3가지 차원에서의 스트레스요인들은 지각된 스트레스에 영향을 미친다.

스트레스 결과로 고려되는 긴장(strain)은 생리적, 감정적, 행태적 차원으로 구성된다. 또한 긴장은 지각된 스트레스의 직접적인 결과로서 일어나며, 스트레스요인의 간접적인 결과로서 일어난다. 매개(조절)변수(mediator, moderator, intervening)는 지각된 스트레스와 긴장에 연계되어 있고, 이 변수들은 조직외적, 조직적, 개인적 차원에서 의존한다. 스트레스를 극복하기 위한 기술은 스트레스요인과 지각된 스트레스, 혹은 지각된 스트레스와 긴장에 영향을 미치고, 이들 관계를 줄이거나 단절하는데 초점을 둔다.

▌ 그림 6-4 ▌ Koslowsky의 스트레스 요인

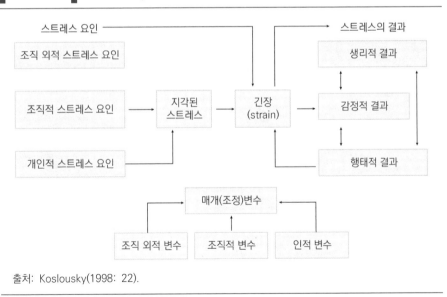

출처: Koslousky(1998: 22).

2. 스트레스의 요인

학자들의 지적처럼, 스트레스요인은 매우 다양하게 구성되어 있다. 이러한 다양한 스트레스요인과 관련하여, Koslowsky(1998 : 30)는 스트레스에 관련된 연구들이 사용한 독립변수와 종속변수 사이의 구별에 대한 혼란성에 기인한 것이라고 지적한다. Jex과 동료학자들(Jex, et. al., 1992)도 조직행태에 관한 논문의 검토를 통하여, 논문의 약 40% 이상은 스트레스를 부정확하게 혹은 모호하게 사용하고 있다고 지적한다. 또한 이들 학자는 자극과 반응 사이의 연계와 여러 가지 매개변수들은 대부분 스트레스 모형의 형성에 토대를 이룬다고 주장한다.

특히 스트레스를 효과적으로 다루기 위해서는 〈그림 6-5〉와 같이 스트레스요인, 스트레스, 스트레스반응을 이해해야 한다. 스트레스요인은 스트레스를 일으키는 환경적 요인이며, 스트레스는 스트레스요인으로부터 도출되는 생리적 상태이다. 스트레스요인에 직면할 때, 우리의 신체는 복잡한 반응을 겪게 된다. 스트레스 반응은 스트레스에 대한 정신적이고 육체적 반응이다.

┃ 그림 6-5 ┃ 스트레스의 본질

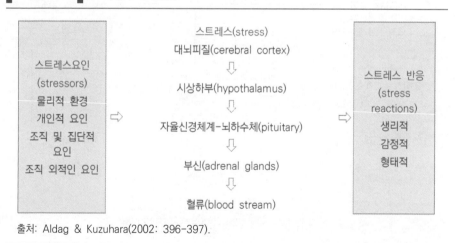

출처: Aldag & Kuzuhara(2002: 396-397).

이 책에서는 Singer의 스트레스요인 모형, 스트레스와 긴장관계에 기초한 Koslwsky (1998)의 스트레스요인 모형 등을 기초하여 스트레스원인을 ① 물리적 환경스트레스요인, ② 개인적 스트레스요인, ③ 조직 및 집단의 스트레스 요인, ④ 조직외적인 스트레스요인으로 이해하고자 한다.

1) 물리적 환경 스트레스요인

물리적 환경(physical environment) 스트레스요인을 가끔 육체노동자의 스트레스 요인(blue-collar stressors)으로 명명한다. 이들 요인는 육체노동자 직업에서 보다 많이 일어난다. 이러한 물리적 환경스트레스요인은 모든 작업장에서 발견된다. 육체노동자적 스트레스 요인으로 소음, 밀도, 조명, 온도, 진동, 사무실 배치와 쾌적성, 통근시간과 거리 등이 대표적인 사례이다.

이와 같은 결핍된 작업조건(절대온도, 소음, 너무 밝거나 혹은 너무 어두운 조명, 실내공기, 장거리의 통근, 과도한 출장 등)은 직무성과를 나쁘게 한다. 이들 스트레스 요인은 시간이 지나면서 누적된다.

2) 개인적 스트레스 요인

개인적 스트레스 요인으로서, 객관적인 스트레스요인은 인성, 직업유형(소방관, 경찰관 직무자체가 물리적 위험이 노출된 경우), 사업적인 여행, 배치와 퇴직 등이 고려된다. 반면에 주관적 스트레스요인으로 보수의 부적절성, 지각된 나쁜 환경, 직위의 불일치(status incongruity), 조직에서 요구되는 역할에 대한 갈등, 역할모호성(role ambiguity),[17] 업무의 과부하, 직업의 불안정, 직무의 질(job qualities)에 관련된 업무의 속도, 다른 사람에 대한 책임감과 직무수행에 있어 불명확한 정보가 제공될 때 불확실성이 증가되고 이에 따른 스트레스가 일어난다.

---

17 역할갈등(role conflict)은 업무에서 개인의 역할에 대한 기대와 요구에서 차이이며, 역할모호성(role ambiguity)은 종업원에게 할당된 직무의무와 책임성(job duties and responsibilities)이 불확실한 것이다. 즉 역할모호성은 종업원이 현재 수행하는 직무와 관련하여 권리, 특권, 의무사항에 관련하여 이해가 부족한 것이다. 역할갈등과 역할모호성은 직무 관련 스트레스의 주요한 원인이 된다.

또한 개개인의 관계에 있어서 조직구성원간의 지지가 부족하거나, 담당 직무에 대한 변화가 적거나, 경력발전(career maturity)이 부족하거나, 능력이 부족한 동료에게 높은 수준의 직무요구가 부여될 때 스트레스가 발생한다. 나아가 조직구성원의 승진이 너무 빠르거나, 너무 느려진 경우에 스트레스가 발생한다. 승진이 늦어진 경우는 다양성의 부족, 낮은 수준의 기술 활용, 낮은 수준의 업무요구, 적은 급여와 낮은 수준의 사회적 가치로 인하여 스트레스가 초래된다. 반면에 급속한 승진으로 인한 스트레스는 과도한 업무의 부담, 어려운 과제의 수행 등에서 일어난다.

3) 집단 및 조직 스트레스 요인

집단은 조직에 있어 사람들의 행태에 엄청나게 영향을 미친다. 좋은 업무조건, 동료·부하·상관과의 상호작용은 조직생활에서 가장 중요한 부분이다. 이러한 것이 부족하다면 주요한 스트레스 원천이 될 수 있다.

(1) 집단 스트레스요인

업무집단 구성원 사이의 좋은 관계(good relationships)는 개인적 행복에 있어 중요한 요인이다. 반면에 좋지 않은 관계(poor relationships)는 종업원이 직면하고 있는 문제를 다루는데 있어 낮은 신뢰, 적은 지원, 그리고 청취하는 것에 관심이 적은 것이다. 또한 종업원 사이의 부적절한 의사소통과 낮은 직무만족은 높은 역할모호성과 밀접하게 관련되어 있다.

집단스트레스 요인으로 가장 공통적인 것은 집단응집성의 결여, 부적절한 집단의 지원, 집단내의 갈등(intragroup conflict), 집단간 갈등(intergroup conflict), 리더십 스타일(권위적 리더십) 등이 있다.

(2) 조직적 스트레스요인

의사결정에의 참여는 조직내의 업무에 있어 중요한 국면이다. 몇몇 사람들은 참여적 의사결정과 관련하여 지연으로 인하여 좌절감을 느끼게 된다. 이처럼 의사결정에의 참여는 때론 스트레스요인으로 작용한다.

조직구조도 또 다른 스트레스요인으로 작용한다. 즉 저층구조(flat structure)가 고층구조(tall structure, 혹은 관료제 구조) 보다 낮은 스트레스를 경험하며, 높은 직무만족을 초래한다. 또한 조직적 스트레스 요인은 업무의 전체적인 지각에 관련되어 있다. 가장 보편적인 요인으로 조직 분위기, 조직문화와 조직구조 등이다.

4) 조직 외적인 스트레스 요인

조직 외적인 스트레스 요인(extra-organizational stressors)은 조직구성원 개인에게 스트레스로 경험하는 조직 외적인 활동, 작업장의 가치와 기대, 상황 혹은 사건들이다. 이들 요인 중에서 가장 중요한 것으로 가족, 재정적인 문제, 그리고 가족의 재배치 등이 있다. 즉 작업장에서의 문제는 가정생활에 영향을 미치며, 또한 가정생활의 문제(가족구성원의 사망, 이혼, 자녀 문제 등)는 작업활동에 스트레스의 원인으로 작용한다.

Hellriegel, Slocum과 Woodman(1995)는 업무스트레스요인과 비업무 스트레스요인 사이의 구별은 명확하지 않다고 지적한다. 이들 학자는 〈그림 6-6〉과 같이 업무와 가족 사이의 잠재적 갈등은 스트레스 요인으로 작용한다고 주장한다. 업무와 가족의 스트레스요인은 업무-가족의 갈등(work-family conflict)에 기여한다. 한 영역에서의 스트레스는 다른 영역에서의 스트레스를 극복하기 위한 개인적 능력을 줄일 수 있다. 나아가 이러한 갈등은 우울증과 같은 문제로 이어진다.

그림 6-6 업무-가족 갈등에 따른 스트레스

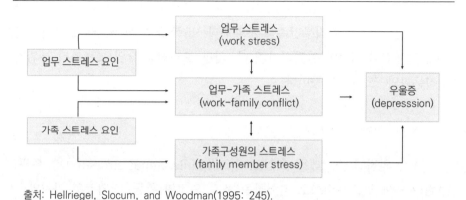

출처: Hellriegel, Slocum, and Woodman(1995: 245).

Holmes의 생활변화지표(life change index scale)는 〈표 6-2〉와 같이 각 스트레스요인이 어떠한 영향을 주고 있는지에 대한 좋은 자료를 제공한다. 이 지표에 의하면, 부정적인 사건들(배우자의 사망, 재정적 문제 등)이 스트레스요인으로 생각되지만, 긍정적인 사건(휴가 등)도 스트레스 요인으로 작용한다(Harris & Hartman, 2002 : 403). 〈표 6-2〉에서 제시된 생활변화지표의 평균적인 스트레스 점수가 높을수록 개인들은 육체적 혹은 정신적 건강문제를 보다 많이 경험하게 된다.

표 6-2 생활변화지표의 스트레스 점수

사 건	스트레스지표의 점수	사 건	스트레스지표의 점수
배우자 사망	100	임신	40
이혼	73	직업의 이전	36
가까운 가족구성원의 죽음	63	자녀의 출가	29
가족(중요한 사람)의 부상	53	상사와의 불화	23
결혼	50	학교의 이전	20
해고	47	휴가	13
퇴직	45	크리스마스	12
가족구성원의 건강변화	44	사소한 법률의 위반	11

자료: Holmes & Rahe(1967: 213-218).

◇ **Thomas Holmes와 Richard Rahe의 건강생활변화지표**
   (life change index scale)

정신병의사인 Thomas Holmes와 Richard Rahe는 스트레스가 질병에 관련되는지 여부를 연구하였으며, 5,000명 이상 치료환자를 대상으로 설문조사를 실시했다. 지난 2년 동안 43개의 생활사(life events)를 경험했는지 여부를 조사했다. 각 생활사는 스트레스에 대한 상이한 가중치를 가진다. 환자가 생활사를 많이 추가할수록 점수가 높아진다. 높은 스트레스 점수를 가진 환자일수록 질병을 갖게 된다. 43개의 생활사에 부여된 스트레스 점수를 모두 합계하면 다음과 같은 상태이다. 11점~150점 미만은 가까운 미래에 있어 질병의 가능성이 낮은 상태(약 30%)이다. 150점~299점은 가까운 미래에 있어 질병의 가능성이 보통인 상태(약 50%)이다. 300점~600점은 가까운 미래에 있어 질병의 가능성이 매우 높은 위기의 상태(약 80%)이다.

2. 스트레스의 영향

스트레스에 지불되는 비용에 대해 British Heart Foundation Coronary Prevention Group은 스트레스로 인하여 1년에 180,000명이 고질적 심장질환으로 사망하며, 이것은 하루에 500명 이상이 심장질환으로 사망하는 것이고, 이에 따른 작업장에서의 비용이 7,000만불이 손실된다고 제시한다. 뿐만 아니라, 불안정과 생활스트레스는 이혼율을 증가시킨다. 이에 따른 이혼건수의 변동을 보면, 1961년에 27,000명에서 1988년에 155,000명으로 급증했다(Carwright & Cooper, 1997 : 10). 또한 Sullivan과 Bhagat(1992)에 의하면, 미국 국민에 대한 스트레스의 비용은 약 GNP의 10% 정도일 것이라고 지적하고 있다. Landsbergis과 Vivona-Vaughan(1995)은 스트레스로 인한 질병의 비용은 1,000억불이상이라고 평가하고, 스트레스에 관한 문제는 계속 증가하고 있다고 진단한다.

나아가 조직성과와 관련하여 스트레스는 운영절차에 있어 3배 이상의 잘못을 증가하게 하며, 스트레스적인 환경하에서는 업무를 완성하는데 2배 이상의 시간이 소요된다(Idzikowski & Baddeley, 1983 ; Salas, et. al.,

1996 : 4 재인용). North-wester National Life가 행한 설문조사에서도 600명 노동자의 표본 중에 70%는 직무스트레스가 업무성과에 영향을 미친다고 응답하고 있다(Sullivan & Bhagat, 1992).[18]

1) 건강행태의 영향

스트레스가 우울증, 심혈관 질환 등의 발생에 직접적인 영향을 미치는 것으로 보여주고 있다. 즉 직무스트레스가 증가할수록 카테콜라민 등이 상승하여 혈압이 증가하게 된다. 또한 직무스트레스는 흡연 및 음주와 연관성이 많은 것으로 연구되고 있다. 즉 직무스트레스가 증가할수록 흡연과 음주가 증가한다. 나아가 스트레스를 많이 인지할수록 불충분한 수면이 많아진다. 스트레스 정도가 높을수록 수면을 방해한다(김동준 외, 2016).

◇ **신체적 증상**

- 두통(headache)
- 요충과 수축근육(backaches and tense muscles)
- 부은 목(lump in throat)
- 눈물흘림(watery eyes)
- 입안건조(dry mouth)
- 불규칙한 심장박동(heart beating)
- 복통(stomach upset)
- 식욕상실(loss of appetite)
- 가슴고통(chest pain)
- 설사(diarrhea)
- 뱃멀미(nausea and vomiting)
- 극심한 피로

---

18 스트레스에 관한 기존연구는 주로 심리학 분야와 경영학 분야에서 활발하게 연구되고 있는 실정이다. 특히 이들 분야에서는 대체로 스트레스 요인을 유형화하거나, 대처전략에 관한 논의, 스트레스에 동료 직원의 지지와 같은 사회적 지지가 어떠한 역할을 하는지, 그리고 직업의 유형에 따른 스트레스 대처방안은 어떠한가 등으로 다양하게 전개되고 있는 실정이다.

◇ 스트레스에 영향 받는 신체부위

- 두뇌와 신경계
- 근육과 관절
- 가슴
- 위(stomach)
- 췌장(pacreas)
- 내분비
- 생식기

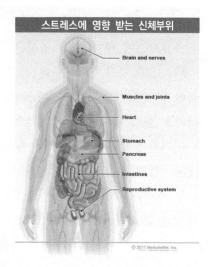

◇ 스트레스의 징후(symptoms of stress):
  당신은 다음의 징후를 얼마나 자주 느끼거나 혹은 경험하십니까?

- 입안건조(dry mouth)
- 매우 빠르게 혹은 불규칙적인 심장박동(heart beating)
- 침착하지 못하고 조바심 있는 감정(feeling restless and fidgety)
- 요충과 수축근육(backaches and tense muscles)
- 눈물흘림(watery eyes)
- 숨 가파르거나 얕은 숨(hurried or shallow breathing)
- 심하게 땀이 나거나 혹은 너무 더운 느낌(perspiring heavily or feeling too warm)
- 두통(headache)
- 복통(stomach upset)
- 식욕상실(loss of appetite)
- 피로와 기진맥진(fatigue and exhaustion)
- 불안과 긴장(anxiety and tension)
- 차갑거나 땀에 젖은 손(cold or sweaty hands)
- 부은 목(lump in throat)

자료: Denhardt, Denhardt, and Aristigueta(2013: 93)

2) 업무성과에의 영향

스트레스에 대한 몇몇 영향은 자발성(self-motivation), 열심히 근무하는 것에 대한 자극, 보다 좋은 삶에 대한 영감을 부여하는 등의 긍정적으로 자극한다. 반면에 많은 스트레스 효과는 지장을 주고 그리고 잠재적으로 위험하기도 한다.

이러한 스트레스의 긍정적 측면과 부정적 측면은 스트레스와 성과의 관계에서 명확해진다. 이점에 있어 Yerkes-Dodson의 법칙(Yerkes-Dodson law)은 성과와 각성은 ∩의 방향으로 묘사할 수 있다고 제안한다. 즉 각성의 관점에서 Robert Yerkes와 John Dodson은 각성과 성과 사이의 ∩형 (inverted U-shaped)의 기능을 예측하고 있다. 이 법칙은 포유동물의 복잡한 본성을 합리화하기 위해 설계되었다. 즉 어느 정도의 각성은 변화의 동인이 될 수 있다. 포유동물은 최적의 각성수준을 추구한다는 것이다(Yerkes & Dodson, 1908).

〈그림 6-7〉과 같이 낮은 수준의 스트레스는 종업원이 업무를 수행하는데 충분한 경보와 도전을 제공하지 않는다. 즉 너무 낮은 스트레스는 무관심, 지루함, 감소주의를 초래한다. 이처럼 너무 적은 각성은 학습자에 대해 무기력한 영향을 미친다.

이 수준에서 스트레스를 약간 증가하게 되면 성과를 향상시킬 수 있다. 스트레스를 증가하면, 사람들은 도전하게 하고 그리고 기분을 들뜨게 한다. 사람들의 관심이 보다 집중하게 되고, 그리고 감각이 보다 정확하게 된다.

최적의 스트레스 수준(optimal level of stress)은 최상의 업무를 도출할 수 있을 것이다. 최적의 스트레스 수준은 도전, 책임감, 그리고 보상에 대해 가장 적절한 균형을 유지한다.

하지만, 스트레스를 지속적으로 증가하게 되면 성과는 감소하게 된다. 최적의 스트레스 수준을 초과한 스트레스는 종업원을 다소 불안해하고, 그리고 최선을 다해 업무를 수행하는데 위협하게 한다. 사람들은 스트레스에 대한 부정적인 신체적 그리고 정신적 징후를 경험하게 된다. 이처럼 너무 많은 각성은 과민한 영향을 초래하게 한다.

이와 같이 어떤 책임감의 유형은 종업원들에게 과도하게 느낄 수 있으며, 이는 스트레스 요인으로 작용한다. 이와 같이, 관리자는 종업원의 스트레스 수준에 관한 정보를 획득하기가 매우 어렵다. 예를 들면, 종업원은 업무에 대해 지루하기 때문에(너무 낮은 스트레스) 혹은 과도한 업무 때문에(너무 과도한 스트레스) 가끔 결근을 할 수 있다.

특히 과도한 업무(work overload)는 양적 혹은 질적의 2가지 유형이 있다. 양적인 과도한 업무는 해야 하는 일이 너무 많거나 혹은 어떤 업무를 완성하는데 시간이 충분하지 않을 때 일어난다. 질적인 과도한 업무는 종업원이 자신의 직무를 완성하는데 필요한 능력이 부족함을 느낄 때 혹은 업무 수행기준이 너무 높을 때 일어난다.

┃ 그림 6-7 ┃ 스트레스와 성과의 관계

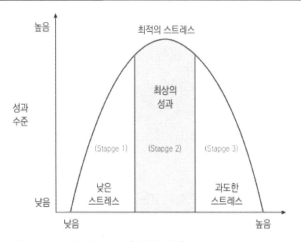

출처: Hellriegel, Slocum, and Woodman(1995: 250).

지루함 동기부여의 감소 결근 무관심(apathy)	높은 동기부여 높은 에너지 예리한 지각 침착(calmness)	불면증(insomnia) 과민성(irritability) 실수의 증가 우유부단함

이 설문문항은 당신이 얼마나 스트레스 상황에 놓여 있는가에 관련된 것이다. 이 설문조사는 현재 당신의 생활에서 스트레스를 해소하기 위해 얼마나 노력해야 하는지에 대한 아이디어를 제공한다. 다음의 설문지에 대해 솔직하게 약 5분 동안 응답하십시오.

◇ 당신의 지난 1일주일 동안 어떻게 느꼈는가?

- 긴장했는가?
- 불충분했는가?
- 과도했는가(overextended)?
- 자신감이 있었는가?
- 앞으로 나아가고 하는 감각이 없었는가?
- 책임감의 늪에 빠졌는가?
- 역경이 있었는가?
- 모든 것을 수행하는데 시간이 충분하지 않았는가?
- 재촉받고(rushed) 있었는가?
- 대처할 수 없었는가?
- 마음이 복잡하다고 생각했는가?
- 무력감이 있었는가?
- 지나쳤는가?
- 당신의 생활을 통제할 수 없었는가?
- 일이 산적되었는가?
- 빨리 결정했는가?
- 무엇이 잘못되고 있다고 의문을 가졌는가?
- 숨 쉴 수 있는 시간이 없었는가?
- 업무가 악화되지 않았는가?
- 무거운 짐을 운반하는 것 같았는가?
- 단지 포기했는가?
- 해야 할 업무는 너무 많지만 시간이 없었는가?
- 바르게 진행되는 것이 아무 것도 없었는가?

자료: https://psychcentral.com/quizzes/stress-test/

▌제4절 스트레스의 관리전략

현대 조직생활에 있어 스트레스는 매우 중요한 부분이다. 더욱이 노동생활의 질에 관한 복지, 육체적 그리고 정서적 건강, 생산성의 측면에서 조직구성원에 대한 스트레스 영향에 관해 관심이 증대되고 있는 실정이다. 특히 과도한 스트레스는 노동생활의 질(quality of work life), 건강 및 성과에 부정적인 결과를 초래한다. 특히 작업관련 스트레스의 비용은 비효율성, 결근, 이직, 낮은 성과를 초래하게 된다. 이처럼 스트레스가 업무성과에 악영향을 미친다고 인식된다면, 업무에 있어 스트레스 사건을 제한하거나, 스트레스 대처방안을 강구하기 위한 스트레스 관리전략이 요구된다.

1. 학자들의 스트레스 극복전략

1) Daniels의 관리전략

스트레스 관리전략에 대해 Daniels(1996)는 〈그림 6-8〉과 같이 직무수행에서 발생하는 스트레스는 5단계의 극복과정으로 이루어진다고 제시하고 있다.

① 스트레스 사건이 발생하는 단계이다.
② 스트레스 사건에 대해 평가(appraisal)하는 단계 - 각 개인들은 스트레적인 사건에 대해 스트레스적인가 혹은 그렇지 않은가를 평가한다.
③ 대처방안을 선택하는 단계 - 사건의 변화에 관련된 문제중심적 대처방법(problem-focused coping)과 개인이 사건에 대한 반응을 규제하는 감정중심적 대처방안(emotion-focused coping)으로 구분된다. 감정중심적 대처방안은 단기적 기간에 유용한 반면에, 문제중심적 대처방안은 장기적 기간에 유용하다. 특히 사회적 지원이나 작업통제에 있어 충분한 자원이 확보되지 않는 상황에서는 감정중심적 대처방법이 보다 효과적일 것이다. 또한 스트레스에 대해 어떠한 대처방안을 선택할 것인가는 사회적·조직적

환경에서 이용할 수 있는 자원의 활용과 개인적 특성에 의해 영향을 받는다.

④ 단기적인 측면에서의 복지영향과 재평가가 이루어지는 단계 – 스트레스의 대처방안이 성공적이라면 스트레스 상황이 종결되지만, 그렇지 않으면 단기적인 영향이 나타난다. 이러한 영향으로 걱정, 분노, 슬픔, 자신감의 상실 등의 감정이 나타나며, 심한 경우에는 근심과 우울의 원인이 된다.

⑤ 장기적인 측면에서의 건강과 조직적인 결과가 도출되는 단계 – 스트레스 상황이 보다 심각한 경우이다. 단기적으로 스트레스 상황을 극복하지 못하면, 결근의 증가, 직원의 이직, 낮은 성과, 심각한 질병, 정신적 질병과 같은 장기적 결과가 초래된다. 특히 개인적 특성은 모든 단계에 영향을 미치며, 조직적인 특성과 사회적 환경은 스트레스 사건의 발생, 스트레스에 대처하는 방안의 결정, 장기적인 측면에서의 건강과 조직적인 결과에 영향을 미치는 것으로 이해하고 있다.

▌ 그림 6-8 ▌ Doniels의 스트레스 대처의 단계

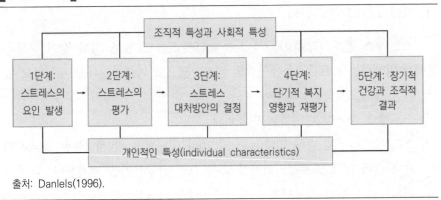

출처: Danlels(1996).

2) Schuler의 관리전략

Schuler(1984)는 스트레스 관리란 스트레스 경험에 연계되는 환경적 조건이나 지각된 특성을 분석하는 의도적이고 지각적 행동(intentional, cognitive act)이라고 규정하고, 조직에서 스트레스 관리전략의 과정을 7개의 단계로 이해하고 있다.

① 스트레스 대처의 시도

② 최초의 평가 - 관련된 스트레스 요인은 무엇인가, 불확실성은 어디에 있는가, 이것이 진실로 중요한가 등에 초점을 둔다.

③ 2차 평가(secondary appraisal) - 스트레스에 연관된 조직구성원의 요구와 가치를 분석한다.

④ 전략적 개발과 선택 - 2차적 평가에 대해 조직구성원 각자가 지금 무엇을 할 수 있는가를 분석한다.

⑤ 전략의 집행 - 각 전략의 비용과 편익을 고려하고, 전략의 변화와 지지체계를 검토한다.

⑥ 전략의 평가 - 전략이 집행된 후에 영향에 대해 개인적, 집단적, 조직적 수준에서 평가한다.

⑦ 환류 - 전략평가 후에 개인, 집단, 조직에 대해 결과를 환류한다.

3) Harris와 Hartman의 관리전략

Harris와 Hartman(2002 : 408-410)은 스트레스의 극복하는 전략을 다음과 같이 제시하고 있다.

① 각 개인은 휴게소 영역(comfort zone)을 확장함으로써 스트레스에 대한 개인적 인내를 증가할 수 있다.

② 각 개인은 스트레스요인의 강도를 줄이기 위한 방법으로 직무의 요구와 압박을 변화시키기 위한 노력을 할 수 있다.

③ 각 개인은 스트레스요인을 해소하기 위해 관리자와 동료직원으로부터 도움을 구할 수 있다.

④ 각 개인들은 조직외부의 개인과 집단으로부터 업무에 관련된 스트레스를 극복하는데 도움을 받을 수 있다.

2. 종합적인 스트레스 극복전략

학자들이 제시한 스트레스 관리기법을 토대로 종합적인 스트레스 관리 전략을 설정하고자 한다.

1) 스트레스 사건의 평가 및 징후(symptoms) 관련 전략

스트레스로 인하여 작업성과가 줄어들거나, 신체적·정신적으로 해로운 결과를 초래하기 전에 초기의 스트레스 징후를 인식하는 것이 보다 중요하다. 이를 위해서 스트레스 영향으로 고통을 받고 있는 개인에게 도움이 되는 것으로 조직구성원들의 건강에 관한 서비스를 제공하거나 상담서비스를 제공하는 방법 등이다.

2) 각 개인의 변화전략

조직구성원의 취약점을 변화시키고, 그리고 대처 기술을 향상함으로써 조직구성원에게 도움을 제공하는 접근법이다. 이 접근법은 스트레스 자기관리방법(self-management)으로 보다 좋은 영양을 제공하는 것, 보다 많이 운동을 하는 것, 효과적인 시간관리, 명상(meditation), 휴식, 생체자기제어(biofeedback) 등이 있다.

이점에 있어 Koslowsky(1998)는 〈그림 6-9〉와 같이 스트레스요인에 있어서 매개변수로 고려되는 변인을 강화함으로써 스트레스-긴장관계를 약화시킬 수 있을 것이라고 주장한다. 이를 위해 인성을 고양하기 위한 노력, 시간적 긴박성을 줄이기 위한 전략, 자체감시(self-monitors)의 환경을 제공하기 위한 노력 등을 제시한다.

| 그림 6-9 | 스트레스 매개변수의 영향

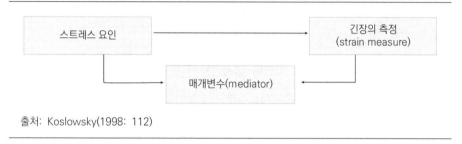

출처: Koslowsky(1998: 112)

3) 팀 자원(team resource) 활용 전략

조직구성원 개개인들은 조직외부의 개인과 집단으로부터 업무에 관련된 스트레스를 극복하는데 도움을 받을 수 있을 것이다. 특별히 교육받은 상담원이 조직구성원의 안락지대를 확장하는데 도움을 줄 수 있으며, 가족구성원이나 친구들이 심리적·사회적 지지를 제공함으로써 부정적인 스트레스 결과를 극복할 수 있을 것이다.

나아가 교육훈련은 조직구성원이 직면한 다양한 문제들을 다루는데 창의적 방법을 제공한다. 각 조직구성원들이 직무와 관련된 기술에 대한 내구성과 학습을 성취한다면 스트레스가 성과에 부정적 영향을 미치는 것을 줄일 수 있을 것이다. 더욱이 잠재적인 스트레스 환경을 다루기 위해 효과적인 개인간의 기술을 교육할 수 있을 것이다. 또한 입법가는 생활의 질, 건강, 강제적 퇴직 등에 관련된 법을 제정할 수 있을 것이다.

4) 스트레스 원인 변경 및 위험적인 스트레스요인 제거 전략

작업환경에 있는 스트레스 원인을 제거하거나 변화시킴으로써 기본적인 스트레스 원인을 치유하는 접근법이다. 이러한 전략으로 위험성을 제거하기 위해 사전에 물리적 작업환경을 재설계하거나, 역할모호성을 줄이기 위해 명확하게 직무기술서를 작성하거나, 역할분석과 직무의 재설계와 참여적 관리를 도입하거나, 건전한 조직문화를 확산하는 방안 등이 있다(Quick, et. al.,

1992). 조직문화를 변화하거나 보편화된 관리스타일을 변경하는 것은 매우 어려운 접근법일 것이다.

◇ **과도한 스트레스를 겪는 사람이 대처하는 적절한 기법**

- 자신의 업무에 대한 우선순위시스템을 개발하라(Develop a priority system for your work).
  자신의 업무를 오늘 반드시 해야 하는 일, 이번 주에 해야 하는 일, 시간이 있을 때 해야 하는 일과 같이 속도를 정하라.
- 당신이 더 이상 어떤 업무를 할 수 없을 때의 시점에 도달할 때 아니오 라고 말하는 것을 배워라(Learn to say no when you reach a point at which you cannot take on any more work).
- 당신의 상관과 특별히 효과적이고 지원적 관계를 만들어라(Build an especially effective and supportive relationship with your boss).
- 모순되는 간청(역할 갈등)을 요구하는 당신의 관리자 혹은 어떤 사람에 대해 맞서라(Confront your manager or anyone who appears to be making contradictory requests(role conflict).
  그러한 간청이 당신을 반대적인 방향으로 이끌게 한다는 것을 설명하라.
- 당신이 기대 혹은 평가기준이 명확하지 않는 것(역할 모호성)을 느낄 때 당신의 관리자 혹은 동료에게 말하라(Tell your manager or coworkers when you feel that expectations or standards of evaluation are not clear(role ambiguity).
- 지루함 혹은 빈약한 도전에 대한 느낌을 당신의 관리자와 논의하라(Discuss a feeling of boredom or lack of challenge with your manager).
  불평한 태도를 가지지 말고, 도전적인 업무를 즐긴다는 것을 설명하라.
- 매일 초연하고 그리고 휴식을 위한 시간을 찾아라(Find time every day for detachment and relaxation).
  매 아침과 오후에 5분 동안 당신의 문을 잠그고, 업무에서 벗어나 깊은 휴식을 취하라.

자료: Mescon, et al.(1988: 593-594).

제5절 직무소진

1. 직무소진의 의의

직무소진(job burnout)은 과도한 직무요구로 인해 조직구성원이 겪게 되는 부정적인 심리적 징후이다. 직무소진은 스트레스요인을 피할 수 없고, 스트레스요인이 직무만족의 원천인 업무조건 및 스트레스의 제거를 사용할 수 없는 업무조건의 부작용을 언급하는 것이다. 직무소진은 만성적 직무스트레스요인에 대한 긴장반응이기도 하다. 또한 직무소진은 감정적 소진(emotional exhaustion), 비개인화의 과정이며, 저하된 성취감, 낮은 직무만족, 효능감의 저하과정이다.

이러한 직무소진은 스트레스의 특수한 형태이지만 약간 구별된다. 스트레스는 일상적인 것이며, 부정적 기능과 함께 긍정적 기능도 포함하고 있다. 하지만, 직무소진은 구성원이 스트레스를 대응하는 능력이 떨어졌을 때 비로소 소진의 길로 빠지게 된다. 즉 직무소진은 일의 완성과 기본적 목적 감각을 잃어버린 결과이다.

특히 조직에 있어 직무소진은 이직률 및 결근율 증가, 부정적 업무태도 형성, 생산성 저하 등 조직성과에 부정적인 영향을 미친다. 또한 직무소진을 지각하는 조직구성원들은 직무수행 능력이 떨어지거나 비인격화된 행동을 보이고, 개인적인 성취의식이 고갈되는 등의 현상을 보이게 된다. 그리하여 자신이 수행하는 직무에 대한 만족이나, 조직에 대한 몰입이 떨어지게 되는 등 조직에 미치는 영향이 크다(이인석·박문수·정무관, 2007). 이러한 직무소진은 지속적이고 강도 높은 대인접촉 업무를 수행해야 하는 직업에 많이 나타난다(김영조·한주희, 2008). 이에 조직관리자는 조직소진 현상에 많은 관심을 가져야 한다.

2. 직무소진의 구성요소

　직무소진은 과도한 스트레스나 불만족에 대한 반응으로 전문직 종사자의 태도나 행동이 직무스트레스로 인해 부정적인 상태로 변해가는 과정이다. 직무소진은 정신적으로 지나치게 요구적인 상황에서 장기간 동안 관여함으로써 발생하는 신체적, 정신적, 정서적 소진상태이다.

　이러한 직무소진 현상은 전형적으로 3가지 구성요소인 정서적 소진, 비인격화, 성취감 저하 등을 포함하고 있다(Maslach, 1998; Lee & Ashforth, 1990).

① 정서적 소진(emotional exhaustion) - 정서적 자원이 고갈되고, 그 결과 정서적으로 과부화 상태를 경험하는 것이다. 정서적 소진은 스트레스 반응인 긴장과 유사하며, 직무부담을 충족시키기 위하여 필요한 정서적 자원과 정신적 에너지의 고갈을 말한다. 다시 말하면 직무수행에서 발생하는 긴장, 불안, 우울, 신체적 피로, 불면증, 두통 등을 수반하는 증상으로 만성적인 스트레스에 대한 반응으로 볼 수 있다.

② 개인에 대한 비인격화(depersonalization of individuals) - 다른 사람에 대한 부정적이고 무감각한 반응을 보이는 것이다. 비인격화는 사람들에 대한 관점이 냉소적이고, 냉담한 태도를 특징으로 한다. 또한 비인격화는 사물로 사람을 취급하는 것을 말한다. 즉 서비스나 보살핌을 받는 사람들(recipients)을 물건이나 실험대상 혹은 숫자처럼 여기며 그들에 대해 부정적이고, 무감각하고, 냉소적이며, 혹은 거리를 두는 방식으로 소진 대상과의 상호작용을 비인격화하는 것을 말한다.

③ 개인적 성취감 저하(feelings of low personal accomplishment) - 비생산적이고 비효율적인 상태이다. 개인적 성취감의 저하는 직무를 수행하는 과정에서 성취도 부족으로 생기는 자신에 대한 부정적인 평가로, 자신의 능력감과 성공적인 성취감의 감소를 포함한다.

　이러한 직무소진은 개인적 특성과 직무상황의 결합으로 표출된다. 특히 소진으로부터 시달리는 개인은 바람직한 목표를 성취하는데 있어 자신의 직무와 능력과 관련하여 비현실적인 기대를 경험한다. 또한 극심한 스트레스적 업무조건은 〈그림 6-10〉과 같이 육체적, 정신적, 정서적 소진에 이르게 한다. 직무소진을 지각하는 조직구성원들은 직무수행 능력이 떨어지거나 비인격화된 행동을 보이고, 개인적인 성취의식이 고갈되는 등의 현상을 보이게 된다. 직무소진에 있는 개인은 직무요구에 대처할 수 없으며, 극단적으로 직무소진을 감축하고자 하는 의지력이 더 이상 일어나지 않는다.

▌ 그림 6-10 ▌ 직무소진의 주요요인

출처: Aldag & Kuzuhara(2002: 403).

또한 여성이 평균적으로 남성보다는 보다 높은 소진의 가능성에 직면하고 있다. 소진의 가능성이 많은 사람은 이상주의적이고 자발성 성취자(idealistic and self-motivating achievers)인 경향이 있으며, 가끔 달성할 수 없는 목표를 추구한다. 나아가 이들은 직무관련 스트레스 요인의 결과로서 상당한 스트레스를 경험한다(Hellriegel, et. al., 1995: 251). 〈그림 6-11〉과 같이 개인간의 접촉 강도와 접촉 빈도에 따라 직무소진의 관점에서 직업을 이해할 수 있을 것이다.

그림 6-11 | 직무소진의 수준

개인 간 접촉의 강도(intensity)

	낮음	높음
개인 간 접촉 빈도율 — 높음	보통의 소진(Moderate Burnout) - 접수담당자(receptionist) - 영업담당자 사서(librarian) - 보험외판원	높은 소진(High Burnout) - 사회복지사(social worker) - 고객서비스상담원 - 학교 교사 - 간호사
개인 간 접촉 빈도율 — 낮음	낮은 소진(Low Burnout) - 연구물리학자 - 삼림감시원(forest ranger) - 석유정제업자 - 연구소 기술자	보통의 조신(Moderate Burnout) - 준의료 활동종사자(paramedic) - 국선변호사(public defender) - 소방관(fire fighter) - 형사(police detective)

출처: Hellrlegel, et, al,(1995: 251)

또한 많은 연구들은 직무소진은 직무만족과 조직몰입에 부정적 영향을 미치는 반면에, 직무스트레스와 이직의도에 긍정적 영향을 미치는 것으로 제시하고 있다. 이들 연구에서 활용하고 있는 직무소진의 측정항목은 〈표 6-3〉과 같다.

표 6-3 | 직무소진의 설문문항 사례

구성요인	직무소진의 설문문항
육체적·정서적 소진	• 나는 자주 업무로 인하여 기진맥진한 것을 느낀다. • 나는 업무로 인하여 두통, 불면증, 소화 장애를 지속적으로 경험한다. • 나는 하루 일을 마칠 때는 녹초가 되는 것을 느낀다. • 나는 일에 대한 의욕이 점차 줄어드는 것을 느낀다. • 나는 일에 대해 점차로 절망감을 느낀다.
비인격화	• 나는 동료에게 어떤 일이 일어나고 있는지 전혀 관심이 없다. • 나는 동료들을 사무적으로만 대하고 있다. • 나는 다른 사람들에게 일이 일어나든지 신경 쓰지 않는다. • 나는 직장생활 이후에 사람들에 대해 무감각해졌다. • 나는 일을 수행하면서 내가 점차 메말라가고 있다는 것을 느낀다.
성취감 저하	• 나는 직장생활을 통해 가치 있는 일들을 성취하고 있다고 느끼지 않는다. • 나는 직무 관련 감정적인 문제를 매우 차분하게 처리하지 못하고 있다. • 나는 직장생활을 하면서 점차 기운이 저하는 되는 것을 느낀다.

자료: 손해경·윤유식(2013); 진종순·남태우(2014)의 연구를 재구성한 것임.

- **스트레스(stress)** 스트레스는 환경에서의 어떤 변화에 대한 개인적 반응에 있어 일련의 생리적이고 심리적인 변화(physiological and psychological changes)이다. 스트레스의 어원은 라틴어 'strictus' 또는 'stringere'에서 유래되었으며, 그 의미는 '단단하게 당기다(to draw tight)'이고, '과세하다 (taxes)', '긴장하다(strains)', '제한하다(restrict)' 등의 의미를 포함한다.

- **Hans Selye(Selye János in Hungarian, 1907.1.26~1982.10.16)** Selye는 1907년 오스트리아 빈(Vienna)에서 태어나 슬로바키아(당시엔 헝가리) Komarno 에서 성장하였다. 1929년에 프라하(Prague)에서 의학과 화학박사가 되었으며, 1939년부터 McGill University에서 스트레스 문제를 연구하기 시작했다.
  Selye는 Claude Bernard와 Walter Cannon의 항상성에 영향을 받았으며, 스트레스 생리학을 2가지 구성요소로 개념하고 있다. 하나는 범적응 증후군(汎適應症候群, general adaptation syndrome: GAS)으로 불리는 일련의 반응, 다른 하나는 진행되고 변화없는 스트레스(unrelieved stress)의 병적인 상태로의 발전이다. 특히 범적응 증후군(GAS)는 스트레스에 놓여있는 요구에 대한 신체적 반응이다. GAS는 스트레스가 호르몬의 자동적 반응(hormonal autonomic responses)을 유발하게 하는가를 설명한다. 시간이 지남에 따라 호르몬의 변화는 궤양(ulcers), 고혈압, 동맥경화(arteriosclerosis), 관절염(arthritis), 신장질환(kidney disease), 알레르기 반응(allergic)을 초래할 수 있다.
  Selye는 1956년에 생활의 스트레스(The Stress of Life), 1964년 꿈으로부터의 발견(From Dream to Discovery: On Being a Scientist), 1974년 유해스트레스없는 스트레스(Stress without Distress) 등을 저술했다. 1979년 국제 스트레스 기구(International Institute of Stress)를 창설했다.

- **Yerkes-Dodson의 법칙(Yerkes-Dodson law)** Robert Yerkes와 John Dodson은 각성과 성과 사이의 ∩형(inverted U-shaped)의 기능을 예측하고 있다. 이 법칙은 포유동물의 복잡한 본성을 합리화하기 위해 설계되었다. 이 법칙에 의하면, 최적의 스트레스 수준(optimal level of stress)은 최상의 업무를 도출할 수 있을 것이다.

- **직무소진(職務消盡, job burnout)** 과도한 직무요구로 인해 조직구성원이 겪게 되는 부정적인 심리적 징후이며, 감정적 소진(emotional exhaustion), 비개인화의 과정이며, 저하된 성취감, 낮은 직무만족, 효능감의 저하과정이다.

제2편 집단행태와 대인관계

제 7 장

집단행태

집단(group)은 어디에서나 존재한다. 집단은 어떻게 발생하는지? 공식집단과 비공식집단은 어떠한 특성을 갖고 있는지? 집단의 발달단계는 어떻게 전개되고 있는지? 집단은 조직성과에 어떻게 영향을 미치는지? 더욱이 집단사고는 어떠한지 등에 대한 체계적인 탐색은 관리자의 역량을 향상하는 계기가 될 수 있다. 더욱이 집단은 개인보다는 어려운 문제(difficult problems)를 해결하고, 그리고 의사결정을 향상하는데 보다 효과적일 것이다. 하지만 집단은 문제해결에 있어 개인보다는 다소 시간이 소요된다. 나아가 집단 내 구성원들의 개인적 노력을 합리적으로 조정하는 문제 등이 남아 있다.

이런 시각에서 이 장에서는 집단의 의의와 특징, 집단유형, 집단의 발생원인, 집단의 발달단계, 응집력 및 집단사고 등을 간략하게 살펴보고자 한다.

▌제1절 집단의 의의

집단(group)이란 어느 정도의 상호작용(interaction)과 공유된 목적(shared objectives)을 가진 제한된 사람(보통 3명에서 20명 정도)들로 구성된다. 이점에서 집단은 단순히 사람들의 집합 이상을 의미한다. 집단이란 공동의 목표를 공유하는 사람이며, 그리고 스스로 하나의 집단에 소속되어 있다는 지각을 가진 사람들의 안정적인 관계유형을 가지는 2 사람 이상의 집합이다.

이러한 의미에서 집단은 다음과 같은 특성을 가지고 있다.

① 집단은 사회적 상호작용에 있어 두 사람 이상의 사람으로 구성된다.

② 집단은 안정적 구조(stable structure)를 갖추고 있어야만 한다. 하나의 단위로 기능하기 위해서는 집단구성원을 유지하는 안정적 관계가 있어야만 한다.

③ 집단은 구성원들 사이에 공유된 공동의 목표 혹은 이익을 있어야 한다. 나아가 집단구성원은 몇몇 공통 이데올로기(common ideology)를 공유하고 있어야 한다.

④ 집단이 되기 위해서는 개인들은 스스로 하나의 집단으로 지각되어야만 한다. 집단구성원과 집단구성원이 아닌 개인들을 구별할 수 있어야 한다.

집단과 팀을 구별하면, 집단에 비해 팀(team)은 일반적으로 구체적이다. 이에 항공승객을 하나의 팀으로 말하지 않는다. 팀은 하나의 공통 목적(a common cause)을 위해 함께 일하는 것이다. 같은 학급은 학생집단이며, 반면에 학생의 팀은 학급내에서 어떤 특정한 프로젝트를 함께 수행하는 것이다.

팀이 되기 위해서 집단은 전형적으로 단위 구성원이 된다는 것에 대한 높은 정도의 정체성을 가져야 한다. 이에 모든 팀은 집단이다. 하지만 모든 집단이 팀은 아니다. 또한 팀 없는 집단은 가능하지만, 집단 없는 팀은 없다.

오늘날 많은 조직의 중요한 목적은 작업집단이 팀과 같이 처신하도록 하는 것이다(Black & Porter, 2000: 295). 이러한 팀의 부가적인 특징은 높은 정도의 상호의존성(interdependent), 통합된 상호작용(coordinated interaction), 구체적인 집단산출을 성취하기 위해 구성원의 강한 개인적 책임감 등이다.

| 그림 7-1 | 집단과 팀

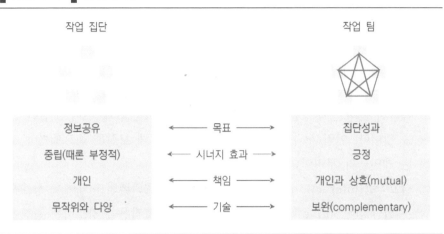

작업 집단   작업 팀

정보공유	← 목표 →	집단성과
중립(때론 부정적)	← 시너지 효과 →	긍정
개인	← 책임 →	개인과 상호(mutual)
무작위와 다양	← 기술 →	보완(complementary)

하지만 보편적으로 수용되는 집단에 관한 정의는 존재하지 않는다. 이에 몇 가지 측면에서 집단의 정의를 살펴보면 다음과 같다(Ivancevich & Mateson, 1990: 257-258).

① 지각(perception)의 의미에서 집단 - 집단구성원은 다른 사람에 대해 관계를 지각해야만 한다. 소규모 집단은 면대면 회의 혹은 일련의 모임과 같이 서로서로 상호작용(interaction)하는 몇몇 사람으로 정의된다. 각 구성원들은 다른 구성원과 구별되는 인상 혹은 지각을 갖는다.

② 조직(organization)의 의미에서 집단 - 사회학자들은 조직적 특성의 의미에서 집단을 바라본다. 집단이란 시스템이 몇몇 기능을 수행하기 위해 상호관계하는 두 사람 이상의 조직화된 시스템이다. 이들 시스템은 구성원들 사이에 일련의 표준화된 역할관계를 가지며, 집단과 각 구성원의 기능을 규제하는 일련의 규범을 가진다.

집단에 있어 규범이 발달하는 과정을 살펴보면, 집단이 보다 효과적으로 기능을 수행하기 위해 필요한 행태가 무엇인가를 집단구성원이 학습함으로써 규범이 점차로 그리고 비공식적으로 발달된다. 대부분의 규범은 4가지 방식 - 상관 혹은 동료에 의한 명확한 진술, 집단의 역사에서 중요한 사건, 지위(primacy, 집단의 기대 - 회의에서 사람들이 앉는 지위를 통해 전개된다), 과거 상황으로부터 이월된 행태(carryover behaviors) - 중 하나에 의해 발달된다.

③ 동기부여(motivation)의 의미에서 집단 - 구성원의 욕구를 만족시키는데 실패하는 집단은 생존하기가 어렵다. 특정한 집단에서 자신의 욕구를 만족하지 못하는 구성원은 중요한 욕구만족에 도움을 주는 다른 집단을 찾을 것이다. 이런 시각에서 집단이란 개인에 대해 보상해 줌으로써 존재하는 개인들의 무리이다.

④ 상호작용(interaction)의 의미에서 집단 - 상호의존의 형태에서 상호작용은 집단성(groupness)의 본질이다. 개인간 상호작용을 강조하는 관점에서 집단이란 어떤 기간 이상 서로서로 의사소통하는 일련의 사람이다.

◇ **개인주의와 집단주의**

◦ 개인주의(individualism) - 개인주의에서의 문화적 신념은 집단 혹은 팀이 조직에서 가지는 영향력과 관련하여 불안을 일으킨다. 개인주의는 집단으로부터의 분리와 구별을 의미하며, 작업조직에서 있어 개인적 목적을 강조하고, 집단에 대해 보다 적은 관심과 감정적 애착을 보여준다. 개인주의적 문화에서 조직 구성원은 자신의 개인적 목적과 이익(personal goals and self-interest)에 기초하여 활동할 것이라고 기대한다.

◦ 집단주의(collectivism) - 집단주의는 집단의 구성요소(integral part)로서 이해한다. 집단의 목적에 대해 개인의 목적은 종속되는 것(subordinating)을 의미하고, 집단과의 강렬한 감정적 유대(intense emotional ties)를 느낀다.

이와 같이 개인주의와 집단주의의 구별은 집단에 적응하는 것(fitting into the group)과 집단으로부터의 구별되는 것(standing out from the group)으로 이해할 수 있다.

자료: Hellriegel, et al.(1995: 269).

제2절 집단의 유형

집단은 크게 공식집단과 비공식집단으로 분류된다. 이들 집단의 주요한 차이점은 공식적 명령과 업무집단이 목적을 위한 수단으로써 공식적으로 조직이 설계되는가 하는 것이다. 비공식적인 이익집단과 교우관계집단은 자기 자신을 위해 중요하다. 이들 집단은 인간의 기본적인 관계욕구를 만족하게 한다. 집단유형은 다양하며, 또한 〈그림 7-2〉와 같이 중첩이 일어난다.

▎그림 7-2 ▎집단 간의 중첩

출처: Lundgren(1974: 312).

1. 공식집단

대부분 조직구성원은 조직에서 자신들의 지위에 기초하여 집단의 구성원이 된다. 조직의 요구와 과정은 상이한 집단유형의 형성을 초래하게 한다. 모든 집단들 사이에 상당한 중첩(overlapping)이 존재한다.

공식집단(formal groups)은 조직도(organization charter) 혹은 관리활

동에 의해 명확하게 규정되고 그리고 구조화되어 있는 집단이다. 공식집단은 구체적인 업무를 수행하기 위해 의도적으로(deliberately) 만들어진 것이다. 예를 들면, 학교의 학급은 공식적인 집단이다. 공식집단은 비공식집단처럼 내집단(ingroup) 혹은 외집단(outgroup), 회원 혹은 준거집단(reference group)일 수 있다. 공식집단에는 3가지 유형인 지휘집단, 업무집단, 기능집단이 존재한다.

1) 지휘집단

지휘집단(혹은 감독집단, supervisory group)은 감독 혹은 관리자 그리고 이들에게 보고하는 사람들로 구성되어 있다. 지휘집단은 조직도에 의해 구체화된다. 직속상관에게 직접 보고하는 부하들로 구성되어 있다.

이들 지휘집단(command group)은 일시적이라기보다 비교적 항구적이다. 그리고 이들 집단의 구성원은 비교적 천천히 변화한다. 부서관리자와 상관 사이의 권위관계 혹은 수간호사와 보조간호사 사이의 권위관계가 지휘집단의 사례이다.

2) 업무집단

업무집단(task group)은 특정한 업무 혹은 프로젝트를 수행하기 위해 함께 협동하는 조직구성원으로 구성된다. 업무집단은 일반적으로 어떤 직무를 함께 수행하는 구성원들로 구성된다. 예를 들면, 세종시 건설본부는 특정한 업무를 수행하기 위해 구성된 집단이다. 또한 자동차 사고가 발생했을 때 보험회사의 사고처리팀은 요구된 업무를 수행하는 집단이다. 이처럼 특정한 프로젝트를 수행하기 위한 업무집단은 이 업무와 관련하여 처리하는 다른 집단과 서로서로 의사소통과 조정을 해야만 한다. 이와 같이 특정한 업무와 상호작용은 업무집단의 형성을 촉진하게 한다.

업무집단은 집단구성원 사이의 관계에 기초하여 3가지 유형으로 분류될 수 있다(Hellriegel, et al., 1995: 271).

(1) 대응집단(counteracting group) - 대응집단은 협상과 타협을 통하여 몇 몇 갈등유형을 해결하기 위해 집단구성원이 상호작용할 때 존재한다. 노동자와 관리자의 협상하는 집단이 대응집단의 예이다.

(2) 협력집단(coacting group) - 집단구성원이 단기적으로 비교적 독립적으로 자신의 직무를 수행할 때 협력집단이 존재한다. 예를 들면, 같은 교과목을 등록한 대학생들은 팀과제의 수행에 있어 다른 학생과 상호의존적으로 활동하지만 학습토의에서 서로서로 비교적 독립적으로 참여한다. 개개인의 노력에 있어 협력을 많이 요구하지 않을 때 협력집단이 효과적일 것이다.

(3) 상호작용집단(interacting group) - 상호작용집단는 어떤 집단 혹은 팀이 모든 집단구성원이 공유한 업무가 완성할 때까지 집단목표를 성취할수 없을 때 존재한다. 상호작용집단의 공통적 형태는 위원회, 프로젝트팀, 자문위원회, 작업반(work crews), 검토위원회(review panels) 등이다. 특히 위원회(committee)는 위원회 존재의 수명에 따라 항구적이거나 혹은 일시적일 수 있다. 조직에 있어 위원회의 중요한 특성은 집단구성원은 단지 경우에 따라 만나며, 조직구조에서는 위원회가 관련한 조직책임자에게 보고한다. 즉 상호작용이 가끔씩 발생한다. 예를 들면, 예산자문위원회는 조직의 회기기간 동안 수회 만날 뿐이다. 하지만, 위원회의 결정은 조직에 중요하게 영향을 미친다.

3) 기능집단

기능집단(functional groups)은 구체화되지 않은 시간적 틀(unspecified time frame)내에서 구체적인 목표를 성취하기 위한 조직으로 설립된다. 기능집단은 현재의 목표와 목적을 성취한 이후에도 실체가 남아있다. 기능집단의 사례로는 마케팅과, 고객서비스과, 회계과 등이 있다.

구분	공식집단	비공식집단
의미	• 공식집단은 조직목표를 성취하기 위한 조직으로 의도적으로 설립된다. • 공식집단은 요구된 시스템(required systems)이다. • 공식집단은 조직에서 어느 정도의 예측성과 질서를 제공한다. • 공식집단은 사람과 직위 사이의 논리적 권위관계를 설정한다.	• 비공식집단은 조직구성원 개인들의 공통된 이익과 공유된 가치에 반응하여 자연적으로 형성된다. • 비공식집단은 스스로의 규범과 역할이 있다. • 조직에 의해 임명하지 않는 집단이다. • 조직구성원은 시시때때로 다른 구성원을 초대할 수 있다.
생성배경	인위적, 제도적	자연발생적
규모	대체로 방대함	소규모
인간관계	관리적, 규범적	욕구에 기반함
가치지향	능률과 효과	감정과 심리
리더십	임명, 지명	자생적, 선출
질서	전체적 질서	부분적 질서
사례	지휘집단, 업무집단, 기능집단	이익집단, 교우관계집단, 준거집단

자료: 이인석(2014: 279)에 기초하여 재구성함.

2. 비공식집단

비공식집단(informal group)은 사회적 요구에 부응하여 작업환경에서 자연발생적인 사람들의 무리이다. 이들 집단은 조직적 지시(organizational mandate)에 의해서가 아니라 자발적으로 상호작용하는 구성원들이다. 이들 비공식집단은 몇몇 업무성과에서의 상호작용을 통해 형성된다. 비공식집단은 개인들의 상호작용, 매력, 욕구로부터 일어난다. 그리고 조직구성원은 선임되지 않고, 자발적이며, 개인들의 상호간 매력에 의존한다.

또한 비공식집단은 공식집단에 연계하여 존재한다. 비공식집단은 조직 내에 사회적 관계와 권한이 배분되어진 방식을 표출한다. 비공식집단은 누가 누구를 좋아하고, 혹은 그렇지 않은지, 누가 효과적인지 혹은 많은 것을 알고 있는지 등을 설명한다. 이러한 비공식집단은 공식적인 결합프로세스

(formal joining process)가 없지만, 이들 집단은 구성원과 비구성원 사이에 명확한 경계가 존재한다. 또한 비공식집단은 불문법(unwritten rules), 소위 규범을 가진다. 비공식집단의 규범은 구성원의 행태에 대한 가이드라인 역할을 한다. 이들 규범은 보상과 제재를 시행한다.

▌표 7-2 ▌ 비공식집단의 장점과 단점

장점	단점
• 비공식집단은 몇몇 집단구성원의 직무만족을 증가함으로써 공식조직을 안정화(stability)에 기여한다. • 비공식집단은 복사하기가 어려운 방식으로 관리훈련(discipline)을 연습하게 한다. • 비공식집단은 유연성과 훈련(flexibility and training)을 제공한다. 비공식집단은 직무에서 실제로 수행되는 것을 사람들에게 가르침으로서 관료적 갭(bureaucratic gaps)을 보충한다. • 비공식집단과 비공식적 리더는 불만사항(grievances)을 교정하기 위한 수단일 수 있다. • 비공식집단은 조직구성원들의 감정과 심리에 안전장치 역할을 한다.	• 비공식적 기대는 관리적 목적과 충돌할 수 있다. 즉 공식집단과 추구하는 목표의 상충으로 인한 갈등 발생 가능성이 있다. • 구성원의 순응(conformity)에 대한 압박은 야망을 막거나(block ambition), 높은 수준의 욕구만족을 좌절시키고, 보다 능력있는 사람들의 기여를 억제할 수 있다. • 비공식집단은 조직의 변화에 저항하고, 그리고 무력하게 한다.

자료: Webber(1979: 118).

비공식집단은 의도적인 설계(deliberate design)에 의해 발생한 것은 아니라 사회적 상호작용에 의해 발전된 것이다. 이에 조직에서 발전되는 모든 비공식집단은 결코 동일하지는 않다. 이러한 비공식집단은 이익집단, 교우관계집단, 준거집단 등이 있다.

1) 이익집단

동일한 지휘집단 혹은 업무집단의 구성원이 아닌 사람들이 몇몇 공동의 목적을 성취하기 위해 제휴하게 된다. 이들 집단의 목적은 조직의 목적에 관련된 것이 아니라 각 집단의 특정한 목적에 관련되어 있다.

이러한 이익집단(interest group)은 공공정책에 영향을 추구하는 조직이다. 즉 이익집단은 공통적 목적을 공유하는 사람들의 조직화된 집단으로 공공정책결정자에게 영향을 미치기 위해 적극적으로 활동한다. 이익집단은 어떤 중심된 이슈(총기통제, 노동권, 동등한 결혼의 권리 등)에 의해 집결된다. 이익집단은 자신들의 집단목적에 우호적인 법률을 통과시키기 위해 정부를 설득하거나 로비스트를 활용하기도 한다.

2) 교우관계집단

교우관계집단(friendship group)은 연령, 정치적 신념, 인종적 배경과 같은 공통적인 것을 가진 사람들 때문에 형성된다. 또한 업무의 사회기술적 측면이 비공식적 교우관계집단을 형성하게 한다. 이들 교우관계집단은 일 이외의 활동(off-the-job activities)에 대해 상호작용 및 의사소통을 확장한다.

3) 준거집단

준거집단(reference groups)은 사람들이 자신을 평가하기 위해 활용하는 집단의 유형이다. 준거집단의 주요한 목적은 사회적 인정(social validation)과 사회적 비교이다. 사회적 인정은 개인들에게 자신의 태도와 가치를 정당화하는 것을 허용하는 것이다. 반면에 사회적 비교는 자신을 다른 사람과 비교함으로써 자신의 행동을 평가하는데 도움을 준다. 준거집단은 구성원들의 행태에 강한 영향력을 가진다. 즉 다른 구성원과 자신을 비교함으로써 개인들은 자신의 행태가 수용될 수 있는 것인지 그리고 자신의 태도와 가치가 올바른 것인지 혹은 그렇지 않은지를 평가할 수 있다.

관리자는 비공식집단이 공식조직과 동태적으로 상호작용한다는 것을 인식하는 것이 매우 중요하다. 이점에 있어 George Homans(1950)는 〈그림 7-2〉와 같이 비공식집단이 관리활동으로부터 어떻게 일어나는가를 보여준다. Homans 모델은 비공식집단에 대한 관리의 필요성을 분명하게 보여준다.

Homans 모델에서, 활동은 사람이 수행하는 업무를 말한다. 사람들은

이들 작업을 수행할 때 서로서로 상호작용한다. 이러한 상호작용(interactions)
은 감정(sentiments) 혹은 서로서로에 대해 그리고 관리에 대해 긍정적 생각
과 부정적 생각을 발전시킨다. 이 감정은 사람들이 자신의 활동을 수행하는
방식과 미래의 상호작용에 영향을 미친다. 집단적 감정이 상호작용과 작업
모두에 영향을 미치기 때문에 공식조직의 성과에도 영향을 미친다.

▌ 그림 7-3 ▌ Homans의 모델

출처: Homans(1950).

◇ Scott과 Davis가 말한, 비공식집단을 활용하는 방법

- 비공식집단이 존재한다는 것을 인정하라(Recognize that the informal
  organization exists). 공식조직을 말살하지 않고는 비공식조직을 말살할 수
  있는 것은 아무것도 없다.
- 비공식 리더와 집단구성원의 의견을 경청하라(Listen to the opinions of
  informal leaders and group members). 각 관리자는 어떤 집단에서 핵심
  적인 비공식 리더가 누구인가를 확인할 필요가 있고, 그리고 리더십을 격려하
  여 비공식 리더와 함께 업무를 수행하라.
- 어떤 행동을 취하기 전에 비공식집단에 미치는 가능한 부정적 효과를 고려하
  라(Consider possible negative effects on the informal organization
  before taking any action).
- 비공식집단에 의한 변화에 대한 저항을 줄이기 위해 의사결정에 있어 집단의
  참여를 허용하라(To decrease resistance to change by the informal
  organization, allow the group to participate in decision making).
- 정확한 정보를 신속하게 제공함으로서 풍문을 통제하라
  (Control the grapevine by promptly releasing accurate information).

자료: Scott(1961); Davis(1977).

3. 내집단과 외집단

집단이 구성원의 정체성(identities)을 형성하는데 하나의 방법은 경계를 설정하고 그리고 유지하는 것이다. 집단경계는 차이를 구별할 수 있고 그리고 다소 공식적이다. 경계는 눈에 보이게 구별할 수 있다. 이런 점에서 내집단과 외집단은 우리(we)와 그들(them)로 구별된다. 이리하여 집단은 내집단/외집단의 구별을 통하여 응집력을 촉진하게 된다.

내집단과 외집단은 구체적인 규모가 아니며, 그리고 상당히 변화적이다. 내집단은 가족과 같이 작을 수 있고 혹은 세계와 같은 규모일 수 있다. 외집단은 가족이 아니고 혹은 세계가 아닌 모든 사람이다. 내집단(in-group)은 단순히 우리-집단(we-group)이고, 외집단(out-group)은 그들-집단(they-group)이다. 이에 외집단은 우리라는 단어를 활용할 때 배제된 모든 사람이다.

내집단은 항상 외집단의 관계에서 존재한다. 집단구성원은 내집단의 구성으로 긍정적 관점을 가지는 반면에 외집단 구성원에 대해 부정적 관점을 가진다.

이런 점에서 내집단과 외집단의 차이는 다음과 같다.

첫째, 내집단은 개인이 자신을 인지할 수 있는 집단이며, 자신의 가족, 자신의 대학교 등이다. 외집단은 개인이 자신을 인지할 수 없는 집단 사람이다. 예를 들면, 파키스탄은 인도의 외집단이다.

둘째, 내집단 구성원은 우리로 자신을 표현하지만, 외집단 구성원에 대해 그들로 표현한다. 개인들은 내집단의 구성원인 반면에 자신의 외집단 구성원이 아니다.

셋째, 내집단은 자기민족중심주의(ethnocentrism)에 기초한다. 자기민족중심주의는 내집단의 중요한 특성 중 하나이다. 외집단은 자기민족중심주의에 기초하지 않는다.

넷째, 내집단 구성원들은 행태, 태도 그리고 의견에서 있어 유사성을 관찰할 수 있다. 외집단 구성원들은 행태, 태도 그리고 의견에 있어 차이점을 보여준다. 내집단 구성원은 자신이 속한 내집단에 대해 우호적인 태도를 가지지만, 외집단 구성원에 대해 부정적 태도를 가진다.

다섯째, 내집단의 구성원은 협력, 호의, 상호부조, 단결심, 형제애(brotherhood), 집단에 대한 자기희생의 자발심을 보인다. 개인은 외집단 구성원에 대해 회피, 미움, 무관심, 적대의 감정을 보인다.

여섯째, 내집단 구성원들은 자신의 개인적 복지가 다른 구성원과 밀접하게 관계가 있다는 것을 느낀다. 외집단 구성원은 그렇게 느끼지 않는다. 내집단에 대한 편애는 자신의 내집단에 대한 선호와 친근성이라고 말한다.

▌제3절 집단의 발생이론과 원인

1. 집단발생의 이론

집단이 왜 형성되는가 혹은 집단이 어떻게 형성되는가에 관한 몇 가지 이론은 다음과 같다.

1) 사회교환이론

사회교환이론(social exchange theory)은 집단발달을 위한 대안적 설명을 제공한다. 이 이론에 의하면, 개인은 신뢰를 기반으로 하는 상호 호혜적 교환에 대한 암묵적 기대에 토대를 두어 관계를 형성한다. 교환관계가 긍정적일 것이라는 지각은 개인이 집단에 매력을 느끼고 그리고 가입하게 하는 데 필요하다. 이처럼 구성원 간의 상호작용에 있어, 상호작용의 결과 투입과 산출 사이에 최소한의 증가가 이루어진다면 집단을 형성하고, 반대로 감소가 일어나는 경우 집단의 형성은 이루어지지 않는다.

2) 사회인지이론

사회인지이론(social identity theory)은 집단형성을 위한 설명을 제공한다. 이 이론은 개인들은 가장 중요한 집단(salient groups)에 멤버라는 것에 기초하여 자아정체감과 자존감을 갖게 된다는 것이다. 집단의 본질은 인구학적인 기반, 문화적인 기반, 혹은 조직적인 기반에서 형성된다. 개인들은 집단구성원으로서의 소속감과 자아존중감(self-worth) 때문에 집단에 소속되는 것에 동기부여된다.

3) 근접성 이론

근접성 이론(theory of propinquity)은 조직 내 구성원들이 서로 이끌리며, 상호작용을 하면서 집단을 형성하게 되는 것은 공간적·지리적으로 서로 가까이 있기 때문이라는 것이다. 이 이론에 의하며, 강의 시간에 서로 가까이 앉아 있는 학생들이 상대적으로 멀리 떨어져 있는 학생들에 비해 팀 프로젝트를 위한 집단을 형성할 가능성이 더 크다(이인석, 2014: 284).

2. 집단발생의 원인

많은 집단이 왜 존재하는가? 공식집단과 비공식집단은 다양한 이유로 형성된다. 이들 이유에는 욕구, 근접성, 매력, 유사성, 목적 그리고 경제적 이유 등이다(Reitz, 1987: 275-278; Ivancevich & Mateson, 1990: 260-262).

1) 욕구만족

사람들이 집단에 왜 가입하는 중요한 이유 중 하나는 특정한 집단의 구성원이 자신의 중요한 욕구를 만족하는데 도움을 준다고 믿기 때문이다. 집단에 가입함으로써 만족할 수 있는 욕구들은 안전의 욕구, 사회적 욕구, 존경의 욕구 등이 포함된다.

조직의 집단구성원이 되는 것이 구성원과 조직시스템 사이의 완충제(buffer)로서 역할을 하기 때문에 안전의 욕구가 만족된다. 이에 집단에 소속되지 않는다면 개인들은 관리적 요구와 조직요구에 직면했을 때 외로움을 느끼게 될 것이다. 또한 집단은 다른 사람과 상호작용하는 도구를 제공함으로써 집단을 통해서 사회적 욕구를 만족할 수 있다. 나아가 성취하기 어려운 높은 지위의 집단 혹은 명망있는 집단에 소속됨으로서 존경의 욕구가 만족될 수 있을 것이다.

2) 근접성과 매력

개인간의 상호작용은 집단형성을 초래한다. 개인간의 상호작용의 2가지 중요한 국면은 근접성과 매력이다. 근접성(proximity)은 직무를 수행하는 조직구성원 사이의 물리적 거리를 포함한다. 매력(attraction)은 지각, 태도, 성과 혹은 동기의 유사성 때문에 서로서로 사람에게 이끌리는 것을 말한다.

업무관계에 있어서의 근접성과 접근성(closeness)은 집단형성의 중요한 요인이 된다. 사람들이 함께 업무를 수행할 기회를 가질 때, 관심과 경험의 유사성에 관한 학습이 가능할 수 있다. 이러한 유사성은 우정으로 발달하는 기반을 제공한다. 이것은 공식적 집단 내 비공식적 집단의 형성으로 이어진다.

또한 개개인이 서로서로 근접성이 많을수록 사회적 밀도가 많을 것이다. 사회적 밀도(social density)는 서로서로 도보거리(예를 들면 35feet) 내에 있는 사람의 수에 대한 측정이다. 도보거리는 일어날 수 있는 상호작용의 중요한 예측변수이다. 가까이에서 근무하는 개인들은 직무뿐만 아니라 직무이외에 대해 아이디어, 생각, 사고방식을 교환할 수 있는 기회가 많게 된다. 또한 이러한 근접성은 다른 사람의 특성에 대해 학습할 기회가 많게 된다. 상호작용과 관심을 유지하기 위해 가끔 집단이 형성된다.

3) 집단목표

조직의 목표와 목적은 공식적 집단의 본질에 직접적으로 영향을 미친다. 또한 집단목표(group's goals)는 개인이 그것에 이끌리는 이유가 된다. 예를 들면, 사람들이 자발적으로 근무시간이외 집단(after-hours group)에 가입하는 것은 새로운 시스템(조직에서 활용하는 새로운 컴퓨터 프로그램 등)에 대한 학습이 조직구성원에 대해 필요하고 중요한 목표가 될 수 있다고 믿는다.

4) 유사성

배경과 태도에서의 유사성(similarities)은 대인관계의 매력과 집단형성에 영향을 미친다. 성(sex), 종교, 교육수준, 연령, 국적, 사회경제적 지위에서 같은 사람은 유사한 태도와 중요한 가치의 동의를 보다 많이 공유한다.

이러한 유사성이 많을수록 서로서로의 태도와 가치를 강화할 수 있다. 상호 작용에 영향을 미치는 구체적인 유사성은 상황에 따라 다양하다.

5) 경제적 이유

개인들은 자신들의 직업으로부터 보다 많은 경제적 이익이 도출될 수 있다고 믿기 때문에 집단이 형성된다. 예를 들면, 집단의 생산성이 조직구성원의 임금을 결정하는 인센티브 기반이 된다면, 개인은 집단구성원으로서 작업하고, 그리고 협력하는 것이 개인의 경제적 이익을 높일 수 있게 된다. 이와 같이 경제적 동기는 집단형성을 유도한다. 노동조합이 없는 근로자들은 보다 많은 이익을 위해 최고관리자에게 압력하기 위해 집단을 형성하게 된다.

▌제4절 집단의 발달단계

1. 집단성숙도에 따른 발달단계

집단성숙도(group maturity)는 집단이 오늘 어디에 위치해 있고, 미래에 어디로 진행되는지, 그곳으로 발달하기 위해 어떻게 해야 하는지를 조직에 대해 도움을 준다. 집단과 팀은 5단계의 연속된 발전단계 - 형성, 폭풍, 규범, 실행, 조정 해체기 - 로 진행된다. 각 집단은 어떤 단계에서 혹은 한 단계에서 다음 단계로 이동하는 동안 실패와 해체될 수 있다(Hellriegel, et al., 1995: 274-276).

1) 형성단계

형성단계(forming)에서 집단구성원들은 자신의 업무를 수행하기 위해 목표를 정의하고, 그리고 절차를 전개하기 위해 자신의 노력을 집중한다. 이 단계에서 집단발달은 리더십과 다른 구성원을 알게 되고, 그리고 이해하게 된다. 개개 구성원들은 상황을 알 때까지 자신의 감정을 유지하고, 실제로 느끼는 것보다 안전하게 행동하며, 기대했던 것에 대해 혼란과 불확실성을 경험하며, 즐겁고 예의바르게 행동하고, 집단에 관련한 개인적 비용을 개인적 편익에 비교하여 평가하기 위해 노력한다.

2) 폭풍단계

폭풍단계(storming)에서는 리더십 역할에 대한 경쟁과 목표에 대한 갈등이 지배적이다. 몇몇 집단구성원들은 제기되는 감정적 긴장으로부터 자신을 격리하기 위해 노력한다. 이 단계에서의 중요한 것은 갈등을 관리하는 것이다. 집단구성원들이 초기부터 작업집단(team-building) 과정을 활용한다면, 이 단계가 짧을 수가 있고 또한 회피할 수 있다. 이 단계는 집단구성원이 부족한 의사결정, 개인간의 기술과 기술적 기량을 발전하는 것에 관련되어 있다.

3) 규범단계

규범(norming)단계에서의 업무지향 행태는 정보를 공유하고, 다른 의견을 수용하고, 타협이 요구되는 결정을 적극적으로 시도하는 것이 포함되어 있다. 이 단계에서 집단은 운영하는 규칙을 설정한다. 관계지향행태는 공감, 관심, 응집력을 일으키는 적극적 감정표현 등에 초점을 둔다. 이 단계에서는 집단구성원 사이에 협력과 책임공유를 발전시킨다.

4) 실행단계

실행(performing)단계에서는 집단 혹은 팀이 결과를 얼마나 효과적으로 그리고 효율적으로 성취할 수 있는가를 보여준다. 개개 구성원들은 역할을 이해하고 수용한다. 구성원들은 상호 의존하여 업무를 수행하고 그리고 서로서로 도움을 줄 때, 집단구성원의 역할을 이해한다. 몇몇 집단은 보다 효율적 그리고 효과적으로 업무를 수행하기 위해 지속적으로 학습한다.

5) 조정 해체기(중단)단계

업무행태의 종결과 관계지향행태로부터의 일탈이 중단(adjourning)단계에서 일어난다. 즉 집단목표를 달성하였거나 집단구성원이 집단에 소속될 이유가 없어지면 일반적으로 집단은 해체된다. 특히 집단구성원의 편차(deviation)가 끊임없이 지속되거나 혹은 노골적일 때 집단은 일탈된 개인을 참여로부터 배제시킬 것이다. 집단은 자신들의 결속(solidarity)과 효과성을 유지하기 위해 필요한 행동을 고려하게 된다.

◇ **집단성숙성의 특징**

집단성숙성(group maturity)은 집단을 자신의 자원을 충분히 활용할 수 있도록 하기 때문에 집단효과성을 향상한다. 집단성숙성은 개방성(openness)와 사실성(realism)으로 특징되며, 다음과 같은 특성이 포함된다.
- 좋거나 혹은 나쁘거나 관계없이 개인적 차이(individual difference)를 수용한다.
- 갈등은 집단구조 혹은 과정에 관련한 감정적 이슈보다 오히려 집단업무에 관련된 현실적이고 실질적인 이슈이다.
- 결정은 합리적인 논의(rational discussion)를 통해 이루어진다. 힘에 의한 결정 혹은 거짓의 만장일치를 시도하지 않는다.
- 집단구성원은 집단과정을 알고 있고, 그리고 집단과정에 있어 자기자신의 관련 정도를 알고 있다.

자료: Reitz(1987: 285).

2. 집단학습에 따른 발달단계

집단은 개인이 하는 것과 같이 학습한다. 집단의 성과는 개인적 학습과 집단구성원이 서로서로 얼마나 잘 학습하는가에 의존한다. 집단은 일련의 발달과정으로 전개된다. 집단은 다음과 같이 4가지 발달과정을 통해 진행된다. 하지만 모든 집단이 이들 4가지 단계로 순차적으로 답습하는 것은 아니다(Ivancevich & Mateson, 1990: 262-263).

1) 상호승인

집단형성의 초기단계에서 집단구성원들은 서로서로 의사소통하는데 주저한다. 즉 그들은 자신의 의견, 태도, 신념을 표명하는데 꺼린다. 집단구성원이 서로서로 신뢰하고 받아들이기까지 상호작용과 교실에서의 토의가 매우 미약하다.

2) 의사소통과 의사결정

집단이 상호승인의 시점이 지나면, 집단구성원들은 서로서로 개방적인 의사소통을 시작하게 된다. 이러한 의사소통은 신념을 증가시키며, 그리고 집단 내 상호작용을 증대하게 된다. 논의는 문제해결 업무에 대해 보다 구체적으로 집중하게 하며, 그리고 업무를 달성하는 대안적 전략을 개발하게 된다.

3) 동기부여와 생산성

집단의 목표를 성취하기 위해 집단구성원이 노력하는 단계이다. 집단은 경쟁적인 단위가 아닌 협력의 단위(a cooperative unit)로서 작용한다.

4) 통제와 조직

이 시점에서 집단 가입이 가치를 발휘한다. 집단구성원들은 집단규범에 의해 규제된다. 집단의 목표가 개인의 목표를 우선하게 된다. 규범이 수용되며 혹은 제재가 일어난다. 최후의 제재는 집단의 목표 혹은 규범을 따르지 않는 외면하는 것이다. 통제의 다른 형태는 집단으로부터 일시적인 격리 혹은 다른 집단구성원으로부터의 괴롭힘(harassment)이 포함된다.

제5절 집단의 규모와 구조

1. 집단의 규모

집단의 규모는 집단을 구성하고 있는 구성원의 수를 말한다. 이점에 있어, 집단의 규모가 커짐으로서 가능한 관계의 수(possible number of relationship)는 어떠한가? 에 대해, 다음과 같은 공식으로 한 집단내 개인간의 잠재적 관계의 수를 이해할 수 있다(Osborn, Hunt, & Jauch, 1980: 414).

$$x = \frac{n^2 - n}{2}$$

x : 상호관계의 수(the number of mutual relationship)

n : 개인의 수(the number of individual)

이 공식에 의하면, 상호관계의 수는 집단구성원의 수보다 훨씬 빠르게 증가한다는 것을 알 수 있다.

또한 하부집단 사이의 관계, 그리고 개인과 하부집단 사이의 관계는 다음의 공식으로 표현된다.

$$x = \frac{1}{2}(3^n - 2^{n+1} + 1)$$

이 공식에서와 같이 집단규모가 증가할수록 잠재적 관계는 천문학적으로 증가함을 알 수 있다. 이러한 잠재적 관계의 증가는 의사소통과 조정의 요구가 증가하게 된다.

2. 집단의 구조

집단구성원의 수에 따라 집단구조는 다양하다. 집단구조의 본질은 업무흐름(work-flow)을 결정한다. 집단구성원은 그 배치에 따라 〈표 7-3〉과 같이 5개의 집단구조 중 하나이며, 그 집단구조에 의해 의사소통 방식에서 차이가 일어난다(Osborn, et al., 1980: 418).

모든 채널형(all channel)이 가장 개방적인 의사소통을 한다. 모든 집단구성원은 다른 모든 구성원과 의사소통이 허용된다. 반면에 바퀴형(wheel)구조가 의사소통에 있어 가장 적게 개방되어 있으며, 모든 의사소통은 중심인물(central person)에 의해 제한되어 있다.

이와 같이 보다 개방적인 구조일수록(집권화 정도가 낮을수록) 리더십의 역할은 예측하기가 보다 어렵다. 또한 평균적으로 구성원의 만족도 수준은 보다 높다. 만족도의 범위는 집권화된 구조인 Y형 구조와 바퀴형보다 덜 집권화된 구조에서 낮다. 즉 집권화된 구조에서는 명확하게 설계된 중심인물이 의사소통과정을 통제하는 경향이 있다. 나아가 보다 분권화된 구조일수록 만족은 구성원들 사이에 보다 공평하게 분산되어 있다.

▋ 표 7-3 ▋ 집단구조에 따른 조직구성원의 효과

구분	모든 채널형	원형	체인형	Y형	바퀴형
집권화된 정도	매우 낮음	낮음	보통	높음	매우 높음
가능한 채널의 수	매우 높음	보통	보통	낮음	매우 낮음
리더십의 예측가능성 (predictability)	매우 낮음	낮음	보통	높음	매우 높음
평균적 집단만족도 (group satisfaction)	높음	보통	보통	낮음	낮음
구성원 사이의 만족도 범위 (range in satisfaction)	매우 낮음	낮음	보통	높음	높음

자료: Hellriegel & Slocum(1976).

제6절 응집력, 집단의 효과 및 집단사고

1. 응집력과 성과

공식집단과 비공식집단은 태도, 행태, 성과에 대한 근접성 혹은 공통성을 보유하게 된다. 이러한 근접성(closeness)을 응집력이라 한다. 응집력은 전형적으로 힘으로 간주된다. 특히 비공식집단의 성공은 집단의 내적 강도(internal strength) 혹은 응집력의 중요성 정도에 의존한다.

응집력(cohesiveness, cohesion)이란 집단에 잔류하려는 그리고 집단에 몰입하려는 구성원의 바램에 대한 강도이다. 이에 집단에 강하에 잔류하려는 바램을 가진 구성원과 집단의 목표를 개인적으로 수용하는 구성원들은 높은 응집력 집단으로 형성된다. 집단의 응집력이 높을수록 집단규범을 보다 잘 관찰할 수 있다.

이와 같이 응집력은 집단구성원을 하나의 집단내에 잔류하는데 작용한다. 그리고 집단으로부터 구성원을 배척하는 힘보다는 잔류하게 힘이 보다 크다. 응집력 있는 집단은 집단구성원이 서로서로 이끌리게 하고, 응집력이 낮은 집단은 집단구성원에 대해 개인간의 매력도가 낮다. 높은 응집력이 있는 집단은 효과적인 집단성과를 기대하게 한다. 일반적으로 작업집단의 응집력이 증가할수록 집단규범에 대한 순응수준이 증대하게 한다.

응집력의 원천은 다양하며, 다음과 같은 몇 가지 요인이 포함되어 있다(Webber, 1979:105-106).

(1) 균질성(homogeneity) - 이런 사례로 집단구성원이 민족적 혹은 국가적 집단의 속성으로 구성된 집단이다. 민족적 유대(ethnic tie)는 매우 강하다. 민족적 유대로 형성된 집단은 안정적 가치와 지원적 기대를 유지한다.

(2) 안정성(stability) - 안정적인 집단구성원은 높은 응집력에 기여한다. 시간이 경과함에 따라 구성원은 서로서로 알게 되고, 집단의 가치와 기대를 학습하고 그리고 어떻게 처신해야 하는 것을 학습하게 된다.

(3) 의사소통(communication) - 하나의 집단이 되기 위해서 사람들은 서로

서로 의사소통할 수 있어야만 한다. 의사소통을 통해 자신들의 유사성과 공통의 관심사를 발전시킬 수 있다. 서로서로 쉽게 의사소통하는 집단구성원은 보다 응집력을 강화할 수 있다.

(4) 격리(isolation) - 다른 집단으로부터 물리적 격리는 응집력을 만들어 내는 경향이 있다. 집단에 대한 단순한 물리적 경계는 응집력의 본질이다.

(5) 작은 규모(small size) - 너무 많은 사람은 응집력 있는 집단의 발전을 방해한다. 집단의 규모가 클수록 의사소통이 방해되고, 균질성이 줄어들고, 소규모의 파벌(small cliques)을 파괴하게 된다. 즉 큰 집단보다 작은 집단일수록 집단구성원 사이에 밀집한 관계가 형성된다.

(6) 외부의 압력(outside pressure) - 집단구성원은 스트레스 상황에서 함께 모이는 경향이 있다. 지속적인 외부의 압력은 높은 응집력을 산출하게 된다. 특히 외부적 위협이 존재할 때 응집력의 효과적인 수단이 된다. 위협이 집단 외부에서 온다. 협력(cooperation)은 위협을 극복하거나 혹은 저항하는데 도움을 준다. 실제로 외부의 압력으로부터 벗어날 수 있는 기회가 거의 없다.

(7) 집단의 지위(status of the group) - 사람들은 가끔 높은 지위의 집단과 동일시하는 것을 선호한다. 사람들은 낮은 지위의 집단보다 높은 지위의 집단에 대해 충성을 느낀다. 즉 높은 지위의 집단은 높은 응집력을 가진다.

(8) 기타 매력적인 요인 - 집단에 대해 매력적인 요소는 다음과 같은 것이 포함되어 있다. ① 집단과 집단구성원의 목표가 양립될 수 있고, 그리고 명확하게 구체화되어 있다. ② 집단이 카리스마 리더를 가지고 있다. ③ 집단의 명성이 집단작업을 성공적으로 수행하게 하는 지표이다. ④ 집단이 서로의 의견을 경청하고, 그리고 다른 사람에 의해 평가할 수 있는 소규모의 구성원으로 구성된다. ⑤ 집단구성원은 서로서로 지원하고 그리고 개인적 성장과 발전에 장애와 방해요인을 극복하는데 도움을 주는 방향으로 이끌린다(Cartwright & Zander, 1968).

| 표 7-4 | 집단응집력의 요인

집단응집력을 증가하는 요인	집단응집력을 감소하게 하는 요인
• 명성(prestige) • 높은 지위와 권한 • 집단에 대한 호의적 평가 • 다른 사람과의 증가되는 상호작용 • 집단구성원이 서로서로 협력한다. • 집단구성원이 공통된 위협(common threat)에 직면한다. • 집단구성원이 서로서로 유사해 진다. • 소규모 집단 규모	• 집단 혹은 집단 업무가 비판적인 이미지 (unfavorable image)를 가진다. • 무리한 요구(unreasonable demands)가 집단구성원에 이루어진다. • 집단규모에 대한 불일치 • 다른 집단에 소속되는 경쟁 • 집단목표와 개인목표가 다르다 (dissimilar). • 입회허가(gaining admission)가 너무 어렵다. • 개인들이 집단 혹은 집단구성원에 대한 불쾌한 경험을 가진다.

자료: Drafke(2006: 217).

응집력의 개념은 조직 내 집단을 이해하고, 그리고 성과에 대한 집단의 영향력을 인식하는데 중요하다. 한 집단 내 응집력의 정도는 집단의 목표가 공식조직의 목표와 얼마나 잘 조화되는가에 따라 긍정적 효과 혹은 부정적 효과를 나타낸다.

〈그림 7-4〉와 같이 응집력이 높고 그리고 집단이 공식적 조직목표를 수용하고 동의한다면 집단행태는 공식적 조직입장에 대해 긍정적일 것이다. 반면에 집단이 응집력은 매우 높으나 공식조직의 목표와 일치하지 않는 목표를 가진다면 집단행태는 공식적 조직입장에 대해 부정적인 자세일 것이다. 이와 같이 응집력 있는 집단의 목표와 관리목표가 갈등이 일어날 때 관리에 의한 개입이 필요하다.

그림 7-4 ┃ 집단응집력과 조직목표의 동의 사이의 관계

조직목표에 대한 동의

		낮음	높음
집단 응집력의 정도	높음	성과는 아마도 조직목표로부터 멀어지는 경향이 있다.	성과는 아마도 조직목표의 성취로부터 온다.
	낮음	성과는 조직목표로부터 멀어지는 경향이 있다.	성과는 조직목표의 성취로부터 온다.

출처: Ivancevich & Mateson(1990: 269).

◇ 집단응집력 진단에 관한 설문문항 사례

- 나는 집단이 추구하는 목표와 나의 목표가 동일하다고 생각한다.
- 나는 집단의 발전이 나의 발전이라고 생각한다.
- 나는 집단의 일원이 된 것이 자랑스럽다.
- 나는 집단의 회의에 참석하는 것이 즐겁다.
- 나는 집단구성원과의 원만한 관계를 유지하고 있다.

2. 집단의 효과성

집단의 성과를 어떻게 향상하는가를 이해하기 위해 무엇으로 효과적인 집단과 비효과적인 집단인가를 구별하는 것이 필요하다. 다음과 같은 3가지 지표에 의해 집단의 효과성(group effectiveness)을 평가할 수 있다.

① 집단의 산출(상품, 서비스 혹은 결정)을 활용하거나 받아들이는 사람들에 의해 어떠한 가치가 있는지?

② 집단구성원 사이의 협력을 위한 집단능력이 유지되는지 혹은 증가되는지?

③ 조직구성원이 집단구성원이 된 것으로부터 만족감, 성숙의 느낌(a sense of growth), 행복(well-being)을 얻고 있는지?

집단이 효과성을 지니기 위해서 집단은 구성원들에게 동기부여할 수 있는 업무와 목적을 명확하게 규정할 필요가 있다. 집단은 업무와 충분한 기술과 전문성을 갖춘 구성원을 위해 적절한 집단규모가 필요하다. 집단구성원이 자신의 리더가 직무를 잘 수행하려고 노력하는데 있어 여러 가지 리더 역할 측면에서 동의한다면 집단은 효과적으로 이행될 수 있을 것이다. 나아가 집단이 효과적인 업무를 수행하기 위해서는 다음과 같은 것이 잘 이루어져야 한다.

① 수용할 수 있는 수준의 업무 질과 양을 위해 집단 업무수행에서 충분한 노력이 발휘되어야 한다.

② 집단 업무를 수행하는데 충분한 지식과 기술을 확보한다.

③ 집단의 노력, 지식, 기술을 효과적으로 적용할 수 있는 적절한 전략을 활용한다.

◇ **집단 리더를 위한 체크리스트**(a checklist for leaders of groups)

- 당신은 집단구성원이 서로서로부터 학습하도록 얼마나 잘 격려하는가?
- 당신은 집단구성원의 기여(contribution)에 대해 얼마나 잘 인정하고 그리고 칭찬하는가?
- 당신은 집단성과의 정보로부터 핵심적인 사람을 얼마나 잘 지키는가?
- 당신은 집단구성원에게 영향을 미치는 중요한 전개에 관해 구성원에게 얼마나 신속하게 알려 주는가?
- 당신은 중요한 결정을 하는데 집단구성원에게 권위를 얼마나 부여하는가?
- 당신은 집단구성원으로부터 피드백을 얼마나 공개적으로 수용하고 그리고 반응하는가?
- 당신은 중요한 업무의 마무리에서 집단성과를 얼마나 잘 검토하는가?
- 당신은 집단구성원이 얼마나 향상할 수 있는가에 관해 얼마나 구체적이고 사실적인 제안을 제시하는가?
- 당신은 집단구성원이 열심히 노력하려는 동기를 얼마나 잘 이해하는가?

3. 집단규모의 효과

집단은 어디에나 존재하고 있다. 집단은 생산성과 사기에 영향을 미치는 중요한 역할을 한다. 또한 집단규모는 응집력과 구성원의 생산성과 같은 요인에 중요하게 영향을 미친다.

관리자는 집단의 역학관계를 이해하려는 노력이 필요하다. 집단규모에 관한 효과를 아는 것도 관리에 있어 가치 있는 일이다. 집단규모에 따른 효과는 다음과 같이 몇 가지 측면에서 이해할 수 있다(Lundgren, 1974: 313-314).

첫째, 구성원의 만족에 대한 규모의 효과는 무엇인가? 규모의 효과를 구성원의 만족에 직접적으로 연결시키는 것은 어렵지만, 많은 연구들은 집단이 작을수록 구성원은 보다 만족한다는 것이다. 규모가 큰 집단은 참여에 대한 충분한 시간을 제공하지 않는다. 반면에 작은 규모의 집단은 큰 집단보다는 긴장이 많다.

둘째, 업무의 본질이 집단규모와 생산성 사이의 관계에 영향을 미치는 중요한 조건이다. 예를 들면, 들판에서 완두콩을 채집한다면 집단구성원이 큰 규모의 집단이 많을수록 생산성이 높다. 하지만 다른 상황에 있어 단순히 사람을 추가하는 것이 전혀 도움이 되지 않을 때도 있다. 이점에서 관리자의 직무는 적정한 규모가 어느 정도인지를 결정하는 것이다.

셋째, 집단의 규모를 증가할수록 응집력은 감소할 것이다. 사람들은 작은 집단보다 규모가 큰 집단에 가입하고, 그리고 집단구성원으로 유지하고자 하는 매력은 감소할 것이다. 이에 대한 하나의 이유는 집단규모가 증가할수록 필연적으로 보다 많은 조직과 규모를 전개해야 한다. 나아가 구성원은 해야 할 구체적인 직무가 할당되고, 그리고 리더십이 보다 공식화될 것이다.

비교적 작은 규모의 집단(5명에서 12명의 구성원을 가진 집단)이 업무를 이해하고 그리고 수행하는데 있어 최상의 관리기회를 제공한다. 그러한 집단은 응집력이 높다. 나아가 적절한 동기부여기회를 가진다면 생산성은 높은 수준으로 도달하고 그리고 유지될 것이다.

4. 집단사고

집단사고(groupthink)란 높은 응집력의 잠재적인 부정적 결과이다. Irving Janis(1982)은 정부리더에 의한 고위수준의 정책결정 연구에서 집단 사고의 개념을 처음 논의하였다. 집단사고는 집단결속(group solidarity)의 관점에서 정신적 효율, 현실검사(reality testing), 정신적 판단을 악화하는 것으로 규정된다. 집단사고는 조직구성원 사이의 동의에 대한 추구가 너무 지배적이어서 대안적 행동과정에 대한 사실적인 평가를 무효화하는 하나의 사고방식을 말한다. 이러한 집단사고는 응집력이 강한 집단의 조직행태에 매우 중요한 힘을 발휘한다.

1) 집단사고의 징후

집단사고를 겪는 집단은 〈그림 7-5〉와 같이 몇몇 특성을 지닌다. 이들 특성들은 다음과 같다. 이들 특징으로 인하여 집단응집력의 수준에서 문제를 솔직하게 지적하는 어떤 집단이 필요하다. 그러므로 강한 응집력이 항상 좋은 것은 아니다.

(1) 공격불능의 환상

어떤 집단의 구성원들은 자신을 천하무적으로 믿는다. 예를 들면, 1961년 4월 처참한 Cuba 침공(Pigs만 침공) 시도 전야에 Robert Kennedy는 집단적 재능을 가지고 우리에게 도전하는 어떠한 것에 대해 상식과 열심히 노력하고, 그리고 대담한 새로운 아이디로 극복할 수 있다고 주장했다. 즉 집단구성원은 분명한 위험에 대해 자신을 가끔 안심시키고, 너무 낙관주의 (overly optimistic)가 된다.

(2) 설교하는 성향

집단구성원은 집단에 대해 내재적 도덕률이 있다고 믿는다. 집단구성원은 자신들의 결정에 대한 윤리적 혹은 도덕적 결과를 무시한다. 집단연구는 미국을 자유세계의 리더로 간주하는 경향이 있다. 이러한 견해에 대한 반대는 집단구성원으로서 나약하고, 적대적이며 혹은 우둔한 것으로 간주한다.

(3) 만장일치의 감정

대통령은 자신의 결정에 위원회 위원들이 지지했다고 보고한다. 하지만 이후, 몇몇 위원들은 결정이 이루어지는 시점에 있어 심각한 의심을 했다고 밝힌다. 이와 같이 집단결속에 대한 압박이 개개 구성원의 판단을 얼마나 왜곡하는지 잘 보여준다.

(4) 순응에 대한 압박

집단구성원은 집단결정에 대해 지지하는 주장의 타당성에 관해 의문을 일으키는 구성원에 대해 순응하도록 극단적인 압박을 가한다. 이런 사례로, 대통령은 가끔 집단구성원이 의문을 가진 문제에 대응하기 위해 전문가를 초빙한다. 이 목적은 다른 견해의 논의를 전개하는 대신에 전문가를 통해 비판을 잠재우기 위한 것이다. 대통령의 이러한 순응에 대한 비공식적 압박은 집행부와 참모집단에서도 활용된다. 이처럼 집단은 개개 구성원에 대한 순응을 위해 많은 압박을 행한다.

(5) 반대되는 아이디어의 묵살

어떤 결정이나 정책에 반대하거나 혹은 비판하는 개인 혹은 외부집단은 집단으로부터 거의 관심을 받지 못한다. 심지어 타당한 아이디어와 명확한 주장도 가끔 사전에 묵살된다. 이처럼 집단의 합의에서 벗어난 어떠한 행위에 대해 잠재적으로 억압이 뒤따른다.

(6) 자기검열과 자기감시

집단구성원은 집단적 의견일치로부터 이탈을 방지하기 위해 자기검열 (self-censorship)을 활용한다. 집단구성원은 자신의 의심에 대한 심각성을 가끔 스스로 최소화한다. 자기검열 때문에 부분적으로 만장일치의 환상이 형성된다.

　　또한 집단구성원은 정확한 행동과정에 갈등을 일으키는 반대되는 정보로부터 리더와 집단의 다른 구성원을 보호하기 위해 스스로 자기감시자가 된다. 자기감시는 반체제인사(the dissident)에게 지장을 주거나 혹은 비협조적인 사람이라는 것을 진단하게 한다.

▌ 그림 7-5 ▌ 집단사고 과정

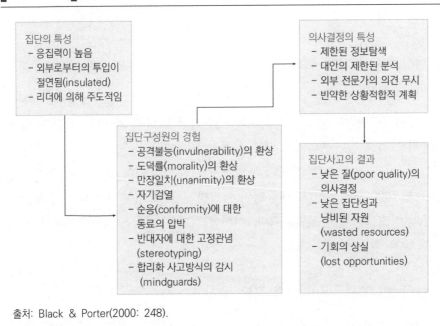

출처: Black & Porter(2000: 248).

2) 집단사고의 결과

　　집단사고는 〈그림 7-5〉와 같이 의사결정의 질에 대해 다음과 같은 부정적인 결과를 초래한다(Black & Porter, 2000: 249).
① 집단사고에 전염된 집단은 모든 가능한 대안보다는 오히려 한 두개의 대안에 대한 가능한 해결책을 추구한다.
② 집단은 새로운 정보 혹은 사건이 행동과정에 대한 변경을 제안하더라도 종종 자신들이 선택한 행동에 대해 재검토하는데 실패한다.

③ 집단구성원은 대안적 행동과정에 대한 불분명한 이점을 고려하는데 거의
시간을 소비하지 않는다.

④ 집단은 가끔 조직의 내·외부 전문가의 충고를 얻기 위한 시도를 거의 하
지 않는다.

⑤ 집단구성원은 자신들이 선호하는 대안을 지지하는 사실에 관심을 가진다.
반면에 자신들이 선호하는 대안과 관련한 반대되는 사실에 대해 거의 무
시한다.

⑥ 집단구성원은 자신들의 선택과 관련한 가능한 장애물을 가끔 무시한다.
결과적으로 상황적합적 계획을 전개하지 않는다. 이러한 결과는 회고적
의사결정과 유사하다. 즉 결정이 이루어지고, 그리고 나서 결정을 지지하
는 데이터를 선택한다.

3) 집단사고의 극복방안

집단사고는 조직에 대해 심각한 부정적 결과를 초래한다. 이에 집단사고
방식을 극복하기 위한 노력이 요구된다(Black & Porter, 2000: 249).

① 비판과 평가문화 조성 - 집단리더는 각 집단구성원들이 제안에 대해 비판
적으로 평가하도록 격려함으로써 집단사고를 줄일 수 있다. 또한 리더가
각 집단구성원에 대해 비판적 평가자의 역할을 할당할 수 있다. 나아가 리
더는 집단이 자신들의 지위에서 규정하지 않는 광범위한 대안들도 고려하
도록 격려해야 한다. 즉 개방적인 질문을 촉진시켜야 한다.

② 토론문화 조성 - 집단사고를 방지하는 다른 전략은 실행가능한 해결책을
위해 보다 많은 제안을 추구하는 노력이 필요하다. 이런 사례로, 상이한
두 집단에 대해 동일한 문제를 할당함으로써 이루어질 수 있다. 집단이 어
떤 결정이 내리기 이전에, 집단구성원들이 조직의 다른 집단으로부터 충
고를 얻을 수 있다. 나아가 집단회의에 있어 집단구성원의 견해에 도전적
인 다른 외부전문가를 초빙할 수 있다.

③ 외부전문가의 활동 - 한명 혹은 그 이상의 전문가를 임기별로 각 집단회
의에 초대한다. 또한 외부 전문가가 집단구성원에 대한 도전적 견해를 제

시하도록 격려하게 한다.

④ 악마의 충고(devil's advocate) 활용 - 각 집단회의에 있어, 조직에 있어 한 사람을 악마의 충고로서 헌신하도록 임명할 수 있다. 악마의 충고로 임명된 구성원은 다수의 입장(majority position)에 도전하는 역할을 수행하게 된다. 악마의 충고를 발휘하는 사람은 논리적 허점을 발견하기 위해 집단적 합의(group consensus)에 대항하거나 혹은 자신의 신념에 대항하는 주장하는 역할을 담당한다. 악마의 충고를 활용하면, 집단은 문제의 보다 정확한 묘사와 문제의 근본적인 원인을 보다 정확하게 발전시킬 수 있을 것이다. 이처럼 악마의 충고가 집단을 돕기 위해 정확하게 노력한다면, 집단적 위치에서 놓여있는 어떠한 약점들은 교정될 수 있을 것이다.

◇ **집단사고의 잠재성을 줄이기 위한 리더의 행동자세**

- 집단구성원이 어떤 것에 대해 논의하는데 있어 정보, 의견 혹은 의심을 자유롭게 표현할 수 있도록 전달하라(Convey to group members that they should feel free to express any information, opinions, or doubts they have about anything being discussed).
- 하나의 구성원이 악마의 충고 역할을 할 수 있도록 임명하라(appoint one member to play the role of devil's advocate).
- 건설적인 비평처럼 상이한 의견과 비판을 수용하라(Be able to accept differences of opinion and criticisms as constructive comments).
- 아이디어의 일반화를 아이디어 평가로부터 구별하라(Separate idea generation from idea evaluation). 먼저, 모든 제안을 받고, 그리고 난후 각 제안에 대한 장점과 단점을 논의하라.
- 회의를 부하들과 함께 한다면, 먼저 부하로부터 모든 아이디어와 견해를 얻어라(If the meeting is with subordinates, get all the ideas and views of subordinates first).

자료: Mescon, et al.(1988: 479).

자신이 속한 소집단의 집단사고를 측정·평가하기 위한 설문문항	매우 부정 ↔ 매우 동의				
	①	②	③	④	⑤
우리 집단구성원들은 다른 소집단에 비하여 대체로 올바른 의사결정을 한다고 생각한다.					
우리 집단구성원들은 다른 집단을 우리만 못한 '적'으로 생각한다.					
우리 집단은 무슨 프로젝트를 시작할 때, 너무 낙관적이고 실패의 위험을 과소평가한다.					
우리 집단은 일단 프로젝트를 시작하면 부정적인 피드백이나 경고신호를 무시하는 경향이 있다.					
우리 집단구성원들은 집단활동에 대하여 불만이나 의문이 있어도 집단응집력을 해칠까봐 말하지 않는다.					
우리 집단구성원들은 나쁜 뉴스나 부정적인 정보가 있어도 집단응지력을 해칠까봐 말하지 않는다.					
우리 집단구성원들은 집단을 지지해야 한다는 압력 속에서 반대의견을 제시하는 것은 배반행위라고 생각한다.					
우리 집단구성원들은 집단의견과 행동에 모두 찬성한다고 생각한다.					

자료: 이학종·박헌준(2005: 282).

◇ 악마의 충고(devil's advocacy)

의사결정기술에 있어 악마의 충고(devil's advocacy)는 개인이 제안된 결정에 대해 비판을 하도록 허락하는 것이다. 이 기법은 집단사고를 방지하는데 도움을 주고, 양질의 결정을 하도록 하는 기회를 증대한다. 악마의 충고를 담당하는 개인은 의사결정과 관련하여 값비싼 잘못을 하지 않도록 견제하고 그리고 잠재적 결함(potential flaws)을 폭로하는 역할을 담당한다.

이와 같이 악마충고기법의 최대한 장점은 집단사고를 방지하는 능력이다. 조직구성원간의 최상의 대안에 대한 불일치를 제거하기 위한 노력이다. 즉 이 기법은 잠재적 미래의 이슈 혹은 문제점을 제거하는데 도움을 준다. 나아가 악마의 충고는 건설적인 방식으로 집요한 질문을 제기하는 책임을 가지고 있다. 이는 조직의 성공을 위해 중요하다. 악마의 충고는 목적과 관련하여 심문하는 것보다 오히려 혁신적 과정을 통해 건설적으로 조직이 기능하도록 돕는 것이다.

┌───┐
● **용어의 정의** ●

- **집단(集團, group)**　어느 정도의 상호작용(interaction)과 공유된 목적(shared objectives)을 가진 제한된 사람(보통 3명에서 20명 정도)들로 구성된다.

- **공식집단(公式集團, formal groups)**　공식집단은 조직도(organization charter) 혹은 관리활동에 의해 명확하게 규정되고 그리고 구조화되어 있는 집단이며, 구체적인 업무를 수행하기 위해 의도적으로(deliberately) 만들어진다.

- **비공식집단(非公式集團, informal group)**　비공식집단은 사회적 요구에 부응하여 작업환경에서 자연발생적인 사람들의 무리이며, 조직적 지시(organizational mandate)에 의해서가 아니라 자발적으로 상호작용하는 구성원들이다. 이 집단은 개인들의 상호작용, 매력, 욕구로부터 일어난다.

- **내집단(內集團, in-group)**　단순히 우리-집단(we-group)이며, 자기민족중심주의에 기초한다.

- **외집단(外集團, out-group)**　그들-집단(they-group)이며, 개인이 자신을 인지할 수 없는 집단 사람이다.

- **집단성숙도(集團成熟度, group maturity)** - 집단성숙도는 집단이 오늘 어디에 위치해 있고, 미래에 어디로 진행되는지, 그곳으로 발달하기 위해 어떻게 해야 하는지를 조직에 대해 도움을 준다. 집단성숙의 단계는 형성, 폭풍, 규범, 실행, 조정 해체기로 진행된다.

- **집단규모(集團規模, group size)**　집단을 구성하고 있는 구성원의 수를 말한다. 집단의 규모가 커짐에 따라 가능한 관계의 수는 매우 빠르게 증가한다.

- **응집력(凝集力, cohesiveness, cohesion)**　집단에 잔류하려는 그리고 집단에 몰입하려는 구성원의 바램에 대한 강도이다. 응집력은 집단구성원을 하나의 집단 내에 잔류하는데 작용한다.

- **집단사고(集團思考, groupthink)**　높은 응집력의 잠재적인 부정적 결과이다. 집단사고는 조직구성원 사이의 동의에 대한 추구가 너무 지배적이어서 대안적 행동과정에 대한 사실적인 평가를 무효화하는 하나의 사고방식을 말한다.
└───┘

제 8 장

리더십

대부분 미국인들은 공식적인 교육을 받지 않고도 대통령이 된 Abraham Lincoln의 이미지를 영원히 전하고 싶어한다. 오늘날 Lincoln의 리더십 스타일로부터 무엇을 배울 수 있는가? 리더십 연구에 놓여있는 주요한 이슈가 무엇인지? 리더, 추종자, 그리고 조직상황에 따른 효과적인 리더십은 어떠한 유형인지를 살펴보는 것은 조직의 목표달성을 위해 중요한 과제일 것이다. 분명 리더십 없이는 조직성과는 미미할 것이다. 이것이 리더십을 학습해야 하는 이유이기도 하다.

이런 시각에서, 이 장에서 리더십의 의의와 특징, 리더십이론의 발달과정 및 다양한 리더십 이론을 살펴보고자 한다.

▌제1절 리더십의 의의

1. 리더십의 개념과 특성

조직은 성장과 생존을 위해 효과적인 리더십이 요구된다. 이리하여 모든 조직은 훌륭한 리더를 찾고 있다. 이처럼 조직의 목표를 달성하고, 건강성을 유지하기 위해 필수불가결한 리더와 관련하여 리더십은 어떻게 정의되고 있는가? 다음과 같이 매우 다양한 리더십 정의를 만날 수 있다.

Stogdill(1974)의 지적처럼, 리더십의 정의는 리더십 연구를 수행한 사람의 수만큼 많다. Hersey와 Blanchard(1982)가 정의한 것처럼, 본서에서는 리더십(leadership)이란 주어진 상황에서 조직목표 성취를 위해 노력함에 있어 의사소통을 통하여 개인이나 집단의 행태와 활동에 영향을 미치는 과정(the process of influencing)으로 이해하고자 한다. 리더십은 사람들과 함께, 그리고 사람들을 통하여 조직의 목표를 성취하는데 관련되어 있다. 리더십은 어떤 목표를 달성함에 있어 다른 사람에게 영향을 미치기 위해 시도하는 것에 관련한 대인관계과정(interpersonal process)이다.

- 리더십은 다른 사람의 행태에 영향을 미치는 재능(gift)이다.
- 리더십은 한 집단의 구성원 사이의 상호작용(interaction)이다.
- 리더십은 개인에서 집단으로 전이(transition)하는 단계이다.
- 리더십은 조직의 일상적 지시에 기계적으로 순종하는 것 이상의 영향력 증대를 말한다.
- 리더십은 다른 사람의 업무를 지도하고 그리고 협력하는데 있어 공식적 혹은 비공적인 권위의 행사이다.
- 리더십은 어떤 사람이 임무를 수행함에 있어 다른 사람들에게 영향을 미치는 과정이다.
- 리더십은 공통적 목표(common goal)를 성취함에 있어 따르도록(to follow) 사람들에게 영향을 미치는 과정이다.
- 리더십은 집단의 목적을 위해 자발적으로 노력하도록(to strive willingly) 사람들에게 영향을 미치기 위한 활동이다.
- 리더십은 조직목표를 달성하기 위해 의사소통을 통하여 다른 사람들의 행태와 활동(activities)에 영향을 미치는 과정이다.
- 리더십은 조직의 목표를 효과적으로 달성하기 위하여 집단 성원으로 하여금 목표 수행에 자발적으로 공헌할 수 있도록 유도·조정하는 리더의 행동 또는 과정이다.

・ 리더십은 바람직한 목적을 성취하기 위해 사람들을 동기부여시키고, 그리고 조정하는 기술이다.
・ 리더십은 어떤 목표를 성취하기 위해 다른 사람들의 노력을 극대화하는 사회적 영향과정이다.
・ 리더십은 조직구성원의 지각이나 기대 그리고 상황의 구조나 재구조화를 포함하는 집단에서 둘 이상의 구성원간의 상호작용이다.

이러한 리더십 정의에는 몇 가지 요인들이 포함되어 있다.
① 리더십은 사람들 사이에서 일어난다. 리더십은 리더와 추종자에 의해 목표를 공유하고, 상호간의 영향력이 일어난다. 즉 상관이 부하에게 영향을 미치며, 또한 부하가 상관에게 영향을 미친다.
② 리더십은 영향력의 활용(the use of influence)이 포함되어 있다. 영향력은 다방향적이고 그리고 비강압적이다.
③ 리더십은 의사소통과정의 중요성이 포함되어 있다. 의사소통의 명확성과 정확성은 추종자의 행태와 성과에 영향을 미친다.
④ 리더십은 목표달성에 초점을 둔다. 효과적 리더는 개인, 집단, 그리고 조직목표를 다루어야만 한다.
⑤ 리더십은 현재의 상황(status quo)을 유지하는 것이 아니라 변화를 일으키는 것이 포함된다. 변화추구는 리더에 의한 지시에 의한 것이 아니라 리더와 추종자에 의해 공유하는 목표를 반영한다. 또한 리더와 추종자는 바람직한 미래를 향해 변화를 추구함에 있어 활동적으로 관련한다. 각 개인은 바람직한 미래를 성취하기 위해 개인적 책임을 진다.

| 그림 8-1 | 리더십에 포함되는 것

영향력 (influence)		의향 (intention)
추종자 (followers)	리더 (Leader)	개인적 책임감 (personal responsibility)
공유된 목표 (shared purpose)		변화 (change)

출처: Daft(1999: 6).

특히 리더십의 과정은 리더(leader), 추종자(follower), 그리고 상황 (situation)이라는 변수의 함수이다($L = f(l, f, s)$). 즉 리더십과정의 보다 정확한 묘사는 3가지 렌즈(lenses)인 리더(인성, 지위, 경험 등), 추종자(가 치, 규범, 응집력 등), 상황(업무, 스트레스, 환경 등) 모두를 활용해야 한다. 이러한 리더십 영향은 두 가지 원천에서 나온다. 하나는 특정한 직무에 부여 되는 공식적인 권위인 리더의 지위에 따른 권한이다. 다른 하나는 추종자가 따르고자 하는 자발성이다(Altman; Valenzi, & Hodgetts, 1985: 284).

리더십은 단지 상급자/부하와 같은 계층제적 관계를 가정하는 것은 아 니다. 또한 리더십은 특별한 권한의 유형(a special form of power)이다. 즉 리더십은 권한(power)과 밀접하게 관련되어 있지만, 조직에 있어서 지위 에 할당된 권한 이상의 의미를 가진다. 이점에 있어서 리더의 개인적 특성에 기 초한 능력이 광범위한 문제에 있어서 추종자를 자발적으로 따르게 한다 (Etzioni, 1965). 이처럼 리더십은 집단의 구성원이 생각하는 것과 행동하는 것에 대한 영향력(influence)이다.

이러한 의미에서 공식적 계층제(official hierarchy)에서의 어떤 지위를 의미하는 헤드십과 구별된다. 리더십은 반드시 헤드십을 필요로 하는 것은 아니다. 리더십은 단순히 조직목표를 위해 단순히 조직구성원을 명령하는 것 이 아니라 조직구성원이 높은 목표를 성취하는 것을 원하도록 영향을 미치는 과정이다.

◇ **리더십과 헤드십(Headship)**

Holloman(1968)에 의하면, 리더십은 집단에 의해 부여되는 반면에, 헤드십은 집단에게 강요하는 것으로 이해하고 있다. Gibb(1969)는 헤드십의 특징을 다음과 같이 제시하고 있다.

- 헤드십은 집단과정과 관련하여 조직화된 시스템을 통하여 유지된다.
- 헤드십에 있어 집단의 목표는 집단관심에 따라 책임자(head person)에 의해 선택된 것이며, 집단자체에 의해 내부적으로 결정되는 것이 아니다.
- 헤드십의 경우, 설정된 목표를 추구함에 있어 거의 공유하는 감정 혹은 연합작용(joint action)하는 것이 없다.
- 헤드십에 있어, 사회적 거리(social distance)를 유지하기 위한 노력하는 헤드와 집단구성원 사이에 사회적 격차(social gap)가 광범위하다.
- 리더의 권위는 집단구성원에 의해 자발적인 부여인 반면에, 헤드의 권위는 집단구성원에게 지배하는 그룹이외의 권력(보상에 대한 기대보다 오히려 처벌에 대한 공포)으로부터 도출된다.

2. 리더십의 환경변화

조직은 끊임없이 변화한다. 오늘날 세계는 보다 심오하고 그리고 광범위하게 영향을 미치는 변화를 겪고 있다. 급속한 환경적 변화는 조직에 대해 극단적 영향을 가져오는 근본적인 변혁을 야기하며, 그리고 리더십에 대한 새로운 도전으로 나타난다. 이러한 변혁은 〈표 8-1〉과 같이 전통적 패러다임에서 새로운 패러다임으로의 이동으로 나타난다. 리더는 세계에서 일어나는 변혁에 조화하려는 신념을 가질 때 조직을 성공적으로 이끌 수 있다.

오늘날 세계는 끊임없이 이동함으로, 세계는 질서보다 오히려 무질서로 특징지워진다. 이리하여 새로운 패러다임은 무작위하고, 그리고 불확실성에 의해 특징지워진다. 사소한 사건이 때론 거대하고 그리고 광범위하게 영향을 미치는 결과를 초래한다. 리더가 직면하는 새로운 패러다임을 간략하게 살펴보면 다음과 같다(Daft, 1999: 8-13).

첫째, 오늘날의 리더는 끊임없는 변화의 불가피성을 수용하는 '흐름에 맡기는(go with the flow)' 것을 학습해야 한다. 또한 리더는 변화자체를 잠재적인 에너지 원천으로 인식해야 한다. 변화를 어떤 것을 보다 좋게 하는 것의 기회로 이해해야 한다. 나아가 리더는 개개 노동자와 조직자체의 안정보다 계속 진행하여 발전한다는 가치관을 가지고 있어야 한다.

둘째, 권력분배에 관한 옛날의 가정은 오늘날 더 이상 타당하지 않다. 사람들은 자신의 직무와 관련하여 권한위임과 참여를 요구한다. 오늘날 리더는 권력을 비축하는 것보다 오히려 권력을 공유할 필요가 있다.

셋째, 권한위임으로의 이동은 경쟁과 갈등보다 협력을 강조하는 새로운 작업방식과 직접적으로 연계되어 있다. 이리하여 타협(compromise)이 약점이 아니라 강점의 징표가 되고 있다. 수평적 협력은 부서 사이의 경계를 제거하고, 그리고 조직에 있어 지식을 확산하는데 기여하고 있다.

넷째, 조직 내 그리고 조직 사이의 협력의 증대는 사물에 대한 강조로부터 관계의 강조로 이동하는 근본적인 변혁을 초래하고 있다. 산업화 시대는 조직을 사물에 대한 집합(conglomeration)으로 간주했지만, 새로운 패러다임의 세상은 복잡하고 동태적인 시스템으로 인식한다. 리더는 예 혹은 아니오(yes or no), 흑백(black-or-white)의 기반으로 조직을 운영하는 것이 아니라 중간영역(gray areas)을 다루는 것을 학습해야 한다.

다섯째, 세계는 국가적 수준과 세계적 수준 모두에서 급속하게 다양성이 확산되고 있다. 조직을 다양성으로 이동하게 하는 것은 최상의 인적 재능을 끌어들이는 방법이며, 그리고 광범위한 조직사고방식(organizational mind-set)을 발전시키는 것이다.

표 8-1 ▌새로운 리더십 현실

옛날 패러다임(old paradigm)	새로운 패러다임(new paradigm)
산업화시대(industrial age)	정보화시대(information age)
안정(stability)	변화(change)
통제(control)	위임(empowerment)
경쟁(competition)	협력(collaboration)
사물(things)	사람과 관계(people and relationships)
획일성(uniformity)	다양성(diversity)

자료: Daft(1999: 9).

제2절 리더십과 관리

1. 관리의 본질

관리(management)는 조직자원의 기획, 조직화, 충원 및 통제를 통해 효율적이고 효과적인 방식으로 조직목표를 달성하는 것으로 정의된다. 관리는 사람을 통해 수행되는 과업에 관한 예술(art)이다. 이러한 관리는 조직내 공식적 권위(formal authority)와 관련되어 있다.

〈그림 8-2〉와 같이 전통적으로 제시되고 있는 관리기능인 기획, 조직화, 충원, 지도, 통제는 관리자의 성공을 위해 매우 중요하다. 또한 관리의 기능은 관리자가 수행하는 광범위한 활동에서 파악할 수 있다.

관리자가 이들 기능을 수행함에 있어, 업무를 숙고하고, 그리고 업무를 기획하는 데 시간을 쏟지 못하고, 대부부의 시간을 다른 사람과 대화하고 그리고 의견을 청취하는데 소비한다. 관리자는 자신의 시간 80%를 다른 사람과의 언어적 상호작용(verbal interaction)하는데 보낸다(Reitz, 1987: 10).

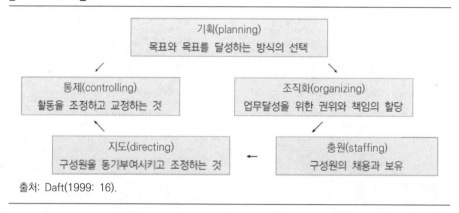

출처: Daft(1999: 16).

2. 리더십과 관리의 관계

리더십과 관리 모두는 조직을 위해 방향을 제시하는데 관심이 있다. 때론 리더십과 관리가 상호 교환적으로 사용된다. 하지만, 리더십은 관리를 대치할 수 없다. 리더십은 관리에 부가될 수는 있다.

위임에 대한 선호와 불확실성 회피라는 2가지 차원에서 리더십과 관리에 관한 차이점을 이해할 수 있다. 위임에 대한 선호(preference for delegation)는 최고관리층이 낮은 계층의 관리를 격려하는 정도이다. 최고관리층이 낮은 계층의 관리자에게 의존하고, 낮은 계층의 관리자가 최고관리층의 승인 없이도 결정할 수 있다면 위임에 대한 선호가 높다. 반면에 불확실성의 회피(uncertainty avoidance)는 최고관리층이 주요한 위기에 관련된 선택을 혹은 행동을 취하는 것을 회피하는 정도이다. 이에 최고관리층이 위기를 감수하는 경향이 있다면 불확실성의 회피는 낮다.

이와 같은 2가지 리더십 차원으로 〈그림 8-3〉과 같이 4가지 리더십 스타일(마에스트로, 관리자, 리더, 생산자)로 구별할 수 있다(Burton, et al., 2006: 137-140).

① 마에스트로(maestro) - 마에스트로는 위임에 대한 선호가 낮고, 그리고 불확실성 회피가 낮다. 마에스트로는 자기자신의 바램과 부합하는 결정을

보장하기 위해 직접적으로 개입한다. 또한 마에스트로는 조직에 대한 장기적 결정의 불확실성을 회피하지 않는다. 마에스트로 리더십 스타일은 소규모의 신규회사에 적합하다. 또한 마에스트로 리더십 스타일은 합병과 같은 주요한 변화 혹은 위기에 적절하다.

② 관리자(manager) - 관리자는 높은 불확실성 회피가 높고, 그리고 위임에 대한 선호가 낮다. 관리자는 전략적 결정보다 운영통제에 보다 많은 초점을 둔다. 관리자는 부하를 관리하는데 있어 의사결정의 권위를 위임하는 것이 아니라 대신에 공식화된 규칙을 활용한다.

더욱이 리더십에 대한 관리자 접근은 효율성에 관련한 혁신을 제외하고 조직의 기술에 위협이 있는 혁신에 거의 관심이 없다. 이에 관리자 리더십 스타일은 장기적 관점에서 조직이 성공할 수 있는 이슈를 간과하고 단기적 지향을 보인다.

③ 리더(leader) - 위임에 대한 선호가 높고, 그리고 불확실성 회피가 낮다. 리더는 조직을 위해 다른 사람들도 좋은 결정을 할 수 있다는 것을 확신한다. 리더는 장기적 불확실성을 회피하는 것이 아니라 전략적 결정에 보다 많은 관심을 가짐으로써 도전을 받아들인다. 리더는 자기 자신과 부하들에게 새로운 아이디어, 진취성, 프로젝트를 격려한다. 또한 리더는 새로운 아이디와 행동을 탐구한다. 나아가 리더는 장기적 관점에서 전략적 고려에 보다 많은 초점을 둔다.

④ 생산자(producer) - 생산자는 위임에 대한 선호가 높고, 그리고 불확실성 회피가 높다. 생산자는 효율성과 효과성 모두에 초점을 둔다. 생산자는 새로운 재품과 서비스를 소개하고 그리고 발전시키는 것을 보장한다. 불확실성을 회피하기 위해 생산자는 사소한 감독은 위임하고, 그리고 장기적 관점의 전망과 기획에 초점을 둔다. 또한 생산자는 부하의 관리적 자원을 활용한다.

위임에 대한 선호
(preference for delegation)

		낮음	높음
불확실성 회피 (uncertainty avoidance)	높음	관리자 (manager)	생산자 (producer)
	낮음	마에스트로 (maestro)	리더 (leader)

출처: Burton, De Sanctis & Obel(2006:137).

또한 리더십과 관리는 다음과 같이 몇 가지 점에서 중요한 차이점이 있다.

첫째, 관리는 여러 가지 목적을 성취하는데 있어서 인원, 장비, 정보를 활용하는 것이 포함되어 있다. 관리는 조직과 동의어이지만, 리더십은 조직 밖에서도 존재할 수 있다. 모든 리더십의 행태가 조직목표를 성취하기 위해 지향하는 것은 아니다. 어떤 조직에서 관리자가 조직의 목표보다는 개인의 목표를 성취하기 위해 노력하는 경우 관리보다 리더십에 종사하고 있다고 볼 수 있다. 이런 의미에서 리더십은 관리보다 포괄적인 개념이다(Hersey & Blanchard, 1982: 106-107).

둘째, 관리는 조직목적의 성취를 위한 주요한 변수인 리더십의 특별한 유형으로 생각할 수 있다. 또한 관리는 조직내의 공식적인 권위에 관련되어 있다(Ackeman, 1985). 관리자는 부하(subordinate)를 가진다. 리더는 리더의 목적추진력에 매력을 느끼거나 인정하는 추종자(followers)를 가진다.

셋째, 〈표 8-2〉와 같이 리더는 가치, 기대와 맥락(context)에 초점을 두는 반면에, 관리자는 추종자의 행태에 대한 통제와 결과에 초점을 둔다. 또한 리더는 현상에 대해 도전하고, 장기적인 관점을 취하는 반면에, 관리자는 현상을 유지하고, 단기적 관점을 취한다. 즉 관리자는 정책 혹은 절차에 추종자들이 순응하는 것을 강조한다. 리더는 관리보다 집단구성원에 대한 성향에 있어서 보다 개인적(personal)이다(Hughes, Ginnett, & Curphy, 2006: 39).[19]

표 8-2 ▌ 리더와 관리자

리더	관리자
혁신(innovate)	행정가(administer)
추종자(followers)를 가짐	부하(subordinates)를 가짐
비전(vision)	계획(plan)
수입(revenues)	지출(expenses)
원본(original)	모방(copy)
발전(develop)	유지(maintain)
코치(coach)	훈련(train)
영감(inspire)	통제(control)
협력(synergy)	조정(coordinate)
사람 중심 (focus on people)	구조와 시스템 구축 (focus on system & structure)
장기적 관점(long-term view)	단기적 관점(short-term view)
목적과 이유에 대한 물음 (ask what and why)	방법과 시점에 대한 물음 (ask how and when)
고안하다(originate)	시작하다(initiate)
현재 상태에 대한 도전 (challenge the status quo)	현재 상태의 수용 (accept the status quo)
옳은 일을 행하다(do the right things)	일을 올바르게 행하다(do things right)

자료: Hughes, et al.(2006: 39, 392)를 재구성한 것임.

19 Lawton과 Rose(1991: 142)는 관리란 정치적 활동(political activity)이라고 규정하고, 이에 관리자의 역할은 ①위기관리자(crisis handler), ②자원 할당자(resource allocator), ③권위부여자(authoriser), ④협상자(negotiator), ⑤조정자(monitor), ⑥평가자(evaluator)로 활동하는 것이라고 제시하고 있다. 또한 보편적인 관리능력에 기초한 일련의 포괄적인 관리기능(generic management functions)은 ①고객의 요구에 대응하고, ②사람들을 관리하고, ③재정자원을 관리하고, ④정보를 관리하는 것이라고 규정한다. Manning(1984)은 최고관리자에게 중요한 기능은 상담, 협상 그리고 회의를 주제하는 것이며, 중간관리자에게 중요한 기능은 집단작업과 팀을 구성하는 것이며, 하급관리자에게 중요한 기능은 구체적인 직무기술, 기술적 혹은 전문가적 능력이라고 제안한다.

제3절 리더십이론

　　리더십이론은 리더십의 다양한 측면을 설명하는 것이다. 이들 이론은 성공적인 리더십을 보다 잘 이해하고, 예측하고, 그리고 통제하는데 활용된다. 이러한 리더십 연구는 1930년대부터 사회심리학과 조직행태분야에 주요한 연구과제가 되었으며, 1940년부터 1970년대까지 리더십 연구는 〈표 8-3〉과 같이 특성이론, 행태 혹은 기능적 시각의 이론, 상황(situational)이론 혹은 상황적합(contingency)이론으로 형성되어 왔다. 1970년 중반부터 학자들은 리더십 연구에 있어서 리더가 복잡한 조직의 구조, 문화 및 성과뿐만 아니라 추종자의 감정, 동기, 선호, 갈망, 몰입에 어떠한 영향을 미치는가에 초점을 두고 있다. 이들 리더십 연구로 카리스마 리더십이론(House, 1977), 변혁적 리더십(Burns, 1978; Bass, 1985), 비전(visionary) 리더십이론(Sashkin, 1988) 등이다.[20] 이들 리더십 연구는 상징적인 리더의 행태, 비전적이고 영감적인 능력, 비언어적인 의사소통, 이상적인 가치의 호소, 부하들에게 권한 위임 등을 강조한다(House & Podsakoff, 1994: 55).

　　특히 1970년 이후 많은 리더십 연구자들은 리더십 연구가 업무상황에서 리더와 부하사이의 교환에 너무 좁은 시각을 집중하고 있고, 그리고 상당히 양적인 모형과 분석을 강조하고 있다. 이리하여 몇몇 학자들은 리더십 연구를 정치적 분석과 역사적 분석과 같은 다른 원천에서의 리더십 생각과 보다 폭넓은 이슈에 대한 관심, 그리고 인터뷰 조사와 사례연구와 같은 보다 질적인 연구에 관심을 가지게 되었다.

---

20 비전리더십은 리더가 팔로워에게 조직의 미래에 대한 강력한 비전을 제시한다. 비전 (vision)이란 조직의 가치 안에서 이상적인 조직의 미래상태를 표현한 것이다. 비전은 구성원들이 불확실한 상황에서 어떻게 행동해야 되는지에 대한 신념체계, 즉 무엇을 구성원들이 지향해야 되는지에 대한 지침이다. 비전리더십이 영향력을 발휘할수록 종업원들은 조직의 목적과 자신의 목적을 하나로 일치시키게 된다. 또한 비전리더가 제시한 고무적 비전을 함께 공유하는 구성원들 간에 유대감이 형성되어 서로서로를 도와주는 행위가 증가할 수 있고, 이러한 비전을 통해 하나가 된 조직에 대해 서로 이로운 행위가 발생할 수 있다(이수정·윤정구, 2012: 38).

▌표 8-3 ▌ 리더십 연구의 흐름

연구방향	연구내용
리더십 자질(특성)이론 (20세기 초~1940년대)	• 리더를 중심으로 성공적인 리더의 특성을 연구하는데 초점 • 리더는 태어남, 만들어지지 않음(Leaders are born, not made). • 성공적인 리더의 성격 및 신체적인 특성이 연구대상
리더십 행동이론 (1950~1960년대)	• 리더와 부하 간 관계를 중심으로 리더의 행동을 연구 • 리더의 행동 유형과 리더십 효과에 관한 연구 • 독재적-자유방임적, 구조주도적-배려중심적, 생산지향적-인간 지향적

리더십 상황이론
(1970~1980년대)
	• 리더십 과정에서 작용하는 주요 상황을 중심으로 리더와 상
	  황의 관계를 연구
	• 리더에게 작용하는 환경적 상황요소와 리더십 효과성에 관한
	  연구(리더와 부하의 특성, 과업성격, 집단구조, 조직의 강화작용 등)

새로운 리더십
(1990년대 이후)
	• 리더는 비전을 가져야 하며, 구성원들에게 강한 정서적 반응을
	  이끌어냄
	• 카리스마 리더십, 변혁적 리더십, 슈퍼 리더십, 셀프 리더십,
	  서번트 리더십, 진성리더십, 코칭리더십, 여성적 리더십

자료: 이인서(2014: 310)에 기초하여 설계함.

이와 같이 리더십 이론은 〈그림 8-4〉와 같이 특성이론, 행태유형, 상황적 변수에 의해 설명할 수 있으며, 리더가 곧 조직의 효과성(생산, 효율성, 질, 유연성, 만족감, 경쟁력, 발전) 측정에 있어서의 차이를 일으킬 수 있다(Gibson, et al., 2006: 290).

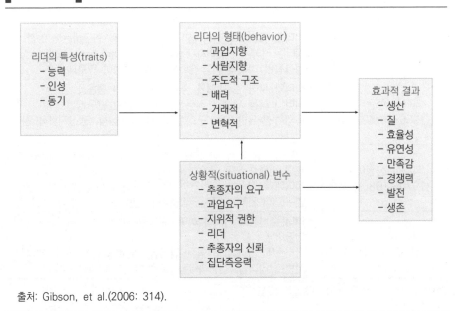

출처: Gibson, et al.(2006: 314).

1. 자질(특성)이론

　　1800년대에서 1900년 초에 위대한 리더는 만들어지는 것이 아니라 태어나는 것으로 믿었다.[21] 특히 1차 세계대전 말엽에서부터 2차 세계대전 이후까지 연구자들은 주로 리더십 특성이론에 초점을 두고 있었다. 위인설(the Great Man theory)로 알려진 리더십의 자질이론(trait theory)은 성공적인 리더에서 발견되는 중요한 자질을 인지하는 것이다. 즉 최상의 리더는 일련의 공통적 특성(a certain set of characteristics in common)을 소유하고 있다. 이러한 위인접근법은 리더가 소유하는 자질(예를 들면, football coach인 Tom Osborne at Nebraska, Bobby Bowden at Florida State

---

[21] 이 이론은 역사란 사람의 시녀라는 시각이었다. 이리하여 위대한 사람(great man)이 실제로 역사의 형성과 방향을 변화시키는 것으로 이해하였다. 위대한 사람은 뒤떨어진 개인 (lesser individual)보다는 효과적으로 그리고 신속하게 역사적 장벽을 극복할 수 있다는 것이다(Van Wart, 2005: 5). 자질이론에 관한 자세한 내용은 이영균·김선홍(2006) 참조.

University)은 리더가 아닌 사람이 소유하고 있는 자질과 구별된다는 것이다.

리더십의 자질에 대해 몇몇 학자들은 다음과 같이 제시하고 있다.

첫째, 1948년 Stogdill은 124편의 리더십 연구에 대한 검토를 통해 리더십 능력을 가진 개인은 팔로워 혹은 부하보다 유창하고(fluent), 독창적이고(original), 적응적이고(adaptable), 반응적이고(responsible), 대중적이고(popular), 업무수행의 능력(capable)이 있다고 주장하고 있다.

둘째, Kossen(1983)은 리더십을 구성하는 자질로 ① 창의적으로 문제를 해결할 수 있는 능력, ② 의사소통하고 청취할 수 있는 능력, ③ 성취에 대한 강한 열망, ④ 다양한 관심과 사회성(sociability), ⑤ 부하들에 대한 긍정적이고 신중한 태도, ⑥ 자신감(self-confidence), ⑦ 열의(enthusiasm), ⑧ 자제력(self-discipline), ⑨ 매너(manner), ⑩ 정서적 안정 등을 제시한다. 이들 리더십의 특성은 학습될 수 있고, 그리고 발전될 수 있다고 주장한다.

셋째, McKinney와 Howard(1998: 281-282)는 리더십을 구성하는 자질로 다음과 같이 제시하고 있다. ① 목표성취를 위해 지속적으로 노력하는 성실성(single-mindedness), ② 지적인 사고능력, ③ 육체적인 정열, ④ 균형적인 인성 - 리더는 개인적 욕구를 조직의 목표에 관련시켜야 한다. ⑤ 자신감(self-confidence) - 리더는 다른 사람을 공평하게 대하는 능력, 자제, 단호함을 소유해야 한다. ⑥ 정직 - 리더는 보다 높은 공익을 성취하기 위해 노력해야 한다.

◇ 아래의 뛰어난 리더들이 소유하고 있는 공통적인 개인적 자질과 특성이 무엇인지? 이들 리더이 공유하는 육체적 특성(physical traits), 지능과 성격적 특성이 무엇인지? 우리는 리더의 본질에 관해 무슨 결론을 내릴 수 있는가?

Jesus Christ	Martin Luther King, Jr.	Adolf Hitler	Napoleon Bonaparte
Mahatma Gandhi	Dwight D. Eisenhower	Moses	Mao Tse-Tung
Winston Churchill	Franklin D. Roosevelt	Golda Meir	Vince Lomardi
Abraham Lincoln	Margaret Thatcher	Robert E. Lee	Joan of Arc

자료: Reitz(1987: 467-468).

자질(traits)은 어떤 사람에게 상대적으로 오랫동안 영속하는 특성 (enduring characteristics)이다. 이런 맥락에서 초기 자질이론의 학자들은 리더는 추종자의 특성과 구별되는 조합된 특성을 상속받았다고 생각했다. 리더십 자질에 관한 연구들은 〈그림 8-5〉와 같이 효과적인 리더십을 예측하기 쉬운 리더의 특성으로 드라이브, 리더하고자 하는 동기, 정직과 진실성, 자신감, 감정적 성숙 등을 들 수 있다.

① 드라이브(drive) - 목적추구에 있어 높은 수준의 에너지, 노력, 지구력. 드라이브를 가진 리더는 성취를 추구하고, 에너지와 끈기를 소유하고, 자신의 목표를 성취하는데 야망와 진취력을 소유하고 있다.

② 리더하고자 하는 동기(motivation to lead) - 다른 사람에게 영향을 미치고자 하는 강한 열망, 다른 사람에게 편안하게 권력을 행사하는 사람

③ 정직과 진실성(honesty/integrity) - 신뢰, 개방성, 솔직담백함. 진실성은 언행의 일치가 있는 것이다. 이러한 미덕은 리더와 팔로워 사이에 신뢰의 토대가 된다. 정직과 진실성의 자질을 소유하는 것은 회의론(skepticism)을 최소화하고, 그리고 생산적 관계를 건설하는데 필수적이다.

④ 자신감(self-confidence) - 자기 자신의 능력에 대한 강한 믿음, 자신과 다른 사람에 대해 높은 기대를 가지고 있는 사람, 장애를 극복하고, 목적을 성취함에 있어 낙관주의적 경향이 있는 사람. 긍정적 자아 이미지를 가진 리더, 그리고 자기 자신의 능력에 관해 확신을 보여주는 리더는 팔로워 사이에 신뢰를 발전시키고, 존경과 찬양을 얻을 수 있으며, 그리고 도전에 대처할 수 있다.

⑤ 감정적 성숙(emotional maturity) - 스트레스와 압박에 직면했을 때 평온하고 침착한 사람, 자기 자신의 약점과 강점에 관한 자기인식이 정확한 사람, 비판에 직면했을 때 과도하게 방어적인 성향이 아닌 사람.

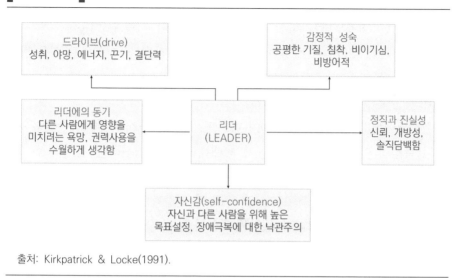

출처: Kirkpatrick & Locke(1991).

수백건의 리더십 연구에서 불행하게도 연구자들은 위대한 리더로 변치 않게 구별할 수 있는 일련의 특성에 대한 합의에 도달하지 못했다. 이처럼 성공적인 리더의 특성에 초점을 둔 자질이론은 다음과 같은 문제점이 제기된다(이영균·김선홍, 2006: 25).

첫째, 리더십의 자질이 모든 직무에 동일하게 유지되는 것이 아니라, 직무요구에 의해 리더의 행태 변화가 일어나야 한다.

둘째, 관리자가 소유하고 있는 리더의 자질이 자동적으로 관리의 성공을 보장하는 것은 아니라.

셋째, 리더십 상황에 관한 본질을 고려하지 못하였다. 즉 모든 리더십의 상황이 동일한 것으로 간주하고 있다.

넷째, 모든 성공적인 리더들이 정확하게 동일한 자질을 가지고 있는 것은 아니다. 일련의 리더 인성이 리더와 비리더(nonleader)를 일관성 있게 구별하지 못한다. 즉 리더와 비리더를 구별하는 일련의 인성적 특성을 도출하는데 실패했다. 나아가 개개인의 특성에 의한 리더십이론은 리더와 추종자의 관계를 설명하지 못한다. 이처럼 인성의 특성은 리더십의 예측변수로서 일관성이 없다.

2. 행태이론

1940년 후반부터 리더십 연구자들은 사람이 어떻게 행동하는가가 그 사람의 리더십 효과성을 결정한다고 생각하기 시작했다. 리더의 특성을 탐구하는 대신에 이들 연구자는 행태를 조사하기 시작했으며, 그리고 추종자의 성과와 만족감에 대한 리더의 영향력을 탐구하기 시작했다.

행태이론(behavior theory)에 따르면, 조직 효과성을 결정하는 것은 리더의 특성이 아니라 리더가 추종자에 대해 실제로 처신하는 방식(how the leader behaves toward followers)이라는 것이다. 이 이론은 리더의 개인적 특성에 초점을 두는 것이 아니라 리더의 실질적인 행태와 행동에 초점을 둔다. 이에 이 이론은 리더가 무엇을 하는가와 리더가 효과적인 리더가 되기 위해 어떻게 처신하는가를 강조한다.

이와 같이 행태이론은 리더의 행태와 추종자에 대한 리더의 영향에 초점을 둔다. 즉 행태이론은 효과적인 리더와 비효과적인 리더를 구별하는 것으로 리더의 행태에 초점을 둔다. 행태접근법의 결과물은 리더십 유형을 분류하거나 혹은 행태의 패턴을 분류하는 것이다. 이러한 접근법은 리더십의 복잡성을 이해하는데 유용한 수단이다.

이러한 행태이론의 근본적 단점은 최상의 리더십 스타일이 있다고 가정하는 경향이 있다. 즉 행태학파의 학자들은 최상의 리더십 스타일로 민주적으로 처신하는 리더를 지각하는 경향이 있었다. 하지만 최상의 리더십 스타일은 존재하지 않는다. 효과적인 리더십 스타일은 상황의 본질에 의존한다.

리더십의 행태적 접근법에 공헌한 연구로 〈표 8-4〉와 같이 Lewin, Lippit 및 White의 연구, 오하이오 주립대학교의 연구, 미시간대학교의 연구, 텍사스대학교의 연구 등이 있다.

│ 표 8-4 │ 리더행태연구의 주제

구분	사람지향 (People-Oriented)	과업지향 (Task-Oriented)
Lewin, Lippit, White의 연구	민주적 리더십	권위적 리더십
Ohio State University	배려	과업구조
University of Michigan	종업원 중심	직무 중심
University of Texas	사람에 대한 관심	생산에 대한 관심

1) Lewin, Lippit, White의 연구

Lewin, Lippit, White(1939)는 아이오와 주립대학교(Iowa State University)에서 McGregor가 기술한 Theory X와 Theory Y 관리자에 대해 연구를 수행했다. 즉 소규모 연구집단을 대상으로 조직구성원의 성과와 만족에 관해 3가지 다른 리더십 효과를 평가하였다. 10세 소년들을 대상으로 장난감 만들기 작업을 시키는 과정에서 3개의 상이한 리더유형(초등학교 교사)을 적용하여 그 결과를 측정하였다. 매 6주마다 리더를 그룹 사이에 교대하고, 각 그룹은 각 리더십 유형을 경험하게 했다. 18주 이후 참여한 소년의 행태와 생산성을 관찰한 결과, 권위주의 리더십과 민주적 리더십유형은 〈그림 8-6〉과 같이 의사결정에서의 참여정도에 있어 차이가 있었다.

│ 그림 8-6 │ 참여적 의사결정의 범위

권위형(autocratic) 집단은 의사결정에 참여하지 않는다.	관리자가 질문(questions)을 요청한다.	민주형(democratic) 집단이 많은 영역에서 의사결정을 발의하고 그리고 결정한다.
	관리자가 제안(suggestions)을 요청한다.	
	집단이 제한된 영역에서 사소한 결정을 한다.	

자료: Lundgren(1974: 337).

① 권위주의형(authoritarian) - 모든 정책은 리더가 결정한다. 권한과 통솔이 집중되어 있는 강력한 리더형이다. 권위주의 리더십은 자유방임형 리더십과 같이 부하들과 상담하지 않고, 제안을 요청하지 않으며, 리더의 행동에 대한 어떠한 설명과 이유를 제시하지 않는다.

권위주의 리더십은 업무수행에 있어 보상과 처벌(reward and punish)에 관련한 자신의 능력에 의존한다. 동기부여의 기법은 주로 공포의 산물 (production of fear)이다. 이러한 권위주의 리더십은 다음과 같은 상황에서는 적절하다. 행동을 매우 빨리 취해야 하는 상황(전투와 같은 상황 등)과 업무가 매우 루틴한 영역에서는 권위형 리더십이 보다 효과적일 것이다.

② 민주형(democratic) - 모든 정책은 집단토론을 통해서 결정한다. 리더가 부하들에게 몇몇 권한과 권위를 위임한다. 민주형 리더십은 리더의 의사결정에 부하를 종종 참여시키는 지원적 리더십(supportive leadership) 이다. 이러한 민주형 리더십은 권한공유(power sharing)와 참여적 의사결정으로 특정된다. 책임이 집중되는 것보다 분산된다.

③ 자유방임형(laissez-faire) - 리더가 조직의 계획이나 운영상의 결정에 관여하지 않고, 국외자와 같은 수동적 입장에서 행동하며, 조직구성원들에게 모든 일을 방임하는 자세이다. 즉 부하가 자신의 목적을 선택하고 그리고 자신의 업무를 모니터하는데 전적으로 자유를 가지는 것이다. 이처럼 자유방임형 스타일에는 지시적 리더십(direct leadership)이 부재하며, 리더는 부하들을 활동하게 하는 가장 중요한 역할이란 조정자(coordinator)라는 것이다. 이러한 자유방임형 스타일은 대학구조에 발견된다. 대학교수들은 자신의 직무에 관한 계획에 있어 상당한 자유를 가진다. 하지만 대학에서도 강의계획표가 설정되며, 수용할 수 있는 연구결과의 질에 대한 상당한 압박이 있다.

이 연구의 실험 결과는 다음과 같이 도출되었다.

① 조직구성원들의 만족감은 민주형 〉권위형 〉자유방임형 리더 순으로 만족감이 높았다.

② 권위형 리더 밑에서는 현재적 공격성의 정도가 가장 높다.

③ 권위형 리더십이 민주적 리더십 보다 많은 양을 생산하였다. 하지만, 생산품의 질은 민주형 리더가 좋다. 권위형 리더십에서 보다 많이 의존적이고 그리고 순종적인 행태를 보였다.

④ 자유방임형 리더십은 낮은 생산성, 낮은 질의 생산, 보다 많이 놀고 있었다.

⑤ 일에 대한 흥미는 민주형 리더 하에서 가장 높았다.

2) 오하이오 주립대학교의 연구

오하이오 주립대학교(Ohio State University Studies)의 Fleisman과 동료학자들(1955)은 1945년에 시작한 연구에서 대략 2,000 문항의 리더행태목록을 수집한 다음, 중요한 리더십 기능을 기술한 것을 선택하여 최종적인 리더십 행태의 150 사례가 포함한 설문지인 리더행태기술설문지(Leader Behavior Description Questionnaire: LBDQ)를 발전시켰다. 이것을 수백 명의 조직구성원에게 적용하여 2가지 광범위한 리더행태 유형의 범주인 과업구조와 배려를 도출하였다.

(1) 과업구조(initiating structure)

과업구조는 리더가 과업지향의 정도와 목표성취를 위해 부하들의 과업활동을 지시하는 정도를 기술한다. 과업구조는 리더가 목표를 설정하고, 직무를 수행하기 위해 구조화하고, 조직구성원의 성과를 조정하는데 행동을 취하는 것을 의미한다. 높은 과업구조의 리더는 목표와 결과에 초점을 둔다. 부하에 대해 과업구조에 초점을 둔 리더는 ① 부하들에게 특정한 과업을 할당한다. ② 회의마감일(meeting deadlines)을 강조한다. ③ 부하들이 표준적인 관례를 따르길 기대한다. ④ 경쟁에 앞서나가길 강조한다(Reitz, 1987: 474).

(2) 배려(consideration)

배려는 리더가 부하에 대해 세심한 정도와 상호신뢰를 수립하는 정도를 기술한다. 배려는 리더의 행태가 조직구성원과의 관계에 있어서 우정, 친근감, 존경, 상호신뢰 등을 표출하는 것이다. 높은 배려를 가진 리더는 개방적 의사소통과 참여를 지지한다.

배려를 많이 보여주는 리더는 ① 개인적 문제를 가진 부하를 돕는다. ② 조직운영에 있어 부하들의 제안을 적용한다. ③ 부하를 동등하게 취급한다. ④ 부하를 옹호한다(Reitz, 1987: 473).

연구자들은 2가지 사항을 발견했다. 하나는 높은 과업구조의 리더는 보다 높은 능력평가등급(proficiency ratings)을 갖지만, 종업원의 불평이 많다. 다른 하나는 높은 배려의 리더는 낮은 능력평가등급과 보다 낮은 결근과 관련이 있다.

또한 두 차원인 과업구조와 배려 수준을 어느 정도로 배합하느냐에 따라 〈그림 8-7〉과 같이 ① 낮은 수준의 과업구조와 높은 배려, ② 높은 수준의 과업구조와 높은 배려, ③ 낮은 수준의 과업구조와 낮은 배려, ④ 높은 수준의 과업구조와 낮은 배려 등의 4가지 리더의 행동으로 분류할 수 있다.

┃ 그림 8-7 ┃ 오하이오주립대학교의 리더십 스타일

| | | 과업구조(initiating structure) | |
		낮음	높음
배려 (consideration)	높음	낮은 과업구조 높은 배려	높은 과업구조 높은 배려
	낮음	낮은 과업구조 낮은 배려	높은 과업구조 낮은 배려

오하이오 주립대학교의 리더십 모델에 대한 비판으로, 첫째, 이 연구는 단순성, 일반화의 부족 및 리더십의 효과성을 측정에 관련된 설문지의 신뢰성에 대한 비판이 있다(Gibson, et al., 2006: 319). 둘째, 리더의 행태와 결과 사이의 관계에 영향을 미치는 상황변수를 고려하지 않았다는 점에 한계가 있다(정우일, 2005: 558).

이러한 비판에도 불구하고, 오하이오 주립대학교의 연구는 효과적 리더십 행태를 이해하는데 상당한 진보를 가져오게 했다. 특히 오하이오 주립대학교 모델에 따라 자신의 리더십 스타일을 분석하는 설문지는 〈표 8-5〉와 같다. 이 설문에 대한 응답 점수로 리더십 스타일을 고려할 수 있다.

① 1번 문항에서 12번 문항의 응답점수가 47점 이상이 되면, 당신은 높은 과업구조(initiating structure)로서 자신의 리더십 스타일을 기술할 수 있다.
② 13번 문항에서 22번 문항의 응답점수가 40점 이상이면, 당신은 배려적 리더(considerate leader)이다. 배려적 리더는 다른 사람에 대한 편안, 복지, 그리고 기여에 관심을 가진 사람이다.

표 8-5 │ 리더십 스타일에 대한 자아진단(self diagnosis)

설문문항	⑤매우 그렇다 ↔ ①전혀 그렇지 않다				
	⑤	④	③	②	①
1. 나는 직무가 어떻게 수행되어야 하는가를 설명하는 시간을 갖는다.					
2. 나는 동료가 집단에서 수행해야 하는 파트를 설명한다.					
3. 나는 다른 사람이 따라야 하는 절차와 규칙을 명확하게 한다.					
4. 나는 자신의 업무활동을 조직화한다.					
5. 나는 사람들에게 자신이 어떻게 잘 할 수 있는 것을 알게 한다.					
6. 나는 사람들에게 기대하는 것을 알게 한다.					
7. 나는 다른 사람이 따라야 하는 것에 대해 통일된 절차를 활용하도록 권장한다.					
8. 나는 다른 사람에 대해 나의 태도를 명확하게 한다.					
9. 나는 다른 사람에게 특별한 업무를 할당한다.					
10. 나는 다른 사람이 집단에서의 자신의 파트를 확실하게 이해하도록 한다.					
11. 나는 다른 사람이 하기를 원하는 업무를 편성한다.					
12. 나는 다른 사람이 표준적인 규칙과 규제를 준수하도록 요청한다.					
13. 나는 보다 즐겁게 직무를 수행하게 한다.					
14. 나는 다른 사람을 돕는데 있어 나의 방식을 고집하지 않는다.					
15. 나는 다른 사람의 감정과 의견을 존중한다.					
16. 나는 다른 사람에 대해 사려 깊고 그리고 배려적이다.					
19. 나는 동등하게 다른 사람을 다룬다.					
20. 나는 다른 사람에게 변화에 대해 미리 알려주고 그리고 변화가 자신들에게 어떠한 영향을 있을 것이라고 설명한다.					
21. 나는 다른 사람의 복지를 내다본다.					
22. 나는 다른 사람에 대해 친근하고, 그리고 접근하는(approachable) 사람이다.					

자료: Hellriegel, et al.(1995: 381).

3) 미시간대학교의 연구

1947년 Rensis Likert(1961)는 바람직한 성과와 만족한 목적을 성취하는데 개인의 노력을 관리하는 최상의 방법을 연구하기 시작했다. Likert의 영감을 받은 미시간 팀은 효과적인 리더십의 원리와 방식을 발견하기 시작했다. 연구자들은 여러 가지 직업현장에서 조직의 서베이(the Survey of Organizations)이라고 불리는 설문지로 초기 현장연구와 인터뷰를 통해 두 가지 구별되는 리더십 유형을 인식했다. 또한 이들 연구는 관리자의 리더십 스타일이 성과에서의 차이점을 설명할 수 있다는 것을 발견했다.

미시간대학교의 연구(University of Michigan Studies)는 〈그림 8-8〉과 같이 성공적인 리더에 연계되는 두 가지 행태의 연속체를 제시하고 있다.

▌그림 8-8 ▌ 미시간대학교의 리더십 스타일 연속체

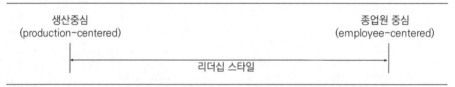

(1) 생산지향(production orientation) 리더

생산지향 리더는 생산에 대한 도구로써 업무가 완성되는데, 업무가 수행되는 구체적인 단계의 개발, 조직구성원에 대한 근접감독, 조직구성원에 대한 주시 등에 초점을 둔다. 생산지향의 리더는 구체적인 절차를 활용하여 종업원이 업무를 수행하게 하는 근접 감독을 한다. 이러한 직무중심리더(job-centered leader)는 효율성, 경비절감, 일정관리로 직무활동을 지시한다.

업무지향(task-oriented)으로 언급되는 생산지향 리더는 업무설계와 생산성을 증가하는 보상개발에 주로 관심을 가진다. 이런 생산지향 리더는 Ohio State의 과업구조 리더십모델과 유사하다.

(2) 종업원 지향(employee orientation) 리더

종업원 지향 리더는 조직성과의 이행을 위해 조직구성원과의 관계의 질이 가장 중요한 변수로 이해한다. 종업원 지향 리더는 인간관계 개선을 통해 성과를 향상하는데 초점을 둔다. 종업원 지향 리더는 자기 부하의 인간적 욕구(human needs)에 초점을 보여준다.

종업원 중심의 리더는 지원적 업무환경(supportive work environment)을 부여하기 위해 의사결정을 위임하고, 지원적 관계를 강조하고, 종업원의 욕구 만족에 도움을 준다. 이리하여 이 유형의 리더는 종업원의 개인적 발전, 성장 및 성취에 관심을 가진다. 이러한 종업원 중심의 리더십은 Ohio State의 배려 리더십스타일과 일치한다.

이 연구결과, 리더가 종업원 지향의 행동을 활용하는 것이 생산지향의 행동을 하는 것보다 생산성을 높이는 데 효과적이라는 것이다. 이 연구는 리더의 행태는 종업원 지향 리더십에서 생산지향 리더십에 이르는 선상에서 설명될 수 있다는 것이다. 또한 조직의 생산성 향상에 있어, 조직구성원을 의사결정 활동에 참여하도록 격려하고, 그리고 존경감을 가지고 대우하는 참여 리더십이 중요한 변수라는 것이다.

미시간대학교의 연구와 오하이오주립대학교의 연구는 리더십행태의 광범위한 차원을 구별하기 위해 시도되었다. 이들 연구는 리더가 소유하고 있는 행태가 무엇인가에 대한 정보를 실무자에게 제공했다. 이들 정보는 리더십 업무를 수행해야 하는 개인들을 위한 훈련프로그램의 설계에 기여하였다(Ivancevich & Matteson, 1990: 391).

4) Blake와 Mouton의 관리그리드

오하이오 주립대학교의 연구와 미시간대학교의 연구를 기초하여 관리그리드(Management or Leadership Grid)를 만들었다. 그리드(grid)는 포괄적 관리개발프로그램의 목적을 보여주기 위한 지도(map)로서 기여한다.

관리그리드는 가장 효과적인 관리자는 사람에 대한 관심과 생산에 대한 관심의 두 가지 모두에 높은 관심을 갖는 것이라고 주장한다. 생산(production)은 조직구성원이 성취하고자 하는 산출물 혹은 결과를 말한다. 사람에 대한 관심(concern for people)은 리더가 종업원에 대해 어떻게 느끼고 그리고 대우하는가 하는 것이다.

　　Robert Blake와 Jane Mouton은 〈그림 8-9〉와 같이 사람에 대한 고려의 수직의 축(vertical axis)과 생산에 대한 고려의 수평의 축(horizontal axis)으로 조직을 특성화하였다. 각 축은 관심의 정도를 9점 척도로 분리하였다. 수직의 축은 지원적 접근(supportive approach)의 리더십이며, 수평의 축는 리더십의 업무지향, 구조주도형이다.

　　Blake와 Mouton은 가장 효과적인 리더십은 스타일 9.9(팀리더)의 행태라고 가정하고 있다. 관리그리드는 교육훈련프로그램이 관리자를 스타일 7.7, 스타일 8.8, 스타일 9.9 로 이동하게 조장하도록 안내한다. 즉 이 모형은 모든 관리자를 스타일 9.9로 이동하는 것이 바람직하다고 제안하고 있다. 이들 리더는 생산에 대한 관심과 비슷하게 자신의 부하에 대해 매우 높은 배려도 병행한다.

┃ 그림 8-9 ┃ 관리그리드

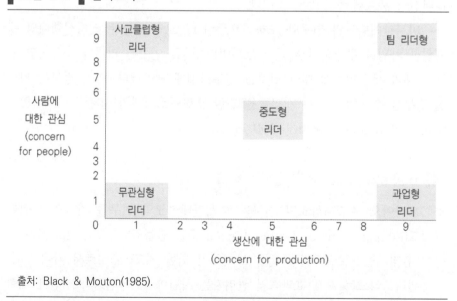

출처: Black & Mouton(1985).

(1) 스타일 1.1(무관심형, 방관형, impoverished management) - 이 스타일은 사람과 생산에 관심이 없는 무기력한 무관심형(impoverished) 리더십이다. 관리자는 아무 것도 아니다. 관리자는 책무를 다하지 못하는 사람이다. 이 관리자는 게으르고, 냉담하고, 그리고 무관심하기 때문에 효과적인 산출을 얻을 수 없다. 또한 부하와 건전하고 그리고 성숙한 관계를 형성하기가 어렵다.

(2) 스타일 9.9(팀 리더형, team management) - 이 스타일은 사람과 생산에 대해 높은 관심을 가지는 팀 리더십이다. 이 유형은 바람직한 전형(desired paragon)이다. 생산은 조직목표를 향해 상호작용하는 통합된 시스템 속에서 과업요구와 인간적 요구의 통합으로부터 도출된다. 교육훈련 프로그램은 관리자를 팀 관리(9.9)로 이동하게 한다.

(3) 스타일 9.1(과업형, 권한-순응형, task management) - 이 스타일은 인간적 요소들을 희생하면서 생산성을 강조하는 과업 혹은 권위형 리더십이다. 사람은 기계와 같은(just like machines) 원자재이다. 즉 사람을 목표달성의 수단으로 여긴다. 관리자의 책임은 부하들의 과업을 계획하고, 지시하고, 그리고 통제하는 것이다. 이 유형의 리더는 업무 지배적인 노예감시인(task-dominated slave driver)과 독재자이다.

(4) 스타일 1.9(사교클럽형, 컨트리클럽 관리, country club management) - 이 스타일은 사람에 대해 강한 관심을 가진 컨트리클럽 리더십이다. 이 관리자는 사람의 사기에만 관심이 있고, 성과에 관심이 없다. 갈등과 좋은 유대관계(fellowship)로 인하여 생산의 부족함이 따르기 마련이다.

(5) 스타일 5.5(중도형, middle-of-the-road management) - 이 스타일은 중도적인 특성을 가진 타협형(organization man) 리더십이며, 목적달성과 개인적 만족 사이의 팽팽한 줄을 걷는 형이다(정우일: 2005: 559). 중도형 리더는 갈등을 피하고 적당한 정도의 생산활동과 대인관계를 유지하기 때문에 적당주의 리더 혹은 편의주의자로 묘사되기도 한다(김남현 역, 2013: 110).

3. 상황적합적 이론

자질이론과 행태이론은 리더십과 관련하여 최상의 방법(one best way)을 발견하는 것에 중점을 두고 연구되었다. 이들 2가지 리더십 접근법은 모든 상황에서 효과적인 리더의 행태유형과 특성을 인지하는데 초점을 두어 리더의 성공과 효과성을 결정하는 상황적 요인을 고려하지 않았다. 이들 이론은 만능인 이론(universalist theory)을 지향하고 있다. 하지만, 리더십의 효과성은 리더십 상황의 본질에 관련되어 있는 다양한 요인들의 기능이다.

이에 1960년대 초에 리더십 연구자들은 리더, 추종자, 상황이 리더십 스토리텔링을 위한 본질이라고 생각했다. 즉 특정한 상황에서 리더십과정의 결과를 결정하는 것은 이들 3가지 변수의 상호작용이라는 것이다.

리더십의 상황적합적 이론(situational theory)은 리더란 특정한 업무에 대해 적절한 리더십의 유형인가를 분석한다. 상황적합적 리더십 이론은 최상의 리더십 유형이 존재한다는 것을 부인한다. 즉 상황이 리더십 속성을 결정하며, 각 상황은 다른 리더십 능력을 요구한다. 리더가 조직의 요구에 부합되어야 한다. 리더는 상황에 최적으로 부합되는 것(what best fits the situation)에 의존한다.

이와 같이 리더십의 상황적합적 이론은 리더십 스타일과 구체적인 상황에서의 효과성 사이의 관계를 설명한다. 이러한 리더십에 관한 상황적 변수로 ① 추종자의 기대, ② 성취해야 하는 업무에 관련된 기술, ③ 업무계획의 압박정도와 서비스 배분의 환경, ④ 개인적 접촉의 요구정도, ⑤ 조직발전의 정도 등이 있다(McKinney & Howard, 1998: 287). 결국 상황적 접근법에서 리더는 내부적 압박과 외부적 압박에 대해 훌륭한 조정자이어야 한다.

1) Fiedler의 상황적 리더십

Fred Fiedler(1967)에 의하면, 리더에 대한 상황적 양호도(situational favorableness)는 3가지 리더십 상황적 요인(리더와 부하의 관계, 업무구조, 리더의 지위권력)에 의해 결정된다. 이 모델은 〈표 8-6〉과 같이 리더에 대해 매우 우호적인 상황에서부터 매우 불리한 상황으로 8개의 상이한 상황을 기술하고 있다. 이 모델에 기초하여, 매우 우호적인 상황(a very favorable situation)은 리더와 구성원의 관계가 좋고, 과업이 구조화되어 있고, 리더의 지위권력이 강한 것이다. 이처럼 적절한 리더십 유형(proper style of leadership)이란 리더의 인성과 리더에 대해 우호적인 리더십 상황이 어떠한가에 의존한다고 주장한다.

이런 맥락에서 집단의 성과는 리더십 스타일과 상황적 양호도 사이의 상호작용에 의존한다. 이 모형은 업무집단을 관리하는데 있어, 리더의 성공은 업무의 상황, 리더의 동기부여, 그리고 리더가 상황통제력과 영향을 가지는 정도 등의 상황에 달려있다는 것이다. 즉 효과적인 집단성과는 부하와 상호작용하는 리더의 스타일 그리고 리더가 통제력을 발휘할 수 있는 기회가 주어지는 상황의 정도 사이의 조화(match)에 의존한다.

첫째, 리더의 인성(leader personality)은 리더십 유형에 있어서 관리 지향적인가 혹은 업무 지향적인가 하는 것이다. 상황적 요인을 평가하기 위해, Fiedler는 〈표 8-6〉과 같이 가장 선호하지 않는 동료(the least-preferred coworker, LPC)에 관한 16개 항목의 설문지 도구를 개발하였다. LPC의 낮은 점수는 업무지향, 통제지향, 구조적 리더십 유형을 반영하는 것이다. 반면에 LPC의 높은 점수는 관계지향, 수동적, 배려적 리더십 유형과 관련이 있다.

특히 Fiedler는 〈표 8-6〉에서 나타난 LPC 점수에 따른 리더십 스타일을 제안하고 있다.

① 당신의 점수가 64점 이상이면, 높은 LPC 사람이다. 높은 LPC 사람은 가장 선호하지 않는 동료이다. 높은 LPC 사람은 관계에 동기부여 하는 리더가 되어야 한다.

② 당신의 점수가 57점 이하이며, 낮은 LPC 리더이다. 이들 사람은 업무는 나에게 매우 중요하다고 말한다. 낮은 LPC 사람은 업무(task)에 동기부여 하는 리더가 되어야 한다.

③ 당신의 점수가 58점과 63점 사이라면, 동기와 목표가 혼합되어 있을 가능성이 있다. 당신 업무에 동기부여 되는지 그리고 관계에 동기부여 되는지 자신을 결정할 필요가 있다고 Fiedler는 주장한다.

표 8-6 ▌ LPC(the least-preferred coworker) 점수

즐거운(pleasant)	8	7	6	5	4	3	2	1	불쾌한(unpleasant)
친근한(friendly)	8	7	6	5	4	3	2	1	비우호적인
거절(rejecting)	1	2	3	4	5	6	7	8	수용적(accepting)
긴장(tense)	1	2	3	4	5	6	7	8	여유있는(relaxed)
거리가 있는(distant)	1	2	3	4	5	6	7	8	가까운(close)
차가운(cold)	1	2	3	4	5	6	7	8	따뜻한(warm)
지원적(supportive)	8	7	6	5	4	3	2	1	적의적(hostile)
지겨운(boring)	1	2	3	4	5	6	7	8	흥미로운(interesting)
다투기 좋아하는	1	2	3	4	5	6	7	8	사이가 좋은
우울한(gloomy)	1	2	3	4	5	6	7	8	쾌활한(cheerful)
개방적(open)	8	7	6	5	4	3	2	1	신중한(guarded)
험담(backbiting)	1	2	3	4	5	6	7	8	충성스러운
신뢰할 수 없는	1	2	3	4	5	6	7	8	신뢰할 수 있는
배려하는	8	7	6	5	4	3	2	1	배려하지 않는
못된(nasty)	1	2	3	4	5	6	7	8	멋진(nice)
기분좋은(agreeably)	8	7	6	5	4	3	2	1	무뚝뚝한
진실되지 못한	1	2	3	4	5	6	7	8	진실된(sincere)
친절한(kind)	8	7	6	5	4	3	2	1	불친절한(unkind)

　　둘째, Fiedler는 바람직한 행태 혹은 결과를 산출하는데 관련된 3가지 부가적인 기준을 발전시켰다.

① 리더와 구성원의 관계(leader-member relations) - 이것은 부하에 보여주는 충성도의 정도가 포함된다. 이러한 충성의 정도는 집단구성원의 선호와 신뢰정도 및 리더의 지시에 대한 자발적인 순응의 정도를 말한다. 리더와 구성원의 관계는 추종자가 리더에 대한 신임, 신뢰, 존경의 정도를 언급한다. 이점에 있어 리더와 구성원간의 관계가 좋은 것인가 혹은 나쁜 것인가 하는 것이 리더에 대해 얼마나 유리한 상황인가를 결정하는데 중요한 고려요소이다.

② 과업구조(task structure) - 이것은 부하의 직무가 루틴화되고, 잘 정의되고, 구조화되고 있는 정도를 말한다. 이것에는 구체적인 업무절차와 표준화 정도, 추종자가 담당하는 업무의 구조화된 정도를 포함한다. 이와 같이

구조화된 과업의 특성은 다음과 같다(Reitz, 1987: 489). 과업에 관한 결정은 객관적으로 평가할 수 있다. 목표는 집단에 의해 명확하게 이해할 수 있다. 과업을 수행하는 방법이 오히려 적다. 문제를 해결하기 위한 교정방법이 오히려 적다.

③ 지위권력(position of power) - 리더십 지위에 내재된 권력을 언급한다. 이것은 리더 지위에 연계되는 합법적 권력의 양을 말한다. 이들 지위권력은 채용, 승진, 파면에 관련된 권한의 지위 정도 혹은 기관의 권위 등이다. 리더의 지위권력은 합법적 권력, 보상적 권력, 강압적 권력으로 구성되어 있다.

Fiedler는 이들 세 가지 상황적 양호도 요인이 리더에 대해 어떻게 호의적인가를 결정하는데 작용한다고 제안한다. 즉 좋은 리더-구성원의 관계, 높은 과업구조, 강한 지위권력이 가장 호의적인 환경을 구성한다. 반면에 좋지 않은 관계(poor relations), 낮은 정도의 과업구조, 약한 지위권력은 가장 낮은 수준의 호의적 환경을 만든다.

▌ 그림 8-10 ▌ Fiedler의 효과적 리더십 유형

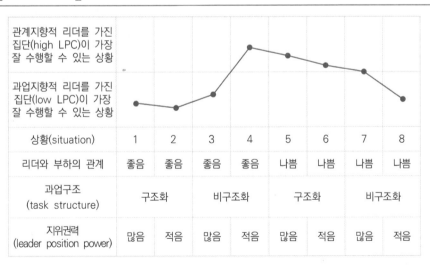

관계지향적 리더를 가진 집단(high LPC)이 가장 잘 수행할 수 있는 상황								
과업지향적 리더를 가진 집단(low LPC)이 가장 잘 수행할 수 있는 상황								
상황(situation)	1	2	3	4	5	6	7	8
리더와 부하의 관계	좋음	좋음	좋음	좋음	나쁨	나쁨	나쁨	나쁨
과업구조 (task structure)	구조화		비구조화		구조화		비구조화	
지위권력 (leader position power)	많음	적음	많음	적음	많음	적음	많음	적음

출처: Fiedler(1965).

셋째, Fiedler의 모델을 적용하여, 리더와 상황을 조화시킬 수 있다. LPC 초점이 결정되면, 〈그림 8-10〉과 같이 리더-구성원의 관계, 과업구조, 지위권력에 대한 평가를 기초하여 상황에 가장 잘 부합되는 리더십 유형을 선정할 수 있다.

이에 Fiedler의 모델은 어떤 특성을 가진 리더는 어떠한 상황에서 다른 리더보다 비교적 효과적일 수 있다고 예측한다. 즉 3가지 차원의 여러 가지 결합은 8가지 잠재적 리더십 스타일이 산출된다. 업무지향적 리더 혹은 낮은 LPC를 가진 사람은 상황 1, 2, 3, 8 이다. 반면에 관계지향적 리더 혹은 높은 LPC를 가진 사람은 상황 4, 5, 6이다. 업무지향적 리더이거나 관계지향적 리더인 것은 상황 7이 적절하다.

각 리더십 유형을 고정시키면, 리더십 효과성을 향상하기 위한 두 가지 선택이 있다. 하나는 상황에 부합되기 위해 리더를 변경한다. 즉 야구게임에서 상황에 부합되는 투수로 교체할 수 있다. 다른 하나는 조직은 리더에 부합되게 상황을 변화시키는 것이다. 이러한 것으로 업무를 재구조화하거나 혹은 보수, 승진, 훈련과 같은 요인에 대한 리더의 통제권한을 증가하거나 줄이는 것이다.

Fiedler 모델에 대한 비판으로 첫째는 LPC 설문에 대한 조직구성원의 반응이 항상 일정하지 않다는 것이다. 즉 설문지의 타당성(validity)과 신뢰성(reliability)이 낮다. 둘째는 Fiedler가 제시한 변수들의 의미가 명확하지 않다는 것이다. 즉 리더-구성원의 관계, 과업구조의 정도, 리더의 지위권력 등에 대한 평가가 매우 어렵다(McKinney & Howard, 1998: 290-291).

이러한 비판에도 불구하고, Fiedler의 연구는 업무상황에서 리더십에 대한 과학적 연구를 자극하는데 중요한 역할을 했으며, 그리고 리더십 과정의 복잡성을 지적했다(Gibson, et al., 2006: 326)는 데 의의가 있다.

2) Tannenbaum과 Schmidt의 리더십 연속체

Robert Tannenbaum과 Warren Schmidt(1973)는 상황적 리더십 개념의 발달에 중요한 영향을 미쳤다. 리더십 연속체(leadership continuum)

란 관리자가 이용할 수 있는 몇 가지 상이한 리더십 행태를 말한다. 이러한 리더십의 유형은 관리자가 결정을 하는 유형에서 부하들에게 중요한 책임을 위임하는 유형이 포함되어 있다. Tannenbaum과 Schmidt는 〈그림 8-11〉과 같이 연속체의 왼쪽에 있는 리더십 행태를 취하는 관리자는 상당히 권위주의자(authoritarian)이며, 상관중심적 리더(boss-centered leaders)라고 명명한다. 반면에 연속체의 오른쪽에 있는 리더십 행태를 취하는 관리자는 민주적 리더의 특성을 가지고 있으며, 부하중심적 리더(subordinate-centered leaders)라고 명명한다. 성공적인 리더십은 리더, 부하, 상황에 대한 기능이라고 주장한다.

Tannenbaum과 Schmidt는 관리자가 리더십을 결정할 때 고려해야 하는 요소로서 관리자의 힘, 부하들의 힘, 상황적 힘 등을 지적하고 있다.

첫째, 관리자의 힘(forces in the manager)에 작용하는 변수로는 ① 관리자의 가치체계, ② 관리자가 부하에 대해 가지는 신념정도, ③ 리더가 권력을 휘두르는 정도, 즉 부하에 대한 권위의 행사 정도, ④ 모호성에 대한 참을성 정도 등이다.

둘째, 부하들의 힘(forces in the subordinate)에는 부하들의 인성이 중요한 변수이다. 부하들이 의사결정에 관심을 가지지 않는다면 리더는 보스중심의 리더십이 필요하다.

셋째, 상황적 힘(forces in the situation)에 작용하는 변수로 ① 조직의 가치와 전통, ② 집단의 효과성, 부하들이 하나의 집단으로서 얼마나 효과적으로 공동업무를 수행하는지 정도이다. ③ 문제의 자체, 관리자는 과제가 집단에 대해 너무 어려운지를 결정해야 한다. ④ 리더십 상황에 대한 적절성 등이다.

| 그림 8-11 | Tannenbaum과 Schmidt의 리더십

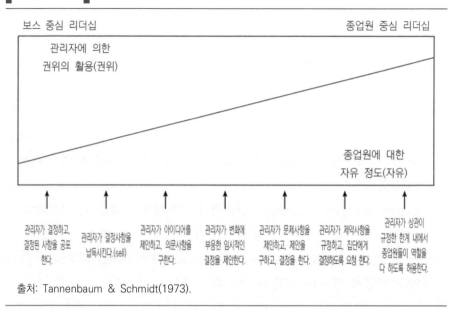

출처: Tannenbaum & Schmidt(1973).

3) House의 경로-목표이론

Robert House(1971)는 동기부여의 기대이론과 목표설정이론에 기초하여 경로-목표(path-goal) 리더십 이론을 제안하였다. 경로-목표 모델은 상이한 상황에서 리더십 효과성을 예측하기 위한 시도이다. 리더의 역할이란 부하들의 노력을 성과로 전환시키면 바람직한 보상이 초래될 것이라는 부하들의 기대에 영향을 미치는 것이다. 이리하여 경로-목표이론에서 리더의 책임은 개인과 조직의 목표를 달성하기 위해 부하의 동기부여를 증가시키는 것이다. 이 이론은 리더의 행태가 부하가 바람직한 결과를 성취하는데 도움을 줄 수 없다면 긍정적인 효과를 가질 수 없다고 말한다.

이 모델은 리더가 종업원의 직무만족감을 향상시키고, 그리고 성과수준을 증가시키기 위해서 리더스타일을 선택해야만 한다고 제안하다. 이 이론은 리더가 업무목표에 대한 추종자의 지각, 자기개발 목표(self-development goals), 목표달성에의 통로에 어떻게 영향을 미치는가에 초점을 두기 때문에 경로-목표로 설계된다.

또한 경로-목표이론에 의하면, 관리자의 리더십 유형은 부하들이 자신들의 가치가 업무를 통하여 실현되는 것이라는 믿음에 의해 동기부여 된다는 것이다. 이 이론은 〈그림 8-12〉와 같이 리더는 추종자들이 목표와 가치실현에 대한 보상을 획득하는 경로를 명확하게 보여주어야 한다고 강조한다. 이와 같이 효과적인 리더는 부하들의 욕구와 기대가 자신의 직무성과를 통해 충족될 수 있다는 것을 부하들에게 이해시켜 주어야 한다. 이에 부하들은 동기부여된다.

┃ 그림 8-12 ┃ 경로-목표모델에서의 리더 역할

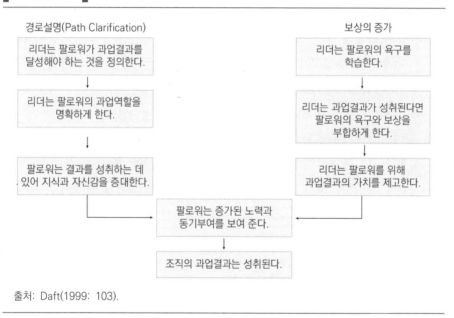

출처: Daft(1999: 103).

House는 관리자가 적절한 리더십을 선택할 때 고려해야 하는 것으로 부하들의 개인적 특성과 직무에 대한 환경적 압박이라는 상황적 변수를 들고 있다. House는 초기에 종업원 중심 혹은 관계지향적 리더십과 비슷한 지원적 리더십 그리고 직무중심 혹은 과업지향의 리더십과 비슷한 지시적 리더십의 2가지를 논의했다. 이후 연구에서 House는 부하와 정보를 공유하는 참여적 리더십 그리고 부하를 위해 도전적인 목표에의 설정으로 특징되는 성취지향적 리더십을 제안했다. 이리하여 House는 부하들의 동기부여에 영향을 미치는 4가지 리더십의 유형을 다음과 같이 제안하고 있다. 이 이론은 4가지 리더십의 각각 리더십 효과성이 두 가지 상황적 변수(부하의 특성과 상황적 특성)에 어떻게 영향을 받는가를 보여준다.

(1) 지시적 리더십(directive leadership) - 관리자는 종업원에게 무엇을 기대하는 것, 어떻게 직무를 수행하는 것, 어떻게 평가할 것이라는 것에 대해 설명하는 리더십 유형이다. 직무요구가 모호할 때 지시적 리더십이 효과적일 것이다.

(2) 지원적 리더십(supportive leadership) - 이 리더십은 종업원의 복지에 관심을 가지며, 우호적이고 그리고 가까이 접근하고자 한다. 지원적 리더는 종업원을 동등하게 대우한다. 이 리더십은 종업원의 직무가 본질적으로 스트레스와 실패적인 상황에서 보다 효과적이다. 즉 업무가 다소 불만족스러운 상황에서 지원적 스타일이 보다 적절하다.

(3) 참여적 리더십(participative leadership) - 이 리더십은 종업원을 의사결정과정에 참여시키며, 종업원에게 제안을 구한다. 즉 참여적 리더는 의사결정이 이루어지기 전에 부하들의 아이디어와 제안을 활용하고 그리고 상담한다. 이 리더십은 부하들이 의사결정과정에 관련되어 있다고 느낄 때 보다 적절하다.

(4) 성취지향적 리더십(achievement-oriented leadership) - 이 리더십에 있어, 리더는 종업원들에 대해 높은 도전적인 목표를 설정하고, 그리고 직무에 대해 최고의 노력으로 기여하길 기대한다. 리더는 종업원들에 대해 높은 신념을 보여준다. 이 리더십은 부하들이 높은 성과기준을 위해 노력하고 그리고 도전적인 기준을 달성하기 위해 자신의 능력에 대해 신념을 가진 업무상황에서 적절하다.

House의 경로-목표 모형은 〈그림 8-13〉과 같이 2가지 유형의 상황적 변수(부하들의 개인적 특성 그리고 부하가 업무목표를 성취하고 만족을 추구하기 위해 대처해야만 하는 환경적 압력과 요구)를 고려해야 한다. ① 중요한 개인적 특성은 부하들이 자신들의 능력에 대한 지각이다. 업무요구에 관련한 지각능력이 높을수록 부하들은 지시적 리더스타일을 보다 덜 수용한다. 또한 내적 통제의 소재(internal locus of control, 보상이 자신의 노력에 따라 이루어진다고 믿는 사람)를 가진 개인들은 참여형 스타일에 보다 많이 만족한다. 반면에 외적 통제의 소재(external locus of control, 보상이 개인적 통제를 벗어난다고 믿는 사람)를 가진 개인들은 지시형 스타일에 보다 많이 만족한다. ② 환경적 변수는 업무, 조직의 공식적 권위시스템, 업무집단이 포함된다. 이들 환경적 변수는 부하들을 동기부여시키고 혹은 제약한다. 환경적 힘은 성과에 대해 수용할 수 있는 수준의 보상에 기여한다.

또한 이 모형에 따르면, 업무구조(직무의 반복성 혹은 루티성)가 높을 때, 지시적 리더의 형태는 만족과 부정적인 관계를 가질 것이다. 반면에 업무구조가 낮을 때 지시적 리더의 형태는 만족과 긍정적인 관계를 가진다. 또한 업무구조가 높을 때 지원적 리더십은 만족과 긍정적인 관계를 가지는 반면에, 업무구조가 낮을 때 지원적 리더십과 만족은 관계가 없다는 것이다.

하지만, 비판적 평가자들은 이 모형과 불일치하는 연구결과가 도출되고 있다고 지적한다. 그러나 이들은 부하 직무에 있어 직무구조가 높을수록 지원적 리더 행태와 부하 만족도의 관계가 높다는 결과에 대해서는 동의하고 있다. 이러한 비판에도 불구하고, 경로-목표 모형은 특정한 유형의 리더십이 어떠한 상황에 최적인지에 대한 이유를 설명하는데 기여한다. 또한 이 모형은 업무수행에 있어 동기부여에 영향을 미치는 요인을 보여주고 있다. 나아가 이 모형은 리더의 형태와 결과를 조사함에 있어 상황적 요인과 개인적 차이를 안내하고 있다. 즉 이 모형은 리더의 행태와 결과(만족과 성과)를 검토함에 있어 상황적 요인과 개인적 차이 모두를 제시하고 있다(Gibson, 2006: 328).

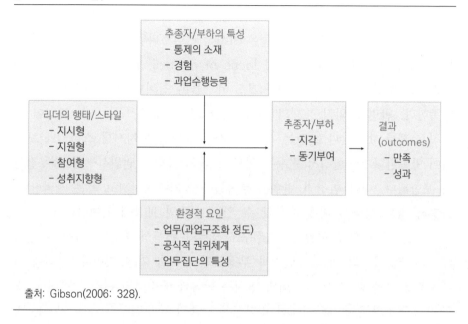

출처: Gibson(2006: 328).

4) Hersey와 Blanchard의 상황적 리더십

　　Paul Hersey와 Kenneth Blanchard(1993)는 오하이오주립대학교 리더십 연구에 기초하여 상황적 리더십 모형(situational leadership model)을 발전시켰다. 생명주기이론(life cycle theory)로 명명되는 이 모형은 가장 효과적인 리더십 스타일은 부하의 성숙도와 더불어 달라진다고 가정한다. 개인 혹은 집단의 성숙도(maturity)는 자신의 행태에 관한 책임을 맡는 능력, 성취를 위한 바램, 그리고 수행해야 하는 구체적인 업무와 관련한 경험 및 교육정도를 말한다.

　　이와 같이 Hersey와 Blanchard의 모형은 상황의 중요한 요소로서 추종자의 특성에 초점을 두며, 결과적으로 이것이 효과적인 리더행태를 결정한다는 것이다. 이 모형은 리더십 상황에 따른 적절한 리더십 유형이란 종업원들의 즉응력 수준에 따른다는 것이다. 즉응력(adaptation)은 특정한 업무를 수행하기 위한 부하의 능력과 자발성(willingness) 수준을 말한다.

또한 상황적 리더십에서 활용할 수 있는 리더십 유형은 과업 행태와 리더가 활용하는 관계 행태에 대한 상이한 정도를 포함한다. 과업행태(task behavior)는 부하의 의무와 책임감을 구체적으로 표시하는 리더의 노력으로 정의된다. 관계행태(relationship behavior)는 부하에 대해 경청하고, 조장하고 그리고 지원적인 태도를 통하여 부하와 개방적 의사소통을 유지하려는 리더의 노력으로 정의된다.

Hersey와 Blanchard는 과업행태와 관계행태를 조합하여 〈그림 8-14〉와 같이 관리자가 활용할 수 있는 4가지 상이한 상황적 리더십 유형을 제시한다.

(1) 지시리더십(telling style): 높은 과업행태와 낮은 관계행태(high task and low relationship behavior) - 이 유형은 관리자가 부하에게 해야 할 과업이 무엇인지, 그리고 역할이 무엇인지를 구체적으로 명시한다. 이러한 리더 행태를 지시리더십 유형이라고 명명한다. 즉 관리자는 일방적이고 하향적인 의사소통에 의존한다. 특히 부하가 업무를 수행하는데 능력이 없거나 혹은 의지가 없다면 구체적인 지시와 밀착된 감독이 요구된다.

(2) 상담리더십(selling style): 높은 과업행태와 높은 관계행태(high task and high relationship behavior) - 이 유형은 관리자와 부하 사이에 쌍방적인 의사소통을 가진다. 쌍방적인 상호작용을 통하여 관리자는 부하에게 과업이 어떠한 방식으로 수행되어야 하는 것을 설득하기 위해 노력한다. 이러한 리더 행태를 상담리더십 유형이라고 명명한다. 이러한 리더십 스타일은 부하가 의지는 있지만 자신의 업무를 수행하는데 다소 능력이 없을 때 효과적이다. 이 스타일은 업무리더행태와 관계리더행태 모두를 제공한다.

(3) 참여리더십(participating style): 낮은 과업행태와 높은 관계행태(low task and high relationship behavior) - 이 유형은 관리자가 의사결정 과정에 부하의 참여를 허용한다. 이러한 리더 행태를 참여리더십 유형이라고 명명한다. 부하가 목표설정과 과업수행에 대한 전략개발에 중요한 역할을 한다. 이 리더스타일은 부하가 능력은 있지만 업무를 수행하는데 자신의 능력에 대해 충분한 확신이 없을 때 가장 효과적이다.

(4) 위임리더십(delegating style): 낮은 과업행태와 낮은 관계행태(low task and low relationship behavior) - 이 유형은 관리자가 주고받기식의 접근법(hand-off approach)을 취한다. 부하에게 의사결정에 있어서 많은 책임감과 권위를 부여한다. 관리자가 중요한 목표를 설정하지만 부하가 목표를 어떻게 수행하는가를 결정하는데 많은 자유재량의 여지(leeway)를 부여한다. 이리하여 부하가 업무를 어떻게 언제 수행할 것인가를 결정한다. 이러한 리더 행태를 위임리더십 유형이라고 명명한다.

┃ 그림 8-14 ┃ Hersey와 Blanchard의 상황적 리더십 모형

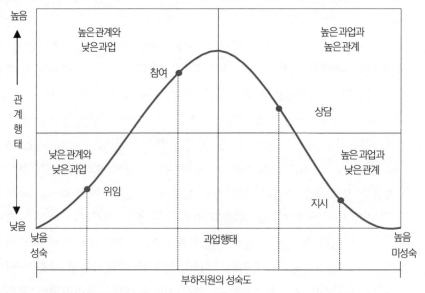

자료: Hersey & Blanchard(1993).

부하의 상황	리더십 유형의 강조점	H&B의 유형	설명	연속체 (성숙도수준)
무능력, 무자발성	높은 과업-낮은 관계	지시	명령, 지시, 권위적	M1
무능력이지만, 자발성	높은 과업-높은 관계	상담	설득, 격려, 인센티브	M2
능력은 있지만, 무자발성	낮은 과업-높은 관계	참여	관련, 상담, 팀워크	M3
능력과 자발성	낮은 과업-낮은 관계	위임	신뢰, 임파워먼트, 책임성	M4

Hersey와 Blanchard의 생명주기 모형은 유연하고 적응적인 리더십 스타일(flexible, adaptive leadership style)을 권고한다. 이와 같이 Hersey와 Blanchard의 상황적 리더십은 리더십 스타일을 선택함에 있어 유연성이 있다는 아이디어가 많은 조직에서 호소력이 있다. 또한 이 모형은 좋은 리더십의 중요한 요소로 무시되었던 집단의 성숙도와 능력을 강조했다는 점이 장점이다.

특히 리더는 업무행태와 관계행태의 결합이 특정한 시점에 가장 적절한지를 결정하기 위해 종업원의 즉응력 수준을 끊임없이 점검해야만 한다. 이에 경험이 없는 종업원도 리더의 지시와 밀접한 감독이 있다면 경험 있는 종업원과 같이 과업을 수행할 수 있을 것이다. 적절한 리더십 스타일이 종업원의 즉응력 수준을 향상하는데 도움을 줄 것이다.

이 모형은 몇 가지 한계가 있다(Hellriegel, et al., 1995: 360). ① 각 팀구성원이 다른 수준의 즉응력을 소유하고 있다면 리더가 가장 적절한 리더 스타일을 어떻게 결정할 것인가? 하는 문제이다. ② 이 모델은 부하의 즉응력에만 의존하고 있다. 즉 상황, 시기, 업무, 다른 압박이 리더의 행태 선택에 영향을 미친다. 또한 시간적 제약과 업무의 복잡성과 같은 업무에 적용하는데 한계가 있다. ③ 성숙도를 측정할 수 있는 체계적인 방법이 부족하다. ④ 이 모델은 리더가 상황에 적합하게 자신의 리더스타일을 채택할 수 있다는 것을 전제하고 있다. 문제는 자신의 리더십스타일을 어떻게 적응할 수 있는가 하는 것이다.

5) 리더-멤버 교환이론

(1) 리더-멤버 교환이론의 의의와 특징

리더-멤버 교환이론(leader-member change(LMX) theory of leader-ship)은 역할형성이론(role making theory)과 사회적 교환이론을 기반으로 발전한 것으로 리더가 다른 사람보다 몇몇 부하들에 대해 다르게 대하는(treat) 원인이 어떠한 것이 있는지를 조사하는 것이다. 이 이론에 의하면, 리더는 각 추종자와 함께 1대 1의 관계(one-on-one relationship)를 설정한다. 이 관계는 교환의 질(quality of exchange)의 관점에서 다양하다(Aldag & Kuzuhara, 2002: 318).

이점에서 기존의 리더십연구에서 리더가 구성원들 각각에 대해 동일한 리더십 스타일을 적용하는 것으로 가정하고 있다. 즉 리더십을 집단수준에서 일어나는 현상으로 가정한 평균적 리더십유형(Average Leadership Style: ALS)을 적용한 것이다. 하지만 LMX이론은 비현실적인 동일한 리더십 적용이라는 가정에 대한 반박으로, 리더와 구성원간의 개별적인 교환관계에 관심을 기울고 있다. 이에 리더-멤버 교환이론은 리더와 구성원간의 일대일 또는 양자간에 기초한 새로운 접근을 제기하고 있다. 리더의 행위나 특성에 초점을 두는 이론이 아니라 리더와 구성원간의 상호작용을 중심으로 나타나는 과정을 개념화 한 이론으로 수직짝 연계(Vertical Dyad Linkage: VDL)연구에 기초를 두고 발전한 이론이다(Graen & Uhl-Bien, 1995). 이에 LMX이론은 리더십을 리더와 추종자 사이의 상호작용에 초점을 두는 과정이론으로 이해한다. 리더와 추종자 사이의 짝 관계에 초점을 둔 리더십 과정이다. 높은 양질의 LMX이론이 조직의 효과성을 향상시킨다는 것이다.

LMX이론은 관리자와 부하들 사이의 모든 관계는 다음의 3가지 단계를 통해 진행된다고 규정하고 있다.

① 역할취득(role-taking) - 팀 구성원이 집단에 처음으로 가입할 때 일어난다. 관리자는 새로운 구성원의 기술과 능력을 평가하는 시기이다. 관리자는 팀 구성원이 인식할 수 있는 카리스마, 지능, 혹은 어떤 특성을 소유하고 있고, 그리고 업무를 수행하는데 바람직한 사람으로 보여진다.
② 역할발달(role development)과 역할수행(role-making) - 새로운 팀 구성원이 팀의 일원으로써 프로젝트와 업무를 수행하기 시작한다. 업무가 역할유형을 규정하며, 노동 분업의 필요를 일으킨다. 이 단계에서 관리자는 새로운 팀 구성원이 열심히 근무하고, 새로운 역할에 익숙하여 신뢰를 입증할 수 있는 것을 기대한다.
③ 관례화(routinization) - 팀 구성원과 팀 관리자 사이의 루틴이 설정된다.

특히 전형적으로 역할수행단계에서 집단구성원은 2가지 집단(내집단과 외집단) 중 하나로 분류된다. 내집단의 집단구성원은 관리자로부터 보다 많은 관심과 지지, 그리고 보다 많은 기회를 가진다. 반면에 외집단 구성원은 대면적 접촉의 기회가 매우 적으며, 그리고 대면적 접촉의 시간이 거의 없다. 즉 〈그림 8-15〉와 같이 내집단(in-group)의 몇몇 추종자들은 리더와 더불어 높은 질적 관계를 가지며, 상호신뢰, 애호 및 존경으로 특징된다. 이들 추종자는 자신의 리더에의 신뢰에 즐기며, 할당된 업무에 대해 흥미를 가지고, 그리고 도전적으로 수행한다. 반면에, 외집단(out-group)의 추종자들은 리더와 더불어 낮은 질적 관계를 가진다. 리더는 이들 추종자에 대해 동기부여, 능력 혹은 충성심이 적은 것으로 간주하는 경향이 있다. 이들 추종자와 상호작용도 매우 적다. 이들 추종자의 능력을 발휘할 수 있는 기회를 적게 제공한다.

리더는 내집단의 추종자에 대해 긍정적 시각(positive eye)으로 본다. 반면에 외집단 구성원은 잘 할 수 있는 기회 혹은 동기가 매우 미약하다. 이와 같이 리더-멤버 사이의 교환관계의 질 수준에 따라 리더로부터 신뢰와 접촉, 지원 및 공식적·비공식적 보상을 얻을 수 있는 부하들이 구별하게 되는 것이다. 이리하여 리더-멤버간 교환관계의 질은 성과와 같은 조직의 여러 가지 산출물에 영향을 미친다. 또한 리더-멤버 교환이론은 집단 혹은 조직내에 내집단과 외집단의 실존을 인식하고, 리더와 조직구성원과의 양질의 교환관계와 양질의 협동관계를 발전시키는 것이 중요하다는 것을 보여준다.

│ 그림 8-15 │ 리더-멤버 교환모델

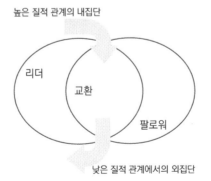

(2) 리더-멤버 교환이론의 장·단점

리더-멤버교환이론은 다음과 같이 장점을 가진다. 첫째, LMX이론은 다른 리더십이론과 달리 리더와 각 추종자 사이의 구체적인 관계에 관해 초점을 두고 이야기 한다. 둘째, LMX이론은 강력한 설명이론이다. 셋째, LMX이론은 리더십에 있어 의사소통의 중요성에 대해 우리의 관심을 환기시킨다. 의사소통은 리더와 추종자를 발전시키고, 유익한 교환을 증진하고 그리고 유지하는 매체(medium)이다. 이리하여 상호신뢰, 존경과 헌신과 같은 특징을 동반하는 의사소통은 효과적인 리더십으로 이르게 한다. 넷째, LMX이론은 매우 타당하고 실현가능한 이론이다.

하지만, 리더-멤버교환이론은 몇 가지 비판이 제기되고 있다(김남현 역, 2013: 235-237). 첫째, LMX이론은 공정(평등)성이라는 인간의 기본적 가치에 역행한다. 나아가 내집단과 외집단의 차별성을 강조하고 있다. 이에 이이론은 불공정하고 차별을 부추기는 이론으로 비치고 있다. 둘째, 양질의 리더-멤버 교환관계가 만들어지는 방식에 대해 충분히 설명하지 못하고 있다. 즉 양질의 교환(high-quality exchanges)가 어떻게 일어나는지에 대해 설명하지 못한다. 나아가 리더-멤버 교환관계에 영향을 미칠 수 있는 상황변수들을 적절하게 설명하지 않고 있다는 것이다.

◇ **LMX의 설문문항 사례**

• 나는 상사와 원만한 관계를 유지하고 있다.
• 나는 상사와 함께 하는 일하는 것이 즐겁다.
• 나는 업무상 문제와 관련하여 상사에게 상의하는 편이다.
• 나의 상사는 나의 잠재가능성에 대해 인정하고 격려하는 편이다.
• 나의 상사는 내가 직무상 느끼는 어려운 문제에 대해 지원하는 편이다.
• 나의 상사는 부하 직원의 견해를 존중하는 편이다.
• 나의 상사는 업무관련한 부하의 제안을 적극적으로 격려하는 편이다.

자료: 이영균 · 유광영(2017).

6) Vroom-Yetton-Jago의 의사결정모델

Vroom-Yetton-Jago 모델은 1973년에 Vroom과 Yetton 사이의 협업으로 발달되었으며, 1988년에 Jago의 도움으로 설계된 것이다. 이 모델은 서로 다른 상황에서 적용할 수 있는 최상의 관리스타일을 밝히는데 목적이 있다. 이 모델은 다른 관리자들이 어떻게 의사결정 하는가를 보여준다. 이들 관리자의 결정은 3가지 주요한 요소인 질, 협업, 시간에 영향을 받는다. 즉 이 모델은 질, 협업, 시간의 요소에 기초한 의사결정으로 최상의 방법에 도달하기 위한 의사결정과정을 분석한다.

① 질(quality) - 결정의 질에 관한 관심이며, 질이 최상의 선택을 하는데 얼마나 중요한가와 관련되어 있다. 질은 결정에 대한 미래결과를 고려하는 것이다. 결정의 질이 높을수록 결정과정에 관련된 팀 구성원이 많고 시간이 많이 소요된다.

② 협업(collaboration) - 의사결정과정에 팀 구성원을 추가하는 것은 산출의 질을 향상하고, 결정하기까지 요구되는 시간을 증가하게 된다.

③ 시간(time) - 결정하는데 시간적 제약이 무엇인지? 관리자가 활용할 수 있는 시간이 많을수록 보다 좋은 질의 판단을 하게 되고, 보다 많은 팀 구성원과 상의할 수 있게 된다.

(1) Vroom과 Yetton 모델

Vroom-Yetton 모델은 특정한 상황에서 부하들의 참여를 얼마만큼 그리고 어떠한 유형으로 활용할 것인가에 대한 결정에 있어 리더에게 도움을 주기 위해 설계된 것이다. 이 모델은 의사결정을 위한 표준 혹은 규칙을 제공하기 때문에 규범적 모델(normative model)이라고 말한다(Vroom & Yetton, 1973). 즉 이 모델은 주어진 상황에 대해 최상의 리더십 스타일을 결정하는데 따르게 하는 규칙(규범)인 일련의 연속적인 질문(a sequential set of questions)을 제공한다.

Vroom-Yetton의 규범적 의사결정모델은 〈표 8-7〉과 같이 부하들이 의사결정에 참여를 허용하는 정도에 따라 리더가 활용할 수 있는 5가지 리더스타일(완전독단적, 참고 독단적, 개별 협의적, 집단 협의적, 참여적)이 있다. 이들 5가지 리더스타일은 독재적 의사결정스타일(autocratic decision-making style, A1, A2)에서 협의적(consultative) 의사결정스타일(C1, C2), 집단적 스타일(collaborative, G2)에 이르는 연속체를 제시하고 있다. 이들 의사결정스타일의 각각은 상황 혹은 문제의 속성에 적절하게 의존한다.

① 독재적 리더십(autocratic, A1) - 리더가 팀과의 어떠한 의사소통 없이 현재의 정보를 활용하여 자신이 결정한다.
② 독재적 리더십(autocratic, A2) - 리더가 정보를 얻기 위해 팀 구성원과 상의하지만, 집단에게 알리지 않고 자신이 의사결정을 한다.
③ 개별 협의적 리더십(consultative, C1) - 리더가 의견과 제안에 있어 팀 구성원과 상의하지만, 자신을 위해 결정을 한다. 리더는 제안과 아이디에 대해 개방적이다.
④ 집단 협의적 리더십(consultative, C2) - 리더는 의사결정과정을 팀 구성원과 공유한다. 리더는 결정함에 있어 팀을 지원하고, 모든 구성원이 동의하는 해답을 추구한다. 즉 문제해결이나 의사결정을 위해 리더와 구성원들이 팀이 된다.
⑤ 집단적 리더십(collaborative, G2) - 집단적 리더십은 리더는 지배함이 없이 집단 활동을 편리하도록 기여한다.

┃ 표 8-7 ┃ Vroom-Yetton의 의사결정스타일

리더유형		의사결정스타일
독재적 스타일	A1 (autocratic) 독단적 리더십 1	• 리더가 결정당시 이용할 수 있는 정보를 활용하여 문제를 해결하거나 혹은 스스로 결정한다.
	A2 (autocratic) 독단적 리더십 2	• 리더가 부하로부터 필요한 정보를 획득하고, 그리고 스스로 문제에 대한 해결을 결정한다. 리더는 부하로부터 획득한 정보에 무슨 문제가 있는지를 부하에게 말하거나 혹은 말하지 않는다. 의사결정에 있어 부하가 수행하는 역할은 대안적 해결을 제시하거나 혹은 평가하는 것보다 당신에게 필요한 정보를 제공하는 것이다.
협의 스타일	C1 (consult individual) 개별 협의적 리더십	• 리더는 아이디어와 제안을 얻기 위해 개인적으로 관련된 부하와 문제를 공유한다. • 리더는 부하의 영향을 반영할 것인지 혹은 반영하지 않을 것인지를 결정한다.
	C2 (consult group) 집단 협의적 리더십	• 리더는 하나의 집단으로써 부하와 함께 문제를 공유하고, 집단적으로 부하들의 아이디어와 제안을 얻는다. 그때 리더는 부하의 영향을 반영할 것인지 혹은 반영하지 않을 것인지를 결정한다.
참여적 스타일	G2 (collaborative) 집단적 리더십	• 리더는 하나의 집단으로써 부하와 함께 문제를 공유한다. 함께 리더가 대안을 개발하고 평가하며, 어떤 해결에의 동의에 이르고자 시도한다. • 리더의 역할은 의장(chairman)의 역할이다. 리더는 자신의 해결책을 채택하도록 집단에게 영향을 발휘하지 않는다. 리더는 전체 집단이 지지하는 어떤 해결책을 기꺼이 수용하고 이행한다.

(2) Vroom-Jago의 리더십 모델

Vroom-Yetton의 규범적 의사결정모델을 발전한 것이 Vroom-Jago의 리더십 모델이다. 이 모델은 Vroom-Yetton의 모델보다 성공적인 결정을 예측하는데 보다 높은 정도의 타당성을 가지고 있다(Black & Porter, 2000: 427).

Vroom과 Jago(1988)는 의사결정에 있어 리더가 발휘하는 역할에 초점

을 두어 상황적응적 리더십 모델을 개발했다. 다른 리더십 모델은 업무지향적 리더십 스타일과 관계지향적 리더십 스타일 가운데 선택을 의도하지만, Vroom-Jago 모델은 독재자 리더십 모델에서부터 참여적 리더십모델의 연속체 가운데 하나의 스타일을 선택하는 것이다. Vroom-Jago 리더십 모델은 다음과 같은 특성으로 다른 모델과 차이가 있다.

① 이 모델은 의사결정에서 혹은 의사결정과정에서 리더가 발휘하는 역할을 강조한다.
② 이 모델은 시스템적 관점에서 상황을 진단하기 위한 결정매트릭스(decision matrix)를 활용한다.
③ 이 모델은 리더의 효과성을 평가하는데 다른 척도를 강조한다.

Vroom-Jago의 리더십 모델은 참여적 의사결정(participative decision making)의 다양한 정도가 상이한 상황에서 적절하다고 지적한다. 연구자들은 매우 권위적인 것으로부터 매우 참여적인 것의 연속체에 따라 리더십 스타일을 선택할 수 있다고 가정한다.

이 모델의 기반은 다른 리더십스타일을 충족하는 모든 상황을 전개하는 것이다. 7가지의 예/아니오 질문은 상황에 대한 최상의 방식을 명확하게 하는데 요구되는 것이다. 응답결과는 5가지 리더십 유형 사이에 다양하다.

〈그림 8-16〉과 같이 의사결정나무(decision tree)로 나타난다. 7개의 문제속성 혹은 상황변수는 의사결정상황 사이의 차이점을 기술하는데 유용하다. 상황에 관한 일련의 질문에 대답함으로써 리더는 효과적인 결정을 도출할 수 있는 절차를 선택할 수 있다. 즉 이 모델은 정보의 원천, 부하의 특성 등과 같은 문제의 본질에 관련하여 일련의 질문을 요청한다. 이들 문제에 대한 반응에 기초하여, 5가지 의사결정기법 중 하나를 권고한다.

Vroom과 Jago는 독재적 리더십 스타일(autocratic sytle)은 결정의 질혹은 수용성을 감량함이 없이 시간을 절약할 수 있다는 것이다. 하지만 오늘날처럼 종업원들은 보다 많은 참여를 요구하는 변화의 작업장에 있어 리더는 가능한 한 의사결정에 부하들을 참여시키도록 노력해야 한다.

그림 8-16 Vroom-Yetton-Jago Model 의사결정나무

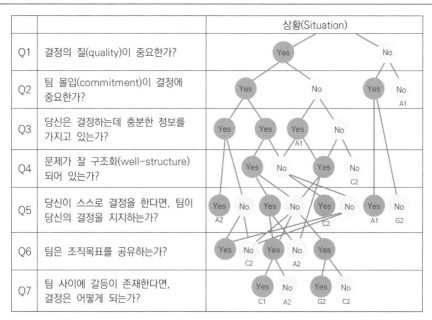

자료: https://www.designorate.com/vroom-yetton-jagohow-to-decide/.

Vroom-Yetton-Jago 모형의 장점은 의사결정과정을 조직화하는데 있어 유연성과 능력에 있다. 이 모형은 리더가 어떤 상황에서 올바른 결정을 하는 선택에 있어 상당한 유연성을 가지는 것이다. 또한 이 모형은 리더가 객관적으로 의사결정과정을 수행하도록 하나의 과정을 제공한다.

Vroom-Yetton-Jago 모형의 단점은 과정의 자동화와 관련하여 리더의 개인적 특성을 고려하는 것이 부족하다. 이 모형에서 사용하는 질문지는 조직관리과정에서 활용하는데 있어 다소 부정확하다. 또한 이 모형은 대규모의 팀 혹은 집단에서 활용되는 것에 관심이 놓여 있다.

7) 상황적합적 리더십의 비교

가장 적절한 리더십 스타일을 선택하는 것은 매우 어려운 과제이다. 조직에 있어 민주적이고 참여적 의사결정에 대한 선호가 보편화되어 있다. 이러한 리더십 스타일은 생산적이고 건강한 조직을 초래한다. 하지만, 상황적

합 이론가의 지적처럼, 참여적 관리가 모든 상황에서 적절하는 것은 아니다.

　　이러한 상황적합적 리더십 이론은 ① 리더십의 역학관계에 초점을 두고, ② 리더십에 대한 연구를 자극하고, ③ 측정의 문제, 제한된 연구검증, 모순된 연구결과 때문에 논쟁이 남아 있는 점이 여타 이론과의 유사점이다. 반면에 리더의 행태가 얼마나 성공적인가를 평가하기 위한 결과기준에 대해 다소 상이한 관점이 있다.

　　Fiedler는 리더의 효과성을 논의하고 있다. Fiedler는 리더는 자신의 리더스타일에 부합할 수 있는 상황을 선택하라고 권고하고 있다.

　　Hersey와 Blanchard는 상황적 변수로 부하의 즉응력에 초점을 둔다. 리더스타일은 부하의 즉응력 수준에 부합하기 위해 변화한다.

　　House의 경로-목표 모델은 리더가 자신의 방식에서 장애물을 제거함으로써 부하의 직무만족과 성과를 향상하기 위해 노력해야 한다고 주장한다. 리더는 지원, 참여적, 지시적 혹은 성취지향적 리더십 스타일을 선택할 수 있다. House는 상황변수로 업무구조와 부하의 특성을 활용하고 있다.

　　LXM이론은 리더와 부하 사이의 1대 1의 관계에 일어나는 교환의 질을 강조한다. 특히 리더와 부하간의 높은 질적 관계가 상호신뢰와 존경의 의사소통과 부하의 동기부여와 헌신을 이끌 수 있다는 것을 보여준다.

　　Vroom과 Jago는 리더는 상당히 권위적 스타일에서부터 상당히 상담적 스타일에 이르기까지 다양한 리더십 스타일을 선택할 수 있다고 믿는다. Vroom과 Jago는 의사결정의 질, 추종자의 수용성, 결정의 시기적절성을 논의하고, 경로-목표 접근법은 만족감과 성과에 초점을 둔다(Ivancevich & Matteson, 1990: 402-403).

모델	리더의 행태	상황변수	리더의 효과성 기준
Fiedler	업무지향: 낮은 LPC 관계지향: 높은 LPC	집단 분위기(atmosphere) 업무구조 리더의 지위권력	성과(performance)
Hersey & Blandchard	업무와 관계	팀 구성원의 즉응력 수준	성과와 직무만족
House	지원적, 지시적, 참여적, 성취지향적 스타일	부하의 특성 업무특성	부하의 직무만족 직무성과
LMX	부하와의 1 대 1의 관계	대면적 접촉과 질적 관계	상호신뢰와 존경 동기부여와 헌신
Vroom -Jago	권위적 스타일부터 참여적 스타일의 연속체	7개 문제의 속성(attributes)	부하의 발전 시간 결정의 효과성 전체의 효과성

자료: Hellriegel, et al.(1995: 370).

4. 귀인모델

귀인모델(attribution model)은 종업원에 대한 리더의 판단은 종업원 성과에 관한 리더의 귀인에 의해 영향을 받는다고 제안한다. 이처럼 리더십의 귀인이론은 종업원에 대한 리더의 판단은 종업원의 성과의 원인에 대한 리더의 귀인에 의해 영향을 받는다는 것이다. 종업원의 행태처럼 리더의 귀인(leader's attribution)이 리더가 종업원의 성과에 어떻게 반응하는가를 결정한다. 리더는 종업원의 업무를 종종 관찰함으로써 종업원의 행태에 관한 정보를 획득할 수 있다. 이런 정보를 토대로 리더는 각 종업원 행태의 귀인을 정리하고, 그리고 종업원 행태를 다루기 위한 행동을 선택한다. 이에 리더는 본질적으로 정보처리가(information processor)의 지위로 이해할 수 있다. 부하와 부하행태에 관한 정보에 기초하여 리더는 각 부하의 행태 원인에 대한 속성을 판단한다.

이와 같이 귀인이론은 어떤 행동 혹은 어떤 말에 대한 이유에 대해 추론하는 것이다. 이에 리더십의 귀인이론은 종업원에 관련한 특정 사건이나 행위의 원인에 대한 귀인에 따라 그 사건 또는 행위에 대한 평가가 달라질 수 있다.

1) 리더의 귀인

리더는 어떤 상황과 관련하여 개인적 요인 혹은 상황적 요인이 종업원의 행태에 원인인지 결정해야만 한다. 귀인은 〈그림 8-17〉과 같이 3가지 행태적 차원에 관련한 정보를 처리하는 리더의 행태에 기초가 된다.

① 특수성(distinctiveness) - 행태가 이 업무에만 일어나는가?

② 일치성(consensus) - 이 성과수준은 다른 종업원에 대해서 보통인가?

③ 일관성(consistency) - 이 성과수준은 이 종업원에게 보통인가?

이들 3가지 질문에 대한 응답은 리더가 종업원의 성과에 대해 외부적(상황적) 원인인지 혹은 내부적(사람) 원인인지를 명확하게 하는 것이다.

귀인과정은 리더-종업원 관계에 있어 중요하다. 자신의 성공 혹은 실패를 개인적 기술 탓으로 돌리는 종업원은 자기가 통제할 수 없는 환경적인 요인 탓으로 돌리는 종업원 보다는 리더와 다른 개인간의 관계를 가질 것이다.

2) 종업원의 귀인

종업원은 자신의 리더 행태와 관련하여 어떤 원인이 있다고 생각한다. 종업원은 자신의 리더가 자신의 성과에 영향을 미친다고 믿는 경향이 있다. 이리하여 자신의 리더에 관해 긍정적 태도 혹은 부정적 태도를 발전시킬 것이다. 종업원의 과거 성과는 때때로 리더의 효과성에 대한 자신의 순위에 영향을 미친다. 즉 종업원이 성공적일 때 종업원은 자신의 리더와 관련한 효과성을 성공적으로 순위를 매기는 경향이 있다. 반면에 종업원이 성공하지 못할 때, 종업원은 자신의 리더로부터 멀어지기 위해 노력한다. 이에 종업원은 자신의 리더를 비효과적으로 지각하고, 자신의 팀 혹은 자신의 개인적 성과 문제를 자기 자신보다는 리더의 행동 탓으로 돌릴 것이다.

3) 리더에 대한 영향

리더는 종업원의 낮은 성과에 관해 내적 귀인(internal attribution)으로 편견을 가지는 경향이 있고, 때론 처벌행동으로 인도되는 경향이 있다. 어떤 문제에 대해 책임이 없다고 느끼는 종업원은 처벌행동에 분개하게 된다. 종업원에게 어떤 문제를 돌리고 난 이후, 리더는 지지, 코칭(coaching), 그리고 자원을 적게 주는 경향이 있다. 리더들은 빈약한 성과에 관한 다른 원인을 다루기 위한 다양한 선택에 대해 알 필요가 있고, 그리고 그 원인의 중요성에 대해 이해해야 한다.

리더십의 귀인모델에 따르면, 종업원의 성과가 내적인 원인 혹은 외적인 원인 인지에 의해 일어난 것인지를 판단해야 한다. 이러한 귀인에 기초하여, 리더는 현재의 상황과 종업원의 성과를 변화시킬 수 있는 구체적인 행동을 취할 수 있다. 귀인 모델은 리더들은 자신의 행동이 종업원의 행태에 관한 해석에 영향을 미친다는 것을 제안하고 있다. 이와 같이 귀인이론은 개인들이 사건에 대한 원인을 어떻게 결정하는지, 그리고 결과로 도출된 귀인이 개인의 감정, 사고, 동기부여 및 행태를 어떻게 결정하는지를 명확하게 하고 그리고 기술하는 것이다. 이처럼 리더십 귀인이론에서 리더십 모델은 상이한 환경적인 단서와 행태적 단서(behavioral cues)의 유형을 관찰하고 그리고 해석함으로써 리더십 능력에 대해 추론한다고 가정한다.

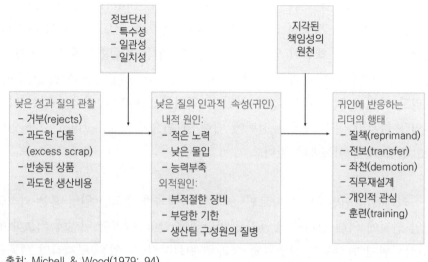

출처: Michell & Wood(1979: 94).

5. 변혁적 리더십

1) 변혁적 리더십의 의의와 특징

　　세계의 역사와 조직의 역사는 추종자의 믿음, 가치 및 행동을 성공적으로 변화시켰던 사람들로 채워지고 있다. 예를 들면, Abraham Lincoln, Franklin D. Roosevelt, John F. Kennedy, Martin Luther King, Adolf Hitler 등은 자신의 행동과 말로 전체 사회를 변혁시켰다. 이러한 변화를 이끈 사람을 카리스마 혹은 변혁적 리더로 기술한다.

　　변혁적 리더십이론(transformational leadership)은 Burns(1978)에 의해 제기되었다. James MacGregor Burns는 변혁적 리더십을 미시적 차원에서의 개인간 상호영향력 행사과정으로 보고 있다. 이러한 과정은 조직계층에 관계없이 리더십의 발휘가 가능하다고 보고, 개인의 의사관계에 호소하는 거래적 리더십과 구별되고 또한 합법적 권한이나 규칙, 전통 등을 강조하는 관료적 권한체계와도 다르다.

특히 Burns(1978)는 대통령과 사회운동의 저명인사와 같은 주요한 정치적 리더와 사회적 리더에 관심을 가졌으며, 거래적 리더십과 대조적인 것으로 변혁적 리더십을 이해하고 있다. 반면에, Bass(1985)는 변혁적 리더십과 거래적 리더십이 하나의 리더십 연속체의 반대편에 존재한다는 Burns의 주장에 반대한다. 이들 변혁적 리더십과 거래적 리더십은 실제로 독립적이고 그리고 보충적(complimentary)이라는 것이다. 변혁적 리더십은 거래적 리더십의 확장(expansion)으로 이해한다(Bass, 1998: 4). 또한 거래적 리더십은 리더, 동료, 부하들 사이에 거래 혹은 교환을 강조하지만, 변혁적 리더십은 추종자들에게 공동체(community) 혹은 정체(polity)의 이익과 같은 목표를 추구하게 함으로 보다 협소한 자기자신의 이기주의를 극복하도록 한다.22

변혁적 리더십은 사기를 북돋우는 것으로 본다. 변혁적 리더십은 추종자의 초점을 낮은 수준의 욕구에서 높은 수준의 욕구로 전환시킨다. 변혁적 리더십은 자기자신의 이익이 지역공동체에 연계되거나 혹은 높은 수준의 욕구에 의해 충족된다는 것을 추종자에게 보여줌으로서 추종자들에게 자기자신의 이익을 희생하도록 동기부여시킨다. 나아가 변혁적 리더십은 조직문화를 발전시키고 그리고 변화시킬 수 있으며, 변혁적 리더가 조직구성원들에게 자신이 그러한 능력을 가졌다는 것을 보여준다.

이러한 변혁적 리더들은 ① 변화의 에이전트로서 자신을 간주한다. ② 사려깊은 모험가(thoughtful risk-takers)이다. ③ 사람들의 요구에 민감하다. ④ 일련의 핵심가치를 합친다. ⑤ 학습에 대해 유연하고 개방적이다. ⑥ 훌륭한 분석적 기술을 가지고 있다. ⑦ 조직과 관련하여 자신들의 비전에 대해 상당한 정도의 확신을 가지고 있다.

2) 변혁적 리더십의 요인과 과정

Bass(1997)는 변혁적 리더십은 카리스마, 영감적 동기부여, 지적 자극, 개별적 배려 등의 4가지 요인으로 구성된다고 주장한다.

---

22 이러한 사례로 Martin Luther King은 보다 거대한 사회적 정의를 호소함으로써 지지에 대한 이익의 교환을 제공하지 않은 리더였다. 많은 추종자들은 도덕적 정직(moral rightness) 때문에 반대할 수 없게 된다(Rainey, 1997: 270).

(1) 카리스마

부하들의 시각에서 리더가 카리스마를 가졌다면 변혁적 리더로서 지속하는데 중요하다. 부하들은 카리스마 리더와 일체화되기를 원하고, 카리스마 리더에 대해 높은 정도의 신뢰와 자신감을 가지게 된다. 카리스마 리더는 부하들에게 특별한 노력으로 위대한 일을 성취할 수 있다는 영감과 자극을 줄 수 있다. 이점에서 변혁적 리더는 부하들에게 역할모델로 행동해야 한다.

(2) 영감적 동기부여

변혁적 리더는 부하들의 업무에 대해 도전과 의미부여를 제공하며, 부하들을 동기부여시키고 그리고 영감을 부여하는 방식으로 행동한다. 나아가 팀정신이 일어나도록 한다. 리더는 부하들에게 매력적인 미래의 상태를 계획하는데 부하들을 관련시킨다. 이런 맥락에서 카리스마 리더십과 영감적 동기부여(inspirational motivation)는 결합된 하나의 요인으로 형성된다(Bass, 1998: 5).

(3) 지적 자극

지적 자극(intellectual stimulation)도 변혁적 리더십에 중요한 구성요소이다. 지적으로 자극하는 리더는 부하들에게 새로운 방식으로 문제를 보는 것을 보여주며, 문제가 해결되는데 어려움을 보여주고, 합리적인 해결을 강조한다. 나아가 변혁적 리더들은 부하 자신의 직무가 새로운 기회를 탐구하도록 허락하고, 조직문제를 진단하고, 그리고 해결책을 찾도록 각 부하들에게 지적으로 자극한다. 지적 자극 리더는 부하들이 새로운 접근방법을 시도하도록 격려하고, 리더의 사고와 차이가 있는 부하의 사고에 대해 비판하지 않는다.

(4) 개별적 배려

변혁적 리더들은 부하들 사이의 차이점에 보다 많은 관심을 가지며, 부하들이 성장하고 발전하는데 도움을 주는 좋은 지도자(mentor)로서 행동한다. 또한 변혁적 리더들은 각 부하의 특별한 욕구에 대한 발전에 관심을 가진다. 이점에서 변혁적 리더는 부하들을 각각 다르게 대하며, 부하들의 관점에서 사물을 바라보며, 부하의 욕구를 충족시켜 조직목표를 효과적으로 달성하려고 추구한다. 개별적 배려(individualized consideration) 리더는 조직성과를 효과적으로 성취함에 있어서 부하를 발전시키는 수단으로 업무를 위임한다. 개별적 배려 리더하에 부하들은 감시받고 있다는 느낌을 전혀 갖지 않는다.

이러한 변혁적 리더는 다음과 같은 광범위한 특징을 드러내 보인다. 이들 특징은 명확한 목적의식(clear sense of purpose), 가치 개입된(value driven, 핵심적 가치와 상황적합한 행태를 가진), 강력한 역할모델, 높은 기대, 지구력, 자각하고 있는, 끊임없는 학구력(perpetual desire for learn-ing), 업무에 대한 애증, 일생의 학습자(life-long learners), 변화에이전트로써 자신의 지각, 열정, 다른 사람에게 영감을 줄 수 있고, 전략적이며, 효과적인 의사소통자, 정서적 성숙, 용기, 위험감수, 위험분담, 예지능력(anticipatory skills), 실패에 대한 믿음을 싫어하고, 조직구성원의 개인적 욕구에 대한 배려, 협동정신을 발전시키기 위해 모든 관점에 대한 청취, 모니터링, 복잡성·불확실성·모호성을 다룰 수 있는 능력 등이다.

표 8-9 변혁적 리더행태를 위한 자아진단

설문문항	①전혀 동의하지 않는다↔⑤매우 동의한다				
1. 나는 어려운 이슈의 입장에 선다.	①	②	③	④	⑤
2. 나는 어려운 시기에 침착하게(calm) 유지할 수 있다.					
3. 나는 현상유지(status quo)에 도전하도록 다른 사람을 격려한다.					
4. 나는 개인으로써 다른 사람을 다룬다 (I treat others as individuals).					
5. 나는 미래에 대해 낙관적으로 말한다.					
6. 나는 장벽은 극복될 수 있다고 다른 사람에게 확신시킨다.					
7. 나는 나의 신념과 가치를 지지한다.					
8. 나는 문제를 해결할 때 다양한 관점에서 조망한다.					
9. 나는 다른 사람들에게 자신들의 개인적 강점을 발전시키도록 코치한다.					
10. 나는 힘과 신념(power and confidence)의 기운을 내보일 수 있다.					
11. 나는 자신의 결정에 있어 윤리적이고 도덕적 관점에서 생각한다.					
12. 나는 다른 사람에게 추측(assumption)에 대해 질문하도록 격려한다.					
13. 나는 미래에 대해 명확하고 설득력 있는 비전을 제시한다.					
14. 나는 다른 사람의 특별한 욕구에 대해 나의 충고를 변경한다.					
15. 나는 새로운 시작에 대해 흥분하게 말한다.					

자료: Aldag & Kuzuhara(2002: 323).

하지만, 변혁적 리더십이 만병통치약(panacea)은 아니다. 안정적 조직에 있어서, 예외에 의한 관리(management-by-exception)가 보다 효과적일 수 있다. 반면에 격동의 상황에 직면한 조직체에 있어서, 수요에 대한 예상을 위해 유연성을 가지고, 새로운 요구와 변화에 능동적으로 대처하기 위해서는 변혁적 리더십이 보다 효과적일 수도 있다. 더욱이 효과적인 리더들은 거래적 리더십과 변혁적 리더십 두 가지를 결합하여 활용한다.

Yukl(2002: 263-266)는 〈표 8-10〉과 같이 변혁적 리더십에 관한 연구를 종합하여 변혁적 리더십을 위한 지침을 제시하고 있다. 즉 추종자에게 영향을 부여하고 그리고 동기를 부여하는 리더들에 대한 지침으로 ① 호소력 있는 비전을 명확하게 한다. 현재의 비전을 강화하거나 혹은 새로운 비전에 몰입하게 한다. ② 비전이 어떻게 성취될 수 있는지에 관해 설명한다. 나아가 비전이 실현 가능하다는 것을 추종자들에게 확신시켜야 한다. ③ 자신감 있게 그리고 긍정적으로 행동한다. ④ 추종자들에게 신뢰를 표명한다. ⑤ 주된 가치를 강조하기 위해 극단적이고 상징적인 행동을 활용한다. 비전은 일관성 있는 리더십의 행태에 의해 강화된다. ⑥ 모범적인 행태(exemplary behavior)의 사례를 설정한다. ⑦ 비전을 성취하기 위해 추종자들에게 권한을 위임한다. 변혁적 리더십의 핵심적인 부분이 비전을 성취하는데 추종자들에게 권한을 위임하는 것이다.

┃ 표 8-10 ┃ 변혁적 리더십을 위한 가이드라인

- 명확하고 호소력 있는 비전(clear and appealing vision)을 전개하라.
- 비전을 달성하기 위한 전략(strategy)을 개발하라.
- 비전을 분명하게 표현하고 그리고 홍보하라.
- 자신감 있고 긍정적으로 행동하라.
- 추종자에 대해 신뢰를 표명하라.
- 신뢰를 형성하는데 있어 조금씩 단계적으로 초기의 성공을 활용하라.
- 성공을 기념하라(celebrate success).
- 핵심가치(key values)를 강조하는데 있어 극단적이고 상징적인 행동을 활용하라.
- 사례로 리더하라(lead by example).

자료: Yukl(1994).

변혁적 리더들은 조직을 구제할 수 있는 전환적 전략(turnabound strategies)을 실시하기 위해 위기를 경험하기도 하고 혹은 전반적인 와해를 위한 접근법을 채택하기도 한다. 이러한 과정에는 긍정적인 결과를 산출하기 위해 추종자들의 행동, 사고, 업무윤리에 대한 근본적인 변화를 포함하게 된다. 변혁적 과정에는 〈표 8-11〉과 같이 변혁적 리더의 능력이 요구된다. 이들 능력은 ① 현재 상황에 대한 도전과 변화를 확신하는 것, ② 미래에 대해 공유된 비전을 고취하는 것, ③ 전환하는 동안 효과적인 리더십을 제공하는 것, ④ 변화를 조직의 항구적이고 제도화하는 국면으로 만드는 능력이다.

▌표 8-11 ▌ 변혁적 과정

단계	구체적인 행동
변화를 강요하는 단계	• 환경적인 변화와 위협에 대해 민감성을 증대한다. • 현재 상태에 도전하고 그리고 변화를 시도한다. • 기회를 탐색하고 그리고 위기를 취한다.
공유된 비전을 고취하는 (inspire) 단계	• 모든 구성원들에게 새롭고 보다 밝은 미래에 대한 사고를 고양시킨다. • 비전을 보고 그리고 비전을 향해 움직이도록 다른 사람들을 관련시킨다. • 경제적인 용어가 아닌 이상적인 용어(ideological terms)로 새로운 비전을 표현한다.
전환(transition)을 인도하는 단계	• 변화를 위한 긴급한 감각(a sense of urgency)을 관리자에게 주입시킨다. • 추종자들에게 위임하고, 지원하고, 협력을 조장하고, 그리고 강화한다. • 추종자에게 변화의 필요를 이해하도록 도움을 준다. • 추종자들의 자신감과 낙관(optimism)을 제고시킨다. • 재빠른 결정(quick fix)에 대한 유혹을 회피한다. • 변화를 저항하는 감정적인 요소들에 대해 공개적으로 다루고 인식시킨다.
변화를 주입시키는 (implant) 단계	• 추종자들에게 위대한 태도(greatness attitude, 성취에 대한 인정과 축하 등)를 강화하도록 한다. • 추종자들이 새로운 비전을 가지고 자기성취(self-fulfillment)를 발견하도록 도움을 준다. • 추종자들에게 집단적 이익을 위해 자기 이익을 초월하도록 도움을 준다. • 보상체계와 평가절차를 변화시킨다. • 팀 빌딩(team-building)의 개입과 개인적 변화를 이행하게 한다. • 모니터 과정에 특별한 팀(special task force)을 임명한다. • 최고 리더와 관리자에게 방식을 만들도록 격려한다.

자료: Lussier & Achua(2007: 327).

3) 카리스마 리더십과 변혁적 리더십

변혁적 리더십은 개인적 가치와 리더에 대한 부하들의 확고한 믿음이나 신념을 유발시키고, 리더가 부하들에게 확실한 목표를 설정해 주고 모범을 보이며, 부하들의 욕구에 대한 세심한 고려와 적절한 자극을 통하여 조직 및 구성원들의 성과와 만족도를 제고할 수 있는 방향으로 이끌 수 있다.

카리스마 리더십과 변혁적 리더십은 Weber의 연구에서 유래되었다. Bass(1985)가 카리스마 리더십과 변혁적 리더십에 관한 보다 포괄적 이론을 통합하였으며, 이러한 사고에 대해 과학적인 경험적 검증을 제공하였다. Bass는 카리스마를 변혁적 리더십의 필수적인 구성요소로 이해한다. 변혁적 리더는 모든 조직수준에서 발견되고 모든 상황에서 보편적으로 적절하다고 주장한다.

카리스마 리더십은 Weber의 사상에 강한 영향을 받았다.[23] 카리스마(charisma)는 정치적 영역에서 대규모 사람들에게 특별한 영향력을 가진 사람에 대한 기술로 활용되고 있다. 예를 들면, Mahatma Gandhi, Winston Churchill, Martin Luther King Jr., John F. Kennedy, Lee Iacocca, Sam Walton 등 역사적 인물에 활용된다. 이후 카리스마의 개념은 조직의 리더십 조사에서 활용되었다.

Conger와 Kanungo(1998)는 카리스마는 귀인적 현상(attributional phenomenon)이라고 전제하고, 리더의 카리스마 특성에 대한 부하들의 귀인은 리더의 행태, 기술, 상황적 측면에 의해 결정된다고 주장한다. 카리스마 리더십은 일반적으로 추종자에 대한 리더의 영향과 리더-추종자의 관계의 본질에 관한 의미로 정의된다.

카리스마 리더의 주요한 행태는 〈그림 8-18〉과 권력에 대한 강한 요구와 높은 수준의 자신감 및 자신의 아이디에 대한 강한 신뢰를 가지고 있다.

---

23 카리스마(charisma)는 그리스어로, 그 의미는 기적을 이행하거나 혹은 미래의 사건을 예언하는 능력과 같은 '신에 의해 영감을 받은 선물(divinely inspired gift)'이다. Weber는 영향력의 한 형태로, 리더가 특별한 특성을 부여받았다는 것에 대한 추종자의 지각에 기초한 영향력이다. 사회적 위기가 존재할 때 카리스마가 일어난다.

또한 바람직한 행태의 모델을 표출하며, 부하들의 성과에 대한 높은 기대감을 전달하고, 다른 사람들에게 관심을 표명하고 그리고 영향력과 감명을 주기 위해 노력하고, 아이디어, 가치, 고결한 목표를 강조한다. 나아가 조직에 대해 중요한 변화에 관한 비전을 강조하고, 목표성취에 있어 혁신적이고 특이한 행동을 취하며, 조직을 위해 자기희생을 보여준다. 반면에 추종자는 리더에 대해 존경, 헌신, 복종, 몰입, 일체감을 가지게 되며, 목표성취에 대한 리더의 능력을 신뢰한다(Yammarino, et. alt, 2002: 28).

┃ 그림 8-18 ┃ 카리스마 리더의 속성

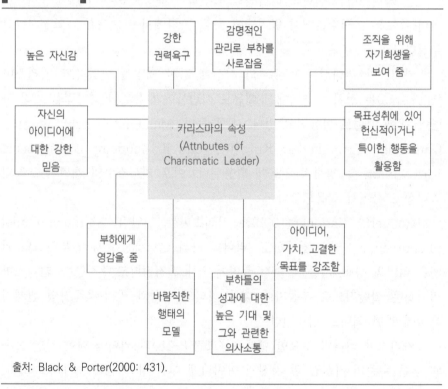

출처: Black & Porter(2000: 431).

반면에, 변혁적 리더십은 추종자에 대한 리더의 행태와 영향으로 정의된다. 변혁적 리더들은 집단, 팀, 조직, 보다 큰 규모의 사회적 이익을 고양하는데 추종자의 개인적 이익을 초월하도록 추종자를 격려하고 돕는다. 이점에서 카리스마 리더십은 개인적 고려, 영감적 동기부여, 지적 자극 등과 같이 변혁적 리더십의 구성요소이다. 변혁적 리더십의 주요한 구성요소로써 카리스마는 필수요인이지만 충분요인(sufficient element)은 아니다(Bass, 1990).

6. 거래적 리더십

거래적 리더십(transactional leadership)은 상황적 강화(contingent reinforcement)로 묘사된다. 강화는 리더의 약속과 보상의 행태 혹은 리더의 위협과 징계의 행동이다. 즉 좋은 성과에 대한 보상 혹은 저조한 성과에 대한 위협에 대한 거래 혹은 교환은 효과적 리더십으로 특징지워진다. 이처럼 거래적 리더십은 리더와 추종자 사이에 거래에 기초한다. 보상에 대한 약속 혹은 처벌에 대한 회피가 추종자들에게 동기부여로 작용하는 정도는 리더가 보상 혹은 처벌에 대한 통제력이 있는가와 추종자가 보상을 원하고 혹은 처벌에 대한 두려워하는가 하는 정도에 의존한다.

이처럼 거래적 리더십은 전통적인 리더십 개념으로 리더가 조직 특성에 맞게 주어진 상황에 따라 구성원에 대한 적절한 보상과 처벌을 사용함으로써 리더와 부하 간의 교환이나 거래관계로 영향력을 행사하는 과정이다. 이러한 거래적 리더십은 몇 가지 가정이 놓여있다. 조직구성원은 보상과 처벌에 의해 동기부여된다. 부하들은 상관의 명령에 복종해야만 한다. 부하는 스스로 동기부여하지 못한다. 부하들은 자신들이 업무를 수행하기 위해 근접하게 감시되어야 하고 그리고 통제되어야만 한다.

거래적 리더십은 다음과 같은 일련의 행태를 가지고 있다.

① 조건적 보상(contingent rewards) - 거래적 리더는 보상에 목표를 연계하고, 기대를 명확하게 하고, 필요한 자원을 제공하고, 상호간 동의한 목표를 설정하고, 성공적인 성과에 대해 다양한 종류의 보상을 제공한다. 이들 리더는 자신의 부하에 대해 SMART(구체적이고, 측정할 수 있고, 달성할 수 있고, 실현가능하고, 시기적절한) 목표를 설정한다. 이처럼 조건적 보상은 구성원의 업무수행에 대한 새롭고 다양한 아이디어 창출보다 관리의 효율적 과정에 중점을 둔다.

② 예외에 의한 적극적 관리(active management by exception) - 거래적
리더는 자신들의 부하의 업무를 적극적으로 모니터하고, 규칙과 기준으로
부터의 편차(deviations)를 주시하고, 실수를 방지하기 위해 교정적인 활
동을 취한다.
③ 예외에 의한 수동적 관리(passive management by exception) - 거래적
리더는 기준에 부합되지 않거나 혹은 성과가 기대에 부합하지 않을 때만
개입한다. 이들 리더는 수용할 수 없는 성과에 대한 반응으로써 처벌을 활
용한다.
④ 자유방임(laissez-faire) - 리더는 부하들이 의사결정을 할 수 있는 많은
기회를 얻는 환경을 제공한다. 리더 자신은 책임감을 거부하고, 의사결정
을 회피한다. 이리하여 집단은 가끔 방향성을 결핍하게 된다.

이러한 거래적 리더십의 하위요인과 관련하여 대부분 연구들은 〈표
8-12〉와 같이 조건적 보상, 예외적 관리를 활용하여 분석하고 있다.

▌표 8-12 ▌ 거래적 리더십의 설문사례

하위요인	거래적 리더십의 설문문항
조건적 보상	• 상사는 부하의 업무성과에 따른 이익과 보상에 대해 분명하게 알려준다. • 상사는 부하의 업무수행에 관련된 원칙들을 말해 준다. • 상사는 노력하면 대가로 원하는 것을 얻을 수 있다고 강조한다. • 상사와 약속한 대로 노력하면 원하는 보상을 해 준다. • 상사는 자신의 기대를 충족했을 때 만족감을 표출한다. • 상사는 업무성과를 달성했을 때 인정을 해준다.
예외적 관리	• 상사는 과거 전통적인 관행에 따른 업무처리를 선호한다. • 상사는 문제가 심각해질 때까지 간섭하지 않으려고 한다. • 상사는 문제의 상태가 잘못되기 전까지는 조치를 취하지 않는다. • 상사는 부하가 성과목표달성에 실패하면 필요한 행동과 조치를 취한다. • 상사는 문제가 심각해졌을 때 문제에 개입하는 편이다.

자료: 정연국 외(2012); 이영균·김영태(2014).

이러한 거래적 리더십은 최고의 리더십 잠재력을 발전시키는데 있어 불
충분하지만, 나쁜 것은 아니다(Insufficient, but no bad). 즉 거래적 리더는

비용을 감축하고 그리고 생산성을 향상하는데 목적을 둔 효율적인 결정을 안내하는데 있어 매우 효과적이다.

하지만, 거래적 리더는 구체적이고 단기적 목표(detail and short-term goals), 표준화된 규칙과 절차를 지나치게 강조한다. 이들 리더는 추종자의 창의성과 새로운 아이디어의 발굴을 조장하기 위해 노력하지 않는다. 이러한 리더십은 조직적 문제들이 단순하고 명확하게 정의된 작업장에서 잘 활용된다. 이들 리더는 현존하는 계획과 목적에 적합하지 않는 아이디어에 대해 보상하지 않고 혹은 무시하는 경향이 있다. 또한 거래적 리더는 상당히 지시적이고 행동지향적이다. 거래적 리더에 있어, 추종자와 관계는 일시적이고 그리고 감정적 유대에 기초하지 않는 경향이 있다.

〈표 8-13〉과 같이 거래적 리더십이 리더의 요구와 조직의 역할요구에 부합되게 추종자를 동기부여 하는 교환과정(exchange process)으로 정의되는 반면에, 변혁적 리더십은 조직과 목표달성을 위하여 추종자 개인의 이익을 초월하도록 격려함으로써 추종자를 동기부여시키는 영향과정(influence process)이다.

거래적 리더십은 리더의 간청에 대한 추종자의 순응을 초래하는 교환과정이 포함되며, 작업 목적에 대한 몰입과 열의가 일어나지는 않는다. 반면에 변혁적 리더십은 거래적 리더십보다는 추종자에게 동기부여와 성과를 증가시킨다. 변혁적 리더십을 통하여 추종자들은 최초에 기대했던 이상으로 동기부여 되며, 리더에 대해 신뢰, 충성, 존경 등을 느낀다(Yammarino, et. al., 2002: 27).

거래적 리더십은 상례적인 변화와 절차의 이행(implementation of routine change and procedures)에 관련되어 있는 반면에, 변혁적 리더십은 중요한 변화를 시도(to make major change)함에 있어 부하들에게 동기부여시키는 것에 관련되어 있다.

│ 표 8-13 │ 변혁적 리더십과 거래적 리더십

구분	변혁적 리더십	거래적 리더십
목표관리	고객목표(직원 및 외부고객)	조직의 재정적 측면에 초점
힘의 원천	하위 종사자로부터 나옴	직위로부터 나옴
리더십 방식	합리적 타당성 설명	명령 및 지시적
동기부여방식	영향과정(influence process)	교환과정(exchange process)
운영지침	가치와 비전추구	이윤추구
시간관리	장기 및 장래 중시	단기 및 현재 중시
호소의 초점	조직과 공익의 관심	사리(self-interest)
리더십 방향성	대외적	대내적(조직내부)
강화 구분	그룹별 강화	개별적 강화
계획된 변화의 유형	중요한 조직변화	상례적인 변화(routine changes)

자료: Black & Porter(2000: 434); 장석인(2009: 217)을 기초하여 재구성함.

▌제4절 기타 리더십이론

조직의 상황변화에 따라 다양한 리더십이 요구된다. 예를 들면, 책임질 사람이 없거나, 리더십을 공유해야만 하는 상황에서 일련의 새로운 리더십 기술이 요구된다. 이런 맥락에서 스튜워드십, 서번트 리더십, 공유리더십, 긍정적 리더십, 윤리적 리더십, 여성적 리더십 등 다양한 연구가 이루어지고 있다.

1. 가치기반 리더십: 스튜워드십과 서번트 리더십

최근 리더십연구에 있어 리더십 정의에서 도덕과 가치의 중요성이 중심되고 있다. 스튜워드십과 서번트 리더십은 카리마스 리더십과 변혁적 리더십과 관련되어 있다. 이들 리더십은 조직목표를 수행하는 데 따른 리더십 행사에 있어 리더가 아니라 추종자에 대한 권한위임에 초점을 둔다. 이와 같이 리더십에 대한 현대적 시각은 사람과 조직에 대한 스튜워드와 서번트로서의 리더를 고려한다. 스튜워드십과 서번트 리더십은 추종자를 향한 리더십 패러다임 전이(paradigm shift)로 대표된다.

1) 스튜워드십

스튜워드십(stewardship)은 의사결정하고 그리고 추종자에 대한 통제에 있어 추종자에게 권한위임하는 리더십으로 종업원 초점을 둔 리더십 (employee-focused form of leadership)이다. 스튜워드십을 구체화하는 리더는 자신의 추종자에 대해 관심을 가지고, 그리고 개인의 목표와 조직목표 모두를 설정하고, 전개하고, 실현하는데 있어 추종자를 지원한다. 이에 스튜워드십은 적극적으로 인도하는 것(leading)보다 오히려 보다 많이 촉진하는(facilitating) 것이다.

스튜워드십 리더십은 다음의 몇 가지를 가정한다. 즉 리더십은 하나의 지위(a position)가 아니다. 조직은 학습과 협력(learning and collaboration)의 중심이 되어야만 한다. 리더는 신뢰의 중요성을 인식해야만 하고 그리고 신뢰를 구축하기 위해 노력해야 한다. 이에 리더십의 신탁적 본질 (fiduciary nature)은 리더로서 우리 행동에 대한 도덕적 목적을 발견하는 것이다. 리더는 명확한 도덕적 목적(moral purpose)을 소유해야만 한다. 도덕적 리더는 모든 사람에 대해 신중해야 하며, 개인적 자제력(personal restraint)을 발휘해야 한다.

이러한 스튜워드십은 〈그림 8-19〉와 같이 4가지 가치 - 팀워크 지향, 분권화, 균등의 가정, 보상의 가정 - 을 가진다(Lussier & Achua, 2007: 329-330).

| 그림 8-19 | 스튜워드십의 가치

출처: Lussler & Achua(2007: 329).

① 팀워크지향(team orientation) - 스튜워드십은 핵심적인 자율경영팀 (self-managed teams)과 리더가 변화하는 조직환경에 대한 목표와 전략을 설계하기 위해 함께 작업하는 환경에서 가장 잘 작동한다. 리더의 역할은 지배적인 것이 아니라 보다 지원적 과정이다.

② 분권화(decentralization) - 스튜워드십은 권위와 의사결정이 분권화되어 있고, 업무의 진행이 하향적으로 진행되고, 구성원이 고객과 상호작용할 때 실현될 수 있다. 이런 환경에서 구성원에게 권한위임을 할 수 있고, 그리고 관리자와 추종자 사이에 보다 밀접하게 관계를 가질 수 있다.

③ 균등의 가정(equality assumption) - 스튜워드십은 리더와 추종자 사이에 지각된 균등성이 존재할 때 가장 잘 실현될 수 있다. 스튜워드십은 리더-추종자의 명령구조보다 균등의 파트너십이다.

④ 보상의 가정(reward assumption) - 스튜워드십은 조직구성원의 손아귀에 보다 많은 책임이 놓여있다. 성공적인 스튜워드십을 실현하기 위해 조직은 실질적인 성과에 적합한 보상을 부여하는 보상시스템을 재설계해야만 한다.

2) 서번트 리더십

(1) 서번트 리더십의 의의와 특징

Robert K. Greenleaf(1998, 2002)는 서번트 리더십의 개념에서 정신 (the spirit and the spiritual)의 역할을 강조하고 있다. 서번트 리더십(섬김

리더십, servant leadership)에서 리더십은 잠재적 리더의 측면에 다른 사람에게 봉사하는 헌신으로 시작된다는 아이디어이다. 즉 리더는 자신의 사리사욕을 추구하는 것보다 다른 사람에게 봉사하는데 우선적으로 관심을 가져야 한다.24 이처럼 서번트 리더는 첫째로 봉사하는 것을 원하는 자연스러운 감정으로 시작된다. 즉 다른 사람들의 최상의 우선순위 욕구에 먼저 봉사해야 한다는 것을 다짐한다.

서번트 리더는 집단의 의지뿐만 아니라 리더 자신의 마음의 목소리(inner voices)를 이해하기 위해 주의 깊게 청취하도록 충고한다. 서번트 리더는 다른 사람과 공감할 것을 촉구하고, 그리고 어긋난 관계와 상처난 정신(broken spirits)를 치유하는데 관여하도록 촉구한다. 이처럼 가치기반 리더십은 리더가 자신을 변화시키는 것으로 시작되어야 한다는 것을 요구하고, 그리고 가치기반 리더십은 어떻게 하는 방식(how to do)이 아니라 어떻게 되어야(how to be) 하는 문제이다(Denhardt, et al., 2013: 214).

이처럼 서번트 리더십은 강한 충성심과 영감을 불러일으키고, 조직발전에 기여하고, 그리고 인적자산을 보유하게 한다. 이점에서 서번트 리더십 접근은 조직의 목표와 가치와 갈등하는 개인의 목적과 가치과 해결할 수 없는 경우를 해결하며, 그리고 목표추구에 있어 관심, 우선순위 혹은 긴급성이 주어지지 못하기 때문에 충족하지 못한 조직목표를 해결할 수 있는 장점이 있다. 더욱이 서번트 리더십 유형은 모든 구성원들이 조직에 대해 헌신적이고, 핵심적인 기술과 행태를 소유할 때 가장 효과적이다. 이처럼 서번트 리더십은 빠른 효과(a quick fix)를 가지지 못하지만, 서번트 리더십의 진정한 장점은 단지 장기간에서 보다 명확해진다. 하지만, 서번트 리더십의 가장 중요한 비판은 경쟁적 환경에 부적합한 연성접근(soft approach)에 관련되어 있다.

특히 서번트 리더는 못 가진 자들(have-nots)과 혜택을 덜 받고 있는 자들(less privileged)에 대해 관심을 가져야 할 사회적 책임이 있다. 서번트

---

24 서번트 리더십(servant leadership)을 섬김의 리더십으로 번역하기도 한다. 서번트 리더십의 대표적인 사례로 Mother Teresa를 들고 있다. Mother Teresa는 가난한 사람들을 위해 평생 동안 봉사한 결과 새로운 종교적 질서, 자선선교 단체들의 출현에 영향을 미쳤다(김남현 역, 2013).

리더십은 생산적인 조직시민행동(organizational citizenship behavior)를 성취하기 위한 수단으로 공평과 정의를 강조한다.

이와 같이 서번트 리더십은 다음과 같은 몇 가지 특징을 가진다(이영균, 2015: 160-161). 첫째, 서번트 리더는 추종자와의 관계에 있어 쌍방적 신뢰 관계를 중시한다. 서번트 리더는 우선적으로 추종자를 이해하려고 노력하고, 추종자의 가능성을 신뢰하고, 추종자에게 경청하기 위해 노력하는 사람이다. 둘째, 서번트 리더는 업무수행에 있어 추종자에게 권한위임을 배려하는 사람이다. 서번트 리더는 추종자에게 학습을 장려하고, 잠재적 능력을 성장시키기 위해 노력하는 사람이다. 셋째, 서번트 리더는 조직의 목표달성에 대해 헌신하고 엄격한 자기관리를 실행하는 사람이다. 서번트 리더는 조직목표 달성에 통찰력을 보여주고, 청지기 의식과 도덕적 책임감을 수용하면서 미래에 대해 적극적이고 긍정적 자세를 표출하는 사람이다.

이러한 서번트 리더십의 특징에 대해 Spears(1997)는 〈표 8-14〉와 같이 10가지 특성을 제시하고 있다. 서번트 리더십의 특성은 ① 경청(listening), ② 공감(empathy), ③ 치유(healing), ④ 자각(awareness), ⑤ 설득(persuasion), ⑥ 개념화(conceptualization), ⑦ 선견지명(foresight), ⑧ 청지기 정신 (stewardship), ⑨ 구성원의 성장(commitment to the growth of people), ⑩ 공동체 및 지역사회의 구축(building community) 이다.

반면에 Barbuto와 Wheeler(2006)는 서번트 리더십의 특성을 5가지로 요약하고 있다. 이들 5가지 특성은 소명(altruistic calling), 감정적 치유 (emotional healing), 설득(persuasion), 조직의 청지기 정신(organizational stewardship)이다.

표 8-14 ┃ 서번트 리더십의 10가지 특성

10가지 특성	구체적인 특성
경청 (listening)	• 경청은 서번트 리더의 가장 기본적인 자질이며, 부하의 태도에 대한 존중과 수용적 태도로, 구성원의 의견을 주의 깊게 잘 듣는 태도이다.
공감 (empathy)	• 공감은 상대방의 입장에서 생각해보는 것이며, 이는 상대방의 입장에서 상황과 견해를 이해하려고 노력하는 행위이다.
치유 (healing)	• 치유는 업무로 인한 건강의 악화, 가족을 포함한 직장 동료, 구성원들과의 관계악화와 같은 상처로부터 오는 구성원들의 정서적 감정과 업무적 스트레스를 경감시켜 주는 행위이다.
설득 (persuasion)	• 설득은 리더로서 권위나 일방적인 지시나 통제가 아니라 쌍방향적인 대화와 설득으로 영향력을 행사하는 행위이다.
인지 (awareness)	• 인지는 다른 사람보다 주변 환경에 대해 더 잘 아는 것으로, 전체적인 상황과 상황에 영향을 주는 요소들을 정확하게 판단하는 것이며, 또한 다양한 상황을 통합적인 관점에서 이해하려는 것이다.
통찰 (foresight)	• 통찰은 경험과 직관을 가지고 현재와 미래의 결과를 예측할 수 있는 능력을 말한다.
비전 제시 (conceptualization)	• 서번트 리더는 비전을 제시하고, 그 비전을 분명한 목표와 연결시켜 방향을 설정해 주는 활동을 수행한다.
청지기 정신 (stewardship)	• 청지기 정신은 어떤 의사결정이나 행동을 할 때 그 결과가 구성원에게 미치는 영향을 먼저 고려하는 태도와 행위이다.
구성원의 성장 (commitment to growth)	• 서번트 리더는 구성원들이 능동적으로 일 할 수 있도록 지원하며, 또한 잠재력을 발휘하여 성장할 수 있는 기회를 제공하는 활동을 수행한다.
공동체 형성 (community building)	• 공동체란 구성원들이 자신들이 하고 있는 일과 그 일이 갖는 의미를 알고 함께 공유하는 역동적인 시스템이다. 서번트 리더는 구성원들 간의 깊은 유대관계를 갖는 공동체를 형성하기 위해, 구성원들 간의 활발한 의사소통과 협력을 장려하는 활동을 수행한다.

자료: 이영균(2015); 한광현(2016).

◇ **서번트 리더십의 설문문항 사례**

- 상사는 나에게 권한을 주어 책임감을 높여준다.
- 상사는 나의 의사결정을 존중해 준다.
- 상사는 나에게 업무수준 향상을 위한 기회를 부여해 준다.
- 상사는 나의 직무를 적극적으로 지원해 준다.
- 상사는 나의 비전이 달성되도록 도움을 준다.
- 상사는 앞장서서 나를 격려해 준다.
- 상사는 나의 의견에 대해 경청해 준다.
- 상사는 나에 대해 신뢰감을 가지고 있다.
- 상사는 내가 재능을 발휘하도록 격려하고 배려한다.
- 상사는 자신보다 구성원의 성공을 지원하려고 노력한다.
- 상사는 조직에서 모범을 보여준다.

(2) 서번트 리더십과 변혁적 리더십의 관계

서번트 리더십은 인간존중의 정신을 바탕으로 부하들을 섬기며, 그들에게 창의성과 잠재력을 발휘할 수 있는 기회를 제공함으로써 성장을 돕고, 조직이 진정한 공동체를 이룰 수 있도록 지원하는 리더십이다.

이와 같이 서번트 리더십이 조직구성원을 배려하고 성장을 지원하는 배려적 행동은 변혁적 리더십과 유사하다. 또한 변혁적 리더십과 서번트 리더십이 부하의 정서, 가치관, 윤리 및 행동규범 그리고 장기적 목표 등을 바꾸어 줌으로써 개인을 변화, 변혁시키는 영향과정이라는 점에서 공통점이 있다.

하지만, 〈표 8-15〉와 같이 서번트 리더십이 상호 관계적 힘을 중요시하고 구성원의 자율성과 공동선을 강화하고자 하는 반면에, 변혁적 리더십은 구성원의 도덕적 발달보다 성과에 관심을 둔다. 변혁적 리더십이 카리스마적 리더십 특성 위에 추종자인 부하들의 개인적 발전을 고려하지만, 부하들의 지적자극이나 개인적 고려가 조직을 위한 것이라는 점과 리더와 구성원의 관계가 상호적인 것이 아니라 리더에서 구성원으로 일방향적인 것이라고 전제한다는 점에서 차이가 있다. 또한 서번트 리더십이 섬김에 초점을 두고 있다면, 변혁적 리더십은 비전과 목표달성을 위한 조직에 초점을 두고 있다(신숙희·장영철, 2011: 150-151).

표 8-15 서번트 리더십과 변혁적 리더십의 관계

구분	변혁적 리더십	서번트 리더십
카리스마의 원천	리더 훈련과 기술	겸손, 정신적인(spiritual) 통찰력
상황	일방향적인 힘	섬김에 초점을 둔 삶의 방식의 실행과 비전
추종자들의 반응	고양된 동기, 추가적 노력	리더의 섬김에 대한 모방
카리스마의 결과	리더 혹은 조직의 목표달성 구성원의 개인적 발전	구성원의 자율성과 도덕적 발전, 공동선의 강화
영향력의 원천	조직원	상호관계
추구목표	장기적 조직의 비전과 가치 추구	개인과 조직의 공동발전
행동요인	카리스마, 역할모델, 개별배려, 지적자극	공감, 치유, 설득, 타인배려, 성장지원
동기부여	의지와 열정	공동선 추구
지도방법	Modeling	Serving
주요연구자	Burns, Bass	Greenleaf, Spears

출처: 신숙희·장영철(2011: 150).

2. 공유리더십

공유리더십(shared leadership)은 집단 혹은 조직의 목표를 성취하는데 있어 목적이 서로서로 연결되어 있는 집단내 개인들 사이에 동태적 상호작용 영향과정(a dynamic interactive influence process)을 내포한다. 이에 공유리더십은 어느 때는 동료 혹은 수평적 영향이 포함되어 있고, 다른 때는 상향적 혹은 하향적 영향이 포함되어 있다. 더욱이 어떠한 경우에 있어 리더십은 집단, 조직 혹은 사회 구성원 사이에 광범위하게 분포되어 있다(Denhardt, et al., 2013: 215).

이러한 공유리더십은 조직구성원에게 권한위임(empowering)을 함으로써, 그리고 조직구성원 자신들의 전문영역에 있어 리더십 지위를 갖게 하는 기회를 제공함으로써 조직에 있어 모든 인적자원을 최대화하는 것이다. 또한 공유리더십은 관련된 사람들의 능력과 상황의 요구에 의존하는 조직 혹은 집단 구성원 사이에 리더십을 공유하거나 배분하는 활동으로써 지각하는 것이다.

이점에 있어, Jean Lipman-Blumen(2000)은 결합리더십(connective leadership)은 다양한 사회에 있어 보다 많은 협력에 대한 욕구를 고려하는 것이라고 제안한다. 또한 리더의 역할은 반대적인 영향력으로부터 공생의 영향력(symbiotic forces)으로 상호의존적 그리고 포괄적으로 전환하는 것이다. 즉 결합리더는 특정한 목표를 성취하는데 있어 다양한 사람들 사이에 상호작용 및 공생을 최대화하도록 동기부여를 제공한다. 이러한 결합 리더는 리더십의 짐을 공유하기 위해(to share the burdens of leadership) 공동체를 건설하고, 그리고 다양한 사람들에게 위임해야 한다.

리더가 공유리더십을 발휘하기 위해서 다음과 같은 활동을 수행해야 한다. ① 가장 자격있는 구성원에게 자신의 능력을 강화할 수 있도록 권한을 주라. ② 의사결정권한의 한계를 규정하라. ③ 조직구성원들이 할당된 업무와 관련하여 자유롭게 창의력을 발휘할 수 있도록 분위기를 조장하라. ④ 자격있는 사람이 자신의 업무를 수행하고 자원을 활용할 수 있도록 자유재량권과 자율성을 부여하라. ⑤ 권한을 부여한 구성원의 판단에 대해 사후비판(second guess)을 하지 말라. ⑥ 팀과 관련하여 공유리더십을 활용하라. 리더십은 조직구성원 사이에 분배할 수 있고 또한 공유할 수 있는 활동으로 인식하라.

◇ **공유리더십의 설문문항 사례**

- 나의 조직구성원은 우리 조직이 어디로 진행해야 하는지에 대한 명확한 비전을 제시한다.
- 나는 나의 성과목표를 설정함에 있어 나의 조직구성원과 함께 작업을 한다.
- 나의 조직구성원은 내가 최고수준으로 업무를 수행할 것으로 기대한다.
- 나의 조직구성원은 내가 노력하고 있는 것들에 대해 높은 관심과 격려를 보내준다.
- 나의 조직구성원은 내가 업무를 잘 수행했을 때 긍정적인 피드백을 준다.
- 나의 조직구성원은 내가 업무수행을 미흡하게 하였을 때 내가 알게 해 준다.
- 나의 조직구성원은 내가 직면한 문제들에 내재되어 있는 기회들을 찾아보도록 충고해 준다.

자료: 정병헌(2015).

3. 슈퍼리더십과 셀프리더십

1) 슈퍼리더십

슈퍼리더십(superleadership)은 리더에 초점을 두는 것이 아니라 추종자에게 초점을 두기 때문에 슈퍼(super)라고 칭한다. 슈퍼리더십은 각 조직구성원에게 셀프리더십(self-leadership) 에너지를 조장하도록 설계된다. 슈퍼리더십은 리더가 조직구성원들로 하여금 효과적으로 자신을 지휘하고 통제하며 스스로를 긍정적으로 발전시켜 이끌어갈 수 있도록 하는 조력자의 역할을 강조하는 리더십 유형이다. 이 슈퍼리더십은 Charles Manz와 Henry Sims가 셀프리더십에 기초하여 제안한 것이다.

이러한 슈퍼리더십은 조직구성원들이 스스로를 리드해나갈 수 있도록 가르치고 이끄는 리더십이다. 이에 슈퍼리더십은 탑-다운(top-down)방식의 전통적 리더십에 문제를 제기하고, 리더 자신뿐 아니라 다른 사람들의 잠재능력과 최선의 노력을 끌어내는 리더십을 설계한다. 이점에서 슈퍼리더십은 셀프리더십의 능력을 성장하고 발전하는데 초점을 둔다. 이 리더십은 건설적인 비판과 환류를 강조하고, 강한 셀프리더십과 높은 도덕적 기준이 구현되길 기대한다.

이리하여 슈퍼리더십의 주요한 목적은 ① 긍정적 태도를 증진하는 환경을 발전시킨다. ② 조직구성원이 개인적 목표를 설정할 수 있게 한다. ③ 부하들 사이에 관찰과 의견을 개진하도록 한다. ④ 집단 구성원 서로를 지원하고 동기부여, 하도록 격려한다.

이와 같이 슈퍼 리더는 부하를 대담한 셀프리더로 변화하게 한다. 슈퍼리더는 팀 스스로 리더 하도록 코칭함으로써 열성적이고, 창의적이고, 활기가 돋우는 팀으로 발전시킨다.

◇ 전통적 리더십
- 목표를 강조한다.
- 팀원들을 감독하고 정보를 제공하며, 해결방안을 제시한다.
- 문제를 일일이 고집어 말한다.
- 영향력을 행사한다. 대화를 자주한다.

◇ 슈퍼리더십
- 자기강화를 격려한다.
- 자기관찰 및 평가, 자기기대, 목표설정을 격려한다.
- 리허설을 격려한다.
- 자기비판을 격려한다.

자료: 박용진(2009).

슈퍼리더십은 다음과 같은 몇 가지 구성요소로 리더십이 실행된다(김경수외, 2011: 36).

① 모델링 - 리더는 자기 자신부터 효율적으로 리드하는 법을 배워야 다른 사람을 성공적으로 리드할 수 있다. 리더 자신의 셀프 리더십 행동이 다른 사람들에게 강력한 모델이 되는 것이다.

② 목표설정 - 목표는 성과 목표뿐만 아니라 독창성, 책임 의식, 자율적인 동기 부여 및 지시를 지향하는 목표를 포함하며, 부과된 목표로부터 종업원의 자기 설정 목표로 이행하는 과정을 의미한다. 이에 슈퍼리더는 모델로서, 코치로서, 그리고 교사로서 가르치는 역할을 수행한다.

③ 격려와 지도 - 리더는 구성원들의 독창성과 자율적인 지시를 격려하고 확신시키는 중요한 원천이다. 이러한 메시지를 전달하는 것도 슈퍼리더의 중요한 일 중 하나이다.

④ 보상과 질책의 활용 - 리더는 보상과 질책을 능숙하게 이용할 수 있어야 한다. 이때 슈퍼리더는 적절한 보상과 질책으로 추구하는 목표를 바꿀 수 있어야 한다.

⑤ 전반적인 환경에의 고려 - 슈퍼리더는 전체적인 셀프리더십 시스템을 구축하는 데 필요한 제반 타 요소들도 신중히 고려해야 할 필요가 있다. 역동적인 셀프리더가 되고자 하는 종업원들에게는 적절한 설비와 지원, 사회적 기술적 시스템의 설계, 필요한 과업, 셀프리더십 스킬, 자신들의 잠재력을 발휘할 수 있는 충분한 재량권 등과 같은 요소들을 지원해 주어야 한다. 슈퍼리더가 행하는 솔선수범, 지도, 강화 또한 셀프리더십 문화의

구축과 연결되어 이루어져야 한다. 그래서 조직의 문화가 새롭게 구축되고 이것이 다른 사람들로 하여금 셀프리더십을 배양하도록 자극과 강화를 줄 수 있어야 한다.

┃ 표 8-16 ┃ 슈퍼리더가 부하의 셀프리더십을 학습시키는 단계

step 1	• 스스로 셀프리더가 됨 – 자기가 먼저 셀프리더십을 실천하여 셀프리더가 된다.
step 2	• 셀프리더십의 모델링이 되는 것 – 주의, 기억, 행동화, 동기부여의 과정을 통해 부하들의 본보기가 된다.
step 3	• 자기설정의 목표에 대한 격려 – 구성원들이 개인적인 발전목표를 세우도록 격려한다.
step 4	• 긍정적 사고유형을 창조 – 부하들에 대한 믿음을 표현함으로써 긍정적인 사고유형으로 전향하도록 한다.
step 5	• 보상과 건설적인 비판을 통한 셀프리더십의 개발 – 적절한 보상과 직책을 전략으로써 활용한다. 구성원들이 스스로 보상을 하게하고 자연적인 보상을 구축하게 한다. 그리고 질책을 구성원들을 개발하는 중요한 요소로 인식한다.
step 6	• 팀워크를 통한 셀프리더십의 촉진 – 자율 개념의 확산을 조장하고 스스로 팀을 운영해 갈 수 있는 임파워먼트가 확산되도록 노력한다.
step 7	• 셀프리더십 문화의 촉진 – 높은 성과를 창출할 수 있는 통합된 조직문화를 만든다. 셀프리더십의 요소들을 촉진시키는 환경이 필요하며 격려, 지원 셀프리더십 사고의 강화와 같은 종합적으로 통합된 시스템을 통해 셀프리더십 문화를 창출한다.

자료: Manz & Sims(1991).

◇ **슈퍼 리더십의 설문문항 사례**

- 나의 상사는 직장에서 솔선수범하는 모습을 자주 보여준다.
- 나의 상사는 새로운 문제를 솔선하여 해결하려고 노력한다.
- 나의 상사는 창의성과 독창성을 가지고 문제를 해결하려고 노력한다.
- 나의 상사는 구성원 스스로 목표를 설정하도록 격려하고 북돋아 준다.
- 나의 상사는 업무성과가 기대에 미치지 못할 경우, 구성원들이 그 원인을 스스로 찾게 유도한다.
- 나의 상사는 구성원들이 자아실현욕구를 발휘할 수 있도록 여건을 조성해 준다.
- 나의 상사는 구성원 개개인의 능력을 발휘할 수 있는 기회를 최대한 제공해 준다.
- 나의 상사는 구성원이 업무를 처리하기 전에 충분히 검토하도록 유도한다.

자료: 박용진(2009).

2) 셀프리더십

셀프리더십(self-leadership)은 조직구성원 스스로가 자신의 행로(path)를 지향하고, 그리고 자신의 비전을 달성하는데 적극적으로 자신의 내적·외적 자원 접근을 통한 자기개발(self-development)을 위한 직관력 있고 전략적 접근이다. 이점에서 셀프리더십은 리더가 부하에게 영향을 미치는 일반적인 리더십과 달리 자기통제에 근간을 두고 자기 스스로를 이끌어 가는 리더십이다. 이에 셀프리더십은 과업이나 직무를 성공적으로 수행하기 위해서 자기 스스로 자신의 생각이나 행동을 올바른 방향으로 이끌도록 스스로에게 영향력을 행사하는 과정이다.

이처럼 셀프리더십은 리더십의 가장 잠재적 원천은 외부적 리더로부터 오는 것이 아니라 우리 자신 내부로부터 온다는 시각이다. 즉 리더십은 외부로 향하는 과정(outward process)이 아니라 우리가 우리자신을 인도할 수 있어야 한다. 이런 점에서 위대한 리더십(great leadership)은 배양된 기술(cultivated art)이며, 셀프리더십과 더불어 시작한다. 리더십의 성공 혹은 실패는 리더가 어떻게 셀프리더십으로 접근하는가 하는 문제로 시작된다.

이러한 셀프리더십은 Manz와 Sims(1980)가 Kerr와 Jermier(1978)의 리더십 대체요인 이론에 근거하여 제시한 리더십 이론이다. 셀프리더십은 다음과 같은 능력을 증가하게 한다. ① 자신의 가치, 목적 및 열정을 가지고 일상생활을 명확하게 하고 계획적으로 설계한다. ② 사람들과 보다 깊이 있게 관련한다. ③ 변화에 대한 장애를 성공적으로 극복하게 한다. ④ 보다 즐거움, 의미 및 자유와 공유한다. ⑤ 보다 완전한 관계형성, 유능한 구직 창출, 하부직원의 효과성 극대화 등과 같은 다양한 목적을 성취한다.

셀프리더십은 행태적 기술과 정신적 기술의 활용을 통해 자신을 인도하는 것(leading oneself)이 포함되어 있다. 행태적 셀프리더십(behavioral self-leadership)의 기술은 자기성찰(self-observation), 자기목표설정, 행태관리, 행태결과의 조절(modification), 업무수행에의 자연적인 보상추구가 포함된다. 반면에 정신적 셀프리더십(mental self-leadership)의 기술은 자기소개(self-dialogue), 믿음, 가정, 정신적 심상, 사고패턴의 조사와 변화를 포함한다.

이와 같이 셀프리더십은 자신의 목적을 성취하는데 있어 사고, 느낌, 행태에 의도적으로 영향을 미치는 것이다. 셀프리더는 자율성(autonomy)의 욕구를 가지며, 의사결정을 할 수 있고, 창의성을 지니고 있고, 역경에 직면했을 때 극복할 수 있다. 이에 셀프리더십의 특성은 자아인식(self-awareness), 자아목표설정(self-goal setting), 자율적 동기부여(self-motivation), 긍정적 자기대화(positive self-talk), 단정적 의사소통, 응대할 수 있는 능력, 환류의 활동 등이다. 셀프리더가 되는 것과 셀프리더십을 유지하는 것은 자기개발활동(self-development activity)이다.

이러한 셀프리더십의 특성에 비추어, 셀프리더십은 다음과 같은 4가지 다른 국면을 가진다.

① 자아의식(self-awareness) - 자신의 가치, 관점, 강점, 약점, 리더십 성향, 감정적 욕구에 대해 인식하고, 이해하는 능력이다.

② 자아관리(self-management) - 의사결정에 있어 자신의 열정, 능력, 감정, 리더십 능력을 교육하고 활용하는 능력이다.

③ 타인의식(other-awareness) - 다른 사람의 열정, 재능, 강점, 약점, 잠재력 및 욕구를 인식하고 인정하는 능력이다.

④ 타인관리(other-management) - 자신의 잠재력을 개발하고 그리고 조직의 목적을 성취함에 있어 다른 사람을 동기부여하고 그리고 성장하는 능력이다.

▌표 8-17 ▌ 전통적 리더십과 셀프 리더십

전통적 리더십	셀프 리더십
외부관찰	자기관찰
주어진 목표	자기설정목표
과업수행에 대한 외부강화	자기 지도성행동에 대한 자기강화와 외부강화
외부 보상에 의거한 열의	일 자체의 자연적인 보상에 근거한 열의
외부로부터의 비판	자기비판
외부로부터의 문제해결	스스로 문제해결
외부로부터의 직무할당	스스로의 직무할당
외부로부터의 과업계획	스스로의 과업계획
부정적 관점	긍정적 관점
조직의 비전에 의존	조직구성원이 함께 만든 비전에 헌신

자료: Manz & Sims(2001: 69).

◇ **셀프 리더십의 설문문항 사례**
- 나는 자신의 업무수행에 대한 목표를 설정하기 좋아한다.
- 나는 내가 설정한 목표를 달성하기 위해 일하는 것을 좋아한다.
- 나는 내가 맡은 업무가 어떻게 진행되고 있는지를 의식하고 있다.
- 나는 내가 잘하고 있는가를 계속해서 확인하고 노력한다.
- 나는 작업과정 중에 일어나는 문제를 방해물로 생각하지 않고 기회로 생각한다.
- 나는 가능한 즐거운 분위기에서 일을 하려고 노력한다.
- 나는 업무를 수행하면서 부정적인 측면보다 긍정적인 측면을 먼저 생각한다.
- 나는 직면한 업무를 성공적으로 해결해 나가고 있는 자신을 마음속에서 의식적으로 그려본다.

자료: 박용진(2009).

4. 긍정적 리더십

Kim Cameron(2008)이 전개한 긍정적 리더십(positive leadership)은 인간의 잠재력(human potential)을 지지하고, 그리고 인간적 조건을 최적화하도록 노력함으로써 예외적인 성과(extraordinary performance)가 가능하게 하는데 관계가 있다. 이것은 리더가 자신의 집단과 조직에 있어 고결하고, 그리고 긍정적 에너지(virtuousness and positive energy)를 어떻게 전개하는가에 초점을 둔다. 긍정적 리더는 자신의 세상을 향상하는 어떤 것을 건설하는데 있어 자신의 가치와 신념과 끊임없이 조화한다.

긍정적 리더십은 무엇이 개인과 조직을 고양하는가, 조직에 있어 무엇이 옳은 것인가(what goes right in organizations), 무엇이 생기를 불어넣는가(what is life-giving), 무엇이 좋은 것으로 경험하게 하는가, 무엇이 영감을 주는가 등에 대한 강조점을 언급한다. 이에 긍정적 리더십은 역할(role)이 아닌 관계(relationships)에 초점을 둔다. 이러한 긍정적 리더십은 긍정적 심리학의 원리에 기반하여 리더를 훈련하기 위한 로드맵(roadmap)을 제공한다.[25]

긍정적 리더십은 조직에 있어 각 개인의 장점에 초점을 둔다. 이에 긍정적 리더는 전체 조직에서 긍정적 감정이 활력을 일으키게 하는 문화를 창조한다. 이리하여 보통의 기대를 초월한 조직성과를 초래하게 한다. Cameron(2008)은 긍정적 리더십과 관련하여 4가지 전략을 강조한다. ① 긍정적 분위기(감사의 습관, 사람에 대한 관심)를 조성한다. ② 긍정적 관계(지원, 동기부여, 이타주의)를 촉진시킨다. ③ 긍정적 의사소통(문제에의 초점, 감사, 지지)을 활용한다. ④ 긍정적 의미부여(자아를 초월한 소명)를 장려한다.

---

25 긍정적 심리학(positive psychology)는 행복, 희망과 같은 긍정적 감정, 그리고 지혜와 사회지능과 같은 긍정적인 개인적 특성(positive individual traits)을 연구하는 것이다.

- 나의 상사는 조직구성원들이 어려움에 처한 동료에게 도움을 주는 행동을 하도록 장려한다.
- 나의 상사는 조직구성원들에게 각기 다른 감사표현을 자주한다.
- 나의 상사는 조직에서 긍정적인 활력을 모범적으로 보여준다.
- 나의 상사는 구성원들에게 피드백을 줄 때 약점보다 강점에 대해 더 많은 피드백을 준다.
- 나의 상사는 의사소통할 때 부정적인 대화보다 긍정적인 대화를 많이 한다.
- 나의 상사는 구성원의 업무수행 성과를 칭찬하는 메모나 메시지를 지속적으로 보낸다.
- 나의 상사는 구성원들로 하여금 개인적 이익목표보다는 타인을 위해 기여하는 목표를 더 우선순위로 두도록 한다.

자료: 박수용(2015).

5. 진성리더십

　진성리더십(authentic leadership)은 Bill George가 자신의 저서 (Authentic Leadership)에서 개념을 정의하고 있다. George에 의하면, 진성리더십은 리더가 조직구성원과 긍정적 관계를 구축하고, 올바른 방식으로 조직구성원에게 영감을 주고, 격려하게 하는 자세이다. 진성리더의 핵심적인 특성이 진정성(authenticity)이며, 개방적인 분위기가 열쇠이다. 이점에서 리더는 자아인식(self-aware)을 해야 하며, 자신의 강점과 약점을 인식하고 인정하는 능력을 가져야 한다.

　이점에서 진성리더십은 리더가 진정한 자신의 모습을 알고 자기조절을 바탕으로 가치관과 일치하게 행동함으로써 부하의 발전을 도모하는데 긍정적 영향을 미치는 것이다. 이러한 진성리더는 리더가 도덕적으로 조화를 이루고 이타적이며, 높은 수준의 고결한 도덕적 대리인이다. 즉 진성리더는 높은 도덕적 가치와 신념에 근거하여 양심에 따라 행동하는 사람이며, 부하의 강점을 구축하고 긍정적인 조직환경을 만들고 참여하는데 초점을 둔다.

이와 같이 진성리더십은 투명성, 개방성, 신뢰, 가치 있는 목적을 향한 안내, 부하의 발전을 강조하는 특징을 가지는 관계이다. 또한 진성리더십은 자아인식, 자아수용, 진성행동, 관계를 통해 리더의 진정성을 달성할 뿐만 아니라 부하와 동료와의 관계로까지 진정성을 확장하는 것이다. 이러한 진성리더십은 다음과 같은 4가지 특성으로 구성된다.

① 자아인식(self-awareness) - 자아인식은 자신을 이해하는 과정으로 자신의 강점과 약점에 대해 이해하고, 자신이 추구하는 목표, 가치, 신념에 근거하여 자신이 추구하고자 하는 이상적인 자신을 알아가는 과정이다. 진성리더는 자신이 설정한 기준과 신념에 기반하여 생활하는 사람이다.

② 내면화된 도덕적 관점(internalized moral perspective) - 리더의 자기조절(자기통제)의 과정을 말하는 것으로, 진성리더가 설정한 이상적인 자아와 현실에서 직면하는 현재의 자아 사이에서 발생하는 불일치를 최소화하는 리더의 자기통제과정이다. 또한 조직이나 사회적 압력에도 불구하고 자신의 내재화된 가치와 일치되는 의사결정과 행동을 하는 것이다.

③ 균형 잡힌 정보처리(balanced processing of information) - 리더가 결정에 내리기 전에 정보를 객관적으로 분석하는 능력과 다른 사람들의 의견을 검토할 수 있는 능력이다. 진성리더는 자신의 내적 경험, 자신에 대한 외부평가를 부정하거나 왜곡하지 않고 편향되지 않은 정보처리하는 능력을 갖춘 사람이다. 즉 진성리더는 균형 잡힌 자기진단에 기초하여 자신의 신념과 가치관에 따라 행동한다.

④ 관계의 투명성(relational transparency) - 진성리더는 개방적인 의사소통을 촉진시키고, 성공과 실패에 관한 논의를 이끈다. 이러한 진성리더는 인간관계에서 진정성을 소중하게 여기고, 다른 사람들의 강점과 약점을 함께 볼 수 있는 개념이다. 이점에서 진성리더십은 신뢰성, 개방성, 생각과 감정의 공유수준이 높아지는 관계형성이다.

진성리더십은 몇 가지 강점을 가지고 있다. 첫째, 우리 사회가 요구하고 있는 신뢰할 만한 리더십의 요구를 충족해 주고 있으며, 오늘날과 같은 불확실성의 시대에 건전한 리더십을 제공해 주고 있다. 둘째, 진성리더십은 진성

리더가 되고자 하는 사람들에게 광범한 지침을 제공하고 있으며 안내도를 제공하고 있다. 셋째, 변혁적 리더십이나 서번트리더십과 마찬가지로 진성리더십도 명확한 도덕적 차원을 가지고 있다. 넷째, 진성리더십은 정직한 가치관과 정직한 행동은 장시간에 걸쳐 리더의 내부에 형성될 수 있다고 강조한다.

하위변수	진성리더십의 설문문항 사례
자기인식	- 나의 상사는 자신이 말하고자 하는 바를 정확하게 이야기 한다. - 나의 상사는 어렵더라도 진실을 밝힐 수 있는 사람이다. - 나의 상사는 부하들이 각자의 의견을 솔직하게 표현할 수 있도록 독려한다. - 나의 상사는 자신의 느낌이나 감정을 진솔하게 표현하는 편이다. - 나의 상사는 나의 장점과 약점이 무엇인지를 잘 알고 있다.
내면화된 도덕적 관점	- 나의 상사는 자신의 근본 가치, 신념과 일치된 행동을 한다. - 나의 상사는 높은 도덕적 기준에 따라 의사결정을 내린다. - 나의 상사는 부하들에게도 스스로의 생각과 가치에 따라 행동하도록 강조한다.
균형 잡힌 정보처리	- 나의 상사는 자신의 의견과 상반된 주장에 대해서도 귀를 기울인다. - 나의 상사는 의사결정을 내리기 전에 관련 자료를 충분히 조사분석한다. - 나의 상사는 결정을 내리기 전에 다양한 의견을 청취하는 편이다.
관계의 투명성	- 나의 상사는 자신의 의견을 정확하게 말한다. - 나의 상사는 실수를 했을 때 솔직하게 인정한다. - 나의 상사는 자신이 느끼는 감정을 솔직하게 표현한다.

자료: 오현아(2017); 이봉재(2017); 김문규(2019).

6. 코칭리더십

코칭리더십(coaching leadership)은 코치와 피코치의 상호 신뢰관계에서 비롯되며 현장에서 직면한 문제의 해결과 개인의 잠재능력 개발하고 스스로 목표를 달성하도록 피코치에게 영향력을 미치는 것이다.[26] 이처럼 코칭리

---

[26] 코치(coach)의 어원은 헝가리의 도시 코치(Kocs)에게 개발된 4마리의 말이 끄는 마차에서 유래되었으며, 고객이 현재 있는 지점에서 출발하여 원하는 목적지까지 데려다주는 개별

더십은 조직구성원이 스스로 문제를 해결할 수 있도록 하고, 구성원들의 수행능력을 향상시켜 성과를 얻어내는 결과지향적이고 체계적인 리더의 행동방식이다. 즉 코칭리더십은 코칭 행동을 통하여 조직구성원의 성장을 이끌고, 성과를 향상하도록 격려하는 영향력이다.

이러한 관점에서 코칭리더십에는 리더와 추종자 사이의 개방적이고 협력적인 상호신뢰의 인간관계를 형성하는 것이 중요하다. 또한 구체적이고 개별적인 피드백을 제공하고 행동을 강화하는 노력과 더불어 상대방을 서로 인정하고, 서로 잘 경청하고, 좋은 관계를 형성하는 것이 중요하다. 결국 코칭리더십은 조직구성원의 잠재력을 최대로 발휘할 수 있도록 동기부여시켜 조직에 몰입하게 하는 성과지향적인 활동이라 할 것이다.

Stowell(1986)에 따르면, 코칭리더십은 코치와 피코치 사이의 대화를 통해 코칭의 4가지 구성요소인 방향제시, 수행평가, 역량 개발 및 관계 맺기의 구체적인 행동이 나타나는 프로세스로 이해할 수 있다. 이점에서 좋은 코칭리더는 코칭대상자인 조직구성원의 학습과정을 격려하고, 조직구성원의 책임성과 독립성을 향상시키는 것이다. 즉 좋은 코칭리더는 조직구성원들이 독립적으로 자신의 업무를 수행하도록 리드하는 것이다. 이점에서 좋은 코칭리더는 조직구성원의 업무성숙(task maturity)을 촉진하게 하는 것이다. 업무성숙된 조직구성원은 충분히 자아독립성(self-reliant)을 갖추게 되고, 독립적으로 업무를 자발적으로 수행할 수 있게 된다.

① 방향제시(direction) - 코칭리더십은 부하의 잠재력을 개발하고 스스로 목표를 달성할 수 있도록 지원한다. 특히 코칭리더는 조직구성원 혹은 팀으로부터 최상으로 산출할 수 있도록 리드하는 것이다. 이처럼 좋은 코칭리더는 조직구성원 자신의 업무와 삶의 방향을 안내한다.

② 수행평가(accountability) - 수행평가는 과거의 수행을 평가하여 향후 의사결정을 하는 것을 목적으로 한다. 리더의 중요한 역할 중 하나는 조직구성원이 수행한 업무나 과제에 대해 책임감을 느낄 수 있도록 하며, 그 결과를 진지하고 공정하며 구체적으로 평가하고 피드백 하는 것이다.

서비스로의 코칭의 특성을 설명한다(김수정, 2015).

③ 역량개발(development) - 코칭리더십은 상대를 직접 가르치기보다는 스스로 배울 수 있도록 돕는다. 조직성과를 향상하기 위해 조직구성원의 역량을 강화하는데 초점을 둔다. 즉 코칭행동을 통하여 조직구성원의 성장을 돕는다.

④ 관계 맺기(relationship) - 리더는 조직구성원과 개방적이고 협력적인 상호신뢰로 인간관계를 맺어야 효과적으로 영향력을 발휘할 수 있다. 즉 리더와 조직구성원 간의 관계가 어떠한가에 따라 업무성과에 큰 영향을 미치게 된다. 코칭리더십은 조직구성원과 수평적인 관계에서 일대일 대화를 통해 일어나며, 적극적 경청과 질문 및 건설적인 피드백을 한다.

◇ **코칭 가이드라인(coaching guideline)**

- 지원적 업무관계를 전개하라. 지원적 업무관계는 지속적 성과향상을 위한 열의(enthusiasm)와 몰입을 높인다.
- 칭찬과 인정을 제공하라. 이것은 구성원에게 성과를 향상하고 유지하는데 동기부여가 된다.
- 비난과 당혹감(embarrassment)을 회피하라. 코칭의 목적은 구성원의 지식, 능력 및 기술을 발전시키는 것이다.
- 사람이 아닌 행태에 초점을 두라. 코칭의 목적은 사람을 과소평가하는(belittle) 것이 아니라 바람직한 행태를 이끄는 것이다.
- 구성원이 자신의 성과를 평가하게 하라.
- 구체적이고 기술적인 환류(specific and descriptive feedback)를 제공하라. 기술적 환류는 사실 혹은 추론(inference)에 기초하는 것이다.
- 코칭 환류를 제공하라.
- 모델링과 훈련을 제공하라. 좋은 관리자는 사례로 이끌 수 있다. 코칭은 때론 훈련을 요구한다.
- 유연하지 말고, 시기적절하게 환류를 제공하라. 행태가 관찰될 때 가능한 빨리 환류를 제공하라.
- 비난하지 말라. 모든 비난은 파괴적이다.

자료: Lussier & Achua(2007: 185).

이와 같은 코칭리더십은 몇 가지 장점을 가진다. ① 코칭리더십은 조직구성원의 책임감과 몰입을 격려한다. 나아가 코칭리더는 조직구성원의 자아발전(self-development)을 촉진시킨다. ② 코칭리더는 조직구성원들이 수행해야만 하는 업무에 관한 충분한 여지와 자유를 제공한다. 코칭리더는 조직구성원에게 이것을 수행해보라(try this) 라고 격려한다. ③ 코칭리더십은 현장의 활동과 보다 밀접하고, 조직의 활동에 보다 좋은 아이디어를 제공해 준다.

하지만 코칭리더십은 계층제적 조직구조에서 코칭리더십 스타일을 발휘하는데 한계가 있다. 조직구성원은 업무평가의 결과와 관련한 코칭모임에 대해 공포를 느낄 수 있다. 또한 코칭리더십은 동기부여되지 않는 조직구성원에게 효용이 없다(pointless). 즉 조직구성원이 자아발전에 대해 어떠한 노력을 투자하지 않는다면 구성원의 질을 발전시킬 수 없다.

◇ **코칭리더십의 설문문항 사례**

- 나의 상사는 내가 달성해야 할 구체적인 직무목표를 스스로 세울 수 있도록 적극 도와준다.
- 나의 상사는 내게 주어진 직무의 추진방향에 관해 주기적으로 논의하고 설명해 준다.
- 나의 상사는 미래 비전을 갖고 일할 수 있도록 이끌어준다.
- 나의 상사는 내가 역량개발을 위한 교육연수에 참가하도록 독려한다.
- 나의 상사는 나의 직무와 관련된 정보와 자료를 적극 제공해 준다.
- 나의 상사는 내가 잘못한 점이 있다면 객관적이고 분명하게 지적해 준다.
- 나의 상사는 나의 직무성과를 객관적인 입장에서 정기적으로 평가해 준다.
- 나의 상사는 나의 업무활동에 대해 상세하게 피드백 해준다.
- 나의 상사는 내가 하는 말에 관심을 가지고 경청한다.
- 나의 상사는 수시로 나를 격려하고 칭찬한다.
- 나의 상사는 나의 가치를 인정하고 나와 좋은 관계를 가지고 있다.

자료: 김수정(2015); 이한주(2018).

7. 윤리적 리더십

리더십에 있어 윤리적 이슈는 중요한 과제이다. 이에 윤리는 리더십의 중심에 위치한다. 리더는 조직 내의 윤리적 환경을 확립하는데 매우 중요한 역할을 담당한다. 리더는 조직의 가치와 공동체의 가치를 다루기 때문에 더 큰 윤리적 책임을 갖추어야 한다. 이점에 있어 Ronald Heifetz(1994)는 윤리적 리더십은 권한을 활용하여 구성원들로 하여금 빠르게 변화하는 작업환경과 사회문화 속에 나타나는 상충되는 가치에 대해 잘 대응해 가도록 도움을 주는 것이라고 지적한다(김남현 역, 2013: 600).

윤리적 리더십에 대해, Brown와 동료학자들(2005)은 리더가 개인적 행동과 대인관계를 통해 규범적으로 적절한 행동을 보여주고, 양방향 의사소통 및 의사결정을 통해 팔로워들에게 그러한 행동을 촉진시키는 것으로 이해하고 있다. 즉 윤리적 리더십은 윤리적인 의사결정, 강화, 상호적 의사소통을 통해 구성원들에 대한 행동을 촉진하고, 상호적 관계를 형성하며 활동하는 리더십을 의미한다.

이러한 윤리적 리더십은 다음과 같은 특성들을 포함하는 것으로 이해할 수 있다(김호정, 2013; 김왕선 외, 2015). ① 윤리적 리더는 타인에게 윤리적 역할 모델이 된다. 이에 윤리적 리더는 정직, 진실, 이타주의와 같은 개인의 윤리적 가치에 따른 태도와 행동을 보인다. ② 윤리적 리더는 개인과 조직의 윤리와 가치에 대해 부하직원들과 개방적인 대화와 토론을 통해 윤리에 대해 많은 관심을 갖게 하고, 윤리적 기준과 규범을 명확히 제시한다. 또한 부하직원들이 갖고 있는 고민과 딜레마를 경청하면서 그들의 윤리적 행위에 대해 정확한 평가를 해 주어야 한다. ③ 윤리적 리더는 강화를 통해 윤리기준의 준수를 강화시킨다. 즉 윤리적 행위를 한 사람에게는 적절한 보상을 하고 윤리기준을 위반하여 비윤리적 행위를 한 사람에게는 상응하는 처벌을 하게 된다.

특히 윤리적 리더가 윤리적 이슈를 지각하는 것은 도덕적 창의력(moral imagination) - 좋은 윤리적 의식의 감각과 도덕적 과정과 결과를 증진하기 위한 창의력 - 이 요구된다. 도덕적 창의력은 도덕적 견지에서 다양한 선택에 대해 주의깊고 사려깊게 이해하고 그리고 평가하는 것이다(Denhardt, et al., 2013: 224).

이러한 윤리적 리더의 특징은 변혁적 리더십을 구성하는 영감적 행태, 지적자극적 행태, 비전적 행태 등을 포함한다. 특히 공공선을 발전시키기 위한 외적인 행동과 더불어 내적인 신념과 가치를 일치하기 위한 틀로써 윤리적 리더십은 4-V Model를 권고한다.

① 가치(values) - 윤리적 리더십은 리더의 핵심적인 가치에 대한 이해와 몰입과 더불어 시작한다. 우리의 정체성과 동기요인의 핵심에 있는 가치를 발견함으로써 우리는 모든 수준의 의사결정에 고유의 가치를 통합하기 위한 과정을 시작할 수 있다.

② 비전(vision) - 윤리적 리더십은 다른 사람들에게 봉사하는 영역에 있어 해야만 하는 것(what ought to be)의 모습의 범위에서 우리들의 행동을 구축하는 능력을 요구한다.

③ 목소리(voice) - 윤리적 리더는 자신의 행동에 활기를 불어넣는 정통적 방식에서 다른 사람들에 대해 자신의 비전을 분명하게 할 수 있어야만 한다.

④ 선행(virtue) - 윤리적 리더는 옳은 것과 좋은 것을 하기 위해 노력한다. 공공선을 지지하고 그리고 일치하는데 있어 나의 가치, 비전, 그리고 목소리는 어떠한가를 질문함으로써 도덕적인 행동(virtuous behavior)을 취할 수 있다.

┃ 그림 8-20 ┃ 윤리적 리더십의 4-V 모델

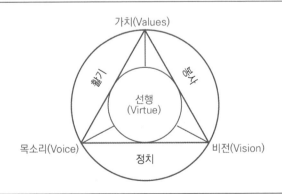

이러한 윤리적 리더십에 대해 Northouse는 5가지 원칙을 제시하고 있다. 이들 5가지 원칙들은 건전한 윤리적 리더십 개발을 위한 토대를 제공한다(김남현 역, 2013: 603). ① 윤리적 리더는 타인을 존중한다. 윤리적 리더는 구성원 자신들의 창조적 열망을 인정하고 존중한다. ② 윤리적 리더는 타인을 섬긴다. 즉 윤리적 리더는 구성원들의 관심사에 주의 깊고 세심한 배려를 한다. ③ 윤리적 리더는 공정하다. 리더는 조직내에서 이익과 책임을 공정하게 배분해야 한다. ④ 윤리적 리더는 정직하다. ⑤ 윤리적 리더는 공동체를 구축한다. 윤리적 리더는 시민적 덕성(civic virtue)에 주의를 기울여야 한다.

◇ **윤리적 리더십의 설문문항 사례**
- 나의 상사는 믿고 따를 수 있는 사람이다.
- 나의 상사는 직원들의 의견을 경청하는 편이다..
- 나의 상사는 윤리적인 삶을 살고 있다.
- 나의 상사는 업무처리에 있어서 공정하고 균형 있는 의사결정을 한다.
- 나의 상사는 무엇이 올바른 것인가를 고려하여 결정을 내린다.
- 나의 상사는 직원들이 윤리적 기준을 어겼을 경우 처벌한다.

자료: 민경연(2017).

제5절 여성적 리더십

1. 여성적 리더십의 의의와 특징

여성들이 지닌 인간관계에서의 장점들이 리더십 발휘에 있어 주목받고 있다. 더욱이 여성들의 사회참여가 늘고, 리더의 위치에 오르는 경우가 과거보다는 늘어나면서 리더 역할에서의 여성의 희귀효과(scarcity effect)에 기인한다. 나아가 변화하는 사회 환경과 더불어 조직문화의 다원화에 효율적으로 대응하여 남성적이며 가부장적인 리더십의 비효율성이 드러나면서 대안적 리더십에 대한 욕구가 증대되고 있다(김성수 외, 1992: 42).

특히 리더십연구에서 여성들이 가진 특성들이 남성위주의 리더십연구에 새로운 시각을 주고 있다. 이들 특성으로 여성들은 위계에 집중하지 않고, 객관적인 결정을 하고 이끄는 데 있어 돌봄의 접근, 관계와 과정을 강조하고, 온정적이고 대인관계의 민감성을 가지면서, 사람들에게 적극적 관심을 보여주는 공감과 커뮤니케이션의 흐름을 유지하면서 아이디어를 명확하게 표현하는 의사소통이 남성들보다 뛰어나다는 점이다(안윤정·임윤서, 2016: 216-7).

이점에서 여성적 리더십은 대안적 리더십으로서 사회화 과정에서 학습된 독특한 속성으로서의 여성적 특성을 내포한 리더십이다. 이와 같이 여성적 리더십은 여성에게만 나타나는 타고난 여성적 특성을 보다 적극적으로 리더십 개념과 연결시키는 것이다. 또한 여성적 리더십은 리더의 기능이 한 사람에 의해 모두 수행되는 것이 아니라 조직구성원들이 모두 동등한 정치적 인격체로서 유기적인 관계를 통해 조직의 목적을 달성해 나가는 민주적 리더십이다(김성수 외, 1992: 39).

또한 여성과 리더십과 관련하여 〈표 8-18〉과 같이 여성리더십, 여성적 리더십, 여성주의적 리더십으로 구분할 수 있다(유광영, 2018).

여성리더십(female leadership)은 생물학적으로 여성으로 분류되는 이들이 발휘하고 있는 리더십을 말한다. 즉 여성리더의 역할을 어떻게 성공적으로 수행하고 있는지에 대한 탐색이다.

여성적 리더십(feminine leadership)은 여성적이라고 분류되었던 부드러움, 배려, 보살핌, 모성, 관계지향성 등의 특징을 리더십에서 표출하는 것이다. 즉 생물학적 성별과 무관하다.

여성주의 리더십(feminist leadership)은 정치적 권력 관계의 맥락에서 추구되는 해방적 가치를 기초로 하는 리더십이다. 즉 여성주의 리더십은 리더가 지향하는 여성주의적 가치, 목표에 의해 성립되는 리더십이다 .

여성적 리더십이 리더 자신이 가지고 있는 여성적 특성으로 발휘하는 리더십인 반면에, 여성주의 리더십은 리더가 여성주의가 중시하고 있는 가치들인 상호의존과 협동, 지원, 참여 등을 고양시키는 진보적 목표를 발휘하는 리더십이다.

┃ 표 8-18 ┃ 여성, 여성적, 여성주의적 리더십

여성 리더십 (female leadership)	여성적 리더십 (feminine leadership)	여성주의적 리더십 (feminist leadership)
• 자기주도적이고, 도전적인 성취지향 능력 • 여성에게 결코 호의적 친화적이지도 않을 뿐 아니라, 성차별적이기까지 한 불리한 상황에서 그 자신의 성공을 개척해 내거나 조직으로 하여금 목표를 이루어내게 만드는 능력	• 타자지향적이고 민주적인 관계의 능력 • 성취한바가 대단하지 않더라도 함께 하는 이들이 그들의 역량을 발휘할 수 있도록 격려하고, 어려움을 극복할 수 있도록 보살피는 능력	• 지배적이고 억압적인 현실의 권력질서에 저항하고 가부장적인 권력질서를 변화시키려는 정치적인 의지나 효과 • 여성주의가 지향하는 가치를 실현하고, 여성주의적 목표를 달성하는 방향으로 협력해 나가는 능력

자료: 서용희(2016: 261).

여성적 리더십은 다음과 같은 리더십을 발휘한다(김선미, 2017; 유광영, 2018).
① 공감리더십 - 여성적 리더십은 고통 받고 있는 사람들에 대한 공감이 높다. 특히 사회적 약자들의 괴로움에 대해 공감하고, 그러한 상황에서 벗어나고자 노력하는 그들의 모습에 용기를 주며 사회적 변화를 이끌어 낸다.
② 관계지향적 리더십 - 여성적 리더십은 다양한 사람들과 수평적인 관계를

맺어 가는데 뛰어난 능력을 발휘한다. 또한 사회를 변화시키고자 하는 네트워크를 만들며, 새로운 비전을 제시하는 리더십을 발휘한다. 또한 관계지향적 리더십은 구성원과의 친밀성, 인정, 공감과 지지, 상호존중, 신뢰감, 소통을 바탕으로 하는 인간관계 중심의 리더십이다.

③ 배려적 리더십 – 여성적 리더십은 가부장적 리더십과 달리 경쟁보다 협동을 중시하고, 위계조직 보다 수평적 팀 중심의 조직구조의 특성을 가지고, 상대방을 배려하는 마음에서 비롯된다. 배려적 리더는 조직구성원이 안전하고 협조적인 분위기에서 자기실현을 발휘할 수 있도록 멘토나 코치로서의 역할을 한다. 이런 의미에서 여성적 리더십은 남성 지배(지배권력)와 이를 정당화하고 영속화시키는 제도 및 이데올로기의 종식이라는 공동의 목표를 달성하기 위해 조직화된 힘을 발휘한다. 즉 여성주의적 힘 갖추기는 권력을 공유하고 나누며, 공조와 협력을 통해 주고 받는 상호적 방식으로 실천하는 리더십이다(이상화, 2005).

④ 민주적 리더십 – 민주적 리더십은 권력과 정보를 독점하기 보다는 공유하려고 노력한다. 민주적 리더는 권한을 조직구성원에게 위임하고, 구성원에게 힘을 실어주고, 구성원들이 소유하고 있는 가치와 의사를 반영하기 위해 노력한다.

2. 여성적 리더십의 장·단점

무엇보다 성 정체감(gender identity)은 대부분의 사회구성원들이 의해 공유됨으로써 그들의 행동에 대한 규제를 위해 무엇이 여성다움 혹은 남성다움인가를 이해하게 된다. 전형적인 특성으로 간주되고 있는 여성다움으로 인하여, 여성은 비즈니스에 대한 자질이 부족하며, 세상 돌아가는 방식에 대한 이해도 부족하고 무엇인가를 이루려는 야망도 없다는 것이다. 또한 독립적이기보다는 의존적이고 수동적 순종적이며, 합리적이기보다는 감정적 주관적이고, 모험심이나 결단력이 약하고 가족지향적인 것으로 들고 있다(김성수 외, 1992: 69).

이와 같이 성차별적 사회화에 기인한 여성다움과 남성다움의 고정관념은 〈표 8-19〉와 같이 각 리더에 대한 긍정적 이미지와 부정적 이미지로 보여지기도 한다.

표 8-19 남성과 여성 리더에 대한 고정관념

	남성	여성
일반적 특성	• 용감하고 현실적이며 신중함. 적극적, 독립적, 명령형, 지도자	• 연약하고 정서적이며 경박함. 수동적, 의존적, 순종적, 추종자
긍정적 이미지	• 유머감각이 있고 여유가 있다. • 자신의 일과 사회적 역할을 분리한다. • 범주적으로 생각한다. • 독립적으로 일을 추진한다.	• 보다 인간적이다. • 친밀하고 솔직하다. • 평등지향적이다. • 효율적이고 잘 조직화되어 있다.
부정적 이미지	• 지나치게 과정을 중시한다. • 거리감을 느끼게 한다. 쉽게 접근하기가 어렵다. • 권위적이고 공격적이다. • 성차별적이다.	• 지나치게 사람을 중시한다. • 자신의 감정을 표현하는 일이 잦다 • 권위적이고 공격적이다. • 자기 주장이 약하다.

자료: 김성수 외(1992: 72).

여성적 리더십의 장점으로는 대체로 수평적 관계성을 강조하는 것으로 ① 공감과 소통, ② 일처리에 있어서 멀티태스킹, ③ 섬세함, ④ 풍부한 감성, ⑤ 친화력 등을 들고 있다. 반면에 여성적 리더십의 단점으로는 ① 섬세함과 풍부한 감정이 감정과잉으로, ② 친화력이 공사구분 없는 것으로, ③ 소통능력이 뒷담화로, ④ 결단력이나 강한 정신력이 다소 부족한 것을 들고 있다.

이러한 여성적 리더십을 어떻게 개발할 것인가라는 물음은 다음과 같은 전제에서 출발할 필요가 있다(김성수 외, 1992).

① 리더십은 타고 나는 것이 아니라 훈련을 통해 습득된다는 것을 깨닫는 것이 출발점이다.

② 훌륭한 지도자가 될 것을 결심하라.

③ 리더십은 자기가 뛰어나고 인정받고자 하는 명예욕에서가 아니라 자기가 속한 집단구성원 각자의 이익을 도모하며 섬기고자 하는 동기에서 발휘되어야 한다.

④ 리더십은 비전과 함께 시작된다. 당신의 비전은 무엇인가?

⑤ 인내심을 잃지 말라.

⑥ 구성원들의 마음에 부합한 리더십이 성공한다. 친숙한 이미지를 개발하라.

⑦ 집단구성원과의 의사소통을 원활히 하고 집단구성원의 잠재력을 평가하여 이를 최대한 집단의 목표를 위해 활용하며 늘 관심을 가지고 물심양면으로 돌보아야 한다.

⑧ 조직 내 다양한 여성들과 든든한 네트워크를 구축하라.

⑨ 자연스러운 여성으로서의 모습을 잃지 않으면서 강인한 결단력과 추진력을 개발하라.

⑩ 가정과 직장, 사회활동을 조화시켜라.

⑪ 조직 내 남성과의 관계를 적당히 유지하는 지혜를 가져라.

⑫ 내적 권위(다른 사람들에게서 존경을 받게 하는 카리스마, 자부심, 개성)를 개발하라.

◇ **여성적 리더십의 설문문항 사례**

– 나의 상사는 조직구성원들의 감정을 고려하여 대한다.

– 나의 상사는 다른 사람들 앞에서 직원들을 비판하지 않는다.

– 나의 상사는 직원들의 직장생활에서 일어나는 문제에 대해 잘 이해하고 공감한다.

– 나의 상사는 내가 미래 비전을 갖고 일할 수 있도록 안내해 준다.

– 나의 상사는 나의 업무가 잘 진행되고 있는지 관심을 갖고 피드백 해준다.

– 나의 상사는 어떤 문제나 결정에 있어 직원들의 의견을 수렴하고 상의한다.

– 나의 상사는 직원들의 업무성과를 공정하게 평가한다.

– 나의 상사는 업무와 관련하여 직원들의 제안을 적극 격려한다.

자료: 유광영(2018).

▌제6절 임파워먼트

1. 임파워먼트의 의의

　　임파워먼트(권한위임, empowerment)는 권력을 많이 가진 사람이 권력을 적게 가진 사람과 권력을 공유하는 것(the sharing of power)을 의미한다.[27] 임파워먼트는 조직구성원에게 자신의 능력에 대한 신념을 촉진시키는 경험과 기회를 제공해주는 과정이다.

　　임파워먼트가 일어나기 위해서는 관리자가 부하들에게 보다 많은 권한을 부여한다고 단순히 선언하는 것이 아니라, 관리자가 구체적인 결정을 하는데 보다 공식적인 권위를 위임하는데 필요한 수단을 제공해야만 한다. 또한 관리자는 부하들에게 전문지식과 자신감을 개발하기 위한 훈련의 기회를 제공하고, 의사결정을 효과적으로 이행할 수 있도록 정보에 대한 접근을 허용해야 하고, 그리고 문제가 있을 무렵에 공유한 권한을 갑자기 회수하는 것을 회피해야 한다.

　　임파워먼트는 부하들이 자신에게 증가된 권한을 활용할 수 있도록 학습을 허용해야만 한다. 임파워먼트를 옹호하는 학자들은 임파워먼트가 높은 성과를 성취하는데 조직에게 도움을 주는 핵심적인 리더십 실체라고 주장한다. 임파워먼트를 한 리더는 권한을 얼마만큼 공유할 것인가 그리고 다른 사람들에 대해 그러한 권한을 공유할 수 있는 방법을 면밀하게 고려할 필요가 있다. 임파워멈트는 그 자체가 모든 조직성과 이슈에 대한 해답은 아니지만, 잠재적으로 효과적인 리더십 접근방법이다.

　　임파워먼트와 관련하여 Conger와 Kanungo(1988)는 관계적 개념과 동기적 개념으로 이해하고 있다.

　① 관계적 임파워먼트 - 관계적 임파워먼트는 조직 구성원들이 지각하고 있

---

[27] 임파워먼트는 권한, 힘의 의미인 power에서 유래된 것으로, 임파워(empower)는 힘 또는 법적인 권리를 부여하다, 힘 또는 권위를 부여하다, 할 수 있게 하다, 허가하다의 의미이다 (이지복, 2019).

는 권한이나 영향력 혹은 통제력으로 정의하고 있다. 즉 권한을 주는 것에 관심을 갖는 것이다. 이는 조직 구성원들이 자기가 속한 팀이나 조직에서 자신의 역할을 종속적인 것으로 지각하는지 혹은 자신의 역할을 조직과 상호의존적인 것으로 지각하는지에 따라 결정된다. 즉 관계적 임파워먼트는 권한을 부여하거나 이양하는 과정, 권한을 합법적 방법으로 배분하는 과정으로 볼 수 있다.

② 동기적(심리적) 임파워먼트 - 동기적 개념(motivational construct)의 임파워먼트는 단순한 권한 배분 및 이양, 목표설정과 목표관리(MBO), 품질관리 분임조 활동(QCC)과 같은 참여적 경영기법을 추구하는 관계적 개념의 임파워먼트 과정만으로 임파워먼트가 완성되는 것은 아니며, 조직구성원들 간의 자기효능감을 증대시키는 과정으로 심리적 임파워먼트(psychological empowerment)를 강조한다. 심리적 임파워먼트는 조직구성원에게 권한을 느끼도록 하는 것에 관심을 갖는 것이다.

2. 임파워먼트의 구성요소와 과정

특히 개인의 내재적인 과업수행 동기를 증진하도록 권한을 증대시키는 개인의 심리적 과정을 강조하는 임파워먼트에 대해, Spreitzer(1996)은 임파워먼트의 구성요소로 의미성, 역량, 자기결정력, 영향력을 들고 있다.

① 의미성(meaning) - 업무목표에 대한 개인의 신념, 기대, 행동의 적합성을 의미한다. 즉 조직구성원이 조직의 의의나 목표 및 자신의 업무 등에 부여하는 가치나 보람 등을 의미한다. 이처럼 의미성은 목적달성을 위해 자신의 시간과 노력을 투입하는 열정이 가미된 뜻이다.

② 역량(competence) - 업무수행 능력에 대한 개인의 신념을 말한다. 즉 자신의 능력이나 숙련도에 관한 인식이다. 역량에는 지식, 기능, 태도, 가치관, 자아의식 등의 개인의 행동적, 심리적 요인 등이 포함된다.

③ 자기결정력(self-determinant) - 개인 자신의 행위를 제어하고, 선도하는 것을 의미한다. 자기결정력은 과업목표 달성을 위해 적절한 것으로 판단

되는 행위를 자유롭게 선택하는 강한 주인의식이며, 조직구성원이 자신의 업무를 주도적으로 처리할 수 있는 의사결정과 그 정도에 관한 인식이다.

④ 영향력(impact) - 업무에 있어서 개인이 업무결과에 영향을 미칠 수 있다고 느끼는 정도이다. 영향력은 과업환경에서 의도한 효과를 산출할 수 있다는 믿음과 외부환경에 대한 통제력을 발휘할 수 있다는 믿음의 정도이다.

표 8-20 임파워먼트의 구성요소와 설문사례

구성요소	의미	임파워먼트의 설문문항
의미성	자신의 이상에 기준한 가치, 신념, 행위의 적합성	• 나의 업무활동은 나 개인적으로 의미 있는 일이다. • 나는 내가 하는 일에 보람을 느낀다. • 내가 하는 일은 조직 내에서 중요하다. • 나의 직무는 내가 경력을 발전시키는데 중요하다.
역량 (유능함)	자신이 보유한 전문적 기술이 직무수행을 능숙하게 할 수 있다는 믿음	• 나는 업무에 필요한 기술, 지식을 소유하고 있다. • 나는 업무목표 달성할 자신이 있다. • 나는 조직에서 내가 계획한 일을 추진할 자신이 있다. • 나는 동료들보다도 더 높은 목표를 달성할 수 있다.
자기 결정력	직무수행과 관련한 결정을 스스로 할 수 있는 자율성	• 나는 업무목표를 수립하는데 중요한 의사결정을 할 수 있다. • 나는 업무수행 방법을 결정하는데 자율성을 가지고 있다. • 나는 나의 업무를 내 방식대로 자유롭게 결정하고 수행한다. • 나는 업무를 수행하는 과정에서 나의 의견을 주장하는 편이다.
영향력	자신의 노력으로 과업달성 결과에 관리적, 전략적으로 미칠 수 있는 영향력	• 나는 나의 부서에서 발생하는 일에 대해 영향력을 행사할 수 있다. • 나는 나의 부서에서 일어나는 일에 대해 통제할 수 있다. • 나는 서비스를 받는 수혜자에게 상당한 영향력을 가진다.

이러한 임파워먼트는 실질적인 통제감을 조직구성원에게 부여함으로써 무기력의 소용돌이(the spiral of powerlessness)를 파괴하는 것이다. 임파워먼트를 보다 잘 이해하기 위해서는 임파워먼트의 과정을 고려해야 한다.

① 1단계 - 관료제적 분위기, 권위적 감독, 성과와 연계되지 않는 보상, 관례적, 단순화된 직무 등의 조건으로 대표된다. 이들 조건은 무기력을 이끈다.

② 2단계 - 관리자는 관리적 경영에 권한위임의 무기를 이끈다. 이 단계에서 몇 가지 접근법은 참여적 관리, 목표설정, 환류, 모델링, 행태와 능력에 기초한 보상, 직무확충 등이 포함된다.

③ 3단계 - 부하들에게 자기효능감(self-efficacies)을 증가하도록 정보를 제공한다. 최초의 성공적 경험은 사람들을 보다 능력있게 느끼게 하고, 자신에 대해 복잡하고 어려운 업무를 잘 처리할 수 있다는 믿음을 강화시킨다. 간접적 경험은 자기효능감을 증진하게 한다. 조직구성원에게 언어적 설득(verbal persuasion)을 통한 확신 그리고 신뢰적 집단분위기는 스트레스, 공포 및 걱정으로 초래되는 정서적 각성(emotional arousal)을 줄이게 한다.

④ 4단계 - 2단계와 3단계의 이점은 조직구성원의 자기효능감이 실제로 향상하게 하고 그리고 권력이 있다는 의식을 얻게 하는 수확이 있다.

⑤ 5단계 - 자기효능감을 증진하는 행태적 결과물을 볼 수 있다. 임파워먼트된 조직구성원은 업무지향적 행태에 몰두하게 된다.

┃ 그림 8-21 ┃ 임파워먼트 과정

출처: Aldag & Kuzuhare(2002: 364).

이와 같은 임파워먼트 과정이 일어나기 위해서는 조직에 있어 ① 보다 분권화되어야 하고, ② 보다 많은 정보를 공유해야 하고, ③ 조건적 보상(contingent rewards)체계가 갖추어야 하며, ④ 팀기반(team-based)의 체계이어야 하며, ⑤ 조직의 목표와 가치와 임파워먼트가 병행되어야 한다.

또한 임파워먼트는 책임성과 균형을 이루어야만 한다. 이리하여 임파워먼트의 조직구성원은 객관적으로 기술된 평가에 의해 자신의 성과를 기꺼이 측정하고자 해야 한다. 이런 과정을 통해 환류와 성과를 위한 기회가 주어진다.

이리하여 임파워먼트를 경험한 조직구성원은 개방적인 의사소통, 팀에서의 작업, 비판적 청취(critical listening), 불확실성에 대한 인내, 용기와 회복력, 책임감의 수용 등의 기술을 발전시킬 수 있다.

▎제7절 리더십의 대체

개인, 업무, 환경 및 조직적 특성의 다양성은 리더의 행태와 추종자의 만족감과 성과 사이의 관계에 영향을 미치는 요인으로 인식되고 있다. 몇몇 변수들은 리더십 스타일이 리더가 추종자를 동기부여시키고 그리고 방향을 제시하는데 영향을 발휘한다. 대체변수(substitute variables)는 추종자의 만족감 혹은 성과를 증가시키거나 혹은 감소시키는데 있어 리더의 능력을 부인하게 한다. 지배적인 리더십 접근법은 리더의 행태-추종자의 만족감과 성과의 관계를 논의하는데 있어 리더십을 위한 대체를 포함하는데 실패했다.

Kerr과 Jermier(1978)은 대체변수(부하의 특성, 업무의 특성, 조직의 특성)가 리더십 스타일을 중화하는데 기여한다고 주장한다. 예를 들면, 경험 있고 잘 훈련받고 그리고 지식 있는 종업원은 업무를 구조화하는데 리더(업무지향적 리더)가 필요 없다. 가끔 장기적인 교육은 자율적이고, 스스로 동기를 부여하는 개인을 발전시킨다. 이와 같이 업무지향적 리더십과 사람지향적 리더십은 전문적인 교육과 사회화에 의해 대체된다.

또한 업무자체가 환류를 제공하는 직무는 종업원이 어떻게 해야 하는가를 알려주는 업무지향적 리더는 필요가 없다. 나아가 매우 응집력 있는 집단의 종업원은 지원적, 관계지향적 리더가 필요 없다. 집단이 이 유형의 리더에 대한 대체이다.

중화요인(무력화, neutralizer)은 리더십 스타일을 대체한다. 그리고 중화요인은 리더가 어떠한 행태를 드러내지 못하게 한다. 예를 들면, 리더가 물리적으로 부하로부터 제거된다면, 부하에 대해 지시할 수 있는 리더의 능력은 급격하게 감소한다. 전국적 복사센터를 갖고 있는 Kinko's는 광범위하게 지역적으로 분산되어 위치하고 있다. 이에 관리자의 리더십은 지점들 사이의 거리로 인하여 매우 제한된다.

〈표 8-21〉과 같이 상황적 변수는 추종자의 특성, 업무의 특성, 조직자체를 포함한다. 예를 들면, 부하가 높은 전문가라면 두 가지 리더십 스타일(과업 지향적 리더십, 사람 지향적 리더십)은 중요하지 않을 것이다. 구성원들은 지시나 혹은 지원이 필요하지 않다.

과업의 특성의 관점에서 높게 구조된 과업은 과업 지향적 스타일로 대체하게 된다. 만족하는 과업은 사람 지향적 스타일로 대체하게 된다. 즉 과업이 높게 구조화되어 있고 그리고 루틴하다면, 리더는 과업에서 제공하지 않는 개인적 배려와 지지를 제공한다. 만족한 사람은 많은 배려가 필요하지 않다.

결국 〈표 8-21〉와 같이 상황적 가치는 리더가 리더십의 과도한 기술을 회피하는데 도움을 준다. 리더는 조직상황을 보완하는데 스타일을 채택할 수 있다. 예를 들면, 은행의 현금을 지급하는 직원(bank teller)의 과업상황은 높은 수준의 공식화, 낮은 유연성, 높은 구조화된 과업을 제공한다. 이의 책임자(head teller)는 사람지향적 스타일에 초점을 두면 된다.

리더십을 위한 대체(substitute for leadership)하는 기본적인 가정은 효과적인 리더십은 과업, 집단, 조직에 의해 제공할 수 없는 지원과 지시를 제공하고 그리고 인정하는 능력이다. 나아가 리더십 공백(leadership gaps)을 채울 수 있는 대체를 활용하는 능력은 조직에 대해 장점이 된다. 즉 팔로워의 능력과 훈련이 고도로 발달된 상황은 리더십을 위한 대체를 재현할 수 있다.

가치		과업지향적 리더십	사람지향적 리더십
조직적 가치	집단응집력(group cohesiveness)	대체	대체
	공식화(formalization)	대체	영향 없음
	불변(inflexibility)	중화	영향 없음
	낮은 지위권력(positional power)	중화	중화
	물리적 분리(physical separation)	중화	중화
과업 특성	높게 구조화된 과업	대체	영향 없음
	자동적인(automatic) 피드백	대체	영향 없음
	내재적 만족(intrinsic satisfaction)	영향 없음	대체
팔로워의 특성	전문성(professionalism)	대체	대체
	훈련/경험	대체	영향 없음
	낮은 보상가치	중화	중화

자료: Daft(1999: 113).

리더십의 대체에 관한 측정을 위해 Kerr와 Jermier(1978)는 다음과 같은 설문지를 제시하고 있다.

- 나는 얼마만큼의 권위를 소유하고 있는지(how much authority I have)를 명확하게 느끼고 있다.
- 나는 나에 대해 무엇을 기대하는 것(what is expected of me)을 정확하게 알고 있다.
- 업무집단의 임무(mission)는 명확하게 규정되어 있다.
- 목적(objectives)이 명확하게 의사소통되고 그리고 이해되고 있다.
- 업무가이드를 위해 스케줄, 프로그램, 혹은 프로젝트의 명세서가 활용되고 있다.
- 노력을 지도하는 집단규칙 혹은 가이드라인이 활용되고 있다.
- 당신의 직무성과에 필요한 비재무적 자원(정보 등)에 대한 당신의 상관에게 얼마만큼 의존이 요구되고 있는가?

제8절 팔로워십

1. 팔로워십의 의의와 역할

팔로워(follower)는 단어적 의미로 보면 다른 사람을 모방내지 추종하는 사람이다. 또한 팔로워는 리더에 의해 영향을 받는 사람이다. 하지만, 팔로워는 조직목표성취에 있어 리더와 조직 사이에서 중간적 연결 역할하는 것으로 이해할 수 있다. 이런 의미에서 리더가 인도하는 것처럼, 팔로워는 조직의 목표성취와 관련하여 업무완성에 적극적으로 참여한다.

팔로워십(followership) 개념을 처음 제시한 Kelley(1988)는 팔로워십을 조직의 목표를 달성하는데 기여하는 팔로워들의 효과적인 자질이나 역할이라고 정의하고 있다. 팔로워십은 리더와 팔로워의 영향관계에서 도출되는 팔로워의 행태를 말한다. 이러한 팔로워십은 항상 리더십의 그림자(shadow)에 위치한다. 팔로워가 없으면 리더도 존재할 수 없다. 이처럼 리더-팔로워 관계는 조직의 목표를 성취하는데 있어 팀을 위한 원동력을 산출한다. 특히 활동적인 팔로워는 조직에 적극적으로 몰입하며, 조직성과 창출을 위해 자신의 유용한 역량을 적극적으로 활용하는 등 조직에 대한 몰입과 혁신적인 행동으로 조직과 자신의 발전을 일치시키고자 노력하는 구성원으로 이해할 수 있을 것이다.

이러한 팔로워십은 다음과 같이 몇 가지 역할을 담당한다.

첫재, 리더십과 팔로워십은 개인들이 여러 가지 조건하에 안팎으로 이동하는 근본적인 역할이다. 모든 사람은 자신의 삶에 있어 한번쯤 팔로워가 된다. 개인들은 리더보다는 오히려 팔로워의 역할을 보다 많이 한다.

둘째, 리더십 지위에서 개인들은 팔로워의 행동과 태도에 의해 영향을 받는다. 리더-팔로워 관계는 호혜, 상호간의 영향교환을 포함한다.

셋째, 리더와 팔로워 역할은 예방적 상호작용이며, 함께 공유하는 비전을 성취하는 것이다. 리더의 성과와 팔로워의 성과는 서로서로 의존적인 변수이다. 조직이 보다 높은 성과를 성취하기 위해 조직구성원들에게 위임을 시도하기 때문에 팔로워십 과정은 지속적으로 진행될 것이다.

2. 팔로워십의 유형

Robert Kelly(1992)는 〈그림 8-22〉와 같이 2가지 차원 - ① 독립적, 비판적 사고(independent, critical thinking), ② 의존적, 무비판적 사고(dependent, uncritical thinking) - 에 따라 5가지 팔로워십 유형을 범주화하고 있다.

팔로워십 유형의 이들 2가지 차원은 적극적 행태 혹은 수동적 행태이다. 즉 독립적 비판적 사고자는 조직목표를 성취함에 있어 사람들의 행태의 효과에 유념한다. 이들은 자신의 행동과 다른 사람의 행동의 중요성을 안다. 반면에 의존적 무비판적 사고자는 조직의 구축에 기여하지 못하고, 그리고 생각없이 리더의 아이디어를 수용한다.

또한 능동적인 개인(active individual)은 조직에 완전하게 참여하고, 직무제한을 초월하는 행태에 관여하고, 주인의식(a sense of ownership)을 표출하며, 그리고 문제해결과 의사결정을 주도한다. 반면에 수동적 개인(passive individual)은 상시적 감독의 욕구와 상관의 재촉에 의해 특징지어진다. 수동성은 가끔 게으름으로 간주된다. 수동적인 사람은 부가적인 책임을 회피한다.

┃ 그림 8-22 ┃ 팔로워십 유형

독립적 · 비판적 사고

| 소외형(alienated) 팔로워 | 모범형(effecitve) 팔로워 |

수동(passive)   실무형 팔로워 (pragmatic survivor)   능동(active)

| 수동형(passive) 팔로워 | 순응형(conformist) 팔로워 |

의존적 · 무비판적 사고

출처: Daft(1999: 398).

(1) 소외형 팔로워

소외형 팔로워(alienated follower)는 수동적이지만, 독립적이고 비판적 사고자이다. 소외형 팔로워는 가끔 상관에 의해 지키지 않은 약속, 차질과 장애를 경험한 효과적 팔로워이다. 가끔 냉소적인 소외형 팔로워는 독립적으로 생각할 수 있지만, 자신들이 바라보는 문제와 결함에 대한 해결을 개발하는데 참여하지 않는다.

(2) 순응형 팔로워

순응형 팔로워(conformist follower)는 조직에 있어 활동적으로 참여하지만, 자신의 업무행태에 있어 비판적 사고기법을 활용하지 않는다. 순응형 팔로워는 전형적으로 업무의 본질과 관계없이 모든 명령을 수행한다. 순응형 팔로워는 단지 갈등을 회피하는데 관심을 가진다. 이런 스타일은 엄격한 규칙과 권위주의적 환경에서 초래된다.

(3) 실무형 팔로워

실무형 팔로워(pragmatic survivor)는 일반적인 상황에 적합한 스타일이고, 4가지 극단적 특성(수동적, 능동적, 독립적 비판적 사고, 의존적 무비판적 사고)을 모두 가지고 있다. 이러한 실무형 팔로워는 자신의 지위에서 최상의 스타일 이점을 활용하고, 위기를 최소화하며, 그리고 지시받은 일만을 수행하며, 사람들과의 대립과 마찰을 피하거나 억제하는 유형이다. 실무형 팔로워는 조직이 필사적인 시기(desperate times)를 겪을 때 나타난다. 또한 정부의 임명직 공무원이 자신의 아젠더를 짧은 기간내에 수행해야 하기 때문에 이러한 스타일이 나타난다.

(4) 수동형 팔로워

수동형 팔로워(passive follower)는 비판적이고 독립적 사고를 하지 않으며, 또한 활동적 참여도 하지 않는다. 수동적이고 무비판적인 이러한 유형의 팔로워는 진취성이 있는 것도 아니고 책임감도 없다. 이러한 팔로워는 단지 감독에 의해 어떤 것을 수행할 수 있다. 수동형 팔로워는 자신의 리더의 사고에 맡긴다. 가끔 이러한 스타일은 수동적 행태를 기대하고 그리고 격려하는 리더의 결과이다. 또한 수동형 팔로워는 다른 사람을 과잉통제(overcontrolling)하고, 그리고 실수를 처벌하는 리더의 결과이다.

(5) 모범형 팔로워

모범형 팔로워(effective follower)는 조직에 있어 비판적이고 독립적 사고와 능동적인 사람이다. 모범형 팔로워는 조직에서 자신의 직위와 관계없이 모든 사람에 대해서 동등하게 처신한다. 이들은 위험 혹은 갈등을 회피하기 위해 노력하지 않는다. 오히려 모범형 팔로워는 변화를 시도하는 용기를 가지고 있고, 그리고 조직의 최선의 이익에 헌신하는데 있어 다른 사람과의 갈등 혹은 위기에 자신을 밀어 넣는다.

모범형 팔로워가 효과적인 조직이 되는데 필수적이다. 이들은 자기관리(self-management)를 할 수 있는 능력이 있으며, 자신과 조직에 있어 강점과 약점을 구별할 수 있다. 이들은 해결과 능동적 영향을 위해 노력한다. 모범형 팔로워는 결코 무력하지(powerless) 않으며, 그것을 안다. 또한 이들은 자신의 지위에서 절망하지 않으며, 다른 사람에게 분개하거나 조정하지도 않는다.

◇ **팔로워십의 설문문항 사례**

- 나는 최선의 아이디어와 능력을 일과 조직에 쏟아붓고 지극히 헌신적이며 정열적으로 일을 한다.
- 나의 열정은 확산되어 동료직원들을 활기차게 만든다.
- 나는 상사의 지시에 의해 움직이기 보다는 독자적인 판단에 의해 행동한다.
- 나는 조직과 상사가 중요하게 생각하는 일을 잘하기 위해 열심히 노력한다.
- 나의 상사는 내가 기한 내에 일을 훌륭히 처리하고, 부족한 점을 스스로 보완하기 때문에 어려운 임무를 나에게 맡긴다.
- 나는 어려운 문제를 발생했을 때 상사에게 의존하기보다는 스스로 해결하려고 노력한다.
- 나는 내가 인정받을 수 있는 일이 아니더라도 동료들이 좋은 평가를 받도록 도와준다.
- 나는 상사가 나에게 개인적인 관심에 정면으로 배치되는 일을 부탁할 때 '싫다' 라고 말하는 편이다.

자료: 이상철 외(2014).

3. 효과적 팔로워십의 전략

　대부분의 리더와 팔로워의 관계는 권위와 복종(submission)에 기반을
둔 어떤 감정과 행태에 의해 묘사된다. 효과적인 팔로워는 자신을 본질적으
로 부하가 아니라 자신의 리더와 동등한 것으로 지각한다.

　팔로워가 권위에 기반을 둔 관계를 극복하고, 자신의 리더와 효과적이고
존경심을 보일 수 있는 관계로 발전할 수 있는 전략은 〈그림 8-23〉과 같다
(Daft, 1999: 407-410).

┃ 그림 8-23 ┃ 리더에게 영향을 미치는 방법

리더를 위한 자원이 되라 - 리더의 욕구가 무엇인가? - 리더가 지그재그하는 곳으로 방향 전환하라 - 리더에게 당신에 대해 말하라 - 팀의 목적/비전에 대해 자신을 맞추라	리더가 좋은 리더가 되는데 도움을 주라 - 충고를 요청하라 - 당신이 무엇을 생각하는지를 　리더에게 말하라 - 리더가 생각하는 것을 찾아라
관계를 형성하라 - 당신의 계급/지위에서 리더에 대해 질문하라 - 피드백과 비판을 기꺼이 받아드려라 - 당신이 조직의 이야기를 말할 수 있도록 　리더에게 요청하라	리더를 현실적으로 바라보라 - 이상적인 리더이미지를 포기하지 말라 - 어떤 것을 숨기지 말라 - 다른 사람에게 리더를 비판하지 말라 - 때때로 동의하지 말라 　(disagree occassionally)

자료: Daft(1999: 408).

① 리더를 위한 자원이 되라(Be a resource for the leader) - 효과적 팔로
　워는 자신을 조직의 목적과 비전을 대해 맞춘다. 이들은 리더에게 비전과
　목표에 대해 묻고, 그리고 이들을 성취하는데 돕는다. 이들은 조직성취에
　대해 자신의 영향을 이해한다. 이런 방식에 있어 팔로워는 리더를 위해 용
　기와 지지의 자원이다.
　이와 같이 효과적 팔로워는 자신의 강점을 가지고 리더의 약점을 보완할
　수 있다. 효과적 팔로워는 자신의 아이디어, 신념, 욕구 및 제약점을 자신
　의 리더에게 알린다. 리더와 팔로워가 서로서로 일상적인 활동을 많이 알

수록 그들은 서로서로를 위해 더 좋은 자원이 될 수 있다.

② 좋은 리더가 되도록 리더를 도우라(Help the leader be a good leader) - 리더로부터의 충고는 팔로워의 능력을 구축하는데 도움이 된다. 게다가 충고를 위해 리더에게 요청하는 것은 리더에게 충고를 할 수 있는 환경이 된다. 즉 팔로워가 자신의 리더가 잘 하는 것에 대해 감사하고 그리고 칭찬할 때, 리더는 보다 좋은 리더가 될 수 있다.

③ 리더와 관계를 형성하라(Build a relationship with the leader) - 효과적인 팔로워는 자신의 리더와 진실한 관계(genuine relationship)를 위해 노력하는 것이다. 이러한 관계에는 신뢰를 바탕으로 신뢰를 발전시키고, 그리고 정직하게 말하는 것이 포함된다. 더욱이 관계는 권위와 복종 보다는 오히려 상호 존경으로 채워야 한다. 팔로워는 자신의 지위에서 리더의 경험에 관련하여 자신의 리더에게 질문함으로써 존경이 발생할 수 있다.

④ 리더를 현실적으로 바라보라(View the leader realistically) - 리더를 현실적으로 바라보는 것은 리더의 이상적인 이미지(idealized images)를 포기하는 것을 의미한다. 리더를 이해하는 것은 리더가 오류를 범할 수 있고, 그리고 많이 실수할 수 있다는 것을 수용하는 것이다. 팔로워가 자신의 상관을 지각하는 방식이 자신들의 관계에 토대가 된다. 이것은 리더를 현실적으로 바라보는데 도움이 된다.

또한 효과적인 팔로워는 자기자신의 현실적인 이미지를 보여주는 것이다. 팔로워가 자신의 약점을 숨기지 않고 혹은 자신의 실수를 감추지 말아야 한다. 나아가 자신의 리더를 다른 사람에게 비판하지 말아야 한다. 다른 사람에게 리더를 비판하는 것은 단지 소외를 조장할 뿐만 아니라, 소외된 팔로워의 사고방식을 더욱 부정적으로 강화시킨다.

제9절 팀 리더십

1. 팀의 의의와 유형

팀(team)은 구체적인 목표를 성취하기 위해 업무를 상호작용하고 조정하는 두 사람 혹은 그 이상의 단위이다. 이러한 정의에서 팀은 3가지 구성요소를 가진다. 첫째, 팀은 두 사람 혹은 그 이상의 사람으로 구성된다. 팀은 대체로 15명을 초과하지 않는다. 둘째, 하나의 팀에 있는 사람은 정규적으로 함께 작업을 한다. 셋째, 하나의 팀에 있는 사람은 목표를 공유한다. 팀의 개념은 공유하는 미션과 집단적 책임감(collective responsibility)을 의미한다.

팀과 집단은 〈표 8-22〉와 같이 차이가 있다. 팀은 동등성(equality)으로 특징된다. 최상의 팀에는 개별적 스타(individual stars)가 없고, 모든 사람들이 개인적 자아(individual ego)를 전체적인 선을 위해 승화시킨다.

표 8-22 팀과 집단의 차이

집단(group)	팀(team)
임명된, 강한 리더의 존재	리더십 역할의 공유 혹은 순환
개인적 책임(accountability)	공동 그리고 개인적 책임 (서로서로에 대해 책임이 있는)
집단과 조직을 위해 동일한 목적	구체적인 팀의 비전 혹은 목적
다른 사람에 의해 설정된 성과목표	팀에 의해 설정된 성과목표
조직경계 내의 과업	조직경계로 한정하지 않음
개인적 과업생산	집단적 과업생산
조직화된 모임(organized meetings), 위임(delegation)	상호간의 피드백, 제약을 두지 않는 토의(open-ended discussion), 적극적인 문제해결

자료: Daft(1999: 270).

조직 내 다양한 팀의 유형이 존재할 수 있다. 여기서는 3가지 중요한 팀 유형(기능적 팀, 복합기능 팀, 자율관리 팀)으로 이해하고자 한다(Daft, 1999: 269-272).

(1) 기능적 팀

기능적 팀(functional teams)은 전통적인 수직적 계층제의 부분이다. 이러한 팀은 공식적 명령계통 내에 하나의 상관과 부하로 구성된다. 가끔 수직적 팀(vertical team) 혹은 명령 팀(command team)으로 명명되는 기능적 팀은 하나의 부서 내에 3개 혹은 4개의 계층을 포함한다. 전형적으로 기능적 팀은 조직 내에 하나의 부서로 구성된다. 예를 들면, 재무분석부서, 인적자원 부서 등은 기능적 팀이다.

(2) 복합기능 팀

복합기능 팀(cross-functional teams)은 조직내 다른 기능적 부서로부터 차출하여 구성원을 구성한다. 복합기능 팀은 구체적인 팀 리더를 가지며, 새로운 교과과정을 개발하는 등의 변화 프로젝트를 이끈다.

복합기능 팀은 몇몇 부서에 영향을 미치는 프로젝트에 일반적으로 간여한다. 이리하여 고려해야 하는 관점이 많이 요구된다. 복합기능 팀은 기능적 경계를 넘어 정보공유를 가능하게 하고, 현존하는 조직문제에 대한 새로운 아이디어와 해결을 발전시키고, 새로운 정책을 전개하는데 도움을 준다. 복합기능 팀의 하나의 유형인 문제해결 팀 혹은 과정향상 팀(process-improvement team)은 질, 효율성 및 작업환경을 향상하는 방안을 논의하기 위해 자발적으로 만난다. 또한 다른 유형인 특별목적 팀(special purpose team)은 특별히 중요한 프로젝트 혹은 독창적인 프로젝트를 담당하기 위해 공식적 조직구조 밖에서 만들 수 있다. 이들 팀은 성공적으로 혁신하기 위해 공식조직과 분리된 자치권을 부여한다.

(3) 자율관리 팀

〈그림 8-24〉와 같이 팀의 최고 전개 단계에서 팀 구성원은 관리자, 감독자의 지시없이 함께 일한다. 자율관리 팀(self-directed teams)은 리더 중심(leader-centered) 혹은 리더 지도보다 오히려 구성원 중심(member-centered)이다. 자율관리 팀은 자신의 과업에 의미를 발견하고, 조직에 대해

강한 정체성을 발전시킨다.

자율관리 팀은 전형적으로 5명에서 20명의 구성원으로 구성되고, 전체적인 재품 혹은 서비스를 산출하는데 직무를 순환한다. 자율관리 팀은 본질적으로 항구적이며, 다음과 같은 3가지 요소를 포함하고 있다.

① 팀은 다양한 기술과 기능을 수행하는 구성원으로 구성되어 있다. 결합된 기술로 주요한 조직 업무를 충분히 수행할 수 있다. 부서사이에 장벽이 제거되고 그리고 탁월한 조정이 가능하다.

② 팀은 과업을 완성하는데 필요한 정보, 재정, 장비와 같은 자원에 대한 접근이 주어진다.

③ 팀은 의사결정 권위가 위임되어 있다. 구성원이 새로운 구성원에 대한 선택에 자유롭고, 또한 자유롭게 문제를 해결하고, 자금을 지출하고, 결과를 조정하고, 미래를 위해 계획한다.

자율관리 팀에서 구성원들은 업무 스케줄 혹은 휴가 스케줄을 작성하고, 자재를 주문하고, 성과를 평가하는 것과 같은 의무를 부여받는다. 팀은 최소한의 감독하에 작업을 하고, 구성원은 공동적으로 갈등해결과 의사결정을 위한 책임을 진다. 자율관리 팀에 기반을 둔 조직의 핵심가치는 평등성과 권한위임이다.

┃ 그림 8-24 ┃ 팀과 팀 리더십의 전개

기능적 팀 (functional team)	복합기능 팀 (cross-functional team)	자율관리 팀 (self-directed team)

- 활동에 의해 개인들의
  집단화
- 리더 중심
- 수직적 혹은 명령 팀
	- 조직경계의 교차
	- 리더가 몇몇 권한을
	  포기함
	- 특별목적 팀, 문제해결 팀
		- 자치적으로 자신의 경계를
		  한정함
		- 구성원 중심
		- 자체관리 팀
		  (self-managed team)

전통적 리더에 대한 요구 ◄─────────────────────────────► 팀 리더에 대한 요구

출처: Daft(1999: 270).

2. 팀 리더십

팀 리더십(team leadership)은 공통의 목적을 성취함에 있어 사람의 집단이 함께 작업하도록 사람들을 화합하게 관리하는 것이다. 즉 팀 리더십은 많은 사람이 함께 작업을 통해 목표를 성취하도록 인도하는 것이다. 이에 리더는 팀 구성원들에게 그들의 경험과 직무기술서에 적정한 구체적인 책임을 부여해야 한다. 모든 사람이 하나의 집단으로 작동하기 위해서 리더는 팔로워들을 동기부여시키고 영감을 주어야 한다. 하나의 팀 리더십은 팔로워에게 작업을 할당하고, 조직구성원을 지원하고, 그리고 과제를 감독하는 활동이 포함된다. 또한 팀 구성원의 장점과 약점을 잘 파악해야 한다. 나아가 좋은 리더는 다양한 상황을 통하여 자신의 팀에게 영감을 주는 방법을 알아야 한다.

성공적인 팀은 신뢰할 수 있고, 그리고 효과적인 팀 리더와 함께 시작된다. 효과적인 리더가 되기 위해서 사람들은 스스로 기꺼이 변화되어야만 한다. 자신의 쾌적한 환경으로부터 나가야 한다. 나아가 과거 자신의 행태를 안내했던 많은 가정에서 벗어나야 한다. 이점에서 효과적인 팀 리더는 다음의 상황을 이해해야 한다.

① 자신의 무지에 대해 인정하고 완화하는 것을 학습하라(Learn to relax and admit your ignorance). 팀 리더는 모든 것을 알 수 없으며, 항상 통제할 수 없다. 효과적인 팀 리더는 질문하는 것이다. 자신의 잘못뿐만 아니라 자신의 공포를 공개적으로 인정하는 것이다. 공개하고 그리고 취약점(vulnerable)을 말하는 것은 신뢰를 형성하는데 도움을 주고 팀 관계를 향상시킬 수 있다.

② 팀 구성원을 돌보라(Take care of team members). 리더는 팀 구성원이 서로를 상대하는 방식, 그리고 고객들을 대하는 기본적인 태도를 결정한다. 효과적인 팀 리더는 팀 구성원을 돌보는데 자신의 시간을 많이 활용한다. 대부분 팀 구성원들은 인정과 지지의 중요한 욕구를 공유한다.

③ 의사소통하라(communicate). 좋은 의사소통 기술은 팀 리더십에 대해 매우 중요하다. 이것은 청취하는 것에 대해 학습하라는 의미이다. 효과적인 팀 리더는 답변하는 것보다 오히려 많은 질문을 하게 한다. 올바른 질

문을 요청함으로써 리더는 팀 구성원의 문제해결과 의사결정에 도움을 준다.

④ 진실로 권한을 공유하는 것을 학습하라(Learn to truly share power). 팀 리더는 말과 행동에 있어 팀워크의 개념을 받아들여야 한다. 이것은 권한, 정보 및 책임을 공유하는 것을 의미한다. 이것은 리더가 팀 구성원이 최상의 결정을 할 수 있다는 믿음을 가지는 것을 요구한다.

⑤ 공유하는 목적과 가치에 대한 중요성을 인정하라(recognize the importance of shared purpose and values). 하나의 팀을 구성하는 것은 공유하는 가치와 몰입에 의해 통합된 하나의 공동체를 만들어내는 것이다. 팀 리더는 팀의 비전과 문화를 촉진하는데 책임이 있다.

특히 팀의 효과성(team effectiveness)은 4가지 성과결과(혁신/적응, 효율성, 질, 구성원의 만족)를 성취하는 것으로 정의할 수 있다.

첫째, 혁신/적응(innovation/adaptation)은 팀이 환경의 요구와 변화에 신속하게 반응할 수 있는 조직적 능력에 영향을 미치는 정도이다.

둘째, 효율성(efficiency)은 팀이 보다 적은 자원을 활용하여 조직이 목표를 달성하는데 도움을 주는 것이다.

셋째, 질(quality)은 보다 적은 결함과 고객의 기대를 초월하여 성취하는 것이다.

넷째, 만족(satisfaction)은 팀 구성원의 개인적 요구에 대응함으로써 구성원의 몰입과 열정을 유지하는 팀의 능력에 관련되어 있다.

또한 성과는 팀의 유형, 팀의 규모, 팀의 상호의존성(interdependence)[28]을 포함한 팀의 특성에 의해 영향을 받는다. 이들 특성은 팀의 원동력(team dynamics)에 영향을 미친다. 팀 리더는 팀의 발달단계, 문화규범과 가치, 팀의 응집력, 갈등을 이해하고 그리고 다룰 줄 알아야 한다.

---

28 상호의존성은 팀 구성원이 자신의 업무를 수행하기 위해 정보, 자원 혹은 아이디어에 대해 서로서로 의존하는 정도를 의미한다.

◇ **팀 리더십의 설문문항 사례**

- 팀이 달성해야 할 명확한 목표를 제시한다.
- 팀원들에게 왜 변화가 필요한지 이해시키려 노력한다.
- 협력체계를 폭넓게 구축하여 변화를 실행할 수 있도록 지원한다
- 변화를 실행할 때 팀원들 스스로 할 수 있도록 권한을 위임한다
- 변화 실행과정을 세밀하게 파악하여 팀원들에게 이야기 해준다.
- 변화를 실행하는데 어려움을 겪는 팀원에게 관심을 갖는다.

자료: 김태홍·한태영(2009).

▌그림 8-25 ▌ 팀 효과성의 모델

출처: Daft(1999: 278).

```
┌─────●  용어의 정의  ●─────────────────────────────────────┐
```

- 리더십(leadership) 주어진 상황에서 조직목표 성취를 위해 노력함에 있어 의 사소통을 통하여 개인이나 집단의 행태와 활동에 영향을 미치는 과정(the process of influencing)이며, 어떤 목표를 달성함에 있어 다른 사람에게 영향을 미치기 위해 시도하는 것에 관련한 대인관계과정(interpersonal process)이다.

- 관리(管理, management) 조직자원의 기획, 조직화, 충원 및 통제를 통해 효율적이고 효과적인 방식으로 조직목표를 달성하는 것으로, 사람을 통해 수행 되는 과업에 관한 예술(art)이다.

- 리더십의 자질이론(資質理論, trait theory) 이 이론은 성공적인 리더에서 발 견되는 중요한 자질을 인지하는 것으며, 최상의 리더는 일련의 공통적 특성(a certain set of characteristics in common)을 소유하고 있다고 전제한다. 특히 자질(traits)은 어떤 사람에게 상대적으로 오랫동안 영속하는 특성 (enduring characteristics)이다.

- 리더십의 행태이론(行態理論, behavior theory) 이 이론은 리더의 행태와 추 종자에 대한 리더의 영향에 초점을 두며, 효과적인 리더와 비효과적인 리더를 구별하는 것으로 리더의 행태에 초점을 둔다. 이처럼, 이 이론은 리더의 개인적 특성에 초점을 두는 것이 아니라 리더의 실질적인 행태와 행동에 초점을 둔다.

- 아이오와 주립대학교(Iowa State University)의 리더십 연구   Lewin, Lippit, White(1939)는 소규모 연구집단을 대상으로 조직구성원의 성과와 만 족에 관해 3가지 다른 리더십 효과를 평가하기 위해 10세 소년들을 대상으로 장난감 만들기 작업을 시키는 과정에서 3개의 상이한 리더유형(초등학교 교사) 을 적용하여 그 결과를 측정하였다. 이 연구에서 활용한 리더십 유형은 권위주 의형, 민주형, 자유방임형이었다.

- 오하이오 주립대학교(Ohio State University Studies)의 리더십 연구   이 연 구는 1945년에 시작한 연구에서 대략 2,000 문항의 리더행태목록을 수집한 다음, 중요한 리더십 기능을 기술한 것을 선택하여 최종적인 리더십 행태의 150 사례가 포함한 설문지인 리더행태기술설문지(Leader Behavior Description Questionnaire: LBDQ)를 발전시켰다. 이 연구에서 활용한 리더십 유형의 범 주는 과업구조와 배려이다.

- 미시간 대학교(University of Michigan Studies)의 리더십 연구 현장연구와 인터뷰를 통해 두 가지 구별되는 리더십 유형을 인식했다. 이들 유형은 생산지향 리더와 종업원 지향 리더이다. 이 연구에서 관리자의 리더십 스타일이 성과에서의 차이점을 설명할 수 있다.

- Blake와 Mouton의 관리 그리드(Management or Leadership Grid) 이 연구는 가장 효과적인 관리자는 사람에 대한 관심과 생산에 대한 관심의 두 가지 모두에 높은 관심을 갖는 것이다. 즉 Blake와 Mouton은 가장 효과적인 리더십은 스타일 9.9(팀리더)의 행태라고 가정하고 있다.

- 리더십의 상황적합적 이론(狀況適合的 理論, situational theory) 이 이론은 리더란 특정한 업무에 대해 적절한 리더십의 유형인가를 분석한다. 이 이론은 최상의 리더십 유형이 존재한다는 것을 부인한다. 즉 상황이 리더십 속성을 결정하며, 각 상황은 다른 리더십 능력을 요구한다.

- Fiedler의 상황적 리더십 Fiedler에 의하면, 리더에 대한 상황적 양호도(situational favorableness)는 3가지 리더십 상황적 요인(리더와 부하의 관계, 업무구조, 리더의 지위권력)에 의해 결정된다는 것이다. 상황적 양호도에서 좋은 리더-구성원의 관계, 높은 과업구조, 강한 지위권력이 가장 호의적인 환경을 구성한다.

- Fred Edward Fiedler(1992.7.13.~현재) Fiedler는 1922년 7월 13일 오스트리아 빈(Vienna)에서 태어나, 1938년 미국으로 이민와서 인디애나 주의 South Bend에 정착했다. 1942년에 Western Michigan College of Education(현재 Western Michigan University)에서 공학과정(engineering courses)에 등록했으며, 이후 시카고대학으로 전학하여 1946년 심리학을 전공했으며, 1947년에 산업 및 조직심리학으로 석사학위를 받았고, 1949년에 임상심리학(clinical psychology)으로 박사학위를 받았다.
이후 1950년에서 1969년까지 일리노이대학교(University of Illinois)에서 교수생활을 했으며, 1969년에 와싱톤대학교으로 이전하여 1993년 은퇴할 때까지 교수로 재직했다. 이곳 대학에서 조직연구집단(Organizational Research Group)을 설립했으며, 집단효과성연구실험실(Group Effectiveness Research Laboratory)을 운영하였다. 1978년 리더십연구의 기여로 Stogdill 상을 받았다.
Fiedler에 따르면, 이상적 리더(ideal leader)는 존재하지 않는다는 것이다. 리더십성향이 상황에 부합한다면, 낮은 업무지향과 높은 관계지향 리더가 효과적일 수 있다는 것이다. 상황적합이론은 적절한 효과성 상황의 특성을 예측할 수 있다. 3가지 상황적 구성요소(리더와 멤버의 관계, 업무구조, 지위권력)가 우호성(favourableness) 혹은 상황적 통제(situational control)를 결정한다.

대표적인 저서로는 1958년 리더의 태도와 집단효과성(Leader Attitudes and Group Effectiveness), 1967년 리더십효과성 이론(A Theory of Leadership Effectiveness), 1971년 리더십(Leadership), 1974년 Chemers와 공저한 리더십과 효과적 관리(Leadership and Effective Management), 1987년 Garcia와 공저한 리더십의 새로운 접근(New Approaches to Leadership) 등이 있다.

- Tannenbaum과 Schmidt의 리더십 연속체(leadership continuum) 이 이론은 관리자가 이용할 수 있는 몇 가지 상이한 리더십 행태를 제안한다. 이들 학자는 관리자가 리더십을 결정할 때 고려해야 하는 요소로서 관리자의 힘, 부하들의 힘, 상황적 힘 등을 지적하고 있다.

- House의 경로-목표(經路-目標, path-goal) 리더십 이론 이 이론은 상이한 상황에서 리더십 효과성을 예측하기 위한 시도이고, 이 모델에서 리더의 책임은 개인과 조직의 목표를 달성하기 위해 부하의 동기부여를 증가시키는 것이다. House는 부하들의 동기부여에 영향을 미치는 4가지 리더십의 유형인 지시적 리더십, 지원적 리더십, 참여적 리더십, 성취지향적 리더십을 제안한다.

- Hersey와 Blanchard의 상황적 리더십 모형(situational leadership model) 이 모형은 상황의 중요한 요소로서 추종자의 특성에 초점을 두며, 결과적으로 이것이 효과적인 리더 행태를 결정한다는 것이다. 이 모형은 리더십 상황에 따른 적절한 리더십 유형이란 종업원들의 즉응력(adaptability) 수준에 따른다는 것이다.

- 리더-멤버 교환이론(leader-member change(LMX) theory of leadership) 이 이론은 리더가 다른 사람보다 몇몇 부하들에 대해 다르게 대하는(treat) 원인이 어떠한 것이 있는지를 조사하는 것이다. 이 이론에서는 리더가 각 추종자와 함께 1대 1의 관계(one-on-one relationship)를 설정한다.

- Vroom-Yetton-Jago 모델 이 의사결정모델은 1973년에 Vroom과 Yetton 사이의 협업으로 발달되었으며, 1988년에 Jago의 도움으로 설계된 것이다. 이

모델은 서로 다른 상황에서 적용할 수 있는 최상의 관리스타일을 밝히는데 목적이 있다. 이 모델은 다른 관리자들이 어떻게 의사결정 하는가를 보여준다.

• 귀인모델(歸仁模型, attribution model)   이 모델은 종업원에 대한 리더의 판단은 종업원 성과에 관한 리더의 귀인에 의해 영향을 받는다고 제안한다. 이 이론은 어떤 행동 혹은 어떤 말에 대한 이유에 대해 추론하는 것이다.

• 변혁적(變革的) 리더십이론(transformational leadership)   이 이론은 Burns(1978)에 의해 제기한 것으로, 변혁적 리더십이란 추종자의 초점을 낮은 수준의 욕구에서 높은 수준의 욕구로 전환시키며, 자기자신의 이익이 지역공동체에 연계되거나 혹은 높은 수준의 욕구에 의해 충족된다는 것을 추종자에게 보여줌으로서 추종자들에게 자기자신의 이익을 희생하도록 동기부여시킨다.

• James MacGregor Burns (1918.8.3.~2014.7.15.)   Burns는 미국의 역사학자이자, 정치학자이며, 대통령 전기 작가(presidential biographer)이며, 리더십 연구의 선구자이기도 하다. 특히 1971년에 미국의 32대 대통령인 루스벨트: 자유의 용사(Roosevelt: The Soldier of Freedom)라는 저서로 퓰리처상(Pulitzer Prize)과 역사와 전기와 관련한 전국 저서상(National Book Award)을 받았다.

  Burns는 1918년 매사추세츠주 멜로즈(Melrose)에서 태어나 벌링톤(Burlington)에서 성장했으며, 1939년에 윌리엄즈 칼리지에서 학사를, 1947년에 하버드 대학교에서 정치학 박사를 취득했으며, 1947년부터 윌리엄즈 대학교에서 약 40년간 재직했다. 또한 제2차 세계대전동안 태평양 지역과 오키나와(Okinawa) 전투에서의 군인들의 기억을 기록하는 군인전쟁사(Army combat historian)로 활동했다.
  대표적인 저서로는 1952년에 국민에 의한 정부(Government by the People), 1956년에 루스벨트: 사자와 여우(Roosevelt: The Lion and the Fox), 1960년에 존 케네디: 정치적 프로필(John Kennedy: A Political Profile), 1978년에 리더십(Leadership) 등이 있다.

• Bernard Morris Bass(1925.6.11-2007.10.11)   리더십과 조직행태분야를 연구한 미국 학자이며, Binghamton University에서 1987년에 리더십연구센터를 설립했고 책임을 맡았으며, 유명한 명예교수로 재직했고, 리더십계간지(Leadership Quarterly)의 편집장이었다. Bass는 Burns의 연구에 영감을 받아 변혁적 리더십 연구를 지속했다.

Bass의 리더십 안내서(Handbook of Leadership)는 리더십연구의 가장 권위 있는 책으로 평가되고 있다.

- 거래적(去來的) 리더십(transactional leadership)　상황적 강화(contingent reinforcement)로 묘사되며, 이 유형은 리더가 조직 특성에 맞게 주어진 상황에 따라 구성원에 대한 적절한 보상과 처벌을 사용함으로써 리더와 부하 간의 교환이나 거래관계로 영향력을 행사하는 과정으로 이해한다. 이 유형은 리더의 요구와 조직의 역할요구에 부합되게 추종자를 동기부여 하는 교환과정(exchange process)을 강조한다.

- 스튜워드십(stewardship)　이 유형은 의사결정하고 그리고 추종자에 대한 통제에 있어 추종자에게 권한위임하는 리더십으로 종업원 초점의 리더십(employee-focused form of leadership)이며, 적극적으로 인도하는 것(leading)보다 오히려 보다 많이 촉진하는(facilitating) 것이다.

- 서번트 리더십(섬김 리더십, servant leadership)　이 유형은 Greenleaf에 의해 전개된 것으로, 리더십은 잠재적 리더의 측면에 다른 사람에게 봉사하는 헌신으로 시작된다는 아이디어이다. 이 리더십은 강한 충성심과 영감을 불러일으키고, 조직발전에 기여하고, 그리고 인적자산을 보유하게 한다.

- 공유리더십(shared leadership)　이 유형은 집단 혹은 조직의 목표를 성취하는데 있어 목적이 서로서로 연결되어 있는 집단 내 개인들 사이에 동태적 상호작용 영향과정(a dynamic interactive influence process)을 내포한다. 또한 공유리더십은 조직구성원에게 권한위임(empowering)을 함으로써, 그리고 조직구성원 자신들의 전문영역에 있어 리더십 지위를 갖게 하는 기회를 제공함으로써 조직에 있어 모든 인적자원을 최대화하는 것이다.

- 슈퍼리더십(superleadership)　이 유형은 리더에 초점을 두는 것이 아니라 추종자에게 초점을 두기 때문에 슈퍼(super)라고 칭한다. 슈퍼리더십은 리더가 조직구성원들로 하여금 효과적으로 자신을 지휘하고 통제하며 스스로를 긍정적으로 발전시켜 이끌어갈 수 있도록 하는 조력자의 역할을 강조하는 리더십 유형이다.

- 셀프리더십(self-leadership)　이 유형은 조직구성원 스스로가 자신의 행로(path)를 지향하고, 그리고 자신의 비전을 달성하는데 적극적으로 자신의 내적·외적 자원 접근을 통한 자기개발(self-development)을 위한 직관력 있고 전

략적 접근이다. 셀프리더십은 과업이나 직무를 성공적으로 수행하기 위해서 자기 스스로 자신의 생각이나 행동을 올바른 방향으로 이끌도록 스스로에게 영향력을 행사하는 과정이다.

- 긍정적 리더십(positive leadership)　Cameron에 의해 전개된 것으로, 조직에 있어 각 개인의 장점에 강조하며, 긍정적 에너지(virtuousness and positive energy)를 어떻게 전개하는가에 초점을 둔다. 긍정적 리더는 긍정적 감정이 전체 조직에서 긍정적 감정이 활력을 일으키게 하는 문화를 창조한다.

- 진성리더십(authentic leadership)　이 유형은 리더가 조직구성원과 긍정적 관계를 구축하고, 올바른 방식으로 조직구성원에게 영감을 주고, 격려하게 하는 자세이다. 진성리더십은 리더가 진정한 자신의 모습을 알고 자기조절을 바탕으로 가치관과 일치하게 행동함으로써 부하의 발전을 도모하는데 긍정적 영향을 미치는 것이다.

- 코칭리더십(coaching leadership)　코치와 피코치의 상호 신뢰관계에서 비롯되며 현장에서 직면한 문제의 해결과 개인의 잠재능력 개발하고 스스로 목표를 달성하도록 피코치에게 영향력을 미치는 것이다. 이 리더십은 리더와 추종자 사이의 개방적이고 협력적인 상호신뢰의 인간관계를 형성하는 것이 중요하다.

- 윤리적 리더십(ethical leadership)　이 유형은 리더가 개인적 행동과 대인관계를 통해 규범적으로 적절한 행동을 보여주고, 양방향 의사소통 및 의사결정을 통해 팔로워들에게 그러한 행동을 촉진시키는 것으로 이해하고 있다. 윤리적 리더십은 윤리적인 의사결정, 강화, 상호적 의사소통을 통해 구성원들에 대한 행동을 촉진하고, 상호적 관계를 형성하며 활동하는 리더십을 의미한다.

- 여성적 리더십(feminine leadership)　이 유형은 대안적 리더십으로서 사회화 과정에서 학습된 독특한 속성으로서의 여성적 특성을 내포한 리더십이다. 여성적 리더십은 여성적이라고 분류되었던 부드러움, 배려, 보살핌, 모성, 관계지향성 등의 특징을 리더십에서 표출하는 것이다.

- 임파워먼트(권한위임, empowerment)　권력을 많이 가진 사람이 권력을 적게 가진 사람과 권력을 공유하는 것(the sharing of power)을 의미한다. 즉 조직구성원에게 자신의 능력에 대한 신념을 촉진시키는 경험과 기회를 제공해 주는 과정이다.

- 리더십의 대체(substitute for leadership)　대체변수(substitute variables)

는 추종자의 만족감 혹은 성과를 증가시키거나 혹은 감소시키는데 있어 리더의 능력을 부인하게 한다. 리더가 어떠한 행태를 드러내지 못하게 하는 것이다. 이에 팔로원의 능력과 훈련이 고도로 발달된 상황은 리더십을 위한 대체를 재현할 수 있다.

- 팔로워십(followership) Kelley가 제시한 것으로, 팔로워십은 조직의 목표를 달성하는데 기여하는 팔로워들의 효과적인 자질이나 역할이다. 팔로워십은 리더를 적극적으로 팔로워하는 개인들의 능력이다. 팔로워십은 항상 리더십의 그림자(shadow)에 위치한다. 팔로워가 없으면 리더도 존재할 수 없다.

- 팀(team) 구체적인 목표를 성취하기 위해 업무를 상호작용하고 조정하는 두 사람 혹은 그 이상의 단위이다. 팀은 동등성(equality)을 특징으로 한다.

- 팀 리더십(team leadership) 이 유형은 공통의 목적을 성취함에 있어 사람의 집단이 함께 작업하도록 사람들을 화합하게 관리하는 것이다. 팀 리더십은 많은 사람이 함께 작업을 통해 목표를 성취하도록 인도하는 것이다.

제 9 장
의사소통

　　조직은 자신들의 환경에서 상이한 구성요소(constituents)와 의사소통을 하기 위해 다양한 도구를 활용하다. 또한 의사소통(의사전달)은 모든 관리 활동을 통합하는 기능을 수행한다. 이러한 의사소통과 관련하여, 사람들은 어떻게 의사소통하는가? 사람들은 어떻게 메시지를 발송하고 수신하는가? 의사소통을 방해하는 요인은 무엇인가? 이러한 이슈는 기본적인 의사소통과정에 대한 이해일 것이다.

　　이 장에서는 의사소통의 의의와 과정, 의사소통의 수준, 의사소통의 장애요인과 극복방안, 의사소통의 유형 등을 살펴보고자 한다.

▍제1절 의사소통의 의의와 과정

1. 의사소통의 의의와 기능

1) 의사소통의 의의

　　행정 관리자는 일상 업무의 70%가 의사소통으로 이루어지며, 이 가운데 45%는 다른 사람들의 메시지를 듣는 것이 포함되어 있다. 또한 10분 동안의 대화에서 사람들은 단지 25% 정도만 효율적으로 수신할 수 있다(Nichols, 1959). 이처럼 사람들의 의사소통은 우리가 생각하는 것보다 훨씬 비효과적이라는 것이다. 이점에서 행정 관리자가 의사소통의 능력이 부족하다면 관리자의 기능을 잘 수행할 수 없을 것이다.

이와 같이 조직은 서로서로 말할 수 있는 사람과 다른 사람에게 말하기를 원하는 사람으로 구성된 의사소통의 실체이다. 이처럼 의사소통 자체는 조직의 기능에 있어 피할 수 없다. 모든 관리자는 의사를 소통하는 사람(communicators)이다. 나아가 의사소통의 질은 목적이 달성되는 정도에 직접적으로 영향을 미친다. 이것은 효과적인 의사소통이 개인과 조직의 성공을 위해 필요하다는 것을 의미한다. 즉 효과적인 관리자는 효과적인 의사소통가이다.[29]

의사소통(communication)은 공통(common)의 의미인 라틴어 'coomunis'에서 유래되었다. 이런 의미에서, 의사소통은 수신자와 더불어 공통(commonness)을 설정하기 위해 추구하는 것이다. 이처럼 의사소통은 의미있는 정보(meaningful information)의 전달과 수신하는 동태적인 과정이다. 의사소통은 공통적인 상징(common symbols)을 사용하여 정보와 이해의 전달로 정의할 수 있다. 또한 의사소통은 여러 가지 방법(적은 글씨, 비언어적 단서, 구두)을 통해 발신자와 수신자 사이의 메시지를 전달하는 과정이다. 즉 의사소통은 발신자와 수신자 사이에 메시지 정보의 의미를 공유하는 것이며, 진정한 의사소통은 메시지의 이해가 요구된다. 이런 의미에서 효과적인 의사소통은 의사전달자와 수신자 사이의 공통적인 이해의 결과이라고 지적할 수 있다.

인간관계의 우선을 강조하는 이론가들은 개방성, 신뢰, 몰입, 협력의 분위기를 위한 의사소통의 중요성을 강조한다. 권력의 관점에서 조직행태를 바라보는 학자들은 갈등과 투쟁은 영향력의 수단으로서 발휘되고, 그리고 선호하는 관점과 관심에 따라 다른 사람을 채용할 수 있는 매개체(medium)로 의사소통을 이해한다(Clegg, et al., 2005: 303).

---

29 의사소통은 조직의 성공에 있어 중요하다. 이런 사례는 설문조사결과에서도 보여주고 있다. 즉 미국 관리자의 73%, 영국 관리자의 63%, 일본 관리자의 85%는 의사소통이 조직효과성에 있어 주요한 장애(a key barrier)라고 믿고 있었다((Burns, 1954).

2) 단정적 의사소통, 비단정적 의사소통, 공격적인 의사소통

(1) 단정적 의사소통(assertive communication) - 단정적 의사소통은 생각
하고, 느끼고, 그리고 믿는 것을 자신감 있게 표현하는 것을 의미한다. 단
정적 의사소통은 자기 자신에 대한 존경과 다른 사람의 요구와 권리에 대
한 존경에 기초한다.

(2) 비단정적 의사소통(nonassertive communication) - 비단정적 의사소통
은 생각하고, 느끼고, 그리고 믿는 것을 자신감 있게 표현하는데 꺼리거나
혹은 무능력한 것이다. 이것은 자기 자신의 선호에 대한 확신이 부족한 것
을 반영한다. 이 경우, 다른 사람도 당신의 생각, 느낌 및 믿음에 대해 무
시하게 된다.

(3) 공격적인 의사소통(aggressive communication) - 공격적인 의사소통은
다른 사람을 위협하거나, 비하하거나, 저하하는 방식으로 자기 자신을 표
현하는 것이다. 이러한 접근법은 "이것이 내가 생각하는 것이다. 당신이
다르게 생각하는 것은 멍청한 것이다." 등과 같은 메시지를 전달하는 것이다
(Hellriegel, et. al., 1995: 388-389).

3) 언어적 의사소통과 비언어적 의사소통

의사소통에는 언어적 의사소통과 비언어적 의사소통이 있다. 즉 의사소통은
2가지 상호 관련된 양면적인 언어적 그리고 비언어적 의사소통이 포함된다.

(1) 언어적 의사소통

언어적 의사소통(verbal communication)은 의미를 전달할 때 언어를
사용하는 것이다. 언어적 측면(verbal aspects)에서 언어(language)는 공동
체 구성원들이 공유하는 룰 기반 표시(rule-based sign), 그리고 상징적 시
스템, 관례적인 코드로 규정된다. 이러한 언어적 의사소통에는 보통 구두에
의한 의사소통과 문서에 의한 의사소통이 있다. 구두의 의사소통(oral com-
munication)은 일반적으로 상호작용하기 때문에 상황에 대해 반응적이고

적응적이다. 반면에 문서적 의사소통(written communication)은 발신자가 사용하는 단어(words)와 관련하여 명확하게 전달된다.

(2) 비언적 의사소통

비언어적 의사소통(nonverbal communication)은 단어(words)로 표현하지 않는 의사소통의 부분이다. 이것은 때로는 중요한 메시지를 포함하고 있다. 이러한 의사소통은 몸짓, 접촉, 대인거리(interpersonal distance), 눈응시, 얼굴표정뿐만 아니라 감염(inspection), 악센트와 같은 언어 이외의 성대신호(nonlinguistic vocal cues)에 의한 의사소통이다. 비언어적 메시지가 언어적 메시지와 일치를 이룰 때 효과적인 의사소통이 된다.

이러한 비언어적 의사소통 - 얼굴표정, 몸짓, 자세(posture), 영역(territoriality) - 은 〈표 9-1〉과 같이 전체 메시지의 55%를 차지한다. 이들 비언어적 모든 수단은 전체 메시지 전달에 병행하며, 어떤 것이 다른 것보다 광범위하게 활용되기도 한다. 다음으로 중요한 것은 사용하는 말투(tone)이다. 말투는 전체 메시지의 38%를 차지하고 있고, 언어적 메시지는 7%를 차지하고 있다(Drafke, 2006: 55).

▌표 9-1 ▌ 메시지의 구성요소

메시지의 구성요소	정의	전체 메시지의 %
비언어적(nonverbal)	몸짓과 표정(gestures and expressions)	55%
말투(tonal)	억양(inflection)	38%
언어적(verbal)	실재적 단어(actual words)	7%

자료: Drafke(2006: 55).

이와 같은 비언어적 의사소통은 다음과 같은 몇 가지 기능을 가진다(Aldag & Kuzuhara, 2002: 207-208).
① 악센트(accenting) - 언어적 메시지에 대해 부가적으로 강조한다.
② 자기모순성(contradicting) - 언어적 메시지에 대해 반대하는 표시이다.

상사가 어떤 것을 말하지만, 눈동자 혹은 손동작을 통해 매우 다른 메시지를 전달한다.

③ 대체성(substituting) - 비언어적 의사소통으로 언어적 의사소통을 대신한다. 몇몇 비언어적 단서(nonverbal cues)는 명확하고 그리고 광범위하게 지각된 의미를 가진다.

④ 보충성(complementing) - 언어적으로 전달한 것을 비언어적으로 동일한 메시지를 전달한다. 예를 들면, 'high five'는 축하한다는 것으로 동반한다.

⑤ 규제성(regulating) - 언어적 메시지의 흐름을 통제하는데 비언어적 의사소통을 활용한다.

┃ 표 9-2 ┃ 의사소통의 방식

구분	언어방식(verbal mode)		비언어적 방식 (nonverbal mode)
	구두(oral)	문서(written)	
예	• 대화, 연설, 전화통화, 영상회의 (videoconference)	• 편지, 메모, 레포트, E-mail, Fax	• 의상(dress), 말투억양 (speech intonation), 몸짓, 얼굴표정, 손동작
장점	• 생생함(vivid) • 자극을 줌 (stimulating) • 남의 주의를 끌게 함 • 유연성(flexible) • 적응성(adaptive)	• 잘못 해석하는 것을 줄임 • 정확성(precise)	• 구두표현과 일치성으로 인한 의사소통의 효과성 증가 • 의미를 강조할 수 있음
단점	• 일시적(transitory) • 잘못 해석하기 쉬움	• 번역에서 정확성 상실 (precision loss in translation) • 무시하기 쉬움	• 비언어적 의사소통의 의미는 보편적이지 않음

자료: Black & Porter(2000: 445).

4) 의사소통의 기능

의사소통은 한 사람이 다른 사람에게 정보를 전달하는 것이다. 특히 좋은 의사소통은 다음과 같은 기능을 수행한다. 어떠한 메시지이든지 하나 이상의 의사소통 기능을 수행한다(Reitz, 1987: 316-317; Aldag & Kuzuhara, 2002: 189).

① 정보기능 - 의사소통은 정보를 제공한다. 조직이 내부적 변화와 외부적 변화에 적응하는데 도움을 준다.

② 동기부여기능 - 의사소통은 조직의 목적에 몰입하도록 격려하고, 동기부여를 향상한다. 또한 의사소통은 영향을 미치고 그리고 설득한다.

③ 통제기능 - 의사소통은 의무, 권위, 책임성을 명확하게 한다. 또한 의사소통은 명령하고 그리고 지시한다. 이러한 정보의 의사소통은 누가 무엇을, 어디에, 얼마나 자주 하는가를 지시한다.

④ 감정적 기능(emotive function) - 의사소통은 감정의 표현과 사회적 욕구의 만족을 허용한다. 또한 의사소통은 불만을 터뜨리는 것에 도움을 준다.

⑤ 통합기능 - 의사소통은 통합시킨다. 통합하는 의사소통은 조직 내 여러 지위와 단위부서에 대해 확신을 갖게 한다. 또한 조직과 조직환경을 통합하는데 기여한다.

Chester Barnard는 의사소통에 권위가 부여되기 위해서는 상관이 아니라 부하에 놓여있다고 지적하고, 다음과 같은 의사소통시스템의 7가지 핵심적 법칙을 제안하고 있다.
① 의사소통 채널이 명확하게 규정되어야 한다.
② 모든 사람이 의사소통 채널을 알고 있어야 한다.
③ 모든 사람이 공식적인 의사소통 채널에 접근할 수 있어야 한다.
④ 의사소통 라인은 가능한 짧아야 하고, 직접적이어야 한다.
⑤ 의사소통센터로서 활동하는 사람의 능력은 적절해야 한다.
⑥ 의사소통라인은 조직이 기능할 때 방해받지 않아야 한다.
⑦ 모든 의사소통은 입증되어야(authenticated) 한다.

2. 의사소통의 과정

행정 관리자들은 효과적으로 의사소통을 하기 위해서 의사소통과정이 어떻게 작동하고 있는가를 이해해야 한다. 의사소통과정은 두 사람 혹은 그 이상의 사람사이의 정보를 교환하는 것이다. 효과적인 의사소통을 위해 의사소통의 각 단계를 이해해야만 한다.

의사소통과정은 〈그림 9-1〉과 같이 발신자가 메시지를 상징적 형태 (symbolic form, 암호화)로 수신자에게 전달채널을 통하여 전달하면, 수신 자는 해독과정을 통하여 메시지를 해석하고 행동한다. 발신자의 의사가 올바 르게 전달하기 위해서는 환류채널을 원활하게 작동해야 한다. 메시지는 언어 적 형태나 비언어적 형태로 구성되며, 발신자의 사고나 생각이 메시지로 전 환되는 것을 암호화(encoding)라고 한다. 전달된 메시지를 해석하는 것을 해독과정(decoding)이라고 하고, 수신자가 메시지를 정확하게 해석했는가를 확인할 필요가 있다. 메시지에 담고 있는 의미는 경험에 기초한다. 이점에서 발신자와 수신자의 문화, 환경, 경험, 직업, 성별, 관심, 지식, 태도 그리고 가치가 메시지 해석에 개입하게 된다.

① 의사전달자(발신자, communicator) - 의사전달자는 의사소통하고자 하 는 아이디어, 의향, 정보, 목적을 가진 조직구성원이다.
② 암호화과정(encoding) - 암호화과정은 의사전달자의 아이디어가 체계적 인 상징(의사전달자의 목적을 표현하는 언어)으로 바뀌는 것이다. 암호화 의 기능은 아이디어와 목적이 하나의 메시지로 표현할 수 있는 형태로 제 공하는 것이다.
③ 메시지(message) - 메시지는 전달하는 정보이다. 또한 암호화과정의 결과 가 메시지이다. 의사전달자의 목적은 메시지 형태 - 언어적 혹은 비언적 (nonverbal) - 로 표현된다. 메시지는 개인이 의도한 수신자에게 의사소 통하기를 희망하는 것이다. 매개체가 메시지를 전달한다.

④ 매개체(medium) - 매개체는 메시지의 전달자이다. 조직은 조직구성원에게 다양한 방법 - 면대면 의사소통, 전화, 집단회의, 컴퓨터, 메모, 정책, 보상시스템, 생산계획, 판매예측 - 으로 정보를 제공한다.

⑤ 해독과정과 수신자(decoding-receiver) - 의사소통과정이 완성되기 위해 메시지는 수신자에게 적절하게 해독되어야만 한다. 해독은 메시지의 상징이 수신자에 의해 해석되는 과정이다. 해독과정은 수신자의 사고과정(receiver's thought processes)을 위한 기술적 용어이다. 해독은 해석을 포함한다. 수신자는 자신의 이전 경험과 준거 틀(frames of reference)의 관점에서 메시지를 해석한다. 이에 의사전달자가 의도한 내용과 해독된 메시지가 가까울수록 의사소통은 효과적이다.

⑥ 환류(feedback) - 환류는 메시지에 대한 수신자의 반응이다. 즉 환류는 메시지가 의도했던 것처럼 수신되었는지 대해 발신자가 알게 하는 것이다. 의사소통과정에 있어 환류를 제공하는 것은 바람직하다. 일방적인 의사소통과정(one-way communication processes)은 의사전달자-수신자의 환류를 허용하지 않는 것이다. 이러한 형태의 의사소통은 의도한 메시지와 수신된 메시지 사이의 왜곡의 가능성이 증대된다.

환류고리(feedback loop)는 수신자의 반응을 위한 하나의 채널이다. 이것은 의사전달자가 수신되었던 메시지와 의도했던 반응이 있는지를 판단할 수 있다. 이에 쌍방적 의사소통과정(two-way communication process)은 의사전달자-수신자의 중요한 환류를 제공한다.

⑦ 잡음(noise) - 잡음은 채널에 있어 의도했던 메시지에 대한 어떤 방해이다. 잡음은 의도한 메시지를 왜곡하는 요소들이다. 잡음은 수신자에서 바람직한 반응을 성취하는데 방해하고, 왜곡하고, 간섭하는 요인들이다. 특히 잡음부호(code noise)인 의미론(semantics)는 발신자 메시지의 의미가 수신자에 대한 의미와 차이가 있을 때 일어난다. 이러한 잡음은 의사소통의 각 요소에서 일어난다. 예를 들면, 시간적 제약이 있는 관리자는 의사소통없이 행동으로 영향을 행사하거나 혹은 불충분한 정보를 전달할 것이다. 잡음을 극복하기 위해 메시지를 반복하거나 혹은 메시지에 대한 강도를 증가할 수 있다.

또한 바이패싱(bypassing, 우회)은 어떤 메시지에 대한 수신자가 발신자가 의도했던 것과 다른 메시지의 의미를 추론할 때 일어나는 오해(misunderstanding)이다. 보통 바이패싱은 단어에 대한 다른 의미로 초래되는 혼돈 등이 포함된다. 속어와 완곡한 표현(euphemisms)과 같은 혼돈은 사실을 호도하기 위한 말(doublespeak)의 목적일 수 있다.

┃ 그림 9-1 ┃ 의사소통 과정

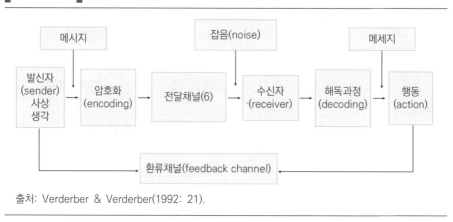

출처: Verderber & Verderber(1992: 21).

풍성도(richness)는 데이터의 능력을 전달하는 잠재적 정보(potential information)이다. 의사소통이 새로운 정보를 상당히 많이 전달한다면 풍성

도가 높다. 반면에 의사소통이 새로운 이해를 거의 전달하지 못한다면 풍성
도가 낮다. 의사소통의 매체와 정보의 풍성한 정도(information richness)
는 〈그림 9-2〉와 같이 가장 풍성한 정보의 형식은 면대면(face-to-face)을
통해 의사소통하는 것이다. 즉 면대면 의사소통은 몸짓언어, 얼굴표정, 목소
리 톤과 같은 다양한 단서(multiple cues)를 제공한다.

▌그림 9-2 ▌ 의사소통 매체와 정보의 풍성도

출처: Hodge, et, al,(2003: 281).

▌제2절 의사소통의 수준

의사소통의 수준은 개인적 그리고 사회적 관련성의 수준에서 분석될 수
있다. 이점에 있어 Littlejohn(1989)는 4가지 의사소통의 수준을 제시하고
있다. 이들 4가지 의사소통의 수준 중에서 3가지 의사소통 수준은 대체로 개
인간의 맥락(interpersonal context, 면대면)에서 이루어진다(예외적으로 전
화 혹은 e-mail). 반면에 대중적 의사소통은 대중적 의사소통의 채널을 통해
전달된다.

(1) 양자간 의사소통

양자간 의사소통(dyadic communication)의 보편적인 사례는 관리자
와 종업원간의 의사소통이다. 개인간의 의사소통은 상호의존성에 기초한다.
즉 각 사람의 행태는 다른 사람의 행태의 결과물이다. 각 의사소통은 정보의
측면을 가지며 그리고 관련된 사람의 관계에 관해 말한다.

(2) 소규모 집단과 팀 의사소통

회의, 브레인스토밍 세션, 워크숍(workshops)에서 일어나는 의사소통
이다. 집단은 개개 구성원의 영향력을 초월한 동태적으로 형성된다. 집단내
의 문제해결의 질뿐만 아니라 문화는 집단구성원 사이의 상호작용에 의존한다.
집단적 압박(group pressures)은 집단구성원의 사고방식에 영향을 미친다.

(3) 조직적 의사소통

조직적 의사소통은 문화적으로 균형모델(sensemaking)의 과정에서 작
동된다. 조직적 의사소통은 전체 조직에서 일어나는 일련의 반복되는 의사소
통의 패턴이다. 의사소통은 공유하는 이해와 명백한 규칙의 기반에서 일어난
다. 이것은 예견할 수 있는 의사소통 패턴을 산출한다.

(4) 대중적 의사소통

대중적 의사소통(mass communication)은 마케팅과 PR 캠페인에서 작
동한다. 대중적 의사소통은 3가지 수준의 의사소통과 다른 특징을 가진다.
대중적 의사소통은 대규모, 익명의, 그리고 이질적인 청중과 의사소통한다.
대중적 의사소통은 주로 일방적 의사소통(one-way communication)이다.
즉 청중들로부터 환류가 제한된다. 대중적 의사소통은 빠르게 작동하는 다른
채널을 통해 전달된다. 발신자는 대체로 개인보다 큰 조직이다.

▌제3절 의사소통의 장애요인과 극복방안

1. 의사소통의 장애요인

　　의사소통에 있어서 공유하는 의미를 전달하는데 잡음(noise)이 방해한다. 의사소통과정을 방해하는 잡음은 환경적 잡음, 심리적 잡음(사고나 감정), 의미적(semantic) 잡음(수신자가 의도하는 의미, 속어(jargon), 모호한 용어) 등이 있다.

　　무엇보다 의사소통이 고장나는 이유는 의사소통의 요소(의사전달자, 암호화과정, 메시지, 매개체, 해독과정, 수신자, 환류)에서 인식할 수 있다. 이들 요인에 존재하는 잡음은 명확한 이해와 의미전달을 어렵게 한다. 효과적인 의사소통을 방해하는 요소들은 조직적 의사소통과 개인간의 의사소통에서 모두 존재한다.

(1) 준거의 틀(frame of reference)

　　상이한 개인들은 자신들의 이전의 경험에 의존하여 같은 의사소통을 다르게 해석할 수 있다. 의사전달자가 암호화하고 해독하는 것은 자신의 경험에 의해 이루어진다. 이것은 의사소통에서의 공통성(commonness)을 고장나게 하는 중요한 이유이다.

　　조직에서의 다른 계층은 서로 다른 준거의 틀을 가지고 있다. 이리하여 자신들의 욕구, 가치, 태도, 기대가 다르며, 이로 인하여 의사소통에 있어 의도하지 않는 왜곡이 초래될 수 있다.

(2) 선택적 청취(selective listening)

　　이것은 새로운 정보를 차단하는 선택적 지각(selective perception)의 형태이다. 특히 우리 자신이 믿는 것과 갈등을 있을 때 더욱 이러한 현상이 일어난다.

(3) 가치판단(value judgements)

모든 의사소통의 상황에서 수신자에 의한 가치판단이 일어난다. 가치판단은 의사전달자에 대한 수신자의 평가, 의사전달자와의 이전 경험, 혹은 메시지의 기대한 의미에 기초한다.

(4) 근원에의 신뢰(source credibility)

근원에의 신뢰는 수신자가 의사전달자의 말과 행동에서 가지는 신뢰, 자신감, 믿음이다. 수신자가 의사전달자에 대해 가지는 신뢰의 수준은 수신자가 의사전달자의 말, 아이디어, 행동에 대해 어떻게 반응하는가에 영향을 미친다.

(5) 여과장치(filtering)

여과장치는 상향적 의사소통(upward communication)에 보통 일어나는 것으로 수신자가 정보를 긍정적인 것으로 지각하는 정보의 조작(manipulation of information)을 말한다. 부하들은 자신의 상급자에게 선호하지 않는 정보를 숨긴다.

(6) 내집단의 언어(in-group language)

우리는 상당히 기술적 용어(technical jargon)에 영향을 받고 있고, 그리고 단순한 절차 혹은 목적을 기술하는데 낯선 단어와 구절을 학습하기도 한다. 가끔 전문가 집단과 사회집단은 구성원에게만 의미가 전달되는 말 혹은 구절을 발전시킨다. 이것은 소속감, 응집력, 자부심의 감정을 제공한다. 또한 이것은 집단내 효과적인 의사소통을 가능하게 한다.

(7) 지위의 차이(status difference)

조직은 다양한 상징(타이틀, 사무실, 카펫 등)으로 계층 서열(hierarchical rank)을 표현한다. 이것은 의사소통을 방해하거나 혹은 왜곡할 수 있다.

(8) 시간적 압박(time pressures)

시간에 대한 압박은 의사소통에 있어 중요한 장애요인이다. 명백한 문제는 관리자가 모든 부하들과 수시로 의사소통할 시간을 가지지 못한다는 것이다. 단락(short-circuiting)은 시간적 압박으로 초래되는 공식적으로 규정한 의사소통시스템의 실패를 기술하는 것이다.

(9) 의사소통의 과부하(communication overload)

관리자가 수행하는 중요한 업무 중 하나는 의사결정이다. 효과적인 의사결정을 위한 필요조건은 정보이다. 정보화시대에 관리자는 데이터와 정보의 홍수에 묻혀 자신에게 향한 모든 메시지에 대해 적절하게 대응하지 못한다. 이에 관리자는 중요하지 않는 정보를 차단해야만 한다.

(10) 빈약한 환류(poor feedback)

효과적인 의사소통의 또 다른 방해요인은 당신이 보낸 메시지에 대해 환류를 하지 않는 것이다. 환류는 당신이 보낸 메시지가 수신자에 의해 이해하고 있는가를 결정하는 기회를 제공한다.

2. 의사소통 장애의 극복방안

보다 향상된 의사소통을 하기 위해 관리자는 자신이 수행하야만 하는 2가지 구별된 업무를 가진다. 하나는 관리자는 자신이 전달하고자 하는 정보(메시지)를 향상해야만 한다. 다른 하나는 관리자는 다른 사람들이 자신에게 의사소통하고 하는 것에 대해 이해를 향상시켜야만 한다. 이것은 관리자가 훌륭한 암호자(encoders)와 해독자(decoders)가 되어야만 한다.

이와 같이 의사소통의 장애를 극복하기 위해서는 다음과 같이 다양한 대안들이 제시되고 있다(Altman, et al., 1985: 538-545; Ivancevich & Matteson, 1990: 565-570; McKinney & Howard, 1998: 273).

(1) 면대면의 의사소통의 활용(utilizing face-to-face communication)

발신자가 수신자를 보면서 메시지에 대해 어떻게 반응하는가를 주목할수 있다. 즉 직접적인 환류가 허용되는 장점이 있다. 반면에 하향적 의사소통(downward communication)은 수신자로부터의 충분한 환류 기회가 없기 때문에 의사소통의 부정확성이 발생한다.

특히 북미의 문화에서 친밀한 공간(intimate space)은 가장 근접한 사람만이 방해를 허락하는 사람의 둘레에 18인치 원(18-inch circle)이다. 이공간을 약간 초월하면 가까운 친구들은 참을 수 있다. 다른 문화에서는 보다넓은 원이거나 혹은 더 좁은 원일 수 있다.

▌표 9-3 ▌ 북미 문화에서 있어 근접거리(proxemic distances)

구역(zone)	거리(distance)	인내할 수 있는 사람
친밀한 구역	0 ~ 18인치	파트너, 배우자, 부모, 자녀
개인적 구역	18인치 ~ 4 피트	가까운 친구
사회적 구역	4피트 ~ 12 피트	사업 동료
공공 구역	12 피트 이상	낯선 사람

자료: Smeltzer, et al(1991: 234-235).

(2) 폴로 업(following up)과 환류(feedback)

수신자가 발신자의 의사를 이해하기 위해 효과적인 환류 채널을 작동한다. 즉 자신이 의도했던 의미가 실제로 수신되었는가를 판단하기 위해 폴로업을 활용한다.

특히 환류는 2가지 중요한 효과를 가진다(Reitz, 1987: 322).

① 단서효과(cueing effect) - 단서효과는 정보이다. 환류는 성과를 보다 정확하고 그리고 적절하게 한다.

② 동기부여 효과(motivational effect) - 환류는 성과와 보상 사이의 관계를 명확하게 함으로써 조직구성원이 발휘한 노력의 수준을 향상하게 한다. 긍정적 환류는 그것을 산출한 성과를 강화시킨다.

(3) 정보흐름의 규제(regulating information flow)

의사소통에 대한 규제는 관리자에 대한 정보흐름의 최적화를 보장할 수 있다. 이것은 의사소통의 과부하(communication overload)의 장애를 제거할 수 있다. 의사소통은 양과 질 모두 규제되어야 한다.

(4) 언어의 단순화(simplifying language)와 반복

복잡한 언어는 효과적인 의사소통을 방해하는 요인이다. 효과적인 의사소통은 메시지를 명확하고, 간결하고, 이해할 수 있게 하는 것이다. 또한 메시지를 반복할 필요가 있다. 반복은 수용되고 있는 학습의 원리이다. 또한 의사소통할 때 의미전달을 왜곡하거나 모호하게 하는 감정을 피한다.

(5) 열린 마음(openminded)의 자세

고정관념(stereotyping), 민족 중심적 사고(enthnocentricity), 엄격한 참조의 틀, 선택적 청취는 발신자가 의도하는 메시지를 이해하는데 장애요인이 된다. 이러한 요인들은 무엇을 청취하고 그리고 어떻게 해석할 것인가를 왜곡한다. 이를 극복하기 위해 개방적인 자세를 갖추는 것이 필요하다.

(6) 활동적인 청취자(active listener)와 공감

관리자는 의사소통을 향상하기 위해서 이해할 수 있고 그리고 이해되어질 수 있어야 한다. 즉 관리자는 이해와 더불어 청취해야만 한다. 또한 수신자는 활동적인 청취자가 되어야 한다. 활동적인 청취자는 공감, 수용성, 조화(개방성, 진솔, 진실), 명확성의 행태적 구성요인을 소유한 사람이다.

특히 공감(empathy)은 의사전달자의 지향보다 오히려 수신자지향(receiver-oriented)이 되어야 한다. 이러한 공감은 자신을 다른 사람의 역할로 전환하고, 그리고 개인적 관점과 감정을 추론하는 능력이다. 즉 공감은 다른 사람의 감정, 상황, 동기를 이해하고 그리고 동일시하는 것이다. 이것은 다른 사람의 상황에 대한 사고를 요구한다.

◇ **효과적인 청취를 위한 10가지 가이드라인**

- 말하는 것을 멈추라(stop talking). 이야기를 한다면 청취할 수 없다.
- 편안하게 말하게 두어라(put the talker at ease). 어떤 사람이 말하는데 자유롭게 느끼도록 도우라.
- 당신이 청취하기를 원한다는 것을 말하는 사람에게 보여주라(show a talker that you want to listen).
- 오락을 하지마라(remove distractions). 뭔가를 끼적거리지 말라. 톡톡 두드리지 말라. 종이를 이리저리 움직이지 말라.
- 말하는 사람과 공감하라(empathize with talker). 자신을 다른 사람의 관점에서 볼 수 있도록 노력하라.
- 너무 조급하게 굴지 마라(be patient). 충분한 시간을 허용하라. 말하는 사람을 중단시키지 말라.
- 성질을 부리지 말라(hold your temper).
- 논쟁과 비판에 대해 서두르지 말라(go easy an argument and criticism). 논쟁하지 말라(do not argue).
- 질문하라(ask questions). 이것은 말하는 사람을 격려하고, 그리고 당신이 청취하고 있다는 것을 보여준다.
- 말하는 것을 멈추라(stop talking). 이것은 처음과 끝이다. 모든 다른 가이드라인이 이것에 의존한다. 당신이 말하는 동안 당신은 효과적인 청취자일 수 없다.

자료: Davis(1977: 387).

(7) 상호신뢰의 증진(encouraging mutual trust)

효과적인 의사소통은 발신자와 수신자 사이의 믿음과 신뢰의 환경을 만드는 것이 중요하다. 신뢰의 분위를 발전시키는 관리자는 각 의사소통에 대한 폴로 업 하는 것이 덜 중요하며, 의사소통에 대해 부하들 사이에 초래되는 이해에 있어 손실이 적어질 것이다.

(8) 효과적인 시간(effective time)

개인들은 매일 수천 건의 메시지에 노출되어 있다. 이에 효과적인 의사소통은 적절한 시간을 알려줌으로써 가능해질 수 있다. 즉 가치판단에 있어 왜곡이 초래되는 것은 부적절한 시간에 기인된다.

(9) 정보망의 활용(using the grapevine)

정보망은 모든 조직에서 존재하는 중요한 정보의사소통채널이며, 비공식적 의사소통의 예이다. 이것은 기본적으로 우회 메카니즘(bypassing mechanism)으로 기여한다. 이것은 때로 공식적 시스템보다 정보전달이 빠르다. 정보망은 심리적 욕구를 충족하기 때문에 항상 존재한다. 정보망에 의한 정보의 75% 이상은 정확하다(Ivancevich & Matteson, 1990: 569). 이에 왜곡된 영역은 엄청난 손상을 가져올 수 있다. 정보망이 피할 수 없다면, 관리자는 정보의 정확성을 향상하기 위해 정보망을 활용할 필요가 있을 것이다. 또한 정보망의 단점을 극복하기 위해서는 다른 의사소통 유형을 향상하는 것이다.

또한 Kotler(2000: 552)의 주장처럼, 최적의 의사소통에는 6개의 단계를 전개할 필요가 있다.
① 목표 청중(target audience)을 명확하게 하라.
② 의사소통의 목적을 규정하라. 의사소통하기 전에 당신의 아이디어를 명확하게 하라(clarify your ideas before communicating).
③ 메시지를 설계하라.
④ 의사소통 채널을 선택하라.
⑤ 의사소통 채널을 결정하라.
⑥ 의사소통 과정의 결과(communication process's results)를 측정하라.

◇ **당신의 청중에게 사로잡게 하는 것(Engaging Your Audience)**

- 눈을 마주쳐라(make eye contact): 당신이 말하거나 혹은 청취할 때 대화하는 사람의 눈을 응시하는 것이 보다 성공적으로 상호작용하게 한다.
- 제스처를 활용하라(use gestures): 당신의 전체 신체와 대화하게 하라. 당신의 손과 얼굴로 제스처를 하는 것이 포함된다.
- 혼합된 메시지를 전달하지 말라(Don't send mixed messages): 만약 부정적인 메시지를 전달한다면, 얼굴표정과 말투는 메시지와 어울리게 하라.
- 당신의 몸이 말하는 것을 의식하라(Be aware of what your body is saying): 바디언어(body language)는 한입의 단어(a mouthful of words) 이상 말할 수 있다.
- 건설적인 태도와 믿음을 분명하게 하라(Manifest constructive attitudes and beliefs): 다른 다람에 대해 정직하고, 인내하고, 낙관적이고, 진지하고, 존경하고 그리고 수용하는 태도를 취하라. 다른 사람의 감정에 민감하라. 다른 사람의 능력을 믿어라.
- 효과적인 청취기술을 발전시켜라(Develop effective listening skills): 효과적으로 말할 분만 아니라 다른 사람의 말을 청취해야만 한다.

▌제4절 의사소통의 유형

1. 공식적 의사소통과 비공식적 의사소통

1) 공식적 의사소통

공식적 의사소통(formal communication)은 조직에 의해 권위가 부여되고, 계획되고, 규제되는 채널이다. 또한 공식적 의사소통은 조직의 공식적 구조와 직접적으로 관련되어 있다. 공식적 의사소통은 권위와 명령이 하향적으로 전달되고 정보가 상향적으로 흐르는 계층제적 조직모형에 따라 이루어진다.

계층제는 축소하는 정보네트워크(reductive information network)이다. 의사소통시스템에 있는 각 계층은 정보를 상향적으로 보고할 것인가를 결정하는 스크린 지점(screening point)이 있다. 행정가는 계층제에서 일어나는 정보전달의 왜곡을 극복하기 위해 복수 혹은 중첩적인 정보원을 두게 된다. 이러한 공식적 의사소통은 하향적 의사소통, 상향적 의사소통, 수평적 의사소통로 구분할 수 있다.

또한 5가지의 공식적 의사소통망(network)이 있다. 의사소통망은 조직 내에 정보가 흐르는 경로이다. 〈그림 9-3〉과 같이 ① 원형망(circle), ② 상호연결망(all-channel, circle network), ③ Y망(Y network), ④ 수레바퀴망(wheel, star network), ⑤ 체인망(chain) 등이다. 이들 의사소통망은 집중화되어 있는 정도에서 차이가 있다. 몇몇 실험에서 이러한 의사소통망은 다음과 같은 연구결과가 도출되고 있다(Lundgren, 1974: 318-319; Addag & Kuzuhara, 2002: 194-195).

첫째, 상호연결망(모든 경로의 망)은 업무의 독립성이 상호보완적일 때 요구되며, 가장 민주적인 형태의 의사소통망이다. 가장 집중화 정도가 낮다. 각 지점에서 두 개의 다른 지점과 직접적으로 의사소통한다. 실험실의 소규모 집단을 대상으로 한 실험에서 의사소통 네트워크구조가 문제해결, 역할만족, 제안제도 등과 같은 과업관련 결과에 영향을 미치는 것으로 나타났다(Bowditch & Buono, 1985: 94). 특히 상호연결망이 복잡한 문제를 해결하는데 가장 빠르고 뛰어난다. 그리고 Y망과 체인망이 중간적 위치를 차지한다.

둘째, 수레바퀴망, 체인망, Y망에 있어 리더가 의사소통을 위해 중심점(the focal points)을 발전시켜야 한다. 특히 상대적 집중성(relative centrality)[30]의 관점에서 의사소통망을 살펴보면, 수레바퀴망이 가장 집중화된 네트워크이다. 즉 모든 의사소통은 중심점을 통과해야 한다. 수레바퀴망을 활용하는 집단은 다른 네트워크를 활용하는 집단보다 정확하게 문제를 해결할 수 있다. 이 유형의 의사소통에서는 중심구성원을 통하여 정보가 자주 흐른다. 이들은 리더로서 혹은 상위 지위를 가진 자로서 지각되어진다. 반면에

---

30 상대적 집중도는 의사소통 네트워크에서 개인의 집중도 정도를 말한다.

원형망과 상호연결망에서 모든 구성원들은 동등하게 중심이 되고 있다. 또한 원형망의 리더는 가장 높은 사기를 즐기며, 그리고 모든 참여자 중에서 가장 높은 직무만족을 즐긴다. 또한 원형이 모든 구성원에 대해 가장 높은 사기와 만족을 제공해 준다.

셋째, 사기, 만족, 일반적인 문제해결 능력의 관점에서 원형과 상호연결 망이 보다 우위에 선다. 이들 유형은 모든 구성원 사이의 완전한 의사소통을 조장하고, 의사결정에서의 참여를 권장하고, 그리고 동기부여와 성과를 향상 시킨다. 더욱이 모든 구성원들이 의사결정과정에 참여하기 때문에 변화하는 조건에 보다 잘 적응한다. 반면에 집중된 네트워크(centralized networks) 는 긴급한 의사결정을 내리는데 허용되지만, 평균적으로 조직구성원의 직무 만족이 낮다. 또한 집중된 네트워크는 단순한 문제에 대해 효율적일 수 있 다. 즉 복잡성이 증가할수록 보다 분권화가 요구된다.

┃ 그림 9-3 ┃ 의사소통 네트워크

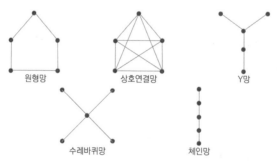

구분		바퀴형	Y형	원형	쇠사슬형(체인망)		상호연결형
					수직형	수평형	
문제해결 속도		빠름	빠름	느림	빠름	느림	느림
정확성	단순한 문제	높음	높음	낮음	낮음	낮음	높음
	복잡한 문제	낮음	낮음	높음	낮음	낮음	높음
구성원의 만족감		낮음	낮음	높음	낮음	낮음	높음
의사결정의 수용도		중간	중간	높음	낮음	중간	높음
권한의 집중도		중간	중간	낮음	높음	낮음	매우 낮음
조직화		메우 안정	안정	불안정	안정	불안정	불안정

출처: 이학종 · 박현준(2005: 265); 윤재풍(2014: 446)을 재구성한 것임.

2) 비공식적 의사소통

비공식적 의사소통(informal communication)은 조직에 의해 사전에 지정되지 않는 의사소통 루터이며, 이것은 전형적으로 업무에서 사람사이의 활동을 통해서 발달된다. 채널은 존재하고 변화할 수 있고, 혹은 상황에 따라 급히 사라질 수 있다. 비공식적 의사소통은 공식적 의사소통이 기관의 구성원들에게 필요로 하는 의사소통 욕구를 제공하는데 실패할 때 나타난다.

비공식적 의사소통은 〈표 9-4〉와 같이 몇 가지 특성을 가진다. ① 이것은 공식적 채널과 비교하면, 수직적 방향보다는 수평적 방향에서 보다 많이 운영되는 경향이 있다. ② 정보채널을 통해 흐르는 정보는 가끔 매우 빠르다. 주로 발신자가 정보 전달에 상당히 동기부여되어 있다. ③ 비공식적 채널은 업무관련 정보뿐만 아니라 비업무관련 정보를 수행한다. 즉 업무와 관련없는 소문(gossip)과 다른 메시지도 전달된다. 이로 인하여 비공식적 채널을 통해 전달되는 몇몇 메시지는 부정확하거나 혹은 부정적이다.

비공식적 의사소통은 전형적으로 기관의 공식적인 규칙, 규제, 편람에서 설명하지 않는 의사소통 채널이다. 조직은 비공식적 의사소통을 억제하는 것보다는 비공식적 의사소통 채널이 정보의 속도와 신뢰성을 가지고 있기 때문에 인정하는 것이 조직의 효율성을 향상하는데 도움을 준다(McKinney & Howard, 1998: 270-271).

┃ 표 9-4 ┃ 공식적 그리고 비공식적 의사소통 채널의 특성

공식적 의사소통 채널	비공식적 의사소통 채널
• 조직에 의해 권위가 부여되고, 계획되고 그리고 규제된다. • 조직의 공식적 구조를 반영한다. • 정보파급(information dissemination)에 대해 책임성을 가진 사람을 규정한다. 그리고 업무관련 정보에 대한 적절한 수령인을 표시한다. • 조직에 의해 수정될 수 있다. • 이를 무시하는 것에 대한 결과에 대해 심각하게 반응한다.	• 조직구성원의 개인간의 활동을 통해 발달된다. • 조직에 의해 명시되지 않는다. • 오래가지 못하거나(short-lived) 혹은 오래갈 수 있다(long-lasting). • 가끔 수직인(vertical) 것보다 수평적이다(lateral). • 정보의 흐름이 매우 빠르다. • 업무관련 정보와 비업무관련 정보 모두에서 활용된다.

자료: Black & Porter(2000: 451).

◇ 풍문(grapevine) - 소문 혹은 풍문이라고 명명되는 비공식적 의사소통은 사람들 사이에 교재하면서 자발적으로 일어나는 사회관계의 네트워크이다. 풍문은 계층적 장벽을 초월하지만, 가끔 수평적인 비공식적 네트워크이다. 즉 풍문에의 연결은 공식적인 계층적 네트워크와 반대로 보통 친선 혹은 접근성에 기반을 둔다.

개개인들은 공식적인 채널을 보충하기 위해 소문 혹은 풍문을 활용한다. 이러한 풍문은 구내식당(lunchrooms)을 통과하여 음료수 냉각기(water coolers), 복도(down hallways) 주변에서 흐르며, 사람들이 그룹으로 함께 있는 곳에서 이루어진다.

풍문에 의한 의사소통 정보는 공식적인 채널보다는 매우 빠르게 의사소통된다. Davis(1977)의 연구에 따르면, 풍문으로 의사소통되는 정보의 경우 논란의 여지가 적은 조직정보의 80%~99%가 정확하다. 또한 풍문은 유리하거나 혹은 불리하거나 영향력이 있다.

소문 혹은 풍문의 활동이 일어나는 이유는 ① 상황에 관한 정보가 부족한 경우, ② 상황이 불안정할 경우, ③ 상황에 대해 개인적 관심이나 감정적 관심을 가질 경우, ④ 다른 사람을 싫어하는 경우, ⑤ 가능한 빨리 새로운 정보를 얻고자 하는 경우 등이다(Altman, et al., 1985: 522-523).

2. 하향적·상향적·수평적 의사소통

조직의 의사소통은 상향적, 수평적, 하향적으로 흐른다. 의사소통의 방향은 의사소통이 일어나는 유형에 중요한 영향을 미친다.

1) 하향적 의사소통

하향적 의사소통(downward communication)은 상관이 부하들에게 메시지를 전달하는 과정이다. 이러한 유형의 의사소통은 업무의 절차, 정책 및 업무상황을 설명하거나, 성과에 대해 환류를 하거나, 조직 임무와 목표의 성명을 발표하는 것이다. 하향적 의사소통은 누가 무엇을 언제 할 것인가와 같은 구체적인 업무지시가 포함되어 있다. 하향적 의사소통은 조정활동을 위한 기초를 제공함으로써 계층제의 단계를 연결하는데 도움을 준다.

이러한 하향적 의사소통의 중요한 문제는 다음 단계로 전달되는 메시지 내용의 일부분이 여과되는 경향이 있다. 즉 최초의 메시지에 포함되는 중요한 정보가 손실되는 경향이 있다(Reitz, 1987: 323).

2) 상향적 의사소통

상향적 의사소통(upward communication)은 부하들이 상관에게 메시지를 전달하는 과정이다. 상향적 의사소통은 하향적 의사소통이 어떻게 수행되고 있는가에 대한 환류를 제공한다. 상향적 의사소통은 가끔 조직이 설정한 관계를 확실하게 하며 통합시킨다. 또한 상향적 의사소통은 설득하고 그리고 영향을 주고자 추구한다.

이러한 상향적 의사소통의 주요한 이점은 조직의 분위기를 측정할 수 있고, 그리고 조직의 문제영역(낮은 생산성, 불평 등)을 다루기 위한 채널이라는 점이다. 즉 상향적 의사소통은 조직의 낮은 계층에서 무엇이 일어나고 있는가에 대해 정보를 제공하는 기능을 수행하기 때문에 생산성에 중요한 영향을 미친다. 이러한 상향적 의사소통의 사례는 보고, 제안, 설명의 형태로 이루어진다.

상향적 의사소통을 향상하기 위해서는 ① 관리자들은 긍정적 태도를 보여주어야 한다. ② 업무와 관련된 문제에 관한 바람직한 정보가 어떠한 것인지 보여 주어야 한다. ③ 부하들의 말을 경청하여야 한다. ④ 개방적인 태도를 가져야 한다. ⑤ 부하들의 제안과 지적에 반응적인 태도를 가져야 한다. ⑥ 대화나 설문조사와 같은 상향적 의사소통의 기제를 마련하여야 한다(Miller, et al., 1996: 90).

3) 수평적 의사소통

수평적 의사소통(horizontal communication)은 동등한 수준의 권한을 가진 조직구성원들끼리 메시지를 수평적으로 교환하는 것이다. 수평적 의사소통은 다른 부서간에 협력과 통합을 증진하게 하며, 조직부서의 문제해결에 도움을 준다. 또한 수평적 의사소통은 동료관계의 정보를 원활하게 하며, 구성원의 만족에 중요한 요인으로 발견되기도 한다(Kaplan, 1984). 이처럼 수평적 의사소통은 전형적으로 공동의 문제해결에 도움을 주거나 혹은 영향을 미치는 공식적 그리고 비공식적 정보교환에 관련되어 있다.

Fayol의 트랩이론(gangplank principle)에 의하면, 계층제에 있어서 동일한 계층에 있는 직원들에게 직접적인 의사소통을 허용할 것을 제안한다. 이러한 의사소통은 문서주의를 상당히 극복할 수가 있다(Altman, et al., 1985: 522).

▌ 그림 9-4 ▌ 의사소통의 방향

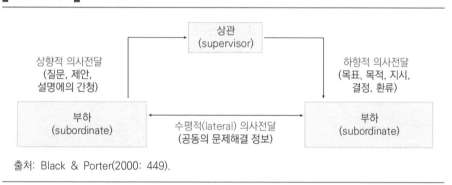

출처: Black & Porter(2000: 449).

4) 밖으로 향하는 의사소통

관리자의 중요한 역할은 조직의 외부와 의사소통하는 것이다. 대변인과 같이 관리자는 조직에 관한 정보를 외부세계에 제공하는 것이다. 또한 관리자는 외부세계의 정보를 자기 부하들에게 제공한다. 이와 같이 관리자는 조직과 조직환경 사이의 연결하는 경계초월역할(boundary-spanning role)을 발휘한다(Reitz, 1987: 321-322).

밖으로 향하는 의사소통(outward communication)의 사례로, 대변인과 같이 관리자는 투자자들에게 재정정보 혹은 고객에 대한 상품정보를 제공하는 것이다.

```
┌─● 용어의 정의 ●─────────────────────────────────┐
```

- **의사소통(意思疏通, communication)** 의사소통은 공통(common)의 의미인 라틴어 'coomunis'에서 유래되었으며, 수신자와 더불어 공통(commonness)을 설정하기 위해 추구하는 것이다. 의사소통은 의미있는 정보(meaningful information)의 전달과 수신하는 동태적인 과정이며, 공통적인 상징(common symbols)을 사용하여 정보와 이해의 전달이다.

- **공식적 의사소통(formal communication)** 조직에 의해 권위가 부여되고, 계획되고, 규제되는 채널이며, 권위와 명령이 하향적으로 전달되고 정보가 상향적으로 흐르는 계층제적 조직모형에 따라 이루어진다.

- **비공식적 의사소통(informal communication)** 조직에 의해 사전에 지정되지 않는 의사소통 루터이며, 이것은 전형적으로 업무에서 사람사이의 활동을 통해서 발달된 것으로, 공식적 의사소통이 기관의 구성원들에게 필요로 하는 의사소통 욕구를 제공하는데 실패할 때 나타난다.

- **풍문(風聞, grapevine)** 소문 혹은 풍문이라고 명명되는 비공식적 의사소통은 사람들 사이에 교재하면서 자발적으로 일어나는 사회관계의 네트워크이다. 풍문에의 연결은 공식적인 계층적 네트워크와 반대로 보통 친선 혹은 접근성에 기반을 둔다.

- **하향적 의사소통(下向的 意思疏通, downward communication)** 상관이 부하들에게 메시지를 전달하는 과정이며, 조정활동을 위한 기초를 제공함으로써 계층제의 단계를 연결하는데 도움을 준다.

- **상향적 의사소통(上向的 意思疏通, upward communication)** 부하들이 상관에게 메시지를 전달하는 과정이며, 조직의 낮은 계층에서 무엇이 일어나고 있는가에 대해 정보를 제공하는 기능을 수행하기 때문에 생산성에 중요한 영향을 미친다.

- **수평적 의사소통(水平的 意思疏通, horizontal communication)** 동등한 수준의 권한을 가진 조직구성원들끼리 메시지를 수평적으로 교환하는 것이며, 전형적으로 공동의 문제해결에 도움을 주거나 혹은 영향을 미치는 공식적 그리고 비공식적 정보교환에 관련되어 있다.

- **밖으로 향하는 의사소통(outward communication)** 대변인과 같이 관리자는 투자자들에게 재정정보 혹은 고객에 대한 상품정보를 제공하는 유형이다.

제 10 장
갈등관리

모든 조직은 갈등을 경험한다. 조직에 있어 갈등관리는 보편적인 과정(common process)이다. 갈등은 활동적이고, 계속 진행되고 있고(ongoing), 강력한 조직이라는 징표이다. 그러나 너무 빈번하게 발생하는 갈등은 문제가 될 수 있다. 이점에서 조직 관리자는 갈등관리에 관한 다양한 전략을 이해할 필요가 있다. 특히 효과적인 갈등관리에는 구체적인 기술의 활용 이상이 요구된다. 갈등을 정확하게 진단하고, 그리고 이해하는 능력이 갈등관리의 본질이라 할 것이다.

이런 시각에서 이 장에서는 갈등의 의의와 특징, 갈등의 시각, 갈등의 유형과 원인, 갈등단계와 갈등관리 등을 살펴보고자 한다.

▌제1절 갈등의 의의와 특징

갈등은 우리 모두가 매일 직면하는 하나의 생활국면이다. 더욱이 우리가 선택에 직면할 때 갈등을 겪게 된다. 이처럼 갈등을 고려함이 없이 인간조건을 연구하는 것은 불가능하다. 우리가 갈등에 직면했을 때 갈등을 어떻게 대처할 것인가 혹은 어떻게 해소할 것인가에 관한 합리적인 방법을 찾아야만 한다. 갈등을 해결하는 것은 가끔 생리적 반응(physiological reaction)을 요구한다.

갈등(conflict)이란 어떤 유형의 업무에 직면하여 두 사람 이상의 개인 혹은 집단이 서로 다른 목적, 이상, 철학, 업무스타일로 인해 충돌이 일어나는 현상이다. 이처럼 갈등은 반대되는 욕구, 이상, 신념, 가치 혹은 목적을 가진 사람들 사이의 투쟁이거나 경쟁을 말한다. 이러한 갈등은 조직 수준에서 좌절 혹은 대결의 형태를 유발하기도 하며, 개인의 수준 혹은 집단에서도 일어나기도 한다.

이러한 갈등을 경쟁과 비교하면, 경쟁(competition)은 집단에게 업무성과를 향상하는데 자극을 주며, 새로운 관점을 발전하게 하고, 그리고 표준을 설정하는데 도움을 준다. 반면에 갈등은 사람들 사이에 불화를 일으키며, 조직의 목적 추구보다는 오히려 개인 혹은 집단의 목적을 추구하는데 긴장을 초래하기도 한다. 이런 시각에서 경쟁은 건강한 조직의 특징이며, 갈등은 유해한 조직(unhealthy organization)의 특징으로 이해하기도 한다(Lawton & Rose, 1991: 77).

이처럼 갈등은 조직관리자들에게 중요한 도전이기도 하다. 또한 조직연구에 주요한 관심사항이 되고 있다. Frederick Taylor도 조직의 생산성을 향상하기 위해 과학적 해결방안을 제시함으로써 노동자와 관리자 사이의 갈등을 줄이기 위해 노력하였다. Lawrence와 Lorch(1967)는 조직설계과정의 연구에서 갈등을 잘 관리한다면 갈등이 조직의 의사결정을 향상할 수 있다는 것을 보여주고 있다. 반면에, 어떤 연구에서는 갈등회피가 의사결정의 효율성을 저해할지라도 조직에서 관리자들은 갈등을 싫어하는 경향이 있고, 그리고 갈등을 회피하기 위하여 노력한다고 보여준다(Schwenk, 1990). 현재의 조직연구들은 갈등이란 조직에서 피할 수 없는 현상이며, 적절하게 관리된다면 조직의 효과성을 제고할 수 있는 원천이라는 것에 동의하고 있다(Altman, et al., 1985: 615).

이와 같이 갈등에 관한 최근의 사고는 다음과 같은 3가지 가정에 기반을 둔다(Webber, 1979: 446).

첫째, 갈등은 모든 조직에서 보편적이다. 모든 사람들은 자기 자신의 권위와 책임성에 관해 동의하는 것은 아니다. 그리고 모든 사람들이 같은 조직의 목적에 대해 동등하게 헌신하는 것이 아니다.

둘째, 몇몇 갈등유형은 개인의 목적과 조직의 목적에 대해 해롭지만, 다른 갈등유형은 개인의 목적과 조직의 목적에 대해 유익하다. 즉 갈등과 긴장이 도전을 자극하고, 나아가 갈등에 대해 관심과 노력을 집중하게 된다면 유익할 수 있다. 반면에 통제할 수 없는 갈등은 혼돈(chaos)의 위협에 빠지게 된다.

셋째, 갈등을 구조화(framing)하는 방식은 갈등의 본질과 결과에 영향을 미친다. 갈등을 최소화하는 원리는 군대와 같은 위기조직에 대해서 타당성을 가진다. 반면에 연구와 개발에 근무하는 사람들로 구성한 지식조직(knowledge organization)에 대해서 타당성이 적다.

▌ 그림 10-1 ▌ 갈등과 협력

갈등(conflict)	←		→	협력(cooperation)
결핍(scarcity)	←	자원(resources)	→	충분(sufficiency)
불신(mistrust)	←	태도(attitudes)	→	신뢰(trust)
불일치(disagreement)	←	가치(values)	→	동의(agreement)
불안정(unstable)	←	당사자(internal state of parties)	→	안정(stable)
거절(rejected)	←	지위(status hierarchy)	→	수용(accepted)
상투적(stereotypes)	←	지각(perceptions)	→	타당한(valid)

출처: Webber(1979: 449).

▌제2절 갈등이론과 갈등의 시각

1. 갈등이론

갈등은 시스템이론, 귀인이론, 사회교환이론의 관점에서 이해할 수 있다 (Denhardt, et al., 2013: 359-361).

1) 시스템이론

시스템이론(system theory)은 갈등을 보다 큰 시스템과 상호작용하는 양상으로 이해한다. 갈등을 평가하는데 있어 시스템이론은 다음과 같이 갈등을 평가한다. ① 전체 시스템의 작동을 평가한다. ② 시스템 내부의 반복되는 패턴을 밝힌다. ③ 시스템의 총체적 기능과 관련하여 갈등과 관련한 개별적 기여를 확인한다.

시스템이론은 갈등을 이해하는데 있어 패턴, 서로 맞물려 있는 연속적인 사건(interlocking sequences), 다양한 당사자의 역할과 기능, 정보처리의 전형적 방식을 관찰한다. 시스템이론에서 갈등과 적응은 구별할 수 없는 개념이다. 갈등은 우리 인간의 성장, 변화, 그리고 전개에 있어 가장 중요한 것이다.

시스템이론은 시스템내 일어나는 갈등에 대해 3가지 관점에서 가정한다. ① 우리는 조직이 성장과 붕괴를 경험할 것이라고 기대한다. 그리고 조직이 협력과 갈등과 같은 성장 사이클의 다른 측면를 경험할 것이라고 기대한다. ② 환경에 적응해야 할 때 대안을 줄이는(선택을 제안하는) 과정으로써 갈등을 우선적으로 간주한다. ③ 시스템내 과정들은 상호연결되고 그리고 밀접하게 관계되어 있다. 이리하여 시스템의 한 부분을 변화시키는 결정은 다른 부분에 영향을 미친다.

2) 귀인이론

귀인이론(attribution theory)은 사람들이 갈등상황에서 활동하는 방식은 대체로 개인적 기질과 사고방식(ways of thinking)에 대체로 기인된다는 것이다. 개인적 기질과 사고방식이 갈등상황을 다루는 방향을 결정하는데 중요한 역할을 발휘한다.

대부분의 사람들은 자신을 합리적 개인이라고 고려한다. 또한 갈등상황에서 다른 사람을 비합리적인 것으로 생각하는 것은 특별한 것이 아니다. 다른 사람의 관점을 이해하는 것은 시간, 인내, 동정심, 기술이 요구된다.

이와 같이 귀인이론은 다음과 같이 3가지 가정에서 갈등상황에 있는 다른 사람들의 행태를 해석하고 있다. ① 어떤 기질은 다른 사람의 성격과 조화하지 못한다. ② 행태는 어떤 상황에서 일어난다. ③ 행태는 어린시절부터 진행되고 있고, 그리고 변화되지 않고 있다.

3) 사회교환이론

Thibaut와 Kelley(1959)에서 발전된 사회교환이론(social exchange theory)에 의하면, 사람들은 관계에 연계된 비용과 보상에 기초하여 자신의 가치에 관련하여 대인관계를 평가한다. 이러한 대인관계는 관계에 투입되는 노력의 양과 관계의 결과로 받게 되는 것의 관점에서 평가되어진다.

갈등은 받게 되는 보상이 관계의 비용에 비교하여 적다고 인식할 때 일어난다. 사회교환이론에 의하면, 갈등은 개인적 보상이 부족하거나 혹은 불공평으로 특정되어질 때 가장 빈번하게 발생한다. 즉 갈등은 보상되는 것과 공평한 것 모두의 관계에서 일어난다.

2. 갈등의 시각

갈등에 대한 조직학자들의 견해는 점차로 변화되고 있다. 이러한 사고의 변화는 갈등이 긍정적인 것인가 혹은 부정적인가에 관한 가정에 관련되어 있다.

1) 전통적인 관점

갈등에 대한 전통적 관점(traditional perspective)은 모든 갈등은 나쁜 것으로 주장한다. 이런 관점에서 갈등은 항상 바람직하지 않고, 가능하다면

피해야한다. 그리고 갈등이 일어날 때 즉시에 해결해야 한다. 이처럼 고전적 관리학파는 갈등의 존재는 어떠한 것이 잘못되었다는 표시로 이해한다. 즉 갈등은 본래적으로 나쁜 것이기 때문에 제거되어야만 한다. 갈등을 제거하기 위한 시도는 진압의 형태로 취해진다.

이들 고전적 조직관리 학파는 조직효과성에 대한 접근으로 업무, 절차, 규칙, 권위관계의 명확화와 합리적 조직구조 설계에 의존한다. 이러한 메카니즘이 대부분 갈등을 해소할 수 있고, 그리고 갈등이 일어날 때 문제를 교정할 수 있다고 생각한다.

2) 인간관계적 관점

인간관계학파는 〈표 10-1〉과 같이 갈등은 필할 수 있고 그리고 일어나지 않는 것으로 믿었다. 이들 학파는 개인목적과 조직목적 사이에, 계선과 참모 사이에, 자신의 권위와 능력 사이에, 그리고 다른 관리집단 사이에 갈등의 가능성을 인식하고 있다.

이들 학파는 갈등은 조직의 비효과성과 관리적 실패(managerial failure)로 해석한다. 이들 학파는 갈등을 유해한 것이며, 불행한 결과로 인식하고, 그리고 가능한 줄여야 한다는 것이다. 이들 학파는 좋은 인간관계가 갈등의 발생을 방지할 수 있다고 믿는다. 효과적인 조직은 협력적이고, 평화로운 것이다.

3) 상황적합적 관점: 다원주의적 관점

상황적합학파는 잘 관리된 조직이라도 갈등은 피할 수 없는 것이고, 그리고 갈등이 존재하는 것이 바람직한 것이라고 이해하고 있다. 최근 조직이론가와 실무자들은 갈등에 대한 견해가 점차로 변화되고 있다. 즉 현대적 관점은 갈등이란 본래적으로 좋거나 혹은 나쁘지 않으며, 더욱이 회피할 수 없다는 것이다. 이처럼 갈등은 건강하고 그리고 활기찬 것으로 본다. 또한 갈등은 제거할 수 없는 것이며, 단지 통제될 수 있을 뿐이다.

많은 갈등은 그것을 해결하는데 시간과 자원을 요구하기 때문에 나쁜 결과를 낳을 수 있다. 또한 몇몇 갈등은 무관심과 무기력을 초래하기 때문에 부정적일 수 있다. 하지만, 많은 상황에서 갈등은 다른 관점을 안내하는데 도움을 주며, 부가적인 정보를 제공하고, 그리고 부가적인 대안 혹은 문제점을 인지하는데 도움을 준다.

이와 같이 많은 상황에서 갈등은 긍정적 결과(혁신과 창의성을 자극하는 등)를 초래할 수 있기 때문에 좋을 수 있다. 이런 시각에서 관리자들은 갈등을 제거하거나 억압하기 보다는 갈등관리에 우선 관심을 가져야 한다. 이런 맥락에서 갈등은 업무를 수행함에 있어 보다 새롭고 좋은 방식에 대한 탐구를 자극하는 전략이 될 수 있다.

▌표 10-1 ▌ 갈등에 관한 근본적인 가정

인간관계 접근법	다원주의적(pluralistic) 접근법
• 갈등은 대체로 나쁜(bad) 것이며, 제거되거나 혹은 해결되어야 한다.	• 갈등은 좋은(good) 것이며, 그리고 격려되어야 한다. 갈등은 관리되어야만 한다. 하지만 갈등은 제거될 수 없다.
• 갈등은 피할 수 없는 것이 아니다.	• 갈등은 피할 수 없는 것이다.
• 갈등은 집단사이의 의사소통의 고장(breakdown), 이해와 신뢰 및 개방성의 부족에서 초래된다.	• 갈등은 제한된 보상과 경쟁에 대한 투쟁 그리고 목표에 대한 잠재적 좌절(frustration)을 초래된다.
• 사람들은 본질적으로 좋다; 신뢰, 협력 그리고 선함이 인간본성이다.	• 사람들은 본질적으로 나쁘지 않지만, 그럼에도 불구하고 성취, 이기적(self-seeking), 경쟁적 본성에 의해 작동한다.

자료: Daft(1983: 435).

3. 기능적 갈등과 역기능적 갈등

갈등은 조직에서 피연적인 현상이다. 즉 갈등은 조직활동의 고유한 부분이다. 갈등이 긍정적인 역할과 부정적인 역할을 가지기 때문에 관리자는 모든 갈등을 제거하기 위해 노력할 필요가 없다. 갈등의 유형 혹은 정도가 조직의 변화와 혁신을 위해 도구로 활용할 수 있기 때문에 갈등이 조직에 유익할 수 있다.

이점에서 중요한 과제는 갈등 자체가 아니라 갈등을 어떻게 관리하는가 하는 것이다. 문제는 갈등이 부정적이거나 혹은 긍정적인가 하는 것이 아니라 갈등을 어떻게 관리하는 것이 조직에 유익한가 하는 것이다. 이처럼 갈등을 관리하기 위해서 갈등상황에 놓여있는 이유를 이해하는 것이 중요하다 (Gibson, et al., 2006: 265-266).

1) 기능적 갈등

기능적 갈등(functional conflict)이란 조직성과를 제고하고, 그리고 유익하게 하는 집단간의 대결(confrontation)이다. 조직이 추구하는 목적에 대해 조직구성원들 사이에 반대와 불일치가 존재하지만 조직목적의 성취를 위해 협력할 때 기능적 갈등이 존재한다. 갈등이 업무에 초점을 둘 때, 의사결정과 업무결과를 향상하기 위한 건설적인 토론이 일어날 수 있다. 또한 조직에 갈등이 없고 변화에 대한 몰입이 없으며, 대부분 집단들은 정체될 것이다. 이런 의미에서 기능적 갈등은 창조적 긴장(creative tension)의 유형이다. 즉 기능적 갈등은 집단결정의 질을 향상하고 그리고 혁신적 변화를 이끌어 낸다.

◇ 갈등이 필요할 때	◇ 갈등이 문제를 일으킬 때
- 갈등이 문제를 제기하고 일으키는데 도움을 줄 때 - 갈등이 일에 있어 가장 중요한 우선순위에 초점을 두도록 격려할 때 - 갈등이 사람들에게 충분히 참여하도록 동기부여시킬 때 - 갈등이 사람들에게 어떻게 차이점을 인식하게 하고, 그리고 차이점으로부터 이익이 있다는 것을 학습하는데 도움을 줄 때	- 갈등이 생산성을 방해할 때 - 갈등이 사기(morale)를 보다 저하시킬 때 - 갈등이 보다 많은 갈등의 원인이 되고 그리고 갈등을 지속하게 할 때 - 갈등이 부적절한 행태(inappropriate behavior)의 원인이 될 때

2) 역기능적 갈등

역기능적 갈등(dysfunctional conflict)은 조직을 해롭게 하거나 혹은 조직목표의 성취를 방해하는 집단간의 대결 또는 상호작용이다. 갈등이 효과적으로 해결되지 않을 때 부정적 결과를 초래되는 경우이다. 역기능적 갈등은 집단구성원의 관심을 중요한 업무로부터 벗어나게 함으로써 성과에 부정적인 영향을 미치게 한다. 따라서 관리자는 역기능적 갈등을 제거하기 위해 노력해야 한다. 조직에 있어 유익한 갈등이 때로는 역기능적 갈등으로 변화하기도 한다.

◇ 역기능적 갈등의 결과

- 낮은 만족, 낮은 사기, 전직의 증가, 생산성 감소(Dissatisfaction, low morale, an increase in turnover, and a decrease in productivity).
- 미래에 있어 낮은 협력(Less cooperation in the future).
- 자기자신의 집단에 대한 보다 많은 충성과 조직내 집단 사이의 보다 많은 비생산적 경쟁(More loyalty to one's own group and more unproductive competition between groups within the organization).
- 다른 집단을 적으로 지각하고, 그리고 자기자신의 견해와 목적을 긍정적으로 지각하고 반면에 다른 집단에 대해 부정적으로 지각(Perceiving the other party as an "enemy" and perceiving one's own views and objectives as positive and those of the other party as negative).
- 갈등하는 집단 사이의 상호작용과 의사소통의 감소(Decreased interaction and communication between the conflicting parties).
- 상호작용과 의사소통의 감소와 같이 갈등하는 집단 사이의 적대감 증가(Increased hostility between conflicting parties as interaction and communication decrease).
- 실제적인 문제에 대한 효과적인 해결보다 갈등에서 이기는 것이 보다 중요함(Winning the conflict becoming more than effectively solving real problem).

자료: Mescon, et al.(1988: 563).

이러한 맥락에서 Gibson과 동료학자들(2006: 266-267)은 갈등의 본질과 갈등을 어떻게 관리되는가에 따라 갈등은 조직성과에 긍정적 효과 혹은 부정적 효과를 미칠 수 있다고 지적한다. 더욱이 집단사이의 갈등과 조직성과의 관계를 〈그림 10-2〉와 같이 3가지 가설적 상황으로 설명하고 있다. 모든 조직에 있어 상당히 기능적인 영향을 미치는 최적수준(optimal level)의 갈등이 존재한다. 이러한 갈등은 조직성과에 긍정적 영향을 미친다.

▎그림 10-2 ▎ 집단 사이의 갈등과 조직성과의 관계

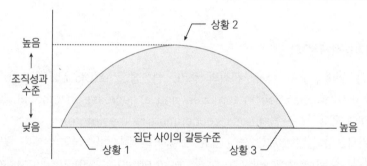

구분	집단사이의 갈등수준	조직에 예견되는 영향	조직에 표출되는 특징	조직성과의 수준
상황 1	낮은 수준 혹은 없음	역기능적	- 환경변화에 대한 느린 적응 - 변화가 적음 - 아이디어에 대한 자극이 거의 없음 - 무관심(apathy) - 침체(stagnation)	낮음
상황 2	최적(optimal)	기능적	- 목표에 대해 적극적인 진전 - 혁신과 변화 - 문제해결을 위한 탐구 - 환경변화에 대한 빠른 적응과 창의성	높음
상황 3	높은 수준	역기능적	- 분열(disruption) - 활동에 대한 방해 - 조정의 어려움 - 혼돈(chaos)	낮음

출처: Gibson, et, al,(2006: 267).

제3절 갈등의 유형과 원인

1. 갈등의 유형

갈등의 유형은 〈그림 10-3〉과 같이 개인수준에서의 갈등, 집단수준에서의 갈등, 조직수준에서의 갈등으로 구분할 수 있다.

▌그림 10-3 ▌ 갈등의 유형

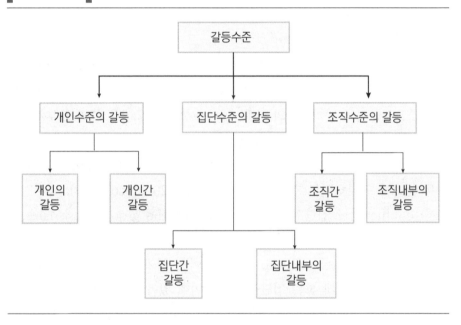

1) 개인수준의 갈등: 개인의 갈등과 개인간의 갈등

한 개인(역할 갈등과 역할 모호성) 혹은 사람들 사이에 갈등이 존재하며, 부서내부(within)와 부서 사이에(between) 갈등이 일어나기도 한다. 한 개인의 갈등(conflict within an individual)은 직무요구가 개인적 요구 혹은 가치와 갈등을 일으킬 때 초래된다. 또한 한 개인의 갈등은 업무의 과부화 혹은 저부화에 대한 반응일 수 있다. 이러한 내적 갈등(inner conflict)은 낮은 직무만족, 자신과 조직에 대한 낮은 신뢰, 스트레스와 연계된다.

개인간의 갈등(conflict between individuals)은 가장 보편적인 갈등 유형이다. 보편적인 개인간의 갈등 형태는 제한된 자본, 노동력, 시간 혹은 프로젝트 승인에 대한 관리자 사이의 경쟁이다. 또한 성격 충돌로서 나타날 수 있다.

이러한 갈등은 수평적 조직의 수준에서 일어나기도 하고, 수직적 조직의 수준(정부기관과 하부기관간에 자원할당에 따른 경쟁, 관리자와 노동자 사이의 분쟁)에서도 발생하기도 한다. 나아가 갈등은 지리적으로 떨어진 정부기관 사이에도 일어나기도 한다.

2) 집단수준의 갈등

조직은 공식집단과 비공식집단 등의 다양한 집단으로 구성되어 있다. 이리하여 집단사이의 갈등(conflict between groups)은 보편적이다. 이러한 사례로 노동조합과 관리층간의 갈등, 계선과 막료간의 갈등 그리고 부서간의 목적차이로 인한 갈등 등을 들 수 있다.

집단적 기능에 영향을 미치는 갈등의 유형은 업무갈등, 관계갈등, 과정 갈등 등으로 구분하기도 한다(Gibson, et al., 2006: 267-268). 업무갈등 (task conflict)이란 집단업무가 무엇인가(what the group's task is)에 관련한 관점과 의견에 있어서의 구성원들간의 차이를 말한다. 집단간 갈등의 유형으로 관계갈등(relationship conflict)이란 싫어함, 긴장, 염증, 좌절과 같은 감정을 일으키게 하는 집단구성원 사이에 있어 개인간 양립할 수 없는 것을 지각하는 상태이다. 과정갈등(process conflict)이란 업무가 어떻게 수행될 것이라는 것에 관해 논쟁을 지각하는 상태이다. 과정갈등은 상이한 팀 구성원에 대해 업무와 책임감의 위임을 다루는 것이다.

3) 조직수준의 갈등

조직수준의 갈등은 조직간의 갈등과 조직에서의 갈등으로 구분할 수 있다. 조직에서의 갈등은 조직의 다양한 부서내에서 일어나는 갈등이다. 이러한 갈등 사례로 부서간의 수평적 갈등과 부서의 수직적 갈등, 계선과 참모간의 갈등이다.

조직간의 갈등은 서로 다른 조직 사이에서 초래되는 갈등이다. 조직간의 상호작용은 피할 수 없기 때문에 보편적으로 발생한다. 이러한 갈등 사례로 유사한 목적을 추구하는 조직사이의 갈등, 정부부처 사이의 갈등 등이다.

2. 갈등의 원인

조직에서 갈등은 증대하고 있으며, 갈등은 사람들이 불일치하고 반대가 있는 때 존재한다. 이러한 갈등적 기반은 조직 혹은 하부조직의 문화, 가치, 목적, 구조, 업무와 기능, 권위와 리더십 과정, 환경적 압박, 조직구성원의 인구학적 특성과 개인적 특성에 의해 원인이 되기도 하고 혹은 그것에 의해 심화되기도 한다(Rainey, 1997: 305).

Gibson과 동료학자들(2006: 268-271)은 ① 업무의 상호의존성(work interdependence), ② 목표에서의 차이, ③ 지각에서의 차이(difference in perceptions) 등을 들고 있다. 특히 목표에서의 차이로 발생하는 집단사이의 갈등은 조직전체에 대해서 역기능적이며, 뿐만 아니라 제3집단(조직의 고객)에 대해서도 역기능적이라는 것이다. 또한 목표에서의 차이는 실제에 대한 지각의 차이를 수반할 수 있다.

이 책에서는 다양한 갈등의 원인을 다음과 같이 몇 가지로 유형화하고자 한다(Altman, et al., 1985: 615-619; Heffron, 1989: 186-189).

1) 양립할 수 없는 목표

조직구성원의 목표와 요구가 조직의 목표와 요구간의 차이로 인하여 갈등이 일어날 수 있다. 즉 조직과 구성원사이에 내재적인 관심의 갈등이 존재한다. 대표적인 갈등사례로 노동조합과 관리자간의 논쟁과 파업, 높은 자발적인 이직률 등을 들 수 있다. 또한 조직구성원은 자신의 목표지향적 행태가 성공하지 못할 때 좌절을 경험하기도 한다.

조직의 하부단위가 전문화됨에 따라 서로 다른 목표를 발전시킬 수 있다. 이러한 상이한 목표는 각 단위부서의 구성원사이에 다른 기대를 갖게 한다. 목표에서의 차이로 인한 갈등은 2가지 조건인 ① 제한된 자원(제한된 자원의 상황에서 발생하는 것은 승자-패자의 경쟁(win-lose competition)으로 역기능적 갈등을 초래하게 된다)과 ② 보상구조(보상시스템이 전체조직의 성과보다 오히려 개인집단의 성과에 관련되어 있을 때 집단간 갈등이 발생할 수 있다)에 의해 일어날 수 있다.

특히 목표 갈등(goal conflict)에는 3가지 상이한 형태가 존재한다. 이러한 갈등의 형태는 접근과 회피의 형태에서 고려될 수 있다(Altman, et al., 1985: 615-616; Dworetzky, 1985: 427-428).

(1) 접근 – 접근 갈등

개인이 2가지 모두 바람직한 목표이지만 상호 배타적인 목표 가운데서 하나의 목표를 선택해야만 하는 상황에서 일어나는 갈등이다. 즉 당신이 좋아하는 두 가지 물건 가운데 하나를 선택해야만 하는 상황에서 일어나는 갈등이다. 만약 선택이 특별히 심각하지 않다면 갈등을 해결하는 것은 쉽다. 반면에 갈등이 심각하고 그리고 목표가 명확하게 배타적이라면 접근-접근 갈등은 고통을 줄 것이다.

(2) 회피 – 회피 갈등

이 갈등유형은 완전히 진퇴양난에 빠져있을 때(caught between a rock and a hard place) 일어난다. 당신이 그것을 선택해도 욕을 얻어먹고, 그것을 선택하지 않아도 욕을 얻어먹는 상황이다(damned if you do, damned if you don't). 이처럼 이 유형은 어떠한 선택도 바람직하지 않는 상황의 갈등이다. 상관이 보다 많은 경험을 위해 바람직하지 않는 두 개의 근무지로 전출을 제안했을 때의 갈등상황이다. 이런 갈등상황은 우유부단의 원인이 된다.

(3) 접근 – 회피 갈등

목표 갈등의 가장 보편적인 형태가 접근-회피 갈등이다. 이러한 갈등은 개인이 특정한 목표를 달성할 무렵 다른 생각을 가질 때의 갈등상황이다. 목표가 성취되거나 혹은 개인이 항구적으로 목표를 포기할 것을 결정할 때 갈등은 해소된다.

2) 조직의 기본적인 속성과 자원공유

상이한 가치, 태도, 동기, 교육 및 기술적 배경을 가진 구성원이 함께 있는 조직의 기본적인 속성(basic nature)이 갈등의 전제조건을 형성한다. 이와 같이 상황에 대한 지각, 가치관 및 태도의 차이점은 갈등의 공통적인 원인이다. 나아가 개인의 스타일과 생활배경의 차이도 갈등의 잠재성을 증가시킨다. 이에 상당히 권위적이고, 독단적이고, 낮은 자존감을 가진 사람들은 갈등에 보다 많이 관여하게 된다(Mescon, et al., 1988: 561).

또한 대부분 조직의 자원은 제한적이다. 자원의 한정은 갈등의 잠재성을 증가시킨다. 관리는 조직의 목적을 달성하기 위해 여러 집단사이에 자제, 인력, 자금을 어떻게 할당할 것인가를 결정해야 한다. 이러한 조직 자원을 할당하는데 있어 갈등이 발생한다. 즉 자원공유에 대한 욕구는 모든 유형의 갈등에 있어 피할 수 없는 원천이다.

3) 모호성과 역할갈등

모든 조직상황에 존재하는 모호성은 갈등을 촉진한다. 모호성(ambiguity)은 관할영역에 대한 논쟁과 권력투쟁을 조장한다. 더욱이 업무가 복잡할수록 역할 갈등이 매우 심하다. 조직구성원은 다양한 역할 혹은 기대되는 행태 유형을 가진다. 이러한 사례로, 가정에서 한 사람의 가장과 아버지로서의 역할, 사무실에서 관리자로서의 역할을 가지며, 한 역할의 기대된 역할 유형이 다른 행태에 영향을 미칠 때 역할 갈등이 초래된다.

이러한 역할갈등(role conflict)은 한 개인에게 동시에 두 가지 역할을 수행해야만 할 때 발생한다. 또한 역할간의 갈등(inter-role conflict)은 한

개인이 다양한 역할을 수행할 때 그리고 이들 역할 사이에 갈등을 가질 때
일어난다. 나아가 한 개인이 자신의 권위, 책임 혹은 직무의무에 대해 불명
확할 때 역할모호성(role ambiguity)이 일어나기도 한다. 이와 같은 갈등을
줄이기 위해서는 절차, 책임성과 권위에 대해 역할을 명확하게 정의할 필요
가 있다. 하지만 잘 정의된 조직업무일지라도 조직상황이 다양한 역할과 계
획하지 않았던 행동을 요구할 수 있다.

┃ 그림 10-4 ┃ 역할모호성과 역할갈등

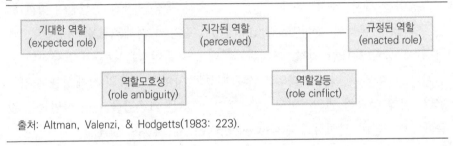

출처: Altman, Valenzi, & Hodgetts(1983: 223).

4) 수직적 갈등

　수직적 갈등(vertical conflict)은 조직의 상이한 계층적 단계
(hierarchical levels)사이의 갈등이다. 정치적으로 임명된 정무직 공무원과
일반직 공무원은 개인적 배경과 경험, 충성, 목표몰입도 등의 차이로 갈등이
존재한다. 또한 최고관리자들은 전체조직의 장래적 과정에 비추어 장기적인
것에 관심을 두는 반면에, 하급관리자들은 업무계획과 업무할당과 관련하여
단기적 문제에 주된 관심을 가짐으로써 갈등이 일어난다.

5) 구조적 차이

　제도화된 갈등(institutional conflict)으로서 구조적 차이(structural
differentiation)는 조직 갈등의 원천이 된다. 서로 다른 전문화에 기반을 둔
부서를 가진 조직은 각 전문화된 부서들이 업무방식, 관점, 조직목표에 대해
각자 방식으로 정의함으로 다른 부서와 연계된 업무를 수행할 때 갈등이 일

어난다. 또한 참모기관과 계선기관 사이에 항구적인 갈등이 존재한다. 이들 두 기관 사이에 교육적 배경, 전문성, 연령, 최고책임자의 접근성 등의 차이로 인하여 갈등이 일어날 수 있다. 즉 내각과 대통령 비서실 사이에 항구적인 갈등이 존재한다.

6) 낮은 공식화와 업무의 상호의존성

낮은 공식화(formalization)와 업무의 상호의존성(task interdependency)은 조직 갈등을 제고할 가능이 있다. 업무의 상호의존성은 한 부서가 업무를 수행함에 있어 다른 부서의 자원, 정보 등에 의존할 때 발생한다. 예를 들면, 검찰은 형사체계에 있어서 범죄수사, 증거 수집, 용의자 체포 등에 경찰에 의존한다. 반면에 경찰은 무슨 증거가 필요한지, 범죄자를 기소할 때 검찰의 안내에 의존한다. 이러한 상호의존적인 업무로 인하여 검찰과 경찰사이에 상당한 갈등이 존재한다.

▌제4절 갈등단계와 갈등관리

1. 갈등단계

갈등의 확산성으로 인하여 관리자는 갈등에 관한 일련의 사건을 조사할 필요가 있다. Hall(1972: 153)은 갈등상황에는 ① 관련된 집단(parties), ② 갈등의 영역(field), ③ 상황의 역학(dynamics), ④ 갈등의 관리, 통제 혹은 해결 등의 4가지 요소들이 있다고 주장한다. 갈등문제에 관한 일련의 인지유형으로 Pondy(1967)는 갈등을 다음과 같이 5가지 단계로 구분하고 있다.

1) 잠재적 갈등

잠재적 갈등(latent conflict)은 갈등이 일어날 조건들이 갖추어졌지만, 표면적으로 표출되지 않은 상태이다. 즉 잠재적 갈등은 갈등이 발생할 수 있는 조건들로 구성되어 있다. 이들 조건은 부족한 자원에 대한 경쟁, 자율성에 대한 동기, 하부부서 목표의 차이 등이다.

2) 지각된 갈등

관련된 사람들이 갈등을 경시하거나 혹은 부인하지만 갈등이 존재한다는 것을 감지할 때 지각된 갈등이 시작된다. 지각된 갈등(perceived con-flict)은 한 집단 혹은 그 이상의 집단이 갈등의 잠재성을 깨닫게 되는 상황이며, 반대 집단에 관한 정보가 수집되는 국면이다. 이러한 갈등의 인지측면은 갈등에 대한 깨달음을 자극한다.

3) 감지된 갈등

감지된 갈등(felt conflict)은 개인들이 갈등의 영향(긴장, 불안, 노여움 혹은 갈등으로부터 초래된 실제적인 문제들)을 느끼기 시작할 때 일어난다. 감정이 야기되고 그리고 적대적 기분이 시작될 때 감지된 갈등 국면이 제기된다. 적대적 행태에 대한 서곡이 된다.

4) 명시된 갈등

명시된 갈등(manifest conflict)은 실제적으로 공개적인 교전(open warfare)에 관련된 것이다. 사람 혹은 집단이 서로서로 좌절시키기 위해 노력하거나 혹은 패배시키기 위해 노력하는 상황이며, 한 집단이 이기거나 혹은 패배하는 경우이다. 또한 갈등은 해로운 영향을 가진 채 지속된다.

5) 갈등사후

갈등사후(conflict aftermath)는 명시된 갈등이 일어난 이후의 결과이다. 즉 갈등의 해결이 초래된 상황이며 혹은 다음 단계의 잠재적 갈등(latent conflict)으로 재순환의 기초가 되는 상황이다. 어떠한 대안과 갈등결과가 명확하게 되었을 때의 상황으로 갈등의 발생 이후(the outbreak of conflict)

단계이다. 이처럼 일련의 갈등은 지속적인 과정으로 볼 수 있다.

┃ 그림 10-5 ┃ Pondy의 갈등단계

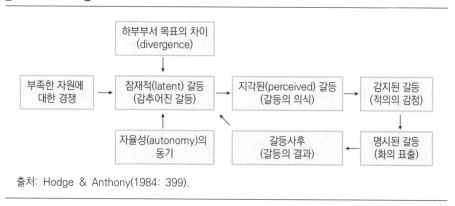

출처: Hodge & Anthony(1984: 399).

2. 갈등관리

우리가 직면하는 갈등 가운데 어떤 갈등은 해결이 비교적 용이하다. 즉 선택이 명확할 때 갈등관리는 매우 쉽다. 하지만, 가장 스트레스가 많은 갈등은 갈등을 해결하는데 어렵다. 이러한 갈등은 극단적으로 중요한 문제일 때 일어난다. 중요한 선택에서 갈등이 표출된다면 갈등을 해결하는데 상당히 많은 시간을 소비해야 한다. 심지어 갈등에 대해 강박관념을 가지게 된다. 더욱이 선택이 명확하지 않다면 한 걸음도 이동하지 못하고 망설이게 된다. 우유부단은 갈등을 장기간 지속하게 한다.

이처럼 관리자들은 갈등관리에 자신의 시간 가운데 20% 이상을 소비한다(Rahim, et al., 1992). 관리자들은 집단사이의 갈등에서 생활하기 때문에 갈등을 관리하는 문제에 직면하고 있다. 이처럼 갈등은 관리자에 대해 어려운 도전이다. 관리자는 기능적 갈등(functional conflict)과 역기능적 갈등(dysfunctional conflict) 사이를 구별해야 한다. 더욱이 역기능적 갈등을 통제하거나 제거할 수 있어야 하고, 그리고 기능적 갈등의 단계를 유지하기 위해 학습해야 한다.

또한 관리자들은 갈등의 원인이 다르기 때문에 갈등을 해결하는 수단도 상황에 따라 차이가 있다는 것을 인지해야 한다. 적절한 갈등해결방법(conflict resolution method)에 대한 선택은 갈등이 일어난 이유와 관리자와 갈등집단 사이의 구체적인 관계 등과 같은 다양한 원인에 의해 영향을 받는다.

이와 같이 사람 혹은 집단들은 갈등의 개시에 대해 다양한 반응을 취한다. 이러한 갈등을 해결하기 위해서 〈그림 10-6〉와 같이 다양한 방법이 동원된다. 이들 갈등해소방식은 각각 장단점이 있으며, 상황에 따라 효과적일 수도 있고 비효과적일 수도 있을 것이다(Thomas, 1983; et al., 1985: 619-622; Gibson, et al., 2006: 273-275).

(1) 권한/권위의 활용

갈등을 억누르기 위해서 권한과 권위를 활용할 수 있다. 권위의 활용은 집단사이의 갈등을 해결하는데 가장 오래된 방식이며, 가장 자주 활용되는 방식이기도 하다. 관리자는 단순히 갈등을 멈추기 위해서 한 집단에 대해 명령할 수 있다. 혹은 한 집단이 다른 집단에게 갈등을 멈추도록 명령할 수 있다. 즉 부하들은 상관의 결정에 동의하지는 않지만 보통 따른다.

권한에 의한 갈등 해결방법은 미심쩍은 효과성을 가진다. 권위에 의한 해결방법에 있어 관리자가 단지 갈등을 억압할 수 있는 충분한 권한과 권위를 갖지 않으면 갈등이 지속될 뿐만 아니라 관리자는 갈등집단에 대해 상대적인 권한과 지위가 상실할 수 있다.

(2) 완화

완화(smoothing)는 개인과 집단 사이의 공통적인 관심(common interests)을 강조함으로서 차이점을 줄이는 전략이다. 완화의 기본적인 믿음은 어떤 문제에 대해 공유된 관점(shared viewpoints)을 강조하는 것은 공통적인 목표로의 이동을 촉진시킨다는 것이다. 이처럼 완화기법을 활용하는 관리자는 갈등상황에 있는 집단에게 위안을 줌으로써 갈등을 완화하기 위해 시도하는 것이다.

관리자가 집단들 사이에 평화적 관계(peaceful relations)를 회복하려면 지원적이고 감정적 언어를 활용한다. 마치 부모가 자녀에게 완화기법을 활용하는 것이다. 이 기법은 정상적인 관계 혹은 평화적 관계를 회복하기 위한 시도이다. 완화기법은 갈등상황의 일시적인 해결을 위해 주로 활용된다.

완화와 유사한 갈등해결 방안으로 자원의 확대(expansion of resource)의 전략이 있다. 갈등은 종종 자원의 결핍에 연유한다. 예를 들면, 상위직급으로 승진할 자리는 한 자리이지만, 매우 높은 자격을 갖춘 3사람의 후보가 치열한 갈등상황에 놓여있다면 조직의 재조직화를 통하여 3사람의 후보자를 활용하는 전략이다. 하지만 대부분 조직은 양적으로 확대할 자원이 충분하지 못하다.

(3) 회피

회피(avoidance)는 갈등으로부터 중단(withdrawal)하는 것으로 특징된다. 이 스타일은 한 집단 혹은 보다 많은 집단이 갈등을 단순히 무시하거나, 갈등상황으로부터 물러서거나 혹은 갈등에 대한 직접적인 관심을 회피하는 것이다. 예를 들면, 격앙된 갈등상황에서 최고책임자가 덜 논쟁적인 영역으로 주제를 변화시킬 수 있다.

또한 갈등이 피할 수 없는 상황이라면 한 집단이 갈등상황에서 물리적으로 떠날 수 있다. 나아가 상관과 갈등을 피하기 위하여 부하들이 단순히 다른 곳을 바라보는 방식이다. 즉 이 기법은 이슈를 회피하거나 혹은 무시함으로써 갈등을 다루는 방식이다. 회피는 장기적 관점에서 이익을 가져오지는 못하지만, 단기적 관점에서 갈등을 확실히 해결할 수 있다. 어떤 상황에서는 일시적으로 가장 좋은 해결대안이 될 수 있다.

(4) 타협

타협(compromise)은 다른 집단의 견해를 어느 정도 수용하는 것으로 특징된다. 이러한 스타일은 나쁜 감정을 최소화하는데 도움을 주고, 가능한 빨리 양 당사자 사이의 만족스러운 해결을 추구하는 것이다.

타협은 집단사이의 갈등을 해결하기 위한 전통적인 방식이다. 관리자들은 갈등을 다루는 효과적인 방식으로 타협의 기법을 활용할 수 있다. 관리자는 중간지대(middle ground)를 설정하여 갈등상황에 있는 두 집단을 중간지대로 이동하게 함으로써 갈등을 통제할 수 있다. 중간지대에 의한 타협기법은 노동자와 관리자 사이의 갈등을 해결하는데 활용된다. 타협접근법은 갈등관리에 있어서 하나의 거래(bargaining)방식이다.

타협은 추구하는 목표가 동등하게 양분되어 있을 때 효과적으로 활용할 수 있다. 또한 갈등해결을 위한 타협의 기법은 갈등상황에 있는 각 집단에게 어떤 것을 포기하도록 요구하기 때문에 명백한 패배자 혹은 결정적인 승리자가 존재하지 않는다. 즉 타협에 의한 갈등해결점은 승리자나 패배자에 대해 이상적인 것은 아니다. 대표적인 사례로, 노동조합과 관리자간의 협상에 있어서 각 진영에 대해 어떤 것을 포기하도록 협상테이블에서 논의한다. 한 진영에 의해 포기한 정도는 그 집단의 힘과 직접적으로 관련되어 있다.

단기적으로 타협은 만족스러운 해결을 초래한다. 하지만 장기적으로 한 집단이 협상을 통해 성취했던 것보다 많이 포기했다면 다음 협상에 보다 강하게 자기의 주장을 요구하게 됨으로써 갈등을 심화시키기도 한다. 이리하여 갈등해결이 단지 일시적인 것이 되며, 갈등상황이 다시 재현될 수 있다. 또한 중요한 결정과 관련한 갈등의 초기단계의 타협은 문제의 진단을 줄일 수 있고, 그리고 대안 추구에 있어 적은 노력을 할 수 있다.

(5) 제3자의 개입

제3자의 개입(third-party intervention)은 갈등상황에 있지 않는 사람들이 갈등문제를 해결하기 위한 수단으로 참여하는 것이다. 노동중재인(labor arbitrators)은 노동자-관리자의 분쟁을 해결하기 위해서 갈등상황에 참여한다. 제3자의 개입은 타협적인 해결을 효과적으로 이행하기 위한 하나의 수단이다.

(6) 포섭

포섭(cooptation)은 집단 사이에 존재하는 갈등을 해결하는데 유용한 전략이다. 이러한 사례로, 조직에 관련된 주주 사이에 치열하고 때로는 지루한 대리권 투쟁에 대해 조직 합병을 통하여 해결하는 전략이다. 일단 조직 합병이후, 평화적인 해결을 위한 수단이 존재할 수 있다.

(7) 대결

갈등을 대결(confrontation)로 다루는 전략은 감정보다는 사실에 기초하여 갈등을 해결하려는 것이다. 즉 현실주의(realism) 시각에서 갈등을 접근하는 성숙한 전략이다. 이 전략은 기본적으로 갈등은 감정과 기분에 관련되어 있다고 본다. 이리하여 감정의 역할을 최소화하고, 갈등에 내재된 사실과 객관성에 기초하여 갈등을 완화하려는 전략이다.

(8) 민주적 과정

갈등의 해결방안으로 민주적 과정(democratic process)은 갈등적 이슈에 대해 논의를 통하여 투표라는 수단을 통하여 갈등을 완화하는 전략이다. 특히 Yates(1985)는 갈등관리를 위하여 경쟁적 토론을 조장하는 방법에 관한 전략, 강화되는 적대감을 회피하기 위한 중립적인 언어(neutral language)의 활용, 그리고 정중하고 상호 존중하게 처신하는 방법을 개발할 것을 제안한다. 또한 갈등에 관련된 모든 집단에게 완전한 정보를 제공하고 그리고 개방적인 의사소통 채널을 유지할 것을 제안한다.

민주적 과정의 하나로 규칙을 설정하는 방법도 있다. 즉 갈등을 수용할 수 있는 단계로 제한적인 규칙을 설정하는(establishing rules) 것이다. 이러한 방법을 갈등을 요약하는 것으로 명명한다. 예를 들면, 국가가 가스전 혹은 세균전(germ warfare)을 사용하는 것을 금지하는 것에 공식적 합의함으로써 갈등을 줄일 수 있다.

갈등이슈에 대해 투표 혹은 규칙을 정하는 경우의 문제는 전형적으로 승패상황(win-lose situations)을 강화하게 된다. 패자는 가끔 조직에서의 역할에 불만족하게 되고, 그리고 조직의 몰입이 저하된다.

┃ 그림 10-6 ┃ 갈등해결방법

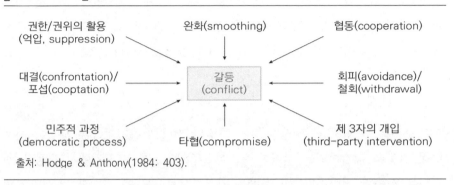

출처: Hodge & Anthony(1984: 403).

이상의 갈등해소방법을 보충하기 위해 Gibson과 동료학자들(2006: 273-275)은 집단사이의 갈등해소방법으로 제시한 몇 가지 방법을 추가하면 다음과 같다.[31]

(9) 문제해결

문제해결(problem solving) 스타일은 갈등에 대한 이유를 이해하고, 그리고 모든 당사자의 욕구를 충족하기 위한 행동계획을 찾기 위해서 상이한 의견과 당사자의 대결을 인정함으로써 갈등을 줄이는 방법이다. 또한 문제해결 스타일은 갈등집단에 대한 면대면 모임을 통해 긴장을 줄이기 위한 방법이다. 즉 갈등집단이 결정에 도달할 때까지 관련된 모든 정보를 수집하고, 그리고 여러 가지 문제에 대해 공개적으로 토론하는 방법이다.

문제해결 스타일을 활용하는 사람은 다른 사람을 희생하면서 자신의 목적을 달성하기 위해 노력하지 않는다. 오히려 갈등상황에서 최상의 해결책을 추구한다.

---

31 Gibson과 동료학자들(2006: 273-275)이 제시한 갈등해소방법은 ① 문제해결, ② 상위 목표, ③ 자원의 확장, ④ 회피, ⑤ 완화, ⑥ 타협, ⑦ 권위적인 명령, ⑧ 인간적인 변인의 변경, ⑨ 구조적인 변인의 변경, ⑩ 공통의 적을 인식하는 방법 등이다.

◇ **갈등해결을 위한 문제해결기법**

- 해결책보다 오히려 목적의 관점에서 문제를 확인하라(Identify the problems in terms of objectives rather than solutions).
- 문제가 확인된 이후, 모든 당사자에 대해 상호 이익이 되는 해결책을 발견하라 (After the problem has been identified, identify solutions that are mutually beneficial to all parties).
- 성격 이슈 혹은 다른 당사자 보다 오히려 문제의 관심에 초점을 두라(Focus on the attention on the problem, rather than personality issues or the other party).
- 공동의 영향력을 증가하고 그리고 적절한 정보를 공유함으로써 신뢰를 만들어라(Build trust by increasing mutuality of influence and sharing relevant information).
- 공감과 청취를 보여주고 그리고 분노와 위협의 사용을 최소화함으로써 의사소통하는 동안 긍정적 감정이 자리잡게 하라(Establish positive feelings during communication by showing empathy and listening and minimizing the use of anger and threats).

자료: Filley(1978).

(10) 상위 목표

상위목표(superordinate goals) 설정에 의한 해결방안은 관련된 집단이 협동하지 않고는 성취할 수 없는 공통적인 목표와 목적을 발전시키는 방법이다.

갈등을 줄이는데 활용되는 모든 상위목표는 다음과 같은 특징을 가지고 있다. ① 상위목표가 두 집단에 대해 매우 매력적이다. ② 상위목표는 협력이 요구된다. 집단이 스스로 상위목표를 성취할 가능성이 낮다. ③ 상위목표는 성공적으로 성취할 수 있다.

(11) 자원의 확장

집단사이에 갈등이 일어나는 주요한 원인은 자원의 제약성이다. 자원의 확장(expansion of resources)은 그러한 문제를 해결하는 하나의 방법이다.

(12) 인간적인 변인의 변경

인간적인 변인의 변경(altering the human variable)에 의한 해결 방안은 집단구성원의 행태를 변화시키기 위해 노력하는 것이다. 즉 이 방식은 갈등의 원인과 갈등에 관련된 사람들의 태도에 초점을 두는 것이다.

(13) 구조적인 변인의 변경

구조적인 변인(structural variables)의 변경에 의한 해결 방안은 조직의 공식적인 구조를 변화시키는 것이다. 구조는 조직의 직무사이의 고정된 관계를 언급하는 것이며, 직무설계를 포함하는 것이다.

(14) 공통의 적을 인식하는 방법

공통의 적을 인식하는 방법(identifying a common enemy)은 상위목표의 부정적인 측면 등을 제시하는 것이다. 갈등에 있는 집단은 일시적으로 그들의 차이점을 해소하고 그리고 공통의 적에 대해 투쟁하기 위해 결합한다. 공통의 적은 명백하게 상위의 산출물을 생산하는 경쟁자일 것이다.

집단사이의 갈등은 〈그림 10-7〉과 같이 집단사이의 갈등에 관한 원인과 유형, 집단사이의 갈등 결과, 갈등해소를 위한 기법 등으로 이해할 수 있다. 집단사이의 갈등을 취급함에 있어 활용하는 기법이 무엇이든지 관리자들은 집단사이의 갈등에 관한 존재와 원인을 어떻게 인식하는가 하는 방법을 학습해야만 한다. 또한 관리자들은 갈등을 효과적으로 취급하는 기술을 개발해야만 할 것이다.

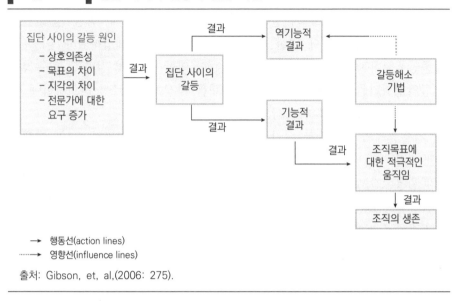

→ 행동선(action lines)
·····→ 영향선(influence lines)

출처: Gibson, et, al,(2006: 275).

부록 1. 우리나라 갈등예방과 해결에 관한 규정

우리나라는 공공부문의 갈등과 관련하여 2007년 2월 '공공기관의갈등예방과해결에관한규정'에 관한 대통령령과 시행규칙을 제정하였다. 이 규정은 중앙행정기관의 갈등 예방과 해결에 관한 역할·책무 및 절차 등을 규정하고 중앙행정기관의 갈등 예방과 해결능력을 향상시킴으로써 사회통합에 이바지함을 제정목적으로 하고 있다.

갈등관리의 원칙으로는 갈등의 자율해결과 신뢰확보(2장 5조), 이해관계인, 일반시민 또는 전문가 등의 실질적 참여(2장 6조), 참여적 의사결정방법의 활용(2장 15조), 분쟁해결(Alternative Dispute Resolution: ADR)의 적극적 활용(2장 18조) 등을 제시하고 있다. 중앙행정기관의 장은 공공정책을 결정하기 전에 갈등영향분석을 실시할 수 있으며(3장 10조 1항), 이때 중앙행정기관이 소관 사무의 갈등관리를 심의하기 위해 설치한 갈등관리심의위원회에서 갈등영향분석[32]을 심의한다(시행령 3장 10조 2항; 11조), 갈등관리심의위원회는 갈등영향분석, 갈등관리에 대한 종합적 시책의 수립, 관련 법령 정비, 다양한 갈등해결수단 발굴·활용, 교육훈련, 민간활동 지원의 역할을 한다. 또한 중앙행정기관의 장은 공공정책으로 인하여 발생한 갈등해결을 위하여 필요하다고 판단하는 경우 사안별로 갈등조정협의회를 구성·운영할 수 있으며(시행령 4장 16조), 협의회에는 관계 중앙행정기관 및 이해관계자, 그리고 관련단체와 전문가를 참석시킬 수 있다(17조).

---

32 갈등영향분석(葛藤影響分析, conflict assessment)은 공공갈등을 해결하기 위해 심의민주주의의 참여적 의사결정방법과 대안적 분쟁해결을 사용하는 과정이다. 규정에 의하면(제1장 2조), 갈등영향분석을 공공정책을 수립·추진할 때 공공정책이 사회에 미치는 갈등의 요인을 예측·분석하고 예상되는 갈등에 대한 대책을 강구하는 것이라고 정의하고 있다. 이와 같이 갈등영향분석은 갈등의 핵심적인 이해관계자와 중요한 쟁점을 확인함으로써 핵심적인 이해관계자와 중요한 쟁점이 갈등관리과정에서 누락됨을 방지하고, 장애요인을 극복하고, 신뢰할 수 있는 운영규칙을 마련하는 계기가 된다는 점에서 성공적 정책집행의 전제가 될 뿐만 아니라 갈등관리의 초기단계에서 중요한 역할을 한다. 갈등영향분석은 환경개발사업에 적용되는 환경영향평가제도의 사회영향평가와 아래와 같이 차이가 있다.

구분	갈등영향분석	사회영향평가
대상	정치, 경제, 사회, 문화 등 모든 분야	지역 인구, 교육, 주거 등 사회적 요소
방법	이해관계자들과 상호협력	평가자의 일방적 예측, 분석
목적	정책결정의 절차적 비민주성에 따른 갈등해소	개발사업의 내용적 갈등해소
주체	공공기관	개발사업자

부록 2: Thomas-Kilmann의 갈등관리모형

1970년대 Kenneth Thomas와 Ralph Kimann은 5가지 갈등관리방안을 제시하고 있다. 이들 학자들은 사람들은 전형적으로 협력(cooperativeness)의 정도와 자기주장(assertiveness)의 정도에 따라 5가지 선호하는 갈등해결유형을 가지고 있다고 주장한다. 각각의 유형은 서로 다른 상황에서 유용하다.

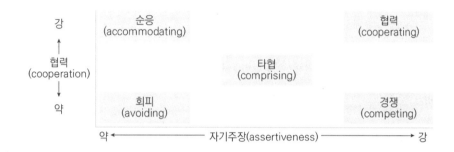

갈등관리유형	기술(skills)
경쟁 (competing)	• 주장 혹은 논쟁(arguing or debating) • 지위 혹은 영향력의 활용(using rank or influence) • 당신의 견해와 감정을 명확하게 한다(asserting your opinions and feelings) • 당신의 입장을 견지한다(standing your ground) • 당신의 입장을 명확하게 말한다(stating your position clearly)
회피 (avoiding)	• 철수할 수 있는 능력(ability to withdraw) • 쟁점이슈를 피할 수 있는 능력(ability to sidestep issues) • 해결할 수 없는 것을 남겨둘 수 있는 능력(ability to leave things unresolved) • 타이밍감각(sense of timing)
순응 (accommodating)	• 당신의 소망을 포기(forgetting your desires) • 사심 없음(selflessness) • 양보할 수 있는 능력(ability to yield) • 명령에 대한 준수(obeying orders)
타협 (compromising)	• 협상(negotiating) • 중간지대의 발견(finding a middle ground) • 가치의 평가(assessing value) • 양보(making concessions)
협동 (collaborating)	• 활동적인 청취(active listening) • 위협적이지 않은 대결(nonthreatening confrontation) • 관심의 명확화(identifying concerns) • 투입의 분석(analyzing input)

TKI의 진단문항

5개 유형	진단문항	전혀 아니다 ↔ 매우 그렇다				
		①	②	③	④	⑤
경쟁	누가 나의 의견이 다른 경우 나는 적극적으로 내 입장을 방어한다.					
	협상에 있어서 나는 내 입장을 포기하기보다는 계속 사수한다.					
	나는 토론에서 내주장이 관철되도록 노력한다.					
회피	나는 다른 사람들과 공개적으로 부동의 보다는 내 의견을 그냥 내 마음 속에 묻어둔다.					
	부동의가 있는 경우, 나는 이 문제에 대해 공개적으로 논쟁하는 것을 피한다.					
	다른 사람들과의 의견 차이를 토론하는 노력과 시간은 쓸데없는 것이라고 믿고 있다.					
순응	나는 동료의 제언에 대하여 동의하지 않음에도 불구하고 동료의 제안을 찬성한다.					
	나와 다른 관점을 가진 사람들의 바램을 공개적으로 논쟁하는 것을 피한다.					
	나는 동료들과의 관계를 위태롭게 하기보다는 동료들이 자기방식을 갖도록 허용한다.					
타협	나는 Give-and-Take를 통해 타협에 도달할 수 있다.					
	다른 사람과 논쟁을 벌일 때, 나는 중간적 입장을 취하고자 한다.					
	동의에 도달하기 위하여 나는 다른 사람들과의 교환을 위해 이떤 것을 포기한다.					
협동	부동의나 협상에 있어서, 정보공유를 통해 양측에 대하여 가장 적절한 해결방안을 발견하고자 노력한다.					
	나와 상대방 모두에게 도움이 되는 방안을 찾음으로써 갈등을 해결하고자 한다.					
	나는 동료들과 함께 갈등을 조사하여 우리 모두에게 도움이 되는 방안을 찾는 것을 좋아한다.					

┌───┐
● 용어의 정의 ●

• **갈등(葛藤, conflict)**   어떤 유형의 업무에 직면하여 두 사람 이상의 개인 혹은 집단이 서로 다른 목적, 이상, 철학, 업무스타일로 인해 충돌이 일어나는 현상이다.

• **기능적 갈등(機能的 葛藤, functional conflict)**   조직성과를 제고하고, 그리고 유익하게 하는 집단간의 대결(confrontation)이며, 집단결정의 질을 향상하고 그리고 혁신적 변화를 안내한다.

• **역기능적 갈등(逆機能的 葛藤, dysfunctional conflict)**   조직을 해롭게 하거나 혹은 조직목표의 성취를 방해하는 집단간의 대결 또는 상호작용이며, 집단구성원의 관심을 중요한 업무로부터 벗어나게 함으로써 성과에 부정적인 영향을 미치게 한다.

• **수직적 갈등(垂直的 葛藤, vertical conflict)**   조직의 상이한 계층적 단계(hierarchical levels)사이의 갈등이다.

• **완화(緩和, smoothing)**   개인과 집단 사이의 공통적인 관심(common interests)을 강조함으로서 차이점을 줄이는 전략이다.

• **회피(回避, avoidance)**   갈등으로부터 중단(withdrawal)하는 것이며, 이 스타일은 한 집단 혹은 보다 많은 집단이 갈등을 단순히 무시하거나 , 갈등상황으로부터 물러서거나 혹은 갈등에 대한 직접적인 관심을 회피하는 것이다.

• **타협(妥協, compromise)**   다른 집단의 견해를 어느 정도 수용하는 것이며, 타협접근법은 갈등관리에 있어서 하나의 거래(bargaining)방식이다.

• **포섭(包攝, cooptation)**   조직 안전에 대한 위협을 회피하는 수단으로 정책결정구조에 새로운 요인을 흡수하는(to absorb) 메카니즘이다. 이것은 집단 사이에 존재하는 갈등을 해결하는데 유용한 전략이다.
└───┘

제 11 장
협상관리

사람들은 서로 다른 욕구, 바램, 목적, 신념에 의해 수시로 갈등과 불일치를 경험하게 된다. 협상을 하지 않는 한 이러한 갈등과 불일치는 불만족의 분노로 이어지게 된다. 더욱이 사람들은 자신의 입장에서 가능한 한 최상의 결과를 성취하는 데 목적을 둔다.

특히 다양한 상황(예를 들면, 국제적 상황, 국내적 상황, 경제적 상황, 정부정책, 법률시스템 등)에서 사람들은 협상전략을 활용한다. 협상이란 사람들 차이점을 해결하는(settle) 방법이다. 또한 논쟁과 분쟁을 회피하면서 타협 혹은 동의하는 과정이기도 하다. 협상기술은 자신과 다른 사람 사이에서 발생하는 차이점을 해결하는 데 매우 유익하다. 이런 협상기술은 광범위한 활동에서 학습할 수 있으며, 또한 적용할 수 있다.

이 장에서는 협상은 어떠한 의의와 특징이 있는지, 협상유형은 어떠한지, 최상의 결과에 이르게 하는 협상전략과 과정은 어떠한지 등을 살펴보면서 협상관리를 이해하고자 한다.

▌제1절 협상의 의의

    협상(negotiation)은 두 집단 이상이 갈등상황에 놓여있고, 그리고 동의 (agreement)에 도달하기 위해 시도하는 과정이다. 협상은 갈등당사자들이 서로간 상호 토론·의견교환 등을 통하여 상호이익이 되는 해결대안을 강구하는 연속적인 과정 내지 활동이다(강상구, 2002). 좋은 협상은 보다 많은 신뢰, 영향 및 번영에 기초한다. 즉 정직이 최상의 정책이다(honest is the best policy). 노동단체교섭을 수행할 때 협상이 중요한 과제일 것이다.

    협상에 있어 대안은 힘의 원천이다. 매우 강한 대안을 가진 협상자는 상당한 힘을 가진다. 반면에 약한 대안을 가진 협상자는 상당히 불리한 상태에 놓이게 된다. 이에 협상은 때론 제로섬 게임이다. 즉 어떤 집단이 모든 것을 얻는 반면에, 다른 집단이 상실할 수 있다. 한 집단이 원하는 것을 얻기 위해서 상대 집단에 대해 이념과 확신을 심어주어야 한다. 이러한 특성으로 인하여, 협상은 민간부문에 있어 조직의 성공적인 생존을 위해서 핵심적인 전략이다. 즉 성공적인 관리자의 핵심적인 기술이 협상이다.

- 협상은 서로가 합의를 도출하기 위하여 상호작용하는 의사결정과정이다 (Gulliver, 1979).
- 협상은 둘 이상의 집단이 사회적 충돌을 피하기 위하여 서로의 이해 상반을 해결할 목적으로 토론하는 것이다.
- 협상은 개인들의 이해가 집단행동에 반영되는 정치적 과정 혹은 서로 경쟁하며 상충하고 있는 갈등사안에 관련된 당사자들의 이해들을 중재하거나, 당사자들로부터 합의를 이끌어 내려는 공공선택적 과정이다.
- 협상은 공동의 문제를 안고 있는 갈등당사자들이 서로 전략적으로 만나 대립적 견해와 다양한 정보를 주고받는 과정을 통해서, 더 나은 해결방안을 모색하여 자신들의 욕구와 원망을 충족시키려는 의사결정과정이다.
- 협상은 어떤 문제에 대하여 서로간에 합의를 형성함으로써 서로 상충

되는 이익을 조정해 나가는 과정이며, 협상은 '주고-받는' 하나의 교환관계로서 서로간에 받아들일 만한 제3의 대안 도출을 위하여 상호간의 입장을 조정하는 과정이다.

· 협상은 공공의 문제를 안고 있는 둘 이상의 의사결정주체가 임의로 상반되는 이해를 주고 받는 과정을 통하여, 보다 나은 결과를 가져오기 위하여 상호 전략적으로 조우하는 과정이다.

· 협상이란 상반된 이해관계를 갖고 있는 당사자들이 토론·의견교환 등의 상호작용을 통하여 상호이익이 되는 해결대안을 강구하고 합의를 구하는 연속적 과정 내지 활동이다.

▌제2절 협상유형

협상은 두 사람 혹은 집단 이상이 가능한 합의를 위해 제안들을 논의하고 진술하는 과정이다. 이러한 대표적인 협상유형은 분배협상과 통합협상이 있다. 이들 협상의 차이점은 협상당사자들이 협상과 관련하여 정보를 어떻게 다루는가 하는 점이다. 분배협상은 상대방에 관한 가능한 많은 정보를 보유하는 반면에, 통합협상은 정보를 공유한다.[33]

1. 분배협상

분배협상(distributive negotiation)은 한 당사자의 이익은 다른 당사자의 손실을 초래하는 고정된 양을 나누는 방식의 협상이다. 이점에서 분배협

---

33 다른 협상유형으로 태도의 구조화와 조직내부의 협상을 제시되기도 한다. 태도의 구조화 (attitudinal structuring)는 당사자들이 바람직한 태도와 관계를 설정하기 위해 노력하는 과정이다. 조직내부의 협상(intraorganizational negotiation)에 있어, 집단은 가끔 대리인을 통하여 협상한다. 하지만, 대리인들은 서로서로 동의하기 전에 그들 대표집단에 대해 동의를 얻어야만 한다. 조직내부의 협상에 있어, 각 협상자는 동의를 위한 합의(consensus)를 도출하기 위해 노력하고, 그리고 다른 집단의 협상자와 거래하기 전에 집단내부의 갈등을 해결하기 위해 노력한다(Hellriegel, et al., 1992: 446-448).

상을 제로섬 협상(zero-sum negotiation)이라 한다. 즉 분배협상은 전통적인 승-패, 어느 편이 이익을 얻으면, 다른 당사자는 손실을 가지는 협상유형이다. 이 협상은 경제적 문제에서 일어난다. 상호작용패턴은 신중한 의사소통, 제한된 신뢰표현, 위협의 활용, 진실의 왜곡과 주장이 포함된다. 협상 당사자들은 갈등의 내재한 강렬한 감정을 소유하고 있다. 분배협상에서는 힘과 타협의 갈등해결스타일이 지배적이다.

협상의 결말에 있어 보다 많은 가치를 청구할 수 있는 사람이 승자이다. 이에 분배협상에 있어 목적은 상대편을 불리하게 하는 가능한 많은 정보를 보유하는 것이다.

2. 통합협상

통합협상(integrative negotiation)은 양 당사자들이 혜택을 가질 수 있는 해결책을 성취하기 위해 연합하여 문제를 해결하는 협상유형이다. 양 당사자들은 상호간의 문제를 인지하고, 대안들을 명확하게 하고 그리고 평가하고, 공개적으로 선호를 표명하고, 상호간 수용할 수 있는 해결책에 도달하는 것이다. 양 당사자들은 문제해결에 강하게 동기부여되어 있고, 유연성과 신뢰를 보이며, 새로운 아이디어를 탐구한다. 통합협상에서는 협력과 타협의 갈등해결 스타일이 지배적이다.

이와 같이 통합협상은 보다 많은 협력적 접근을 포함한다. 즉 양 당사자들이 가능한 많은 편익을 성취하기 위한 희망으로 함께 노력하는 것이다. 순수한 통합협상에 있어 양 당사자들은 가장 많은 편익을 성취하기 위해 협력한다. 이 통합협상에서 당사자들은 양보를 얻어내는 것에 초점을 두기보다는 오히려 건설적인 선택을 추구하는 것이다. 통합협상에서 성공하기 위해서는 당사자들은 정보를 공유할 필요가 있다.

표 11-1 분배협상과 통합협상

구분	분배협상	통합협상
정의	• 영합게임(zero sum game)에서 이루어지는 협상; 한 당사자에 의한 이득은 다른 당사자에게 손실 • 협상에 관계하는 각 당사자는 협상해결(settlement)이 이루어지는 최종의 해결책(ultimate point)을 규정하고 있음	• 갈등해결에 대한 협력적 모델을 활용함 • 협상과정에 관련한 양 당사자는 공동으로 문제를 보고, 해결대안을 추구하고 평가하며, 상호 수용할 수 있는 해결책을 모색함
결과	승-패(win-lose) 협상	승-승(win-win) 협상
동기	개인적 이득	결합 및 개인적 이득
관심	상대방	항상 상대방은 아님
관계	단기적 관계	장기적 혹은 단기적 관계
관련된 이슈	단일 이슈	복합적 이슈
교환할 수 있는 능력	비 유연성(not flexible)	유연성
해결	비 건설적(not creative) 해결	건설적 해결

제3절 협상전략과 과정

1. 협상전략

협상자는 자신에게 보다 유리한 성과를 도출하기 위해 여러 가지 협상전략을 구사한다. 협상은 타결되거나 결렬될 때까지 지속되는 일련의 제안과 대응제안으로 이루어진다. 협상에서 이루어지는 전략은 전략적 대안 선택에 관련된 상황에 따라 다양하게 구분된다. 이처럼 협상전략은 협상의 목적, 즉 자신의 이익을 추구하기 위해 하나의 일치점에 이르기를 원하는 과정의 도구로 사용된다.

1) 전략적 선택모형

Savage와 동료학자들(Savage, et. al, 1989)은 협상을 위한 전략을 선택하기 전에 협상자의 자신의 이익과 조직의 이익을 고려해야 한다고 지적하고, 이들 이익에 대한 고려에 있어 2가지 기본적 질문에 대답하게 한다. 이 질문은 ① 행위주체가 협상에 있어서 실질적인 결과의 달성에 얼마만큼 관심을 가지고 있는가? ② 협상자가 상대방과의 현재와 미래의 관계에 대하여 얼마만큼 관심을 가지고 있는가? 이러한 질문에 대한 대답 결과로 〈그림 11-1〉과 같이 4가지 협상전략을 제시하고 있다(이종건·박헌준, 2004: 101-102).

(1) 경쟁전략

협상의 가치를 최대화하려는 것에 목표를 두며, 상대방과의 관계에 거의 관심을 두지 않는다. 협상자가 실질적인 이익을 중시하고, 관계는 중시하지 않는다면 확고한 경쟁전략을 고려해야 한다. 이 상황은 협상자가 상대방에 대하여 신뢰감이 전혀 없거나 최초의 관계가 좋지 않은 경우에 종종 발생한다. 이런 경쟁전략은 분배적 또는 승-패 협상을 위한 전략이다.

(2) 협력전략

협상의 가치를 최대화함과 동시에 상대방과의 관계형성에 목표를 둔다. 이 전략은 협상자의 조직과 상대방이 상호의존적일 때 사용되기 쉽고, 가장 효과적이다.

(3) 조화전략

협상자가 실질적 성과보다 관계적 성과를 더 중요시 할 때 적절하다. 이 전략은 협상자가 상대방이 이기기를 원하거나, 실질적 이슈에 대한 어떤 목표를 달성하기 위하여 상대방과의 관계를 위태롭게 하기를 원하지 않을 때 필요하다. 이 전략은 협상의 근본적 목적이 관계를 형성하거나 강화하는데 있을 때 사용된다.

(4) 회피전략

협상에 전혀 참여하지 않으면서 자신의 요구를 충족시킬 수 있다면 효과적이다. 협상하기 위한 시간과 노력이 무의미한 경우에 회피전략이 효과적이다. 이처럼 실질적 성과나 관계형성 모두에 대하여 아무런 관심이 없는 협상자는 회피전략을 사용하는 것이 최선일 것이다.

┃ 그림 11-1 ┃ 협상전략

		실질적 결과가 중요한가?	
		예	아니요
관계적 결과가 중요한가?	예	협력(collaboration)	조화(accommodation)
	아니요	경쟁(competition)	회피(avoidance)

출처: Savege, et, al,(1989: 40); 이종건 · 박현준(2004: 100) 재인용.

2) 윈윈 전략과 승–패 전략

대결(confrontation)은 관리자가 윈윈 전략에서 참여할 때 성공적이다. 윈윈 전략(win-win strategy)은 양 당사자가 서로서로에 대해 이익이 되는 방식에서 갈등을 해결하기 위해 노력하는 것을 의미한다. 협상이 승-패 전략(win-lose strategy)으로 악화된다면(한 집단이 다른 집단을 패배시키기를 원하는 전략), 대결은 비효과적일 수 있다.

협상의 윈윈 전략과 승자-패자 전략의 차이는 〈표 11-2〉와 같이 정리할 수 있다.

┃ 표 11-2 ┃ 협상 전략

윈윈 전략(win-win strategy)	승-패 전략(win-lose strategy)
• 갈등을 상호간의 문제로 정의한다.	• 갈등을 승자-패자 해결로 정의한다.
• 공동의 이익(joint outcomes)을 추구한다.	• 자기 자신의 집단결과(own's group's outcomes)를 추구한다.
• 양 집단을 만족하는 창의적 동의(creative agreement)를 찾는다.	• 다른 집단을 굴복(submission)하게 강요한다.
• 집단의 욕구, 목표 및 제안에 대해 개방적이고, 정직하고, 정확한 의사소통을 활용한다.	• 집단의 욕구, 목표 및 제안에 대해 부정적하고(deceitful), 부정확하고, 호도하는 의사소통을 활용한다.
• 위협을 회피한다(다른 집단의 수동성을 줄인다).	• 위협(treats)을 활용한다(굴복하게 한다).
• 지위에 대해 유연하게 의사소통한다.	• 자신의 지위와 관련하여 높은 몰입으로 의사소통한다.

자료: Daft(1983: 440).

2. 협상과정

협상과정은 준비 및 계획단계, 협상단계, 연기(postponement), 합의 및 이행단계, 연기 및 결렬(no agreement)단계로 구성된다(Lussier & Achua, 2007: 129-134).

1) 준비 및 계획단계

준비 및 계획단계는 협상의 첫 번째 단계이며, 협상의 성공 혹은 실패는 준비단계에 기인된다. 이 단계에서 협상 당사자들은 효과적인 협상을 진행하기 위해 필요한 정보를 수집하고 조직화해야 한다. 협상 준비의 단계는 ① 상대편(the other party)을 조사한다. ② 목표를 설정한다. ③ 선택권 (options)과 거래(trade-offs)의 전개에 대해 준비한다. ④ 예상 질문과 반대를 예견하고, 그리고 그에 대한 해결책을 준비한다.

이와 같이 준비 및 계획단계는 협상해야 할 과제에 대해 상대편에 관련된 정보를 체계적으로 수집하고 분석하는 작업이 중요하다. 이처럼 정보가 협상에서 힘을 가지며 협상력의 타당성을 제고시킨다.

또한 협상의 준비와 계획단계에서 협상의 절차상 원칙을 구체적으로 설정하는 것이 필요하다. 절차상의 원칙(grand rules)의 단계는 계획된 협상을 위해 규정과 절차를 설정하는 것이다. 이 단계에서는 다음과 같은 물음이 포함된다. ① 협상이 어디에서 이루어지는가? ② 협상에 있어 시간적 제약이 존재하는가? ③ 어떠한 이슈가 제약이 있는가? ④ 협상이 결렬되었을 때 무엇이 일어나는가? 또한 협상이 난국(impasse)에 이를 때 따라야 하는 구체적인 절차가 있는가?

2) 협상단계

협상단계에 있어 먼저, 설명과 정당화 단계는 각 당사자들이 자신들의 최초 요구사항을 상세하게 설명하고, 명확하게 하고, 강화하고, 정당화하는 과정이다. 이러한 설명과 정당화 단계는 대결은 아니며, 오히려 협상이슈에 대해 서로서로에게 교육할 수 있는 기회이다.

협상계획이 준비되었다면 실제 협상을 한다. 대면적(face-to-face) 협상을 선호한다. 이는 상대편의 비언어적인 행태(nonverbal behavior)를 볼 수 있고, 그리고 목적을 보다 분명하게 이해할 수 있기 때문이다.

특히 이 단계가 협상과정의 본질이다. 이 단계는 실질적인 타협(give and take)의 과정이며, 철저하게 동의하기 위해 노력하는 과정이고, 양 당사자들은 분명 양보concession)가 요구되는 과정이기도 하다.

협상을 위해서 ① 관계(rapport)를 발전시키고 그리고 사람보다 장애에 초점을 두라. ② 상대편이 먼저 제안하도록 하라(Let the other party make the first offer). ③ 상대편의 요구를 충족하는데 초점을 두기 위해 경청하고 그리고 질문하라. ④ 너무 빨리 해결책을 주지 말고 그리고 대신에 어떤 것에 대해 질문하라.

3) 합의 및 이행단계

이 단계는 협상과정의 마지막 단계로 협상합의를 공식화하는 것이다. 합의(agreement)가 이루어지면 승인에 관련된 서류를 작성한다. 상대편이 보증하는 합의를 재작성한다. 또한 이 단계는 협상내용을 이행하고 그리고 모니터링에 요구되는 절차를 체계화하는 과정이다.

4) 연기단계와 결렬단계

어떠한 진척이 없을 때 협상을 연기하는 것이 현명하다. 즉 만족하지 않은 거래(deal) 혹은 곧 후회할 거래에 대해서는 협상을 연기하는 것이 중요한 전략일 것이다. 협상을 연기할 때 상대편에게 구체적인 시간을 주어야 한다.

협상과정이 결렬되고, 합의에 도달하지 못하면 다음의 모임을 위한 기한연장(re-scheduling)을 요청한다. 이것은 양 당사자들이 격렬한 논쟁과 토론에서 초래되는 불화를 피하는 것이다. 또한 이것은 시간낭비와 미래의 관계를 훼손하는 것을 방지하는 조치이다. 더욱이 협상이 기한연장 없이 실패로 끝나는 경우도 발생한다.

▌표 11-3 ▌ 협상 과정

단계	주요 내용
계획단계	• 협상의 목표 설정 및 상대방의 협상목표 평가 • 초점을 두어야할 관심영역 설정 • 협상의 역사, 협상에 관련하는 사람 파악 • 협상에 초점을 두어야 하는 영역 설정, 상대방이 요청하는 사항, 감추어야 할 사항 등 협상의 본질과 갈등에 대한 상대방의 지각 • 협상전략의 개발, 협상체결에 대한 최상의 대안 구체화
협상단계	• 누가 협상을 진행하는가, 협상을 어디에서 진행하는가, 시간적 제약이 무엇인지를 파악 • 협상을 제약하는 이슈는 무엇인가, 협상에서 난국(impasse)에 이를 경우 구체적인 절차는 어떠한가? 등을 파악 • 협상이슈에 대한 각 상대방의 최초 협상 입장을 교환 • 협상에의 요구에 대한 구체화와 정당화 • 자신의 입장을 지원할 서류의 교환
합의 및 이행단계	• 협상의 합의사항 작성 • 협상 합의사항 이행과 모니터링을 위한 절차 개발
연기 및 결렬단계	• 협상의 핵심적인 사항에 대해 합의에 있어 협상자의 입장에서 수용하기 어려울 사항에 대한 논의가 필요 할 경우 협상진행을 연기함 • 상대방이 협상 대안에 대한 과도한 양보를 수용하기 어려울 경우 • 협상과정에 최종 합의가 되지 않을 경우 협상의 결렬

◇ **성공적인 협상을 위한 10가지 팁**

- 당신이 원하는 것에 대해 질문하는 것을 두려워하지 말라(Don't be afraid to ask for what you want). 성공적인 협상자는 모든 것을 명확해야 하며, 잘 대처해야 한다.
- 입 다물고 들어라(Shut up and listen) – 협상자는 탐정자(detectives)이다. 협상자는 문제를 면밀하게 살피고 그리고 입을 다문다.
- 숙제를 하라(Do your homework) – 협상하기 전에 관련된 정보(pertinent information)를 가능한 많이 수집하라.
- 항상 기꺼이 떠나 버려라(Always be willing to walk away) – 이것을 Brodow의 법칙이라 한다. 선택이 없다면 결코 협상하지 말라(Never negotiate without options).
- 서두르지 말라(Don't be in a hurry) – 당신의 인내가 다른 협상자에 대해 대단히 파괴적일 수 있다.
- 목표를 높게 최상의 결과를 기대하라(Aim high and expect the best outcome) – 성공적인 협상자는 낙관주의자(optimists)이다. 많이 기대할수록 많은 것을 얻을 수 있다.
- 당신의 압박이 아닌 상대방의 압박에 초점을 두라(Focus on the other side's pressure, not yours) – 성공적인 협상자는 이 협상에 있어 상대방의 압박이 무엇인지에 대해 요청한다.
- 상대방의 요구를 어떻게 수용할 것인가를 상대방에게 보여주라(Show the other person how their needs will be met) – 성공적인 협상자는 항상 상대방의 관점으로부터 상황을 조명한다.
- 보답으로 어떤 것을 얻기 전에 어떤 것을 제시하지 말라(Don't give anything away without getting something in return) – 일방적인 양보(unilateral concessions)는 자멸하는 것이다. 어떤 것을 내줄 때마다 보답으로 어떤 것을 취하라.
- 개인적으로 이슈 혹은 다른 사람의 행태를 상정하지 말라(Don't take the issues or the other person's behavior personally) – 성공적인 협상자는 문제해결에 초점을 둔다.

자료: http://www.brodow.com/Articles/NegotiatingTips.html

제4절 노사협상

1. 노사협상의 의의와 특징

노사협상은 노조와 사용자간에 이루어지는 협상이다. 이러한 노사협상은 노사간의 고용관계가 계속되는 한 다양한 쟁점에 대해 협상과 재협상을 반복해야 하는 성격을 갖고 있다. 또한 노사협상은 분쟁의 발생부터 결과까지의 과정은 역동적인 협상과정이기도 하다.

노사협상의 특징은 사회적 협상의 한 표본이며, 다음과 같은 특징을 가진다(이성희, 2002: 22-23).

① 노사가 각자의 요구를 관철시키기 위하여 상호작용하는 역동적인 과정이다.

② 노사협상에서는 협상당사자들의 협상행위 선택이 중요한 변수가 된다.

③ 노사협상 사이에서는 노사간의 상호작용이 중요한 변수가 된다. 노사협상은 고용관계 속에서 반복적으로 이뤄지고, 그 속에서 노사가 상호작용하고 있기 때문이다. 즉 노사협상은 노사간의 고용관계가 계속되는 한 다양한 쟁점에 대한 협상과 재협상을 반복해야하는 성격을 갖는다.

④ 노사협상은 집단간 협상의 성격이 강하다. 즉 협상 당사자들 뿐만 아니라 노조 조합원들의 태도와 행동, 의사결정 구조 등이 중요한 변수가 된다.

이와 관련하여 공공부문 노사관계의 특징은 다음과 같다(허인, 2016).

① 정부가 고용관계를 규제하는 역할과 게임의 규칙을 정하는 권한을 함께 가지고 있다. 또한 노사관계에 대한 사용자의 책임이 분산되어 있다. 사용자측면에 보면, 사용자 내부의 다양한 이해관계와 권한의 분산으로 인해 갈등이 존재하고, 그에 따라 노사관계에 대해서도 입장차이의 가능성이 커진다.

② 공공부문의 사용자들은 선거를 통해 선출된다. 노동조합 조합원들은 유권자일 가능성이 크고, 노동조합 또한 이 과정에 공식, 비공식적으로 개입할 가능성이 크다. 노동조합은 담당기관을 상대로 정치적 압력을 행사하거나 선거에 적극 개입함으로써 친 노조성향의 사용자를 당선시키는 활동을 할 수 있다.

③ 노사협상의 측면에서 보면, 민간부문은 파업의 권리가 있고 단체협상의 범위가 넓다. 반면에 공공부문은 파업의 권리가 없고 교섭의 범위는 상대적으로 좁다.

◇ **노사협상의 바람직한 5가지 아이디어**

노사간의 협력과 구성원의 참여는 작업장의 생산성을 향상하는 좋은 방식이다. 또한 노사간에 놓여 있었던 임금, 편익과 작업장의 안전과 같은 중요한 장애물을 해결하는데 좋은 방법일 것이다. 다음의 5가지 아이디어는 노사협상의 과정을 촉진하는데 도움을 준다.

① 협상시작부터 HR 조직을 포함시켜라.

② 극복해야만 하는 장애요인과 사람들을 보다 잘 이해하기 위해 조직의 역사와 문화를 평가하라. 문화가 본질적으로 협력적인가, 혹은 적대적인가(adversarial)?

③ 조직구조를 검토하라. 상부관리층과 최일선의 노동자(front-line workers) 사이의 의사소통 라인이 분명하고 개방성을 허용하는가?

④ 노사협력의 노력을 감시할 노사관계위원회(labor-management relations committee, LMRC)를 설치하라. 이 위원회는 상대방이 동의한 분명한 비전, 목표, 목적을 설정하고, 위원회의 가이드로 활용하라.

⑤ 협상을 위해 시스템적 접근법을 채택하라. 최적의 결과(optimum results)를 위해 시스템 접근법을 따라라.

자료: https://www.workforce.com/1996/05/01/5-ideas-
for-better-labor-management-negotiations/

2. 노사협상의 장애요인과 바람직한 노사관계

1) 노사협상의 장애요인

노사협상 당사자들에게 상호 이익이 되는 실현 가능한 해결책이 있음에도 불구하고, 왜 협상이 실패하게 되는가에 대한 장애요인은 제도적·조직적·구조적 요인, 전략적·전술적 요인, 심리적 요인으로 이해할 수 있을 것이다(윤영근·임도빈, 2010).

① 제도적·조직적·구조적 요인 - 이러한 장애요인으로는 정보와 의사소통의 제한된 통로를 들 수 있다. 노사협상에 참여하는 당사자들이 자신들의 이해관계에 관한 정보를 서로 교환할 수 있는 기회를 가지 못하는 장애물인 관료제적이고 제도적인 요인으로 일어나게 된다.

② 전략적·전술적 요인 - 노사협상에 있어 각자 입장에서 자기이익을 추구하는 행위자들로 자신들의 합리적인 계산으로 인해 협상의 효율성을 가로막는 전략과 전술을 택함으로써 협력적 협상결과를 달성하지 못하는 경우이다. 결국 협상파이의 크기를 최대화하려는 전략과 전술은 협상 당사자들이 자신들의 몫을 최대한 확보할 수 있는 능력을 떨어뜨리게 되고, 반대로 자신들의 몫을 늘리려는 협상은 파이를 최대화하는 것을 방해할 수 있다.

③ 심리적 요인 - 심리적 장애요인은 전략적 요인과는 다르게 협상자의 계산된 의도로부터 비롯된 것이 아니다. 협상이 진행되지 못하는 것은 다양한 심리적인 과정과 자신들의 판단에 대한 편견 등을 이해하지 못하고, 상대의 복잡 미묘한 전략적 동기, 의도, 협상과정 등에 대한 판단을 잘못하기 때문이다.

2) 바람직한 노사관계

노사관계는 근로생활의 질 향상을 통해 근로자를 만족시키고, 조직에 대한 긍정적인 태도를 형성하도록 영향을 주어, 장기적 차원에서 조직의 성과에 영향을 미치는 중요한 요소이다. 무엇보다 노사는 서로 신뢰하고 생산적 협력관계를 유지하고 발전시키기 위해 지속적으로 노력하고 있다. 이점에서 노사는 신뢰를 기반으로 원만한 의사소통이 필요하며, 노사가 적대감을 줄이고 서로가 필요한 존재라는 것을 인식할 필요가 있을 것이다(이태식 외, 2017). 노사관계는 다음과 같이 몇가지 유형으로 구분할 수 있다. 노사관계의 유형에 있어, 바람직한 노사관계는 상호간의 존재와 그 역할을 올바르게 인식하고 그 활동영역과 가치를 인정해주는 열린자세가 중요하다(백종섭·하재룡, 2005).

① 정면대결형(open conflict) - 이 유형은 사측의 경우 노동조합과 정면대결을 취하며 노동조합측에 절대로 양보하지 않으려는 강한 태도를 견지하는 유형이다 이러한 유형은 제2차 세계대전 이전 또는 산업화의 초기단계에 사측들이 노동조합에 대한 경험과 지식이 부족하였던 시대에 존재하였던 형태이다. 이 유형은 노동조합측도 사측들의 경영권을 근본적으로 무시하려고 하며 극단적인 행동을 취하게 된다.

② 무장휴전형(armed truce) - 이 유형은 앞의 정면대결형에 비하면 사측이 노동조합의 존재를 인정하기는 하지만 마지못해 인정하는 유형이며, 노사관계도 각자의 힘을 다하는 '힘' 대 '힘' 의 대립관계를 유지하는 유형이다. 다만 정면대결형과는 달리 단체교섭을 통하여 투쟁의 억제수단으로 인식하거나 사용하고 있다.

③ 노사조화형(working harmony) - 이 유형은 무장휴전형과 노사협력형의 중간단계에 속하는 유형으로 노사간에 파업을 부정하지는 않는다. 다만 노사가 상호간에 상대방의 입장을 이해하고 존중하며, 사안에 따라 타협할 것은 타협한다는 보다 현실적인 입장을 취하는 유형이다.

④ 노사협력형(union-management cooperation) - 이 유형은 노사쌍방은 자기의 입장을 고집하지 않고 상대방을 존중하며 공동의 문제를 해결하기 위하여 상호간에 일심동체가 되는 유형이다. 또한 이 유형은 정면대결형을 극도로 억제되고 서로 간에 협력관계를 증진하려고 노력한다.

3. 노사협상전략의 유형과 사례

노사협상전략은 협상자들간의 의사결정의 상호의존성에 놓여 있다. 즉 협상의 다양한 상황적 변수와 당사자간의 상호작용에 놓여있는 정보 불확실성, 상황불투명성 속에서 선택의 성격을 띤다. 이러한 노사의 협상전략은 압박전략과 포용전략으로 구분할 수 있다.

이성희(2002)는 우리나라에서의 노사협상전략에 대한 연구에서는 노사의 협상조건의 비대칭을 고려해야 한다고 전제하고 있다. 또한 우리나라에서는 2~3년마다 노조위원장 선거를 하는 제도하에서 협상대표를 구성하는 지도부로서는 장기적인 노사관계에 대한 관심보다는 단기적으로 조합원들의 선호를 대변하는 것이 중요한 과제이기도 하다.

노조의 협상전략은 실제적 이해관계를 어떻게 관철할 것인가에 초점을 두었을 때 어떤 교섭기술을 쓸 것인가, 실력행사를 할 것인가 여부가 협상전략의 주요 고려대상이 된다. 즉 공세적인 협상기술을 쓸 것인가, 아니면 협력적인 협상기술을 쓸 것인가에 대한 일차적인 고려가 있어야 할 것이다. 나아가 파업을 무기로 한 교섭력을 앞세울 것인가, 아니면 협상을 통해 해결할 것인가를 고려해야 한다.

노조협상전략은 〈표 11-4〉와 같이 협상전략이 어떠한 목표를 더 중요시하느냐에 따라 협상전략을 구분할 수 있다. 이러한 전략으로는 압박전략 (forcing), 포용전략(fostering), 회피전략(escape), 공세전략(competitive), 협력전략(cooperative)으로 구분할 수 있다. 이처럼 협상전략은 실제적 협상결과와 상호관계적 협상결과를 동시에 고려해야 할 것이다.

▌표 11-4 ▌ 노사협상전략의 분류

협상 주체	협상전략 고려사항	협상전략 분류	협상전략의 특징
사용자	실제적 이해관계 상호관계적 이해관계	압박전략	• 분배적 교섭기술 • 상대방에 대한 공세적 태도
		포용전략	• 통합적 교섭기술 • 상대방에 대한 신뢰, 우호적 태도
		회피전략	• 상대방 무력화 • 폐업 또는 이전
노동 조합	실제적 이해관계	공세전략	• 분배적 교섭기술 • 파업을 배경으로한 교섭력
		협력전략	• 통합적 교섭기술 • 협상을 통한 교섭력

자료: 이성희(2002: 42).

표 11-5 서희의 협상과정*

구분		내용	서희의 성공요인
예비협상		상견례에서 기선잡기	• 당당한 거조(적진 앞에서 하마, 대등한 예법 주장) • 타당한 논리(군신 아닌 대신(大臣)간 예법)
본 협상	1단계: 침략이유를 둘러싼 공방		• 부가조건(거란의 영토 침범)과 핵심조건(송과 국교) 구분해 파악(경청의 힘) • 상대방의 핵심조건 수용 가능성 제기
	2단계: 핵심조건 수락 위한 밀고 당기기		• 제3의 조건(여진 땅) 제시해 협상의 교착상태에서 벗어남 • 최종결론(거란과 국교) 유보해 고려 국내정쟁 피하면서, 상대방의 결단 촉구(협상카드)
	3단계: 상호조건의 교환과 끝내기 수순		• 상호 핵심조건 교환(거란: 국교수립으로 후방 안전 확보/ 고려: 냉전, 영토회복) • 상대방의 퇴로 개방(거란 임금 비준) • 강대한 말투
후속협상		상대방과 인간적 신뢰 쌓기	• 위로잔차 초대에 처음엔 사양: 공인의 모습 확인 • 나중에 참여해 즐김: 강화에 대한 쐐기

* 고려 성종12년(993년)의 거란침입과 관련하여, 거란과 서희의 협상과정임. 서희의 협상리더십은 국왕의 앞이라도 바른 말을 할 수 있는 고려정치의 전통과 좋은 의견을 잘 받아들이는 국왕 성종의 회의운영이 있었기 때문에 성공적으로 발휘되었다. 전쟁발발 초기 성종의 적극적인 대응전략과 적절한 인재쓰기 역시 자칫 온 나라가 전쟁의 불길에 휩싸일 수 있는 위기를 벗어나게 했다. 당시의 거란-송나라의 대치국면이나 거란의 내부 사정 역시 협상이 시작된 지 일주일 만에 타결되는 데 우호적인 조건이 되었다.
자료: 박현모(2009: 91).

참고문헌

제1장 개인행태

고대유·김도윤(2016). 공공조직 내 조직정치지각이 조직침묵에 미치는 영향. **한국사회와 행정연구**, 26(4): 81-109.

류두원·차동옥·김정식·류두진(2012). 팀장의 윤리적 리더십이 조직구성원의 조직시민행동에 미치는 영향에 관한 실증연구: 조직공정성과 직무만족의 매개역할을 중심으로. **산업혁신연구**, 28(4): 175-209.

오아라·이소희(2014). 에니어그램 성격육형을 활용한 유아교육기관 중간관리자의 리더십 특성분석. **아시아아동복지연구**, 12(1): 41-65.

오화선·박성민(2014). 공직봉사동기가 직무만족에 미치는 영향력 분석. **현대사회와 행정**, 24(2): 51-82.

전영욱 외(2017). 리더의 윤리적 행동과 업무부담이 조직침묵에 미치는 영향. **HRD 연구**, 19(3): 73-98.

조윤형·최우재(2010). 조직구성원들의 가치성향이 조직시민행동에 미치는 영향. **인적자원관리연구**, 17(4): 403-429.

최무현·조창현(2013). 공무원의 공공봉사동기와 직무태도에 대한 실증적 연구: 직무만족과 조직몰입을 중심으로. **지방정부연구**, 17(1): 343-366.

한수진·나기환(2017). 공무원 직무열의 선행요인 연구: 자기효능감, LMX 그리고 조직공정성. **한국인사행정학회보**, 16(4): 191-215.

허성욱(2017). 전범위 리더십, 조직문화, 그리고 조직시민행동: 조직문화의 조절효과를 중심으로. **한국정책과학학보**, 21(4): 151-177.

Angle, H. and Perry, J.(1981). An Empirical Assessment of Organizational Commitment and Organizational Effectiveness: *Administrative Science Quarterly*, 26: 1-14.

Denhardt, Robert B., Denhardt, Janet V., & Aristigueta, Maria P.(2013). *Managing Human Behavior in Public and Nonprofit Organizations.* 3rd ed. Los Angeles, CA: Sage.

Gibson, James L., Ivancevich, John M., Donnelly, Jr., James H., & Konopaske, Robert(2006). *Organizations: Behavior, Structure, Process.* 12th ed. Boston: McGraw-Hill/Irwin.

Lawler III, Edward E.(1973). *Motivation in Work Organizations.* Monterey, CA: Brooks/Coole Publishing.

Mathieu, J. E., & Zajac, D. M.(1990). A review and meta-analysis of the antecedents, correlates, and consequences of organizational commitment. Psychological Bulletin, 108(2): 171-194.

Meyer, John P., & Allen, Natalie J.(1991). A three-component conceptualization of organizational commitment. Human Resource Management Review, 1(1): 61-89.

Organ, D.W.(1988) Organizational Citizenship Behavior: The Good Soldier Syndrome. Lexington Books/D. C. Heath and Com, Lexington, MA.

Osborn, Richard N., Hunt, James G., & Jauch, Lawrence R.(1980). *Organization Theory: An Integrated Approach.* New York: John Wiley & Sons.

Perry, James L., & Hondeghem, Annie(2008). Motivation in Public Management: The Call of Public Service. *Australian Journal of Public Administration*, 67(4): 498-508.

Perry, J. L., and Wise, L. R.(1990) The Motivational Bases of Public Service. *Public Administration Review*, 50: 367-373.

Podsakoff, P. M., Ahearne, M., & MacKenzie, S. B.(1997). Organizational citizenship behavior and the quantity and quality of work group performance. *Journal of Applied Psychology*, 82(2): 262-270.

Rainey, Hal G.(1997). *Understanding & Managing Public Organizations.* NY: Jossey-Bass.

Rainey, Hal G. & Steinbauer, Paula(1999). Galloping Elephants: Developing Elements of a Theory of Effective Government Organizations. *Journal of Public Administration Research and Theory*, 9(1): 1-32.

Rathus, Spencer A.(1984). *Psychology.* 2nd ed. New York: CBS College Publishing.

Reitz, H. Joseph(1987). *Behavior in Organizations.* 3rd ed. Homewood, IL: Richard D. Irwin, Inc.

Watson, J. B.(1913). Psychology as the behaviorist views it. *Psychological Review*, 20(2): 158-177.

Williams, Larry J., & Anderson, Stella E.(1991). Job Satisfaction and Organizational Commitment as Predictors of Organizational Citizenship and In-Role Behaviors. *Journal of Management*, 17(3): 601-617.

제2장 지각

Aldag, Ramon J., & Kuzuharam, Loren W.(2002). *Organizational Behavior and Management: An Integrated Skills Approach.* Cincinnati, OH: South-Western.

Drafke, Michael(2006). *The Human Side of Organizations.* 9th ed. Upper Saddle River, NJ: Prentice Hall.

Luft, Joseph(1970). *Group Process: Introduction to Group Dynamics.* 2nd ed. Palo Alto, CA: National Press Book.

제3장 학습이론

손영진(2018). 경찰공무원의 적극적 스트레스 대처방식이 직무성과에 미치는 영향에 관한 탐색적 연구. 한국공안행정학회보, 27(3): 215-242.

홍현경(2012). 자기효능감이 조직구성원행동에 미치는 영향: 서울지역 특 1급호텔 종사자를 중심으로. 호텔리조트연구, 11(1): 199-221.

Bandura, A.(1977). *Social Learning Theory.* Englewood Cliffs, NJ: Prentice-Hall.

Dworetzky, John P.(1985). *Psychology.* St. Paul, MN: West Publishing Company.

Hellriegel, Don, Slocum, Jr., John W., & Woodman, Richard W.(1995). *Organizational Behavior.* 7th ed. St. Paul, MN: West Publishing Company.

Myers, David G.(2007). Psychology. 신현정·김비아 옮김. **마이어스의 심리학개론.** 서울: 시그마프레스.

Pavlov, I.(1927). *Conditioned Reflexes: An Investigation of the Physiological Activity of the Cerebral Cortex.* New York: Dover Publications.

Schacter, D. L., Gilbert, D. T., & Wegner, D. M.(2008). *Psychology.* 민경환·김명선·김영진·남기덕·박창호·이옥경·이주일·이창환·정경미 옮김. **심리학개론.** 서울: 시그마프레스.

Skinner, B. F.(1969). *Contingencies of Reinforcement: A theoretical analysis.* New York: Appleton-Century-Crofts.

Spear, Peter, Penrod, Steven D., & Baker, Timothy B.(1988). *Psychology: Perspectives on Behavior.* New York: John Wiley & Sons.

Thorndike, E. L.(1931). *Human Learning.* New York: Century.

Wittig, Arno F., & Williams III, Gurney(1984). *Psychology: An Introduction.* New York: McGraw-Hill, Inc.

제4장 성격

김권수(2007). 호텔직무형태에 따른 종사원의 에니어그램 성격유형과 직무만족의 관계. **호텔관광연구,** 9(4).

박영미(2008). MBTI 성격유형과 조직시민행동간의 관련성 분석. **한국거버넌스학회보,** 15(3): 109-134.

박재용·박우성(2005). 성격유형과 학습성취도의 관계에 관한 실증연구. **인사관리연구**, 29(3): 95-134.

윤운성(2001). 에니어그램 성격검사의 개발과 타당화. **교육심리연구**, 15(3): 131-161.

이영균·최인숙(2011). "여성공무원의 성격유형(MBTI)과 직무만족도의 관계분석." **한국정책연구**, 11(1): 1-21.

이은하(2007). 청소년용 에니어그램 성격검사도구 개발 및 진로탐색 활용에 관한 연구. **아동교육**, 16(3): 235-252.

황규대·박상진·이광희·이철기(2011). **조직행동의 이해: 통합적 접근법**. 제3판. 서울: 박영사.

Aldag, Ramon J., & Kuzuhara, Loren W.(2002). *Organizational Behavior and Management: An Integrated Skills Approach*. Cincinnati, OH: South-Western.

Allport, Gordon W.(1961). *Personality: A psychological interpretation*. New York: Rinehart & Winston.

Altman, Steven, Valenzi, Enzo, & Hodgetts, Richard M.(1985). *Organizational Behavior : Theory and Practice*, Orlando, FL : Academic Press, Inc.

Freud, S.(1964). An Outline of Psychoanalysis. In J. Strachey(Ed.). *The Standard Edition of the Complete Psychological Works*. Vol. 23. (Originally Published 1940). London: Hogarth Press.

Hellriegel, Don, Slocum, Jr., John W., & Woodman, Richard W.(1995). *Organizational Behavior*. 7th ed. St. Paul, MN: West Publishing Company.

Jung, C. G.(1933). *Psychological Types*. New York: Harcourt Brace & World.

Jung, C. G.(1959). *The Concept of the Collective Unconscious*. In Collected work(Vol. 9, Part I). Princeton: Princeton University Press.

Rathus, Spencer A.(1984). *Psychology*. 2nd ed. New York: CBS College Publishing.

Riso, Don Richard, & Hudson, R.(1999). *The Wisdom of the Enneagram:*

Complete Guide to Psychological and Spiritual Growth for the Nine Personality Types. NY: Bantam Books.

Schacter, D. L., Gilbert, D. T., & Wegner, D. M.(2008). *Psychology.* 민경환·김명선·김영진·남기덕·박창호·이옥경·이주일·이창환·정경미 옮김. **심리학개론.** 서울: 시그마프레스.

Sheldon, W. H.(1940). *The Varieties of Human Physique: An introduction to constitutional psychology.* New York: Harper.

Sheldon, W. H.(1944). Constitutional factors in personality. In J. McV. Hunt(Ed.). *Personality and the Behavior Disorders.* New York: Ronald Press.

Spear, Peter, Penrod, Steven D., & Baker, Timothy B.(1988). *Psychology: Perspectives on Behavior.* New York: John Wiley & Sons.

제5장 동기부여

이창원·최창현·최천근(2012). 새 조직론. 3판. 서울: 대영문화사.

Adams, J. Stacy(1983). Toward an Understanding of Equity. *Journal of Abnormal and Social Psychology*, November: 422-436.

Baron, R.A. and Greenberg, J.(1990). *Behavior in Organization: Understanding and Managing the Human Side of Work*, 3rd ed. Toronto: Allyn and Bacon.

Bindra, D.(1959). *Motivation: A systematic reinterpretation.* New York: Ronald.

Dworetzky, John P.(1985). *Psychology.* St. Paul, MN: West Publishing Company.

Gibson, James L., Ivancevich, John M., Donnelly, Jr., James H., & Konopaske, Robert(2006). *Organizations: Behavior, Structure, Process.* 12th ed. Boston: McGraw-Hill/Irwin.

Hebb, D. O.(1966). Drives and the C.N.S.(conceptual nervous system). In D.

Bindra & J. Stewart(Eds.). *Motivation*. Baltimore, MD: Penguin.

Hellriegel, Don, Slocum, Jr., John W., & Woodman, Richard W.(1995). *Organizational Behavior*. 7th ed. St. Paul, MN: West Publishing Company.

Herzberg, Frederick, Mausner, Bernard, & Snyderman, Barbar(1959). *The Motivation to Work*. 2nd ed. New York: Wiley & Sons.

Hull, C. L.(1952). *A Behavior System*. New Haven, CT: Yale University Press.

Ivancevich, John M., & Matteson, Michael T.(1990). *Organizational Behavior and Management*. 2nd ed. Homewood, IL: Richard D. Irwin, INC.

Latham, Gray P.(2004). The Motivational Benefits of Goal-Setting. *Academy of Management*, 18(4): 126-129.

Locke, Edwin A.(1968). Toward a Theory of Task Motivation and Incentives. *Organizational Behavior and Human Performance*, May: 157-189.

Lundgren, Earl F.(1974). *Organizational Management: Systems and Process*. San Francisco, CA: Canfield Press.

Lussier, Robert N., & Achua, Christopher F.(2007). *Effective Leadership*. Mason, Ohio: Thomson South-Western.

Maslow, A. H.(1954). *Motivation and Personality*. New York: Harper & Row.

McGregor, Douglas(1960). *The Human Side of Enterprise*. New York: McGraw-Hill.

Miller, Donald S., Catt, Stephen E., & Carlson, James(1995). *Fundamentals of Management*. ND: Dame Pubns.

Porter, Lyman W., & Lawler, Edward(1968). *Managerial Attitudes and Performance*. Ill: R. D. Irwin.

Rathus, Spencer A.(1984). *Psychology*. 2nd ed. New York: CBS College Publishing.

Reitz, H. Joseph(1987). *Behavior in Organizations*. 3rd ed. Homewood, IL: Richard D. Irwin, Inc.

Skinner, B. F.(1971). *Beyond Freedom and Dignity*. New York: Knopf.

Spear, Peter, Penrod, Steven D., & Baker, Timothy B.(1988). *Psychology: Perspectives on Behavior*. New York: John Wiley & Sons.

Vroom, Victor H.(1964). *Work and Motivation*. New York: Wiley & Sons.

Yerkes, R. M., & Dodson, J. D.(1908). The relation of strength of stimulus to rapidly of habit formation. *Journal of Comparative Neurology and Psychology*, 18: 459-482.

제6장 스트레스와 직무소진

김동준 외(2016). 병원종사자에게 직무특성 및 직무스트레스가 건강행태에 미치는 연관성. 스트레스연구, 24(2): 95-102.

김영조·한주희(2008). 서비스직원의 감정노동 수행과 직무소진의 관계에 관한 연구. 인사관리연구, 32(3): 95-128.

손해경·윤유식(2013). 소진이 직무만족과 조직충성도에 미치는 영향: 고용 형태의 조절효과 검증. 호텔관광연구, 15(2): 268-283.

이인석·박문수·정무관(2007). 직무소진의 영향요인에 관한 연구: 금융권 종사자를 대상으로. 대한경영학회지, 20(6): 2879-2900.

진종순·남태우(2014). 직무탈진감, 공공서비스동기와 직무만족: 해양경찰파출소와 출장소를 중심으로. 한국행정논집, 26(2): 355-375.

Altman, Steven, Enzo Valenzi, and Richarc M. Hodgetts(1985). *Organizational Behavior : Theory and Practice*, Orlando, FL : Academic Press, Inc.

Beehr, T. A., and R. S. Bhagat(1985). Introduction to human stress and cognition in organizations, in T. A. Beehr and R. S. Bhagat, eds., *Human Stress and Cognition in Organizations*, 3-19, NY : John Wiley.

Cartwright, Susan, and Cary L. Cooper(1997). *Managing Workplace Stress*, Thousand Oacks, CA: Sage Publications.

Denhardt, Robert B., Denhardt, Janet V., & Aristigueta, Maria P.(2013). *Managing Humand Behavior in Public and Nonprofit Organizations*.

3rd ed. Los Angeles, CA: Sage.

Drafke, Michael(2006). *The Human Side of Organizations.* 9th ed. Upper Saddle River, NJ: Prentice Hall.

Harris, O. J., & Hartman, S. J. (2002). *Organizational Behavior*, NY : Best Business Books.

Hellriegel, Don, Slocum, Jr., John W., & Woodman, Richard W.(1995). *Organizational Behavior.* 7th ed. St. Paul, MN: West Publishing Company.

Holmes, T. H., & Rahe, R. H.(1967). The Social Readjustment Rating Scale. *Journal of Psychosomatic Research*, 11: 213-218.

Ivancevich, John M., & Matteson, Michael T.(1990). *Organizational Behavior and Management.* 2nd ed. Homewood, IL: Richard D. Irwin, INC.

Jex, S. M., 1998, *Stress and Job Performance*, Thousand Oaks, CA : Sage Publications.

Kast, Fremont E., & Rosenzweig, James E.(1985). *Organization and Management: A Systems and Contingency Approach.* NY: Mcgraw-Hill.

Koslowsky, Meni(1998). *Modeling the Stress-Strain Relationship in Work Settings*, London : Routledge.

Landsbergis, P. A., & Vivona-Vaughan, E.(1995). Evaluation of occupational stress intervention in a public agency. *Journal of Organizational Behavior*, 16, 29-48.

Lee, R. T., & Ashforth, B. E. (1990). On the meaning of Maslach's three dimensions of burnout. *Journal of Applied Psychology*, 75: 743-747.

Levi, Lennart(1967). *Stress: Sources, Management, and Prevention*, New York : Liveright.

Maslach, C.(1998). A multidimensional theory of burnout. In C. L. Cooper(ed.). *Theories of Organizational Stress.* 68-85. Oxford, UK: Oxford University Press.

McGrath, J. E.(1976). Stress and behavior in organizations, in M. D. Munnette, ed., *Handbook of Industrial and Organizational Psychology*, 1351-1395, Chicago : Rand McNally.

Mescon, Michael H., Albert, Michael, & Khedouri, Franklin(1988). *Management.* 3rd ed. New York: Harper & Row, Publishers.

Quick, J. C., & Quick, J. D.(1984). *Organizational Stress and Preventive Manage- ment*, NY : McGraw-Hill Book Company.

Quick, J. C., Quick, J. D., Nelson, D. L., & Hurrell, Jr., J. J.(1997). *Preventive Stress Management in Organizations*, Washington, D. C. : American Psychological Associative.

Rathus, Spencer A.(1984). *Psychology.* 2nd ed. New York: CBS College Publishing.

Salas, Eduardo, Driskell, James E., & Hughes, Sandra(1996). Introduction: The Study of Stress and Human Performance, in James E. Driskell and Eduardo Salas, eds., *Stress and Human Performance,* 1-45, Mahwah, NJ : Lawrence Erlbaum Associates, Publishers.

Schacter, D. L., Gilbert, D. T., & Wegner, D. M.(2008). *Psychology.* 민경환·김명선·김영진·남기덕·박창호·이옥경·이주일·이창환·정경미 옮김. 심리학개론. 서울: 시그마프레스.

Selye, H.(1956). *The Stress of Life.* NY: McGraw-Hill.

Singer, Marc G.(1992). *Human Resource Management.* Boston: PWS-Kent Publishing Company.

Sullivan, S. E., & Bhagat, R. S.(1992). Organizational stress, job satisfaction and job performance : where do we go from here?, *Journal of Management*, 18, 353-374.

Yerkes, R. M., & Dodson, J. D.(1908). The relation of strength of stimulus to rapidly of habit formation. *Journal of Comparative Neurology and Psychology*, 18: 459-482.

제7장 집단행태

이인석(2014). *조직행동이론*. 서울: 시그마프레스.

이학종·박헌준(2005). *조직행동론*. 서울: 법문사.

Black, J. Stewart, & Porter, Lyman W.(2000). *Management: Meeting New Challenges*. Upper Saddle River, NJ: Prentice Hall.

Cartwright, C., & Zander, A.(1968). *Group Dynamics: Research and Theory*. New York: Harper & Row.

Davis, Keith(1977). *Human Behavior at Work*. 5th ed. New York: McGraw-Hill.

Drafke, Michael(2006). *The Human Side of Organizations*. 9th ed. Upper Saddle River, NJ: Prentice Hall.

Hellriegel, Don, Slocum, Jr., John W., & Woodman, Richard W.(1995). *Organizational Behavior*. 7th ed. St. Paul, MN: West Publishing Company.

Homans, George C.(1950). *The Human Group*. New York: Harcourt Brace Jovanovich.

Ivancevich, John M., & Matteson, Michael T.(1990). *Organizational Behavior and Management*. 2nd ed. Homewood, IL: Richard D. Irwin, INC.

Ivancevich, John M., & Matteson, Michael T.(1990). *Organizational Behavior and Management*. 2nd ed. Homewood, IL: Richard D. Irwin, INC.

Osborn, Richard N., Hunt, James G., & Jauch, Lawrence R.(1980). *Organization Theory: An Integrated Approach*. New York: John Wiley & Sons.

Reitz, H. Joseph(1987). *Behavior in Organizations*. 3rd ed. Homewood, IL: Richard D. Irwin, Inc.

Scott, William G.(1961). Organization Theory: An Overview and Appraisal. *Academy of Management Journal*, 4: 7-26.

Webber, Ross A.(1979). *Management: Basic Elements of Managing Organizations*. 2nd ed. Homewood, IL: Richard D. Irwin, Inc.

김남현 역(2013). 리더십 이론과 실제. Peter G. Northouse. *Leadership: Theory and Practice.* 서울: 경문사.

김문규(2019). 진성리더십의 선행요인, 조절요인 및 성과간 관계. 제주대학교 대학원. 박사학위논문.

김성수 외(1992). 여성과 리더쉽. 한국여성정책연구원.

김수정(2015). 관리자의 코칭리더십과 조직유효성의 관계 : 개별성, 관계성 및 직무자율성의 매개효과를 중심으로. 한국기술교육대학교 테크노인력개발전문대학원. 박사학위논문.

김왕선·손승연·정원호(2015). 윤리적 리더십이 조직시민행동과 일탈행동에 미치는 영향: 리더만족의 매개역할 및 정치적 기술의 조절효과. 인적자원관리연구, 22(1): 121-145.

김태홍·한태영(2009). 적응성과 및 지속적 학습활동에 대한 학습목표성향, 실책관리풍토 및 변화지향적 팀 리더십의 영향. 인사·조직연구, 17(3): 117-159.

김호정(2013). 공공조직의 윤리적 리더십. 한국조직학회보, 10(2): 29-58.

민경연(2017). 노인복지관 최고관리자의 윤리적 리더십이 재정투명성에 미치는 영향: 조직풍토와 매개효과를 중심으로. 숭실대학교 대학원. 박사학위논문.

박수용(2015). 중소기업 경영자의 긍정적 리더십, 구성원의 긍정적 삶의 태도, 학습조직 활동, 직무열의, 조직성과 변인간의 구조적 관계. 숭실대학교 대학원. 박사학위논문.

박용진(2009). 학교장의 수퍼리더십과 교사의 셀프리더십, 교사의 학교조직몰입 및 학교조직건강간의 관계 연구. 인하대학교 대학원. 박사학위논문.

서용희(2015). 중학교 학교장의 여성적 리더십 특성에 관한 질적 연구: 교사 인식을 중심으로. 교육행정학연구, 33(1): 257-285.

신숙희·장영철(2011). 서번트 리더십이 부하직원의 리더신뢰에 미치는 영향에 관한 연구: 서번트 리더십 연구의 진화과정에 나타난 리더에 대한 신뢰를 중심으로. 경영사학, 26(2): 143-180.

오현아(2017). 진성리더십과 변혁적 리더십이 잡크래프팅에 미치는 영향 : 긍정심리자본과 조직동일시의 매개효과를 중심으로. 이화여자대학교 대학원. 박사학위 논문.

이봉재(2017). 초등학교장의 진성 리더십, 학교장-교사 교환관계(LMX), 교사의 팔로 워십 및 교직헌신 간의 구조적 관계. 인하대학교 대학원. 박사학위논문.

이상화(2005). 리더십과 권력에 대한 여성주의적 재개념화. **여성학논집**, 22(1): 3-22.

이상철 외(2014). 조직몰입에 미치는 리더십과 팔로워십의 영향 분석. **현대사회와 행정**, 24(4): 189-219.

이영균(2015). 정보공무원의 서번트 리더십과 조직시민행동의 관계에 관한 연구. **한국 경찰연구**, 14(1): 157-188.

이영균·김선홍(2006). 리더십 특성이론에 관한 연구. **한국정책연구**, 6(2): 21-41.

이영균·김영태(2014). 노인요양시설의 리더십 유형이 직무만족에 미치는 영향연구: 리 더신뢰를 매개변수를 활용하여. **한국공공관리학보**, 28(2): 1-33.

이영균·유광영 (2017). LMX와 조직몰입의 관계분석. **한국공공관리학보**, 31(2): 25-44.

이인석(2014). 조직행동이론. 서울: 시그마프레스.

이지복(2019). **임파워먼트 영향 요인 분석: 노인복지시설 사회복지사 대상의 경험적 연구**. 한국외국어대학교 대학원. 박사학위논문.

이한주(2018). **코칭리더십과 정서적 조직몰입, 이직의도의 관계에 있어서 기본심리욕 구와 직무만족의 매개효과**. 한국기술교육대학교 대학원. 박사학위논문.

유광영(2018). **여성적 리더십이 조직효과성에 미치는 영향: 팔로워십의 매개효과를 중심으로**. 가천대학교 대학원. 박사학위논문.

정연국·문혜리·석기현(2012). 특급호텔의 거래적 리더십이 종사원의 조직유효성 및 경영성과에 미치는 영향 연구. **관광연구**, 27(5): 501-520.

정병헌(2015). **공유리더십이 조직신뢰와 커뮤니케이션에 미치는 영향: 자기효능감의 조절효과를 중심으로**. 경희대학교 대학원. 박사학위논문.

정우일·하재룡·이영균·박선경·양승범(2011).공공조직론. 3판. 서울: 박영사.

한광현(2004). 리더-멤버 교환의 질이 조직시민행동에 미치는 영향: 상사에 대한 신뢰 를 중심으로. **인적자원개발연구**, 6(1): 1-26.

Aldag, Ramon J., & Kuzuhara, Loren W.(2002). *Organizational Behavior and Management: An Integrated Skills Approach.* Cincinnati, OH: South-Western.

Altman, Steven, Valenzi, Enzo, & Hodgetts, Richard M.(1985). *Organizational Behavior : Theory and Practice*, Orlando, FL : Academic Press, Inc.

Bass, B. M.(1998). *Transformational leadership: Industrial, military, and educational impact.* Mahwah, NJ: Erlbaum.

Black, J. Stewart, & Porter, Lyman W.(2000). *Management: Meeting New Challenges.* Upper Saddle River, NJ: Prentice Hall.

Burns, J. M.(1978). *Leadership.* New York. Harper & Row

Burton, Richard M., DeSanctis, Gerardine, & Obel, Borge(2006). *Organizational Design: A Step-By-Step Approach.* New York: Cambridge University Press.

Conger, J. A., & Kanungo, R.(1988). The empowerment process: Integrating theory and practice. *Academy of Management Review*, 13: 471-482.

Daft, Richard L.(1999). *Leadership: Theory and Practice.* Orlando, FL: The Dryden Press.

Denhardt, Robert B., Denhardt, Janet V., & Aristigueta, Maria P.(2013). *Managing Humand Behavior in Public and Nonprofit Organizations.* 3rd ed. Los Angeles, CA: Sage.

Fiedler, Fred E.(1967). *A Theory of Leadership Effectiveness.* New York: McGraw-Hill.

Gibson, James L., Ivancevich, John M., Donnelly, Jr., James H., & Konopaske, Robert(2006). *Organizations: Behavior, Structure, Process.* 12th ed. Boston: McGraw-Hill/Irwin.

Hellriegel, Don, Slocum, Jr., John W., & Woodman, Richard W.(1995). *Organizational Behavior.* 7th ed. St. Paul, MN: West Publishing Company.

Hersey, Paul, & Blanchard, Ken(1982). *Management and Organizational Behavior.* 4th ed. Englewood Cliffs, NJ: Prentice-Hall.

House, Robert J.(1971). A Path-Goal Theory of Leadership Effectiveness. *Administrative Science Quarterly*, 16(3): 32-39.

House, R. J., & Podsakoff, P. M (1994). Leadership effectiveness: Past perspectives and future directions for research. In J. Greenberg (Ed.). *Series in applied psychology. Organizational behavior: The state of the science.* 45-82. Hillsdale, NJ: Lawrence Erlbaum Associates, Inc.

Hughes, Richard L., Ginnett, Robert C., & Curphy, Gordon J.(2006). *Leadership: Enhancing the Lessons of Experience.* New York: McGraw-Hill.

Ivancevich, John M., & Matteson, Michael T.(1990). *Organizational Behavior and Management.* 2nd ed. Homewood, IL: Richard D. Irwin, INC.

Kelley, Robert E.(1992). *The Power of Followership.* New York: Doubleday.

Kerr, Steven, & Jermier, John M.(1978). Substitutes for Leadership: Their Meaning and Measurement. *Organizational Behavior and Human Performance*, December: 376-403.

Likert, Rensis(1961). *New Patterns of Management.* New York: McGraw-Hill.

Lundgren, Earl F.(1974). *Organizational Management: Systems and Process.* San Francisco, CA: Canfield Press.

Lussier, Robert N., & Achua, Christopher F.(2007). *Effective Leadership.* Mason, Ohio: Thomson South-Western.

Manz, Charles C., & Sims, Henry P. Jr.(1980). Self-Management as a Substitute for Leadership: A Social Learning Theory Perspective. *The Academy of Management Review*, 5(3): 361-367.

Rainey, Hal G.(1997). *Understanding and Managing Public Organizations*, 5th ed. Jossey-Bass.

Reitz, H. Joseph(1987). *Behavior in Organizations.* 3rd ed. Homewood, IL: Richard D. Irwin, Inc.

Spears, L. C.(2010). Character and Servant Leadership: Ten Characteristics of Effective, Caring Leaders. *The Journal of Virtues & Leadership,* 1: 25-30.

Stogdill, Ralph M.(1974). *Handbook of Leadership.* New York: Free Press.

Tannenbaum, R., & Schmidt, W. H.(1973). How to Choose a Leadership Pattern. *Harvard Business Review,* 51: 162-180.

Vroom, Victor H., & Yetton, Phillip W.(1973). *Leadership and Decision Making.* Pittsburgh, PA: University of Pittsburgh Press.

Yammarino, Francis J., Spangler, William D., & Bass, Bernard M.(1993). Transformational leadership and performance: A longitudinal investigation. *The Leadership Quarterly,* 4(1): 81-102.

Yukl, G. A.(2002). *Leadership in Organizations.* 5th ed. Englewood Cliffs, NJ: Prentice Hall.

제9장 의사소통

이학종·박헌준(2005). 조직행동론. 서울: 법문사.

윤재풍(2014). 조직론. 서울: 대영문화사.

Aldag, Ramon J., & Kuzuhara, Loren W.(2002). *Organizational Behavior and Management: An Integrated Skills Approach.* Cincinnati, OH: South-Western.

Altman, Steven, Valenzi, Enzo, & Hodgetts, Richard M.(1985). *Organizational Behavior : Theory and Practice,* Orlando, FL : Academic Press, Inc.

Black, J. Stewart, & Porter, Lyman W.(2000). *Management: Meeting New Challenges.* Upper Saddle River, NJ: Prentice Hall.

Burns, Tom(1954). The Directions of Activity and Communications in a Departmental Executive Group. *Human Relations,* 7: 73-97.

Clegg, Stewart, Kornberger, Martin, & Pitsis, Tyrone(2005). *Managing and Organizations: An introduction to theory and practice*. Thousand Oaks, CA: Sage Publications Ltd.

Davis, Keith(1977). *Human Behavior at Work*. 5th ed. New York: McGraw-Hill.

Drafke, Michael(2006). *The Human Side of Organizations*. 9th ed. Upper Saddle River, NJ: Prentice Hall.

Hellriegel, Don, Slocum, Jr., John W., & Woodman, Richard W.(1995). *Organizational Behavior*. 7th ed. St. Paul, MN: West Publishing Company.

Ivancevich, John M., & Matteson, Michael T. (1990). *Organizational Behavior and Management*. 2nd ed. Homewood, IL: Richard D. Irwin, INC.

Kotler, P.(2000). *Marketing Management*. Upper Saddle River, NJ: Prentice Hall.

Littlejohn, S.(1989). *Theories of Human Communication*. Belmont, CA: Wadsworth.

Lundgren, Earl F.(1974). *Organizational Management: Systems and Process*. San Francisco, CA: Canfield Press.

McKinney, Jerome B., & Howard, Lawrence C.(1998). *Public Administration: Balancing Power and Accountability*. 2nd ed. Greenwood Publishing Group.

Miller, Donald S., Catt, Stephen E., & Carlson, James R.(1996). *Fundamentals of management: A framework for excellence*. Penn: West Pub. Co.

Reitz, H. Joseph(1987). *Behavior in Organizations*. 3rd ed. Homewood, IL: Richard D. Irwin, Inc.

Smeltzer, Larry R., et al.(1991). *Managerial Communication: A Strategic Approach*. Needham, MA: Ginn Press.

제10장 갈등관리

Altman, Steven, Valenzi, Enzo, & Hodgetts, Richard M.(1985). *Organizational Behavior : Theory and Practice*, Orlando, FL : Academic Press, Inc.

Daft, Richard L.(1989). *Organization Theory and Design*, 3rd ed. St. Paul, Minn: West Publishing Co.

Denhardt, Robert B., Denhardt, Janet V., & Aristigueta, Maria P.(2013). *Managing Humand Behavior in Public and Nonprofit Organizations.* 3rd ed. Los Angeles, CA: Sage.

Dworetzky, John P.(1985). *Psychology.* St. Paul, MN: West Publishing Company.

Filley, Allen C.(1978). Some Normative Issues in Conflict Management. *California Management Review,* 21(2): 61-66.

Gibson, James L., Ivancevich, John M., Donnelly, Jr., James H., & Konopaske, Robert(2006). *Organizations: Behavior, Structure, Process.* 12th ed. Boston: McGraw-Hill/Irwin.

Hall, Richard H.(1972). *Organizations: Structure and Process.* Englewood Cliffs, NJ: Prentice-Hall.

Heffron, Florence A.(1989). *Organization Theory and Public Organizations: The Political Connection.* Englewood Cliffs, NJ: Prentice-Hall.

Lawrence, Paul R., & Lorsch, Jay W.(1967). *Organization and Environment: Managing differentiation and integration.* Boston, MA: Division of Research, Graduate School of Business Administration, Harvard University.

Lawton, Alan, & Rose, Aidan(1991). *Organisation and Management in the Public Sector.* Pitman.

Mescon, Michael H., Albert, Michael Albert, & Khedouri, Franklin(1988). *Management.* 3rd ed. New York: Harper & Row, Publishers.

Pondy, Louis R.(1967). Organizational Conflict: Concepts and Models.

Administrative Science Quarterly, 12(2): 296-320.

Rainey, Hal G.(1997). *Understanding and Managing Public Organizations.* Jossey-Bass.

Thibaut, J. W., & Kelley, H. H.(1959). *Social Psychology of Groups.* New York: John Wiley.

Webber, Ross A.(1979). *Management: Basic Elements of Managing Organizations.* 2nd ed. Homewood, IL: Richard D. Irwin, Inc.

제11장 협상관리

백종섭·하재룡(2005). 공무원 노사관계 성공사례 연구. 서울: 한국행정연구원.

윤영근·임도빈(2010). 공공기관의 노사협상 사례연구. 한국행정논집, 22(3): 911-937.

이성희(2002). 노사 협상전략의 선택조건과 협상전략이 협상결과에 미치는 영향에 대한 실증연구. 고려대학교 대학원. 박사학위논문.

이종건·박헌준(2004). 협상자 개인특성과 협상성과: 협상자 역할을 고려한 실증연구. 경영학연구, 33(2): 325-347.

이태식·우승배·함상우(2017). 협력적 노사관계의 효과: 노조와 조직몰입 및 신뢰의 관계. 대한경영학회지, 30(5): 857-880.

허인(2016). 공공부문 노사협상의 다면 구조와 협상 성과의 관계: 서울시 양 지하철 공사 노사협상 사례의 비교를 중심으로. 한양대학교 대학원. 박사학위논문.

Daft, Richard L.(1989). *Organization Theory and Design*, 3rd ed. St. Paul, Minn: West Publishing Co.

Hellriegel, Don, Slocum, Jr., John W., & Woodman, Richard W.(1995). *Organizational Behavior.* 7th ed. St. Paul, MN: West Publishing Company.

Lussier, Robert N., & Achua, Christopher F.(2007). *Effective Leadership.* Mason, Ohio: Thomson South-Western.

찾아보기

저자

이영균(李永均)은

1993년 미국 Temple University에서 정치학박사를 취득하고,
감사원 감사교육원 교수를 거쳐
1996년부터 가천대학교 행정학과 교수로 재직하고 있고,
현재 법과대학 학장으로 봉직하고 있음.

대외활동으로는 행정고등고시와 국회 입법고시 출제위원,
국가 및 서울시 7급 행정직 임용시험 출제위원,
경찰간부후보생 선발시험 출제위원을 역임했으며,

현재는 감사원 자체감사활동심사위원회 심사위원,
대검찰청 검찰수사심의위원,
경기도 옴부즈만,
성남시 시민감사관,
성남시 규제개혁심의위원회 공동위원장,
자치분권협의회 위원장 등으로 활동하고 있음.

학회활동으로는 2014년 행정학회 부회장,
2009년 한국정책분석평가학회 회장을 역임함.

주요 관심분야는 조직관리론, 정부혁신 및 공공감사 영역이며,
주요 저서로는 조직론(2019),
행정학개론(공저, 2019),
조직관리론(2015),
행정학(2010),
세계의 감사원(공저, 2009),
자체감사론(공저, 2007) 등이 있음.

조직행태론

초판발행	2019년 9월 3일
지은이	이영균
펴낸이	안종만·안상준
편 집	박선영
기획/마케팅	김한유
표지디자인	조아라
제 작	우인도·고철민
펴낸곳	(주) **박영사**
	서울특별시 종로구 새문안로3길 36, 1601
	등록 1959. 3. 11. 제300-1959-1호(倫)
전 화	02)733-6771
f a x	02)736-4818
e-mail	pys@pybook.co.kr
homepage	www.pybook.co.kr
ISBN	979-11-303-0836-4 93350

* 잘못된 책은 바꿔드립니다. 본서의 무단복제행위를 금합니다.
* 지은이와 협의하여 인지첩부를 생략합니다.

정 가   25,000원